Reihe
Germanistische
Linguistik   171

Herausgegeben von Helmut Henne, Horst Sitta
und Herbert Ernst Wiegand

Peter Klotz

Grammatische Wege zur Textgestaltungskompetenz

Theorie und Empirie

Max Niemeyer Verlag
Tübingen 1996

Die Deutsche Bibliothek – CIP-Einheitsaufnahme

Klotz, Peter:
Grammatische Wege zur Textgestaltungskompetenz : Theorie und Empirie / Peter Klotz. –
Tübingen : Niemeyer, 1996
  (Reihe Germanistische Linguistik ; 171)
  NE: GT

ISBN 3-484-31171-1   ISSN 0344-6778

© Max Niemeyer Verlag GmbH & Co. KG, Tübingen 1996
Das Werk einschließlich aller seiner Teile ist urheberrechtlich geschützt. Jede Verwertung außerhalb der engen Grenzen des Urheberrechtsgesetzes ist ohne Zustimmung des Verlages unzulässig und strafbar. Das gilt insbesondere für Vervielfältigungen, Übersetzungen, Mikroverfilmungen und die Einspeicherung und Verarbeitung in elektronischen Systemen.
Printed in Germany.
Gedruckt auf alterungsbeständigem Papier.
Druck: Weihert-Druck GmbH, Darmstadt
Buchbinder: Industriebuchbinderei Hugo Nädele, Nehren

Inhaltsverzeichnis

    Vorwort   IX

0. Einführung in die Probleme:
   Ein Blick auf den schulischen Alltag, ein Blick auf einen
   Kinderaufsatz   1

1. Bestandsaufnahme zum Grammatikunterricht oder:
   Der Weg zu einer Grammatikdidaktik   14

1.1. Begründung des Grammatikunterrichts:
   Rückblick auf eine lange Diskussion   16

1.2. Schulgrammatik zwischen Tradition und Neuorientierung   18

1.3. Die Linguistisierungsphase und ihr Scheitern   19

1.4. Im Bedarfsfall: Der "andere" Grammatikunterricht   20

1.5. Die allmähliche Wiederentdeckung des Grammatikunterrichts   27

1.6. Auf dem Weg zu einer funktionalen Schulgrammatik   30

1.7. Zur heutigen Situation:
   Alte Differenzen und die textlinguistische Öffnung   33

2. Bestandsaufnahme zum Aufsatzunterricht   35

2.1. Aspekte der Schreibdidaktik: Auf der Suche nach der Sprachlichkeit
   in einer langen Diskussion. Rückblicke und Ausblicke.   35

2.2. Der "traditionelle" Aufsatz   37

2.3. Reformen und Neuansätze   40

2.4. Ausgleichsbemühungen   50

2.5. Neuer Subjektivismus   53

2.6. Schreiben als Denken   56

2.7. Zusammenfassung:
   Die schreibdidaktischen Neuansätze und der Grammatikunterricht   59

3. Hauptfragen an eine funktional verknüpfte Grammatik- und
   Schreibdidaktik   62

3.1.	Einblicke in die Sprach- und Schreibentwicklungsforschungen	63
3.2.	Funktionale Bezüge zwischen Textualität und Grammatik	68
3.3.	Unterrichtsalltag und funktionalgrammatische Desiderate	70
3.4.	Untersuchungsbereiche in Schüleraufsätzen	74
4.	Perspektiven sprachlichen Wissens	80
4.1.	Differenzierung der Wissens- und Könnensstufen	85
4.2.	Akzentuierung des eigenaktiv lernenden und sich entwickelnden Subjekts	94
4.3.	Die Prototypentheorie in didaktischer Sicht	97
4.4.	Perspektiven der Lehrmaterialgestaltung oder: Die Bedeutung des Lehrmaterials	106
4.5.	Lernsituationen - systematisch integrieren und loslassen	111
4.6.	Grammatik und Schreiben - ein konkretes integrativ-systematisches Beispiel	113
4.6.1.	Motivation und Stoffbegegnung	117
4.6.2.	Kognitivierungsprozesse bzw. "Grammatikunterricht"	121
4.6.3.	Sprachangebotsunterricht bzw. Funktionen von Kognitivierungen	123
5.	Ausgewählte grammatische und strukturelle Aspekte für die Textkompetenz	132
5.1.	Der syntaktische Rahmen: Das Modell des informationsgesättigten Satzes	133
5.2.	Texttheoretische Aspekte des Erzählens	147
5.3.	Texttheoretische Aspekte des Informierens	158
5.4.	Zusammenfassend: Didaktische Untersuchungsperspektiven und zwei Beispiele	162
6.	Empirische Datengewinnung und Entwicklung eines computerunterstützten Bearbeitungs-, Analyse- und Recherchenprogramms	171
6.1.	Einhebung der Schülertexte	174
6.2.	Die Bearbeitung der Texte zu computergerechten Daten mit Hilfe eines speziellen Programms	178

		VII
6.2.1.	Die Texteingabe und die Textanalyse zu "Daten" im Computer	179
6.2.2.	Technische Verfahren und Erläuterungen	182
6.3.	Fallstudien zur Aufsatzanalyse	195
6.3.1.	Entscheidungsprozesse: Die Satzgliedmarkierung	196
6.3.2.	Die konkreten Fälle/Texte	197
6.3.3.	Sprachleistungen und Satzmarkierungen	204
6.4.	Das Recherchenprogramm: Darstellung und Optionen	210
6.5.	Zusammenfassung	211
7.	Darstellung, Auswertung und Deutung des empirischen Materials	213
7.1.	Statistische Darstellung und Diskussion von Daten	214
7.1.1.	Zur Einführung: Ein Überblick über mittlere Textlängen	214
7.1.2.	Auswahl von Fragestellungen und Variablen für die computerunterstützte statistische Datenanalyse	216
7.1.3.	Ausgewählte Daten zur Sprachentwicklung zwischen 11 und 14 Jahren	220
7.1.4.	Ausgewählte Daten zum Textsortenvergleich: Informieren und Erzählen	223
7.1.5.	Wirkung von Grammatikunterricht (1): Textvergleiche "mit und ohne" Grammatikunterricht	226
7.1.6.	Wirkung von Grammatikunterricht (2): Textvergleiche "vor und nach" Grammatikunterricht	230
7.2.	Einzeluntersuchungen	233
7.2.1.	Vergleich deiktischer und nicht-deiktischer Adverbialien	233
7.2.2.	Verschiedene Lernsituationen im Vergleich einzelner Stichproben	236
7.2.3.	Das "und-dann-Problem"	240
7.3.	Zusammenfassung und Perspektiven für weitere Untersuchungen	254
8.	Grammatische Wege zur Textgestaltungskompetenz	257
	Literatur	263

Vorwort

Diese Studie ist der Versuch, eine Grammatikdidaktik zu begründen. Als diese Studie vor fast zehn Jahren begonnen wurde, stand es um die Sache des Grammatikunterrichts schlecht; der Titel einer Nummer des Deutschunterrichts (2/1986) lautete bezeichnenderweise "Grammatikunterricht ohne Grammatik". Heute besteht wieder ein starkes Interesse an Grammatik und Grammatikunterricht, freilich ohne daß sich eine Hauptrichtung schon ganz deutlich entwickelt hätte.

Was kann der Inhalt einer Grammatikdidaktik sein? Ich sehe vor allem zwei Hauptrichtungen: zum einen kann sie Konzepte entwickeln, wie Sprachbewußtsein und Einstellungen zu Sprache in ihrer Entstehung bei den Heranwachsenden begleitet werden können. Grammatikdidaktik kann mögliche Bereiche des Sprachbewußtseins und mögliche Einstellungen zur Sprache selbst thematisieren und darüber hinaus Weisen und Formen des Sprachgebrauchs.

Andererseits kann Grammatikdidaktik sich darum bemühen, den konkreten Sprachgebrauch selbst zu fördern. Dies ist aus meiner Sicht ihre vornehmste Aufgabe, und ihre Erfüllung ist geeignet, schließlich auch das Sprachbewußtsein zu formen. - Dieser zweiten Hauptrichtung ist diese Studie gewidmet; als besonders wichtiges Gebiet des Sprachgebrauchs ist das Schreiben, genauer und besser gesagt das Gestalten von Texten der Grammatikdidaktik hier zugeordnet.

Es hätte auch die Textanalyse, die konkretisierende Beschäftigung mit Literatur und anderes mehr sein können. Daß das Schreiben hier thematisiert wird, begründet sich darin, daß dies die differenzierteste Form des Sprachgebrauchs ist, die wegen ihrer immanenten Distanziertheit zum spontanen Sprachgebrauch ein Mehr an Sprachbewußtheit und an sprachlichem Wissen braucht.

Grammatikdidaktik spiegelt sich in Konzepten des Grammatikunterrichts wieder; sie realisiert sich unmittelbar im Grammatikunterricht, in den für ihn entwickelten Unterrichtsmaterialien und Lehrbüchern. Grammatikunterricht wird heute selten als Selbstzweck vorkommen, was - kulturkritisch gesehen - zu bedauern ist: Sprache in ihrer Struktur und Funktion verdient sehr wohl ein eigengewichtiges Interesse und Bemühen. Grammatikunterricht geschieht heute meist "integriert", wie das Schlagwort heißt, freilich mit der Schwierigkeit belastet, daß (allzu) selten gefragt wird, was denn Grammatikunterricht unmittelbar für den Sprachgebrauch leistet.

Genau dieser Frage ist diese Studie nachgegangen. Sie hat sich von einfachen, z.T. heute noch bestehenden behavoristischen Vorstellungen von input/output frei gemacht, indem sie nach einer Betrachtung der didaktischen Diskussion zum Grammatikunterricht (Kap.1) und zum "Aufsatzunterricht" (Kap.2) sich möglichen funktionalen Fragestellungen in größeren (Text-) Zusammenhängen nähert (Kap.3).

Zentral für diese Studie ist dann die Binnendifferenzierung von Wissen und Können, weil nur so systematisch Konzepte entstehen können, die zwischen einem kognitiven Erwerb und einem Erwerb durch Gebrauch unterscheiden, und die beschreiben können, welche sprachlichen Bereiche der Thematisierung in der Genese sprachlichen Wissens nicht bedürfen. Hierher gehört auch die Neueinschätzung des lernenden, eigenaktiven Subjekts, des Heranwachsenden also. Dessen/deren Eigenaktivität kommt dann am besten zum Tragen, wenn dafür Unterrichtsmaterial zur Verfügung steht, das den jeweiligen sprachlichen Phänomenbereich in fast prototypischer Weise vorstellt. Damit wird auch die Bedeutung verständlich, die das Lehrmaterial für das Konzipieren einer allgemeinen Grammatikdidaktik als Kristallisationspunkt hat (Kap.4). Gleichermaßen sind für eine, zwar eigenständige, aber für die Kompetenzförderung sich engagierende Grammatikdidaktik texttheoretische Aspekte zu reflektieren, da Texte eben "Gewebe" im Wortsinne sind, deren Erscheinungsbild von den Strukturen und dem verwendeten - sprachlichen und grammatischen - Material unmittelbar abhängt (Kap.5).

Gleichberechtigt steht neben der theoretischen Seite dieser Studie die Empirie, die sich notgedrungen auf einzelne, wenngleich markante und typische Phänomene konzentrieren mußte. Eingehoben wurden 158 Schülertexte in oberbayerischen Gymnasien, wobei 49 *vor* und 49 *nach* einem von mir über Unterrichtsmaterial gelenkten Schreib- und Grammatikunterricht geschrieben wurden; hinzu kamen noch zweimal 30 Texte, die von mir unbeeinflußt im selben Zeitabstand geschrieben wurden und die als Kontrollgruppen für die Testgruppen dienten (Kap.6).

Die statistische Auswertung, sowohl nach Phänomenen und Einzelfragen wie nach Lernsituationen vorgenommen, hat u.a. das Ergebnis erbracht, daß die effektivste Form des Unterrichts die ist, die in der Anfangsphase Grammatikunterricht integriert und damit funktional bewußt macht, die aber dann neu mit einer Kognitivierungsphase einsetzt und später nicht integrierte Sprachleistungen einfordert. Die Leistungssteigerung der Schülerinnen und Schüler besteht dabei nicht in der simplen vermehrten Nutzung des thematisierten sprachlichen Phänomens - obwohl auch dies statistisch gemessen wurde -, sondern vor allem im Verfügen über ein weiteres sprachliches, genauer grammatisches Spektrum (Kap.7).

All dies führt schließlich zu der Forderung nach einem engagierten, kontinuierlichen Grammatikunterricht in zu differenzierenden Lernsituationen. Diese Studie begründet Grammatikdidaktik insofern konkret, als sie Inhalte des Grammatikunterrichts sowohl theoretisch fundiert wie empirisch auf ihre Wirkung für den Sprachgebrauch, das hier gesteckte Ziel, hin überprüft. Insofern ist sie erst ein Anfang.

Um diesen sehr langen Weg gehen zu können, habe ich einige Begleiter gebraucht. Da ist von Anfang an Kurt Rein, der mich bis zum Abschluß der Studie über manche Mühen und Zweifel in meinem Festhalten an der Sache des linguistisch gestützten Grammatikunterrichts begleitet hat. Ihm und vielen Studentinnen und Studenten in meinen Seminaren möchte ich für die ständig spannende Auseinandersetzung danken. Unabdingbar waren für mich auch die langen, oft kontrovers-konstruktiven Gespräche mit Eva Neuland aus didaktischer Sicht und mit Uwe Jensen aus schulpraktischer Sicht. Sehr konkret haben mich die Lehrerinnen und Lehrer an Gymnasien in Traunstein, Olching und München unterstützt, indem sie mit ihren Klassen ihren Unterricht so eingerichtet haben, daß die Texteinhebungen möglich wurden; hier ist ebenfalls den liberalen Schuldirektoren zu danken, deren Offenheit für meine "Sache" keine Selbstverständlichkeit war.

Um diese Daten dann über ein eigenes Computerprogramm eingeben, analysieren und auswerten zu können, und zwar in Zugriffen, wie sie bislang auf ein größeres Textcorpus so noch nicht möglich waren, verdanke ich der intensiven Zusammenarbeit mit Andrei Stefanescu. Und da diese Daten schließlich einer differenzierten Statistik unterworfen werden mußten, so brauchte und fand ich Hilfe bei Rüdiger Rackwitz, von dessen naturwissenschaftlichem Blick ich viel gelernt habe.

Wenn ich ganz zum Schluß Doris Gmach danke, so tue ich dies auch nach dem Prinzip der Steigerung; wieviele Fassungen sie geschrieben, verbessert, wieviele ihrer Vorschläge mir geholfen haben, die Übersicht zu behalten, ist nicht mehr zu übersehen; ihre stärkste Ausdauer hat sie mir durch die Fröhlichkeit in der Zusammenarbeit bewiesen.

So mag diese Studie nun zu einer Diskussion beitragen, in der Sprache zwar die zentrale Rolle hat, bei der es aber letztlich um die Genauigkeit und um die Ästhetik der Darstellung von Inhalten geht, ein Lernziel, das sich nicht auf die Schulzeit begrenzen läßt, das aber dort ins Bewußtsein gepflanzt werden kann.

Noch eine letzte Bemerkung: In dieser Studie geht es fortwährend um Schülerinnen und Schüler, um Lehrerinnen und Lehrer, um Didaktikerinnen und Didaktiker und um Germanistinnen und Germanisten. - Um den Text überschaubar zu halten, wird unter Ablehnung der "/Innen"-Schreibweise eben doch die generische Form gewählt. Auch konnte es nicht darum gehen, einem Formalismus Raum zu geben. Wichtiger scheint mir dieser Hinweis selbst, der klarstellen soll, daß auch der Verfasser nicht meint, daß Frauen immer nur die "Mitgemeinten" sind; sie sind vom Anliegen her genauso gemeint wie die Schüler, Lehrer, Germanisten.

Eggstätt, im Mai 1996   Peter Klotz

0. Einführung in die Probleme:
Ein Blick auf den schulischen Alltag, ein Blick auf einen Kinderaufsatz

Wenn im Alltag die Rede auf die Schule, auf den Deutschunterricht kommt und dabei über Sprachkompetenz gesprochen wird, dann gelangt das Gespräch recht bald auch zum Aufsatzschreiben und zum Grammatikunterricht. Fast stereotyp wird dann von Erfahrungen berichtet, wie "subjektiv" doch die Benotung von Aufsätzen gewesen und wie "fürchterlich und langweilig" der Grammatikunterricht verlaufen sei. Auf Nachfragen und bei genauem Hinhören ist aber auch ein Respekt vor diesen Teilbereichen des Deutschunterrichts festzustellen, ein Bedauern, daß man nicht mehr gelernt habe, nicht mehr wisse und könne. Überhaupt wird der Sinn dieses Unterrichts nicht oder kaum in Frage gestellt, im Gegenteil, er wird oft im Zusammenhang mit einer sich anschließenden "Sprachverfallsklage"[1] als besonders wichtig empfunden - und eingeklagt. Nimmt man solche Alltagsgespräche ernst, so stößt man auf zwei Mißstände auf zwei institutionellen Ebenen:

1. Aufsatz- bzw. Schreibunterricht und Grammatikunterricht in der Schule scheinen solchen privaten wie öffentlichen Meinungen zufolge nicht gut und effektiv genug. Ihnen wird zwar eine positive Einstellung entgegengebracht[2]; doch die Erwartungen werden nicht erfüllt. Insbesondere ist die Funktionalität des einen Bereichs für den anderen in der Schule nicht oder nicht hinreichend deutlich gemacht worden.
2. Konzeptionell fehlt es an thematischen bzw. fachlich-sachlichen Schwerpunkten, die die Interdependenz beider Bereiche kontinuierlich thematisieren. Der eine institutionelle Mißstand betrifft die Schule, von der zu wenig Druck auf die Universitäten, an die Lehreraus- und fortbildung ausgeht, solche Konzeptionen wissenschaftlich, also theoretisch und empirisch zu entwickeln. Mit wenigen, überwiegend kleinen Veränderungen[3] verharrt die Schule bei hergebrachter Unterrichtspraxis, und zwar gerade in diesen beiden Bereichen des Deutschunterrichts.

Der andere institutionelle Mißstand wurde schon angesprochen: sowohl didaktische wie linguistische Forschung hat sich mit diesen zentralen Bedürfnissen der Schule und der Öffentlichkeit, die potentielle Funktionalität des

---

1 Einige Literatur und etliche Zeitungsäußerungen sowie den Widerspruch hierzu bietet der Artikel: SIEBER/SITTA (1992:63ff.).
2 Vgl. IVO/NEULAND (1991:437-493); besonders deutlich in der Zusammenfassung 474: "Grammatisches Wissen und Grammatikunterricht sind emotional und kognitiv negativ konnotiert; für die Beibehaltung des Grammatikunterrichts aber wird nachhaltig plädiert."
3 Die neuen Lehrpläne des Landes Nordrhein-Westfalen beispielsweise setzen das integrative Unterrichtsprinzip zwar fast absolut, aber sie bieten in der Sache kein Konzept. Der neue bayerische Lehrplan macht hier erste Schritte. Um so wichtiger sind nun didaktische und methodische Grundlagen und Hilfen auf linguistischer Grundlage.

Grammatikunterrichts wirksam zu machen, zu wenig auseinandergesetzt. Zu lange hat die Diskussion um die Begründung des Grammatikunterrichts die Fragen verdrängt, welche grammatischen Phänomene geeignet sein könnten, den Spracherwerb und speziell den Schriftspracherwerb zu fördern, welche funktionalen und welche systematischen Kenntnisse der Grammatik[4] Heranwachsende zunächst für den Weg durch die Schule und später für ihren Erwachsenenalltag bräuchten. Folglich setzten sich Lehreraus- und -fortbildung mit solchen Fragestellungen und Themen nicht hinreichend, sondern nur vereinzelt auseinander. Didaktik und Linguistik wenden sich solchen Fragen erst in allerjüngster Zeit wieder offensiv und selbstbewußt zu.[5]

Diese Studie will einen Beitrag dazu leisten, Grammatik- und Schreibunterricht wechselseitig auf begründete Weise miteinander zu verbinden. Hierzu bedarf es zunächst einer Haltung, die dem grammatischen Kanon der Schule positiv und kritisch-konstruktiv gegenübersteht.

Gleichermaßen wird - bei allem Verständnis für die Förderung der kreativen Möglichkeiten der Heranwachsenden - eine Perspektive auf den Schreibprozeß notwendig, die das "Handwerkliche" beim Gestalten eines Textes und damit die "handwerkliche Solidität" betont, zumal bei schwachen und mittleren Schülern. Und schließlich erfordert eine solche Aufgabenstellung, daß die Bereiche "Grammatik" und "Schreiben" explizit in einen Zusammenhang gebracht werden, der vor Schülern, zunächst aber vor Lehrern didaktisch und linguistisch begründet und vertreten werden kann. Freilich werden hier Unsicherheiten in Kauf genommen werden müssen; aber es ist möglich, Affinitäten zwischen Textsorten - denn Texte kommen immer nur als konventionell pragmatische Textsorten vor - und sprachlichen Phänomenen, soweit sie uns linguistisch und stilistisch zugänglich sind, für eine wechselseitig funktionale Grammatik- und Schreibdidaktik zu thematisieren.

Damit wird eine *produktionsorientierte Perspektive* über die grammatische Beschreibung, über schulgrammatische Aspekte und über den Grammatikunterricht gelegt. - Eine *rezeptionsorientierte Perspektivierung* würde andere, und übrigens weniger übliche Zugänge zur Grammatik und zum Grammatikunterricht suchen müssen. Solche differenzierende konzeptionelle Perspektivierungen[6] sind für den Muttersprachgebrauch und -unterricht theoretisch noch kaum entwickelt und von der didaktischen Diskussion noch kaum eingefordert worden, obwohl sie dem Lehrer im Schulalltag praktisch immer wieder abverlangt werden, wenn denn der Deutschunterricht die Sprachlichkeit insgesamt so deutlich akzentuiert.

---

4 Die Antwort kann ja nicht lauten: "möglichst viel", da es komplizierte Bereiche gibt, die im Alltag des Sprachgebrauchs ganz gut beherrscht werden, so daß ihre Kenntnis nicht so dringend erforderlich ist, und deren systematische Durchdringung nicht nur viele Kräfte bindet, sondern auch den Sprachgebrauch im Sinne von Hyperkorrekturen belasten kann; als anschauliches Beispiel kann die Flexion des Adjektivs in allen Kollokationen dienen.

5 Darauf verweisen insbesondere Veröffentlichungen in Zeitschriften wie OBST 40 (1989), Diskussion Deutsch (1988, 1991) Deutschunterricht (4/1992), Praxis Deutsch 80 (1986) sowie in Büchern wie z.B. EISENBERG/KLOTZ (1993).

6 Eine anregende Ausnahme stellen etwa die beiden Bücher von HERINGER (1978; 1989a) dar.

Für die Beschäftigung mit der Entfaltung von Textgestaltungskompetenz scheint eine Auseinandersetzung mit vor allem vier Bereichen notwendig, die als *leitende* Fragestellungen dieser Studie formuliert seien:
a) Welche *sprachlichen Elemente* und Strukturen sind konstituierend *für Textsorten?* Welche davon können in einem funktionalen Grammatikunterricht für das Schreiben von Texten so thematisiert werden, daß sie für eine sich entwickelnde Kompetenz, also für den Aufbau eines Sprachwissens und -könnens förderlich sind; welche davon bedürfen weniger des kognitives Sprachwissen schaffenden Unterrichts und können einem übenden Sprachgebrauch überlassen werden? Mit welcher Reihenfolge der Gegenstände des Sprachwissens kann die noch nicht abgeschlossene Schriftsprachentwicklung fördernd und fordernd begleitet werden? - In dieser Weise sollen narrative und informative Texte näher betrachtet werden.
b) Wie muß ein *Grammatikunterricht* konzeptionell angelegt sein, damit er eine Textgestaltungskompetenz aufbauen hilft? Genügen herkömmliche grammatische Inhalte oder muß ein breiteres Sprachwissenskonzept entwickelt werden? Genügt hierfür, was wir über Textsorten im schulischen Bereich wissen, oder bedarf es handlungs- und kommunikationsorientierter Texttheorien für den Erwerb der Fertigkeiten und Kenntnisse, die für die Textgestaltungsfähigkeit notwendig sind? Und genügt hierfür wiederum, was an Konzepten für den Grammatikunterricht vorgeschlagen wird und - auch dies muß mitbedacht werden - was im Grammatikunterricht "machbar" ist?
c) Welche *Auswirkungen* hat ein funktionaler Grammatikunterricht auf die schriftsprachliche Kompetenz? Wie sehen Schülertexte *vor und nach* einem solchen Unterricht aus? Wie können Schülertexte beschrieben werden, damit eine sich entwickelnde Kompetenz von Lehrern und Didaktikern wahrgenommen werden kann? Schließlich: Welche grammatischen Bereiche erweisen sich als förderlich?
d) Welche *Lernsituation(en?)* erweist sich für eine angestrebte Kompetenz als geeignet oder gar als günstig? Wieviel leistet ein integratives, eher situatives Konzept, wieviel ein tendenziell integrativ-systematisches Konzept?

Diese Fragen sind in dreifacher Hinsicht zu klären: einmal mit dem Bezug auf eine anzustrebende Lehrerkompetenz, zum anderen mit dem Bezug zum konkret möglichen Unterricht und endlich im Zusammenhang mit der sprachlichen und kommunikativen Entwicklung der Jugendlichen. Die angeschnittenen Themen sind an sich schon sehr komplex, in ihrer Addition sind sie es noch viel mehr. Und doch scheint erst die Kombination dieser Bereiche sinnvolle Antworten auf diese Fragen - wenigstens im Ansatz - zu ermöglichen. Wesentlich hierbei ist die Verlagerung von Grammatikwissen auf *Sprachwissen*. Sprachwissen sei verstanden als eine Integration grammatischen und textuellen Wissens, wie es sich in den kommunikativ konventionell gewachsenen Textsorten - sowohl als kognitives wie als vortheoretisches Wissen - manifestiert. Das didaktisch-*methodische* Ziel dieser Studie ist es also, möglichst konkret Perspektiven aufzuzeigen, *wie* eine sich entwickelnde Sprachkompetenz förderlich begleitet werden kann. Dazu werden theoretische Überlegungen und empirische Untersuchungen angestellt. Didaktisch - *linguistisches* Ziel dieser Studie ist es, Schülertexte auf eine entwicklungsorientierte und sprachwissenschaftliche Weise so zu beschreiben, daß neue Einsichten in den sich entfaltenden Sprachgebrauch möglich werden. Beide Ziele hängen nicht nur eng miteinander zusammen, sondern sie bedingen einander wechselseitig, weshalb sie hier auch gemeinsam verfolgt werden sollen.

Singen ist etwas so Natürliches und Selbstverständliches wie Sprechen. Und wer singt, der musiziert; auf ähnliche Weise "textet" der, der spricht - und irgendwann auch schreibt. Kein Mensch findet es verwunderlich, daß es neben dem natürlichen Singen und Musizieren Kompositionslehre für jene Musik gibt, die erweiterten Ansprüchen genügen will, die mehr ausdrücken will als einen einfachen Gedanken, die ihren eigenen Bereich des Musikalischen durchdringen und in immer neuen Formen spiegeln und mitteilen will.

Sprechen ist wahrscheinlich noch viel natürlicher als Singen, jedenfalls alltäglicher. Das ist es wohl so sehr, daß die Kompositionslehre des Sprechens und Schreibens, die Grammatik also, oft eher als hinderlich für den schöpferischen Vorgang des "Textens" angesehen wurde und wird.

Grammatik und Grammatikunterricht erscheinen deshalb zunächst eher als Bildungsgut, um das Faszinosum gestalteter Sprache analytisch ein wenig durchdringen zu können. Jedenfalls, ob die "Kompositionslehre" von der Grammatik für nützlich und förderlich angesehen werden kann, blieb fraglich oder wurde als Bildungshoffnung abgetan. Und doch bleibt die Frage, ob Grammatikkenntnisse nicht eigentlich dieselbe Aufgabe haben könnten wie die Kompositionslehre, eben damit Sprache zu mehr Ausdruck zur Verfügung stehe, damit bewußt gestaltete Formen die Vielfalt des Sprachlichen selbst wiederspiegele und somit erfahrbar mache. Grammatikunterricht wird somit zum Medium und Mittel im Sinne von Werkzeug des Textens - oder sie könnte in klug angelegten Lernsituationen dazu werden.

Wenn man also dem Grammatikunterricht insgesamt positiv gegenübersteht und wenn man von der Vorstellung ausgeht, daß es Grammatikbereiche geben *muß*, die Schreibfähigkeiten der Schüler positiv beeinflussen können, wenn die Lektionen nur richtig angelegt und unterrichtet werden, dann kommt man auf den einfachen Gedanken, ein Experiment zu machen, um die eigenen Vorstellungen zu überprüfen. Dabei bietet sich die Untersuchungsschrittfolge an:
Bestandsaufnahme - Mitteleinsatz - Resultat.

Das Mittel sei ein *Grammatikunterricht speziell für die Förderung der Schreibkompetenz*; zu seiner Evaluation sind Schüleraufsätze *davor* und *da-*

nach einzuheben. Aber sofort stellt sich die Frage, wie *gute* Texte aussehen. Das wissen wir aber nur sehr allgemein und ungenau.

Wir ahnen, daß für den Schulbereich nicht unbedingt das literarische Muster leitend sein soll, obwohl es das immer wieder auch war[7] und manches stilistische (Lehrer-)Ideal mehr oder weniger auf Literatur zurückführbar erscheint.[8] Zwar können wir einen guten Text relativ übereinstimmend als guten Text identifizieren, aber worin insbesondere seine sprachlichen und eben nicht so sehr seine inhaltlichen Qualitäten liegen, ist schon weit schwerer beschreibbar.

Wenn das so ist - oder wenigstens so ähnlich -, dann wird es auch schwierig, das *Mittel*, das zu vermittelnde Sprachwissen genauer zu umschreiben. Es bietet sich der traditionelle Weg zwar nach wie vor an, ein bis auf wenige Einzelheiten unspezifisches Sprachwissen zu vermitteln im Vertrauen, es werde schon nützen. Doch wird auf diese Weise die Frage umgangen, welche sprachlichen Phänomene auf welcher kognitiven bzw. sprachpraktischen Ebene gelehrt werden sollen, damit sie das Sprachvermögen der Lernenden stabilisieren und verbessern.

Es bot sich im Lauf der didaktischen Diskussion der Weg an, grammatisches Wissen in seiner Nicht-Funktionalität[9] abzulehnen und fast ganz auf seine Vermittlung zu verzichten, oder es allzu verknappt und fern von Systematik für Situationen zu funktionalisieren[10], oder grammatisches Wissen in seiner Funktion für die Prozesse des Textverstehens und -verfassens erneut zu begründen[11], ein Prozeß, der in der Didaktik noch nicht abgeschlossen zu sein scheint, aber aus meiner Sicht immer noch nicht entschieden genug vorangetrieben wird. Zunächst mag es zur Veranschaulichung und Konkretisierung sinnvoll sein, erst einmal sehr genau einen Kinderaufsatz zu betrachten, ihn inhaltlich und grammatisch nicht nur auf Fehler, sondern auch auf Leistungen hin wahrzunehmen und seine Textstruktur zu beschreiben.

Ich nehme den ersten Aufsatz meiner "Davor-und-danach" Untersuchung; er wurde im September 1988 in einem Traunsteiner Gymnasium in einer 6. Klasse zu dem Thema "Da mußten wir aber lachen" geschrieben. Er sollte der Bestandsaufnahme am Anfang des Schuljahres noch vor einem spezifischen Grammatikunterricht dienen.

---

7 FRANZ (1995) verweist auf die Vorbildfunktion der Hebelschen Kalendergeschichten die beim Wiedererzählen auch den Stil des Schülers prägen würden. Vgl. die Einleitung u.v.a. Kap.4 in Teil C.
8 Solche nicht ganz bewußten Stilvorstellungen sind sicherlich unvermeidlich; sie werden gern auch mit "Sprach*gefühl*" umschrieben. Für Lehrer ist ihre Aufdeckung eigentlich notwendig, damit sie - möglicherweise - die Verbreitung ihres Stilideals wenigstens bewußt tun. Vgl. etwa ABRAHAM (1993).
9 z.B. GAISER (1950) oder IVO (1975) vor allem die Kap.3-5.
10 BOETTCHER/SITTA (1978).
11 KÖLLER (1983) und noch einmal BOETTCHER/SITTA (1978). Dann kritisch: REIN (1981:10-31).

Textid: 1111 "Da mußten wir aber lachen!"
1. *Ich fuhr gerade zum Schwimmbad.*
2. *Aber plötzlich machte es Peng!!!*
3. *Mein Reifen war geplatzt.*
4. *Ich stieg vom Rad und sah nur den Reifen an.*
5. *Nach einiger Zeit fand ich einen Schlitz der nicht länger als 1 Zentimeter war.*
6. *Ich überlegte wie ich das wieder zuflicken könnte, aber mir fiel nichts ein.*
7. *Also schob ich mein Rad langsam wieder nach Hause.*
8. *Auf halben Weg kam mir eine Idee:*
9. *Ich suchte einen Stein und den steckte ich in den kleinen Riß.*
10. *Dann pumte ich den Reifen auf.*
11. *Die Luft ging aber wieder aus.*
12. *Da suchte ich mir einen etwas größeren Stein und steckte diesen in das Loch.*
13. *Dann pumte ich wieder Luft in den Reifen.*
14. *Jetzt hielt der Stein und die Luft blieb im Reifen.*
15. *Ich setzte mich vorsichtig auf das Rad und fuhr langsam los.*
16. *Eine Weile fuhr ich sehr vorsichtig doch dann wurde ich schneller und plötzlich hatte ich wieder keine Luft im Reifen.*
17. *Ich stieg ab und sah daß der Stein herausgefallen war.*
18. *Ich steckte einen neuen hinein und fuhr wieder weiter.*
19. *Endlich kam ich nach Hause und erzählte meiner Mutter die Geschichte.*
20. *Aber die fing nur zu lachen an.*
21. *Ich fragte was denn so komisch sei und sie sagte:*
22. *Du hast doch dein Flickzeug dabeigehabt!*
23. *Da fingen wir beide zu lachen an.*

Ich will diesen Text in mehrfacher Weise ernst nehmen. Dabei lehne ich es ab, ihn nur als "schlampig hingeschrieben" oder von "einem arg schwachen Schüler" stammend abzutun. Selbst wenn dies zuträfe, so gilt immer noch, daß gerade der mittlere und der schwache Schüler zu interessieren haben. Das erste Entsetzen über diesen Text mag vom *Inhalt* herrühren, und es muß sehr ernst die Frage gestellt werden, was alles in der Schule geschehen sein muß, daß solch ein "Unsinn" überhaupt von einem Schüler oder einer Schülerin angeboten wird. Vermischt haben sich doch offenbar die schulischen Textsorten "Erlebniserzählung" und "Phantasieerzählung", was wohl bei der Themenstellung offen gelassen worden war; ich selbst hatte dem Lehrer bewußt völlige Freiheit gelassen, denn ich wollte keine Ergebnisse "aus dem Labor".

Unabhängig davon folgt aber der Aufsatz dem Muster der Höhepunkts- oder Sensationserzählung; es findet sich sogar das auch aus dem Märchen bekannte Prinzip der sich steigernden Dreigipfeligkeit: verärgert das Rad schieben - die erfindungsreiche Improvisationslösung (sie ist leider so ärgerlich in ihrer vordergründigen Dummheit) und die Wiederholung dieser naiven Lösung. Dies soll den eigentlichen Schluß wirkungsvoll machen, obwohl gerade ein Blick in die Werkzeugtasche selbstverständlich gewesen wäre. M.a.W., dem Schüler ist bei aller Gutwilligkeit, dem Lehrer zuliebe eine wohl auch ihm zu dumme Geschichte hinzuschreiben, einfach nichts eingefallen. Dabei hat er, bewußt oder unbewußt, einige Prinzipien einer schulischen "Erzählpoetik" brav befolgt und - wenn auch am untauglichen Material - angewendet. Danach aber, ob jemandem zu einem sehr beliebigen Thema gerade etwas einfällt, sollte er oder sie im Deutschunterricht nicht beurteilt werden.

Im Grunde ahnt ein Schüler, daß sein Lehrer sich *nicht* für seine Geschichte interessieren würde; allenfalls würde es darum gehen, vom Schuljahresanfang an den Lehrer positiv für sich zu stimmen, gleichzeitig aber wohl wissend, daß einige Klassenkameraden ja doch wieder besser und angepaßter sein würden. Man unterschätzt Kinder, wenn man ihnen dieses Bewußtsein nicht zutraut, zumal sie sich über die "Tragweite" der wenigstens zum Teil lobenden Schlußbemerkung kaum hinwegtäuschen dürften. Sie wissen schließlich aus Erfahrung, daß auf ihre Fehler und Schwächen geachtet werden wird. - Dies soll aber hier zuletzt geschehen, wenn alle wichtigen Qualitäten des Textes herauspräpariert sind und man sich zu fragen hat, welches Sach- und Sprachwissen denn einem solchen Schüler zu vermitteln sei.

Erste positive Beobachtungen zur *Textstruktur* sind sogleich möglich: Nach der Exposition wird der Handlungsverlauf einer Dreierfigur unterworfen, wobei vor dem dritten Handlungsgipfel ein retardierendes Moment, die Wiederholung der zweiten, der Improvisationslösung eingeschoben wird. Mit dieser groben, abstrakten Struktur lassen sich aber durchaus gute Geschichten erzählen.

Nun im einzelnen: Die Exposition erstreckt sich über die ersten sechs der insgesamt 23 Sätze der Geschichte. Die Unvermitteltheit des Anfangs mag der "Schulstubensituation" entsprungen sein: der Lehrer hatte mit den Schülern über die gerade beendeten Ferien gesprochen. Elemente wie *gerade*, *aber plötzlich*, *Peng* gehören zum eingelernten Verlebendigungsarsenal. Auch daß das *Fahren* im ersten Satz nur mit einem Fahrrad gewesen sein kann, gehört zu den Selbstverständlichkeiten eines Schülers auf dem Lande: der Lehrer kennt ihn ja, und in bezug auf Präsuppositionsleistungen sind Lehrer schwer einzuschätzende Leute: bei literarischen Texten lesen sie ungeheuer viel aus den Texten heraus, und bei Schulaufsätzen scheinen sie von kaum etwas eine Ahnung zu haben. Jedenfalls, die Exposition endet mit dem Befund des schadhaften Reifens und dem Eingeständnis der Hilflosigkeit trotz Nachdenkens.

Der nun folgende Hauptteil besteht aus dreizehn Sätzen. Nach einer sehr schwachen Problemlösung - Heimschieben des Fahrrads - wird die eigentliche Improvisationslösung in einem doppelten Anlauf gefunden, was dem hier insgesamt angelegten Prinzip der Steigerung entspricht. Die Wiederholungen im Gebrauch der Wörter und der Satzmuster können ebenso als

Schwäche wie als Widerspiegelung wiederholter Mühsal gewertet werden. - Durch diese und etliche meiner Anmerkungen will ich diesen letztlich schwachen Aufsatz nicht aufwerten; ich will aber Struktur von Inhalt trennen, um die immerhin vorhandene Qualität der Struktur nicht nur zu verdeutlichen, sondern um zu den eigentlichen didaktischen Fragestellungen gelangen zu können. Dazu gehört z.B. auch die Frage, woher selbst so schwache Schüler so gute abstrakte (!) Strukturkenntnisse haben können. -
Der Schluß enthält die Pointe, wie sich das für eine gute Geschichte gehört. Und selbst hier wird wie in der Haupthandlung ein doppelter Anlauf genommen: die spannungserhöhende Möglichkeit der Retardierung wird noch einmal genutzt, übrigens sogar mit dem stilistischen Mittel des Wechsels von indirekter zu direkter Rede.

Würde sich der *sprachliche Befund* auf die Fehler und Schwächen dieses Textes beschränken, dann erführe man bei weitem zu wenig über den Sprachwissensstand des Schülers. So sind nicht nur alle Tempora richtig - immerhin mußten hier die Präteritaltempora Imperfekt und Plusquamperfekt (kein Beispiel) von einem süddeutschen Kind beherrscht werden -, sondern sogar die Modalstruktur stimmt: so findet sich in Satz 6 richtige Konjunktiv-II-Verwendung, und in Satz 21 wird die indirekte Rede richtig durch Konjunktiv I markiert. Passivformen erscheinen in diesem Text nicht, was jedoch für die Textsorte *Erzählen* als typisch gelten kann. Die obligatorischen Valenzstellen der Verben sind ausgefüllt. Die Deixis ist sehr allgemein gehalten; sie könnte expliziter sein, was aber letztlich angesichts des Themas nicht unbedingt einzufordern ist.

In diesem Zusammenhang ist auch die Verwendung von Adverbialien zu sehen: sie sind allereinfachster, nämlich zeitlich reihender Art, der *und-dann-Stil* herrscht in seiner naivsten Form vor, was auch nicht durch die eingestreuten "plötzlich" verbessert wird. Der Schüler verfügt über die adversativen Partikel "aber" und "doch", was einer Mindestausstattung gleichkommt, sich vom Thema her anbietende Kausal- und Modal- bzw. Instrumentaladverbien kommen nicht vor.

Die verschiedenen Satztypen werden beherrscht, so sind von 23 Sätzen 11 einfache Sätze, 8 parataktisch, 1 hypotaktisch und 3 gemischt hypo- und parataktisch; somit entsprechen immerhin 4 Sätze einer komplexen Struktur, was positiv im Einklang mit den Konjunktivverwendungen steht. Ebenfalls erweist sich die Thema-Rhema-Struktur als zwar einfach, nämlich im wesentlichen konstant, aber immerhin mit Ansätzen zu thematischer Progression (die Sätze 2, 11, 14, 20). Erst ein ausgewogener Wechsel von thematischer Konstanz und Progression aber macht einen Text gut lesbar, was übrigens bei Aufsatzkorrekturen und -bewertungen noch (zu) wenig beachtet wird.[12] Zu den unübersehbaren und auch kaum anders zu wertenden Schwächen des Textes gehört der geringe, sich wiederholende Wortschatz, der mit der inhaltlichen Naivität korrespondiert. Die Interpunktionsfehler

---

12 Einschlägige Untersuchungen fehlen hier noch. In der Fachliteratur finden sich, wenngleich verstreut, gute Hinweise, so z.B. in BRINKER (1985); HERINGER (1989a). Es scheint typisch zu sein, daß auf dieses wesentliche textkonstituierende Merkmal vor allem von Rezeptionsseite eingegangen wird.

sind überwiegend syntaktischer Art; sie können also nur durch ein entsprechendes Grammatikwissen behoben und eben nicht einfach hinein korrigiert werden. Der sich wiederholende Orthographiefehler in "pumte" scheint mir recht eindeutig auf die fatale phonetische Regel "schreib so, wie du sprichst" zurückzugehen.

Der Befund zu diesem Text insgesamt ist erstaunlich: ein beim ersten Lesen besonders schwacher Aufsatz erweist sich hinsichtlich seiner Makro-Textstruktur und seiner Grammatikalität als recht gut. Unausgebildet sind offensichtlich funktionale Varianten der Thema-Rhema-Struktur, die Verwendungsmöglichkeiten der Adverbialien, insbesondere der Kausal- und Modaladverbialien[13], die Präzision in der Deixis. Die inhaltlichen und lexikalischen Schwächen dominieren den ersten schlechten Eindruck, doch müssen sie in jedem Fall mit der Themenstellung und der rein schulischen Textsorte in Beziehung gesetzt werden.

Eine übliche Korrektur würde dem Schüler nur wenig helfen. Auch Hinweise wie "du mußt inhaltlich vernünftig schreiben; du mußt unterschiedliche, treffende Wörter benützen [...]" wären zwar richtig und natürlich angebracht, aber sie berührten nur die Oberfläche. Eine Reihung der Korrekturen am Rand und inmitten des Kindertextes würde weder die Leistungen verdeutlichen, noch würde dem Schüler die Weiterarbeit hinreichend klar. Vielmehr müßte dem Schüler in angemessener Form mitgeteilt werden, daß er eine sehr brauchbare Makrostruktur zum Erzählen beherrsche, daß er syntaktisch variieren könne und überhaupt wenig gegen das Gebot der Sprachrichtigkeit verstoße. Damit aber seine Geschichten wirklich gut würden, müsse er im Zusammenhang mit inhaltlicher Plausibilität das zu gebrauchende Wortmaterial verändern bzw. anreichern. Einem guten Erzählen stehe also sehr wenig entgegen. Der hier nur vorläufig analysierte Kinderaufsatz gibt zu folgenden Fragen und Perspektiven Anlaß - weitere werden notwendigerweise hinzukommen.

- Wie ist das Verhältnis von Sach- und Sprachwissen in bezug auf eine gute Textgestaltungskompetenz? Wird Sachwissen, Voraussetzung für das Verfassen eines Textes, von Korrektoren nicht überschätzt? Wird Sprachwissen in seiner Vielfalt und in seinen Alternativen klar genug mitbedacht?
- Wie muß oder kann ein Sprachwissen aussehen? Welche Bereiche umfaßt es, welche Bereiche speziell in der Grammatik, in der Textsortenstilistik, in bezug auf Textualität?
- Welche Bereiche dieses Sprachwissens müssen kognitiv reflektiert zur Verfügung stehen, welche nur im Sinne eines "Könnens" (tacit knowledge)?
- Wie kann die eigenständige Regelbildung des Heranwachsenden unterstützt und allmählich in angemessene Strukturen bzw. Modelle übergeführt werden? Was davon kann durch "Tun" (learning by doing), was

---

13 Wo ist eine Theorie zum Erzählen, die diese wichtige Komponente von Oberflächenstrukturen für Textsorten berücksichtigte?

durch explizite Erklärung erworben werden? Wie kann Transferfähigkeit für die Regelbildung aufgebaut werden?
- Wie kann welches Sprachwissen für die je einzelne Textgestaltungskompetenz aktiviert werden?
- Was müssen wir noch über Textsorten und über Textualität in Erfahrung bringen und in Modellen fassen, damit Lehrer mehr Einsichten in die Textualität haben und sie dann besser unterrichten können?

Mit einem nächsten Schritt will ich einen ungewöhnlichen, aber schließlich doch naheliegenden Weg beschreiten. Nach diesem Kinderaufsatz soll ein weiterer, und zwar ein literarischer Text auf ähnliche, nämlich überwiegend linguistische und dann auch texttheoretische Weise analysiert und betrachtet werden. Dies geschieht natürlich nicht zu unmittelbaren Vergleichszwecken, sondern um bewußt zu machen, welche Aspekte trotz der hohen Differenz zwischen einem Kinderaufsatz und einem literarischen Text gleichermaßen für die Textrezeption und dann für die Textproduktion wichtig werden.

Da im Rahmen dieser Studie Grammatik bzw. Grammatikunterricht zu einem wesentlichen Teilthema wird, soll im folgenden wie schon beim vorherigen Kinderaufsatz gezeigt werden, wie der Blick in die Mikrostruktur eines Textes dessen Sprachlichkeit erschließt. Dabei ist nicht zu verkennen, daß das linguistische Vorwissen den Blick lenkt. Dies ermöglicht aber gleichermaßen, daß dadurch jene grammatischen Phänomene und Bereiche thematisiert werden, die die Sprachlichkeit selbst und somit auch Stil markieren, und es ermöglicht die Beobachtung, *wie* das Sprachlich-Grammatische - bei aller Variabilität - mit dem Inhaltlichen und der Textsorte verwoben sein kann.

Die folgende Analyse kann in einem allerersten Anlauf auch Textuelles - hier im Bereich des Narrativen - bewußt machen: Zusammenhänge zwischen Makrostrukturellem und Mikrostrukturellem. Dabei wird deutlich, wie Grammatisches immer auch in umfangreichere Strukturen eingebettet ist; diese umfangreicheren Strukturen möchte ich, soweit es sich um die Sprachlichkeit von Texten handelt, mit dem neueren Begriff des sprachlichen Wissens oder Sprachwissens bezeichnen. Damit ist in Anlehnung an den ursprünglich englischen Begriff *knowledge of a language* sowohl ein kognitives *Wissen* über Sprache wie ein *Können* der Sprache gemeint.[14] Beides hängt im schulischen Rahmen des Deutschunterrichts sehr eng zusammen, und es bedarf eigener Betrachtungen, wie beide Kognitionsbereiche des sprachlichen Wissens im Unterricht zum Tragen kommen. Deshalb also zunächst einige weitere konkrete Textbeobachtungen, hinter denen noch zu besprechende Modellvorstellungen stehen.

---

14 EISENBERG/KLOTZ (1993:4): "Sprachwissen in diesem Sinne bezieht sich auf die Disposition des Sprechers einer Sprache, die Ausdrücke seiner Sprache sowohl bilden als auch verstehen zu können. Es ist also nicht die Rede davon, daß die Sprecher etwas Bestimmtes tun, sondern es ist die Rede davon, daß sie etwas Bestimmtes haben, auf dessen Basis sie etwas tun können. Eine entscheidende Rolle spielt in diesem Zusammenhang die Grammatik."

Franz KAFKA: "Gib's auf!"

(1) Es war sehr früh am Morgen, die Straßen rein und leer, ich ging zum Bahnhof. (2) Als ich eine Turmuhr mit meiner Uhr verglich, sah ich, daß es schon viel später war, als ich geglaubt hatte: (3) ich mußte mich sehr beeilen, der Schrecken über diese Entdeckung ließ mich im Weg unsicher werden, ich kannte mich in dieser Stadt noch nicht sehr gut aus; glücklicherweise war ein Schutzmann in der Nähe. (4) Ich lief zu ihm hin und fragte ihn atemlos nach dem Weg. (5) Er lächelte und sagte: (6) "Von mir willst du den Weg erfahren?" (7) "Ja", sagte ich, "da ich ihn selbst nicht finden kann." (8) "Gib's auf, gib's auf", sagte er und wandte sich mit einem großen Schwunge ab, so wie Leute, die mit ihrem Lachen allein sein wollen.

Die Sätze dieses Textes und der Text als Ganzes seien auf ihren Informationsfluß hin und - wo nötig - grammatisch betrachtet: Der erzähltypische Anfang "es war" situiert den Weg des Erzähler-Ich zeitlich und örtlich, und zwar in der fürs Deutsche üblichen Reihenfolge ZAOG (Zeit, Art, Ort, Grund; allenfalls beeinflußt durchs BEHAGHELsche Gesetz der wachsenden Glieder[15]). Zeit und Ort sind hier allerdings nicht in den scheinbar die Hauptinformation tragenden Satz "ich ging zum Bahnhof" integriert, sondern parataktisch vorgeschaltet, und zwar in sehr reduktiven Formen, durch "es war" und durch Ellipse für die Ortsangabe, die hier wohl einen größeren Ort bezeichnet: Straßen im Plural, Bahnhof. Die elliptisch angebundenen prädikativen Attribute "rein und leer" sagen etwas über das *Wie* des Morgens und des Weges aus. Das Gehen zum Bahnhof wird weder begründet noch sonst seiner Art nach beschrieben. Das geschieht erst im folgenden Textverlauf für die Art, während Grund und Ziel offen bleiben; sie werden in den letzten Zeilen thematisiert. Das "es war" assoziiert das "es war einmal" des Erzählens, des Märchens, womit "oberflächlich" die Textsorte sogleich signalisiert ist.

Die Möglichkeiten, den Text metaphorisch zu lesen, wird nicht erst am Schluß deutlich, wo das Aufgeben dem geraten wird, der nach dem (Lebens-)Weg fragen muß, da er ihn allein nicht zu finden meint, sondern bereits vom zweiten Satz an. Hier mag das allgemeine Wissen um KAFKA-Texte und -Interpretationen formend wirken -, wo der Uhrenvergleich für die eigene Zeitvorstellung zweifelhaft ausgeht, was das Gehen selbst zum Hetzen und vor allem zum Umherirren werden läßt; wie bereits festgestellt: das im ersten Satz noch fehlende Wie wird beschrieben.

Das Erzähler-Ich bleibt in thematisch-rhematischer Hinsicht bis in den 3. Satz hinein konstant. Der hypotaktische zweite Satz enthält oberflächlich grammatisch betrachtet eine Information durch einen temporaladverbiellen Satz und durch einen Objektsatz mit Vergleichssatz. Das Objekt von "sehen" im Trägersatz ist also selbst ein Sachverhalt, der in Relation zur Annahme des Erzähler-Ichs gesetzt wird. Der Temporalsatz ist zunächst ebenso alltäglich und banal wie die ganze Darstellung bis hierher. Man könnte sich fragen und tut dies irgendwann auch: warum erhalte ich als Leser so geringfügige Informationen, was soll eigentlich mitgeteilt werden? Daher der Versuch wohl, den Text als Metapher zu lesen. Dies wird ja auch durch

---

15 BEHAGHEL (1932).

den weiteren Textverlauf "ich lief zu ihm hin", eine Selbstverständlichkeit in diesem Kontext, durch die Fragewiederholung des Polizisten und durch die überflüssige Begründung des Ichs unterstützt.

Die Konsequenzen aus Satz 2 werden asyndetisch aufgeführt, was den Leser ein "deshalb" oder "also" einfügen läßt, ganz gemäß dem Wirkungsspektrum der Asyndese: gerade jenes Element wird ergänzt, das durch die Weglassung evoziert oder wenigstens wahrscheinlich gemacht wird. Die Warum-Frage, das Begründen wird also provoziert, so mittelbar im letzten Teilsatz des paratakischen dritten Satzes, wiederum asyndetisch: die Wegunsicherheit wird in alltäglicher Weise durch Unvertrautheit mit der Stadt erklärt. Hier wird recht deutlich - wie eigentlich zuvor auch schon -, daß Weggelassenes, Nicht-Vorhandenes vom Rezipienten auch registriert werden sollte, sei es, daß eine gewisse Interessantheit für den Leser durch seine mögliche Eigenleistungen im Text entsteht, sei es, daß dadurch noch offene Fragen deutlicher wahrnehmbar werden.[16] Auf der Isotopie-Ebene ist die Stadt mittlerweile gut etabliert: Straßen, Bahnhof, Turm; das Wort "Stadt" fällt selbst.

Auf der Inhaltsseite hat sich die Perspektive vom Weg zum Bahnhof und vom alltäglich nur zu vertrauten Hetzen zum Bahnhof hin zur Frage nach dem richtigen Weg verschoben. Die Scheinlösung wird durch das satzmodale Emotivum "glücklicherweise" in Satz 4 signalisiert. Da Zeit und Ort sich nicht wesentlich verändert haben, sind hierüber keine Informationen notwendig; eine Warum- und/oder eine Wie-Frage stellt sich hier genausowenig, da das bisher Erzählte als übliches "Weltwissen" präsupponiert werden darf. Der Informationslage nach ist Satz 4 völlig überflüssig, denn selbst das prädikative Attribut "atemlos" in seinem zweiten paratakischen Teil, korrespondierend mit dem Verb "laufen" im ersten Teil, kann als assoziativ nahegelegt gelten. Sowohl dieser Satz wie die Dialogsätze 6 und 7 können in ihrer informativen Unergiebigkeit nur als retardierendes Moment gesehen werden, das die titelgebende Antwort des Satzes 8 um so erstaunlicher, befremdlicher erscheinen läßt; denn dieser Satz verweist nun deutlich auf die Interpretationsnotwendigkeit des Textes.

Waren die bisherigen Informationen als alltäglich, banal und relativ unergiebig zu qualifizieren, so fordern beide paratakischen Teile des Satzes 8 ein *Warum* heraus. Zu ungewohnt, neuartig, erstaunlich sind seine beiden Mitteilungen. Während die Beantwortung der Warum-Frage des ersten Teils noch unmittelbar aus dem Text selbst, nämlich aus dem vorausgehenden Satz geschlossen werden kann, bedarf die zweite Warum-Frage wohl der Kenntnis und der Interpretation weiterer KAFKA-Texte wie etwa "Vor dem Gesetz" oder "Das Schloß", um eventuell beantwortet zu werden. Aus textueller Sicht, so ergibt es sich bei diesem ersten Blick auf einen narrativen Text, bedarf es irgendwo im Text, markanterweise hier am Ende, einer erschließenden Information, eines Schlüsselsatzes, um Sinn für die ganze Geschichte zu finden. Dies ist hier zwar in befremdlicher Weise geschehen:

---

16 Dies in kritischer Distanz zu ISERs (2/1984) "Leerstellenkonzept", da es darauf ankommt, einen Text auch in seinen "Nicht-Mitteilungen" zu akzeptieren statt ihn immer nur (!) mit den eigenen Rezipientenwissen aufzufüllen.

Das aber betont das Eigengewicht der Textinformationsstruktur nur um so mehr.

Eine Geschichte lesend sind wir bereit, viele Informationen "einfach so" hinzunehmen, aber irgendwann taucht das Bedürfnis auf, diese Informationen einem (Erzähl-) Ziel zuzuordnen, die Auswahl gerade dieser und nicht anderer Informationen in ihrer Spezifik und (Sinn-) Gerichtetheit erkennen zu können oder - wie hier - den eigentlichen Fragen nahegebracht zu werden. - Nach solchen Textstrukturen wird über die zuvor behandelte Satzglied- und Teilinformationsebene zu suchen sein. Es fällt auf, daß zumindest bei diesem narrativen Text der kausale und z.t. auch der modale Bereich Schlüsselstellungen im Textganzen innehaben.

Die Deixis von Ort und Zeit ist sofort klar, hier sogar in eigenen Sätzen formuliert, während die Personenrelation erst entfaltet wird: ein verunsichertes Ich findet ein institutionelles Du, den Polizisten. Relevanter sind also die modalen Angaben "nicht sehr gut" (Satz 3a), auf den das "glücklicherweise" sofort folgt (Satz 3b); Satz 4 enthält die Angabe "atemlos", die Grammatiker zwar als Prädikativ definieren, dessen Qualität aber modal ist. Der Kausalsatz 7 ist syntaktisch insofern bemerkenswert, als er an das elliptische "Ja" angeschlossen wird, das für "Ich will von dir den Weg erfahren" steht. Dem syntaktischen Trick, das Kausaladverbial allein als voll ausgebildeten Satz formulieren zu lassen, entspricht der dramaturgische Trick, hier ins Erzählen einen Dialog einzuziehen.

So wenig man die KAFKA-Parabel mit dem zuvor wiedergegebenen Kinderaufsatz vergleichen kann, so muß doch auffallen, daß das Kausale, wenngleich nicht syntaktisch restlos so ausgewiesen, am Schluß auch dort eine wichtige Rolle spielt: es wird erst nach dem Grund des mütterlichen Lachens gefragt, und die Mutter gibt dann auch wirklich die Begründung (nämlich daß das Kind doch sein Fahrradflickzeug dabei gehabt habe).

Die Beschreibungen des KAFKA-Textes und des Kinderaufsatzes auf teilweise syntaktischer, teilweise informationell-semantischer und textueller Ebene in andeutungsweise quantifizierender und qualifizierender Weise sollen helfen, die Hauptfragestellungen, denen diese Studie gewidmet ist, besser verständlich zu machen und zu begründen. - Grammatik- und Aufsatzunterricht können auf eine lange Tradition fachdidaktischer Diskussion zurückblicken. Ihre Darstellung und Auswertung sei den hier begonnenen Fragestellungen in den folgenden Kapiteln gewidmet.

1. Bestandsaufnahme zum Grammatikunterricht oder: Der Weg zu einer Grammatikdidaktik

Grammatik und Grammatikunterricht sind heute verschiedene Bereiche. Das war nicht immer so: [1]

> "Von den Figuren, die in der Vorhalle des Freiburger Münsters die sieben freien Künste darstellen, ist die Grammatik leicht an der Rute zu erkennen, weil die Rute das meist verwendete Attribut zur Kennzeichnung dieser ersten der sieben freien Künste ist. Der eine der beiden Schüler ist in ein Buch vertieft (wohl den "Donatus"), der andere für die erwartete Züchtigung schon ausgezogen. Die Symbolik ist für den gegenwärtigen Betrachter leicht zugänglich: mit Grammatikunterricht verbindet sich oft eine Vorstellung von Anstrengung, ja Quälerei, die durchzustehen einiger Zucht bedarf."

Läßt man sich auf diese Allegorie vorläufig ein, dann wäre die Gestalt das Symbol für die Grammatik, die Rute das Symbol für den Unterricht, und sofort böte es sich an, zwischen *deskriptiver linguistischer Grammatik* und *präskriptiver Schulgrammatik* zu unterscheiden. Plausibel wäre diese Unterscheidung in einem oberflächlichen Sinne schon: während Schulgrammatik Kinder und Heranwachsende an den richtigen Sprachgebrauch heranführen soll und deshalb "Vorschriften" meint erlassen zu müssen, beschreibt linguistische Grammatik nicht nur die Strukturen einer Sprache, ja setzt sich begrifflich mit "Grammatik" von "Sprache" ab, um "eine abstrakte erklärende Theorie zu konstruieren" [2], und kann sich somit auf viele spezielle Fragen sowie auf Beobachtungen des Sprachwandels, der Sprachvariation usf. deskriptiv einlassen. Doch eine solche Unterscheidung macht es sich zu einfach. In eindeutiger Weise bezieht hier Peter EISENBERG (1986:18) zum Spannungsverhältnis zwischen Deskription und Präskription in einer Grammatik Stellung:

> "Man kann nun versuchen, das Normproblem der sogenannten traditionellen Grammatik anzuhängen, indem man darauf verweist, daß die moderne Linguistik auch dort, wo sie Grammatik treibt, damit nichts zu tun hat oder sich gar vom normativen Gebrauch der Grammatik distanziert. [...] Man selbst versteht sich als deskriptiv. Die Grammatik soll erfassen, was ist, und nicht vorschreiben, was sein soll. Die Unterscheidung von deskriptiver und präskriptiver [normativer] Grammatik hat sich jedoch aus mehreren Gründen als problematisch erwiesen. Einmal ist es nicht die Grammatik selbst, die normativ ist, sondern der Gebrauch, der von ihr gemacht wird."

Eine Feststellung, die für den Gebrauch der Schulgrammatik ebenso zutrifft, um hier gleich zu einfache Dichotomien aufzulösen. EISENBERG (1986:19) zitiert im folgenden Noam CHOMSKY (1973:15f) mit der letztlich normativen Scheidung "grammatischer Folgen, die Sätze von L sind,

---

1 IVO (1988a:452).
2 GREWENDORF/HAMM/STERNEFELD (4/1990:25); die Kapitelüberschrift "Sprache versus Grammatik", 22.

von den ungrammatischen Folgen, die nicht Sätze von L sind [...]", um deutlich zu machen, daß

> "allein die Forderung nach Abgrenzung der grammatischen von den ungrammatischen Sätzen die Behauptung vom deskriptiven Charakter der Grammatik ins Wanken [bringt]. Die Grammatik selbst ist es, die bestimmt, welche Zweifelsfälle noch zur Sprache gehören und welche schon nicht mehr. Es ist und bleibt Aufgabe der Grammatik, zwischen richtig und falsch für eine Sprache zu entscheiden."

Diese Aufgabe hat die Grammatik in der Schule auch, aber der Unterricht über die Grammatik hat noch weitere Aufgabenfelder, die zwar immer wieder umstritten waren, die aber ebenso immer wieder zum Thema wurden: neben den richtigen Gebrauch der Sprache ist vor allem der angemessene und der *gute* Gebrauch der Sprache zu stellen, wobei diese Attribute der Reflexion und der Definition bedürfen. Noch wichtiger: Grammatik und der Unterricht über sie können den Kindern und Heranwachsenden Möglichkeiten des Sprachsystems vorstellen und gleichsam zum Gebrauch anbieten, sie können für die Textrezeption den Blick auf das Beobachtbare lenken und dafür eine fachliche Beschreibungssprache bereitstellen, und sie können die Reflexion über die Sprache und den Sprachgebrauch anregen. Dies sind Aufgabenfelder bzw. Funktionen des Grammatikunterrichts, die sich vom Symbol der Rute entfernen und so die Attraktivität der allegorischen Gestalt der Grammatik herausstellen. Um es am Rande der Allegorie ein wenig salopp zu sagen: Grammatik sollte nicht als Gouvernante erscheinen, sondern als attraktive Fremdenführerin in der eigenen Stadt. Grammatik und Grammatikunterricht sind problematisch in der Schule. Möglicherweise hat die Art der alltäglichen Umsetzung mehr damit zu tun als die Sache, um die es geht. Zu weiterem Aufschluß gerade auch für die Vorgänge um den Grammatikunterricht sei aus der Frühzeit der Grammatik eine weitere allegorische Darstellung genauer betrachtet. In seiner "Philosophie der Grammatik" berichtet Wilhelm KÖLLER (1988:XI):

> "Ebenso apart wie aufschlußreich ist es auch, daß nach CAPELLA die Grammatik von Ägypten über Attika nach Rom gekommen ist und daß sie sich der Abstammung von *Osiris* rühmt. [...] Die Dialektik von Tod und Leben, die Osiris mythisch verkörpert, ist für das Verständnis des Phänomens *Grammatik* sehr aufschlußreich. Wer die Grammatik bewußt kennenlernt, für den stirbt die Sprache als ein unmittelbar handhabbares Mitteilungsmedium; gleichzeitig wird sie aber eben dadurch auch wieder auf neue Weise wahrnehmbar. [...] Die Möglichkeit und der Zwang, seinen Sprachgebrauch grammatisch zu kontrollieren, kann den eigenen Sprachformen etwas von ihrer vitalen Kraft nehmen, aber ihnen zugleich auch die Festigkeit mechanischer Ordnungen verleihen, wenn nicht gar ein Stück Totstarre. Insbesondere im *schriftlichen* Sprachgebrauch ermöglicht die bewußte grammatische Kontrolle von Äußerungen ein Maß an semantischer Präzision, das die Sprache erst zu einem wirklich autonomen Sinnbildungsinstrument werden läßt."

Aus solchen Deutungen allegorischer Darstellungen wie aus den Allegorien selbst wird deutlich, daß Grammatikunterricht geradezu umstritten sein *muß*, greift er doch in die "vitale Kraft" der Heranwachsenden ein. Der Sinn von Grammatikunterricht wird auch immer wieder angesichts der Tatsache in Zweifel gezogen, daß die Kinder "ja schon Deutsch können", wenn sie in die Schule kommen. Eine unmittelbare Wirkung von Grammatikunterricht ist nicht leicht zu erkennen, allenfalls für die Rechtschreibkompetenz, während die Bildungsfunktion nicht immer als ausreichende Begründung anerkannt wurde. Da die Sache des Grammatikunterrichts nun einmal schwierig bleibt, bedarf es der Auseinandersetzung mit der Fachgeschichte und der Fachdiskussion, und es könnte sich dabei der Versuch lohnen, ihn von seinen möglichen Funktionen her erneut zu begründen.

1.1. Begründung des Grammatikunterrichts: Rückblick auf eine lange Diskussion

Wenn eine *gute* Textgestaltungskompetenz das Ziel (sprach)-didaktischer Überlegungen ist, so ist davon auszugehen, daß gute Texte dann entstehen, wenn eine solide *Sachkompetenz* vorhanden ist, die mit einem soliden *sprachlichen Wissen* gepaart ist. Die Rolle der Sachkompetenz kann hier nur betont werden; sie hängt wesentlich mit dem Thema und der Vorbereitung auf das Thema, mit Techniken der Informationsbeschaffung und ihrer Verarbeitung zusammen; selbst "freies", assoziatives Schreiben muß auf einen Informationsfundus zurückgreifen können.[3]

Sprachliches Wissen ist die andere wesentliche Komponente einer Textgestaltungskompetenz. Der Begriff des sprachlichen Wissens ist in sich komplex[4], wie in der Einleitung schon erläutert. In ihm integrieren sich sowohl der *kognitive Wissensbegriff* wie das *Können* einer Sprache. Damit ist dieser Begriff für die Sprachdidaktik besonders naheliegend, integriert er doch etwas, was konstituierend für das Fach Deutsch ist: ein Wissen über sprachliche Phänomene *und* über Gebrauchsformen der Sprache einerseits und andererseits eben diesen Gebrauch der Sprache, was selbst wiederum zu Wissen und Wissensstufen führt. Insofern stiftet er, besonders auch als ein neuer Begriff der Kognitionswissenschaften, einen Anlaß, über den Grammatikunterricht und seine Funktionalisierung nachzudenken.

Greift man nur drei Titel aus der langen Geschichte des Grammatikunterrichts und der Diskussion darüber heraus, wird die ganze Fraglichkeit und der *Begründungsnotstand* des Grammatikunterrichts deutlich. Schon die Frage Konrad GAISERs 1950 "Wieviel Grammatik braucht der Mensch?" impliziert ihre Negierung oder Minimierung. Der Buchtitel "Der andere Grammatikunterricht" von Wolfgang BOETTCHER und Horst SITTA 1978 betont ja wohl, daß etwas *anders* werden müsse. Und der Titel des Heftes 121 von "Diskussion Deutsch" (Okt. 1991) lautet "Grammatikunterricht? Ja!"; doch so affirmativ dieser Titel auch klingt, im Vorwort der Herausgeber ist die Verhaltenheit nicht zu überlesen (IVO/NEULAND 1991:436):

---

3 Darüber etwas mehr in der Diskussion um die Schreibdidaktik.
4 Vgl. dazu ausführlich Kap.4.1.

"Die Beiträge zur Thematisierung von Grammatik im muttersprachlichen Unterricht verbindet dreierlei:
- Sie bejahen ohne Wenn und Aber die Beschäftigung mit Grammatik im muttersprachlichen Unterricht.
- Sie leiten den Sinn einer solchen Beschäftigung her aus Versuchen, die Frage zu beantworten, welche Bedeutung der Erwerb grammatischen Wissens für die Personen hat, die in solche Lernprozesse 'verwickelt' werden.
- Sie richten die Aufmerksamkeit auf das Problem, wie sich künftige Muttersprachenlehrer und -lehrerinnen auf ihre Aufgabe im germanistischen Sprachstudium vorbereiten können. In den Beiträgen [...] wird ein [...] verändertes Klima im Sprechen über muttersprachlichen Grammatikunterricht spürbar. Ein sich eher halbherzig und defensiv gebendes Argumentieren wird abgelöst vom Ausdruck einer Nachdenklichkeit, die in der Gewißheit gründet, daß sich in der Reflexion über Sprache, verstanden als Reflexion über die Sprachlichkeit des Menschen und die je eigene Sprachlichkeit, ein wesentliches Merkmal neuzeitlicher Bildung verwirklicht."

Man sieht, daß die Herausgeber, die dem Heft den Titel gegeben haben, die Funktion des Grammatikunterrichts so gut wie ausschließlich in der Reflexion sehen; eine Funktionalisierung für den guten oder gar besseren Gebrauch der Sprache wird im ganzen Vorwort gar nicht erst in Erwägung gezogen, sondern sogar als sehr problematisch angesehen; der Nützlichkeitsaspekt wird dem Herausgeber[5] sogar bildungstheoretisch suspekt. Allein schon der Begriff *Funktionalisierung* hat ja seit den frühen siebziger Jahren eine negative, wenn nicht gar pejorative Konnotation; und für *Instrumentalisierung* trifft dies sogar noch mehr zu. Doch ich möchte diese beiden Begriffe im folgenden wertfrei bzw. tendenziell positiv nutzen: so sehr Grammatikunterricht ein Bereich eigenen Rechts im Deutschunterricht sein kann bzw. könnte, so sehr kann er auch für bestimmte Bereiche eine Funktion haben, ein Werkzeug, ein Instrument sein. Darin sehe ich nichts Abträgliches, und solche *Instrumentalisierung* bzw. *Funktionalisierung* nimmt ihm nichts an Wert. Denn sein Wert definiert sich ja wohl nicht nur aus seinem Nutzen, sondern auch und immer wieder als reflexive Kategorie des Sprachgebrauchs und des Denkens.

Aber: Diese drei nicht ganz willkürlich herausgezogenen Titel und der Tenor des oben zitierten Vorwortes sind durchaus Schlaglichter, die die didaktische Diskussion charakterisieren können. Angesichts des alltäglichen Deutschunterrichts, der Lehrpläne und einer in der Lehrerausbildung fest integrierten Linguistik sind sie um so befremdlicher und zeigen einmal mehr, wie notwendig eine konstruktive Diskussion des Grammatikunterrichts ist.

Natürlich ist zu differenzieren. Versucht man, der jüngeren didaktischen Diskussion zum Grammatikunterricht einigermaßen gerecht zu werden, so sind vier bzw. fünf Phasen auszumachen:

---

5 Im Unterschied zu meiner eigenen Position, die ich in diesem Heft in Anspruch nehme bzw. thematisiert habe: KLOTZ (1991a).

1.2. Schulgrammatik zwischen Tradition und Neuorientierung

In den Jahren nach 1950 wird die traditionelle Grammatik der Schule allmählich an strukturelle Formen herangeführt, und zwar insbesondere durch die Arbeiten von Hans GLINZ, dessen "Die innere Form des Deutschen" 1954 die nicht mehr aus dem Grammatikunterricht wegzudenkenden operationalen Verfahren bringt, die sogenannten *Proben*: Umstell-, Ersatz-, Weglaß- und Klangprobe. Diese Veränderung des meist noch traditionellen Grammatikunterrichts hat aber langfristig - und eigentlich bis heute - eine Öffnung nicht nur für eine Linguistisierung bewirkt, sondern auch für eine Anerkennung des Schulkindes als kompetentem Sprecher bzw. Sprachteilhaber gesorgt - zumindest für den Bereich der Syntax, dem damals und wohl immer noch dominanten Bereich der "Grammatik" in der Schule. Die Norm der Standardsprache blieb unangetastet.

Bekanntlich war bis dahin die "deutsche Satzlehre" wesentlich von der lateinischen Grammatik, ihren Begriffen und vor allem von ihren Kategorien geprägt gewesen. Dies hatte zu überzogener, vom Sprachgebrauch sich entfernender Systematik geführt, die z.T. die Eigenheiten der deutschen Sprache weit hinter sich ließ, man denke nur an das vor allem als *Tempus* geführte *Futurum exactum* - "er wird dies getan haben" -, das, wenn es denn überhaupt verwendet wird, vor allem modalen Charakter fast ohne Zeitreferenz hat, von seltenen Verwendungsfällen abgesehen. Solche Übersystematisierungen haben natürlich auch zu Verkrustungen in der Normorientierung geführt, so daß unter solchen alltäglichen schulgrammatischen Verhältnissen tatsächlich mit Recht zu fragen war, wieviel Grammatik ein Mensch denn brauche, vor allem einer, der nicht zur Latein beherrschenden "Elite" gehören konnte. GLINZ war in den frühen fünfziger Jahren sicherlich so etwas wie ein "Glücksfall" für die Sprachwissenschaft und für die Schulgrammatik. Er hatte selbst eine Lehrerausbildung durchlaufen, und er hat bis heute in öffentlichen Diskussionen[6] sein Engagement für die Schule nicht aufgegeben. Er hat "mit seinem Buch 'Die innere Form des Deutschen' eine lange Tradition der Bemühung um eine Volksgrammatik, die mit Karl Ferdinand BECKER (1831) bereits an der Wiege der deutschen Sprachwissenschaft begonnen hatte, fortgesetzt".[7] GLINZ wurde mit Recht in Verbindung mit Leo WEISGERBERs (1929) "inhaltsbezogener Grammatik" gebracht; gleichzeitig geht er aber auf Abstand zu ihm, indem er mehrfach auf die internationale Sprachwissenschaft, besonders auf den Strukturalismus verweist, zu dessen eher naturwissenschaftlich orientierten Methoden auch die GLINZschen Proben zu rechnen sind; folglich formuliert GLINZ (5/1968:7) in seinem Vorwort:

> "Allerdings geht es in diesem Buch erklärtermaßen noch nicht um die vollen Wortinhalte und noch weniger um die 'höheren Inhalte', die keinen besonderen Wortkörper für sich allein haben, sondern von sonstwie schon beanspruchten Wortkörpern oder von ganzen Wortkomplexen getragen werden, aber sprachlich fest sind und den

---

6 So z.B. auf dem Germanistentag 1991 in Augsburg oder auf dem "Symposion Deutschdidaktik" 1988 in Bielefeld und 1994 in Zürich.
7 So über ihn: EICHLER (4/1990:247).

Hauptreichtum einer Sprache ausmachen. Es geht vielmehr erst um die 'grammatischen Inhalte', um die großen durchlaufenden Kategorien [...]."

Selten ist schöner - eine solche Bemerkung sei ausnahmsweise gestattet - Grammatik mit ihren oft so schwierig erscheinenden Kategorien als "Hauptreichtum einer Sprache" bezeichnet worden. Die GLINZsche Terminologie - z.B. "Zuwendgröße" für Dativ - hat z.T. den Erfolg seines "eröffnenden" Werkes verzögert, aber letztlich nicht behindert, insbesondere wenn man bedenkt, welche Impulse seither gerade auch von seinen Aachener Schülern[8] ausgegangen sind und noch ausgehen.

1.3. Die Linguistisierungsphase und ihr Scheitern

Anfang der siebziger Jahre beginnen Reformansätze zu wirken, die zwar in verschiedene Richtungen laufen, denen aber gemeinsam ist, daß sie den "traditionellen" Grammatikunterricht verändern wollen: die eine Richtung zielt auf eine Orientierung dieses Teilbereichs des Deutschunterrichts an der modernen Linguistik, was ablesbar wird an den zu schnell reagierenden Produktionen einiger Schulbuchverlage, besonders dem "Sprachbuch" von KLETT und "Sprache und Sprechen" von SCHRÖDEL. Dieser Reformansatz scheitert vor allem an der Überforderung der Lehrer und an der zu geringen Didaktisierung - nicht Methodisierung - wissenschaftlicher Sprachbeschreibung; didaktische Konzepte zur Auswahl fehlten.[9] Er hat heute, da Linguistisierung nicht mehr als "Reform" begriffen wird und die linguistischen Grundkenntnisse eines Teiles der Lehrerschaft besser geworden sind, möglicherweise eine größere und selbstverständlichere Chance, als gemeinhin wahrgenommen wird. Wichtig ist dieser Reformansatz vor allem für eine bewußtere Orientierung der (Schul-)Grammatik bzw. der Grammatiklektionen in Sprachbüchern an modernen Bezugsgrammatiken unter Einschluß von Wortbildung, Semantik und Pragmatik.[10]

Diese Ausweitung des Sprachunterrichts wiederum wurde durch den anderen Reformansatz jener Jahre begünstigt, der mit einer systematischen Linguistisierung wenig im Sinn hatte, nämlich durch jenen Ansatz, der sich der Sprachgebrauchswirklichkeit in sozial engagierter Weise öffnete: die Orientierung an Fragestellungen der Soziolinguistik - und später einer sprecherorientierten, sozialen Dialektologie - und die Hinwendung zur Kommunikationstheorie. Kritische Distanz zu Normen der Gesellschaft und der Sprache wurden gefordert, das Nachdenken über die Einschätzung verschiedener sozialer und regionaler Sprachvarietäten machten einen normorientierten systematischen Grammatikunterricht suspekt, wurde er doch - leider - als Herrschaftsinstrument der bürgerlichen Gesellschaft und als

---

8 Also etwa SITTA, SWITALLA, BRINKER.
9 Vgl. zur Kritik an der Linguistisierung u.a.: WUNDERLICH (1975); TEGGE (1975); HERRLITZ (1979).
10 Paradigmatisch dafür z.B.: EICHLER/BÜNTING (1978).

Anpassungsinstrument an die Standardsprache verdächtigt. Was damals noch nicht so deutlich gesehen wurde, war die mögliche Funktion gerade auch grammatischen Wissens, die je eigene sozial und regional geprägte Sprache beschreiben und sich somit in emanzipatorischer Weise behaupten zu können.[11] Dies zu erforschen und zu thematisieren blieb allein den Theoretikern der Soziolinguistik überlassen, wie man etwa an der Untersuchung Ulrich OEVERMANNs (1972) oder Eva NEULANDs (1975) und vieler anderer sehen kann. Tatsächlich erfuhren in den Folgejahren die Schüler immer mehr über soziale und individuelle Kommunikationsmodelle. Die Begriffe Grammatikunterricht und Sprachlehre wurden eingeschmolzen in den neuen Begriff der *Reflexion über Sprache*[12], ohne daß der Gegenstandsbereich selbst, die Sprache in ihren Varietäten, den Schülern hinreichend systematisch vorgestellt wurde.

Diese heutige kritische Sicht holt sich ihr Recht vom Standpunkt eines sich funktional orientierenden Sprach- und Grammatikunterrichts. Damit wird aber die Bedeutung dieses Reformansatzes für den Deutschunterricht insgesamt und für ein Bewußtsein zur Sprachlichkeit nicht verkannt, aber unter eine veränderte, bewußt konstruktive Perspektive gerückt.

1.4. Im Bedarfsfall: Der "andere" Grammatikunterricht

In den Jahren nach 1975 dominiert der Begriff *Sprachreflexion* vollkommen über den Begriff *Grammatikunterricht*, selbst wenn der schon zitierte wirkungsvolle Titel "Der andere Grammatikunterricht" einen Ausgleich nahelegt: Grammatik als Nothelfer in prekären Sprach- bzw. Deutschunterrichtsituationen, dadurch zwar gut motivierbar im Augenblick der Situation, aber eben in ihrem Anspruch reduziert. Der Reflexionsbegriff führte aber auch zu einem Etikettenschwindel. Denn neben den von den Reformansätzen, insbesondere den Hessischen Rahmenrichtlinien von 1972 für die Sekundarstufe I, geforderten reflexiven Tätigkeiten, Diskussion kommunikativ-pragmatischer Probleme, soziolinguistischer Fragestellungen und Phänomene und vor allem Kritik an der Sprache als Herrschafts- und Manipulationsmedium - bestand ein zwar immer *linguistischer*, aber im Umfang und an Intensität geringer werdender Grammatikunterricht unter dem Reflexionsetikett - auch und gerade in den Lehrplänen - fort. Dies ist im Grunde bis heute gängige Praxis. Kritisch merkt NEULAND (1993:14) in einem Rückblick hierzu an:

> "Jene pragmatische phänomenorientierte Aufteilung des Lernbereichs [= Reflexion über Sprache] in die Teilbereiche:
> - Reflexion über das Sprachsystem: Grammatikunterricht,
> - Reflexion über fremdes und eigenes sprachliches Handeln: Kommunikationsanalyse und Metakommunikation,

---

11 Vgl. dazu heute: NEULAND (1993).
12 Vgl. BOUEKE (1984).

- Reflexion über unterschiedliche auf Sprache bezogene Fragen: Sprachkunde mit den darauf bezogenen Zielvorstellungen:
- Einsicht in den Bau der Sprache,
- Analyse der Funktion und Mittel sprachlicher Kommunikation,
- Befähigung zur Metakommunikation kann und will den historisch überkommenen Mangel an begrifflicher Konsistenz und theoretischer Fundierung nicht ersetzen. [...] Kritische Stimmen gegen die Tendenz einer Gleichsetzung von Reflexion über Sprache mit Grammatikunterricht wurden schon früh von sprachdidaktischer Seite laut",

nämlich etwa 1975 durch Hubert IVO im "Kritischen Deutschunterricht". Freilich wurden diese "kritischen Stimmen" vor allem von der Sorge motiviert, daß "die Hoffnung auf emanzipatorische und sprachkritische Wirkung" nicht von einem Grammatikunterricht getragen wird, der allein an die "Modernität der wissenschaftlichen Bezugsgrammatik" (NEULAND 1993:14) gebunden wäre. Von dieser Seite des Diskurses um den Sprachunterricht war keine förderliche Argumentation für einen Grammatikunterricht im eigenen Recht zu erwarten, also auch keine wirkliche Didaktisierung der grammatischen Systematik. So formuliert NEULAND (1993:14) in ihrer Rückschau den oben ausgelassenen Satz [...], bezugnehmend auf die pragmatische Diffundierung des Begriffes von der Reflexion über Sprache:

"Die Gefahr einer Verselbständigung der Teilbereiche als Selbstzwecke und der Auflösung ihrer Zusammenhänge liegt nahe, wenn solche Zusammenhänge nicht durch übergeordnete Zielvorstellungen im Rahmen von didaktischen [kritischen, kommunikativen, emanzipatorischen] Konzeptionen gestiftet werden."

Ohne den damals und bis zum Teil heute berechtigten Anliegen der gesellschaftlichen Emanzipation widersprechen zu wollen, ist doch festzuhalten, daß solch eine Befürchtung einer Verselbständigung, eines Selbstzwecks grammatischen Wissens die Diskussion um die inhaltliche Füllung dessen, was grammatisches Wissen sein könnte und wie es strukturiert bzw. methodisiert werden müßte, blockiert oder zumindest behindert hat. Denn an den Lehrplänen wurde nur mehr oder weniger retuschiert, und die Lehrer mußten ihren Grammatikunterricht eben doch halten. Dabei waren sie bis in die achtziger Jahre alleingelassen, und so führte der Grammatikunterricht mehr und mehr ein eher schlechtes als rechtes Nischendasein.

Kritik entzündete sich auch an dem Linguistisierungstrend der sogenannten "Abbild-Didaktik" [13], und zwar mit Argumenten, die bis heute Gültigkeit behalten haben. Im Vorwort zur 3. Auflage zitiert Wolfgang MENZEL (3/1975:8f.) in seinem Buch "Die deutsche Schulgrammatik" SITTA (1974:473): "Die gegenwärtige Einstellung weiter Kreise[14] [...] der Linguistik gegenüber ist durch wachsendes Mißtrauen und Abwehr gekennzeichnet." MENZEL fährt analysierend fort:

---

13 Zum damals problematischen Verhältnis von Linguistik und Didaktik vgl.: DANIELS (1974); SITTA (1974); HERINGER (1974).
14 Gemeint sind vor allem die Lehrer und die Öffentlichkeit.

"Zweifellos hängt das damit zusammen, daß die Schulgrammatik immer noch zu sehr am Erkenntnisinteresse der Sprachwissenschaften orientiert ist und daß die Didaktik noch nicht zu dem Selbstverständnis gefunden hat, das zum Aufbau einer wirklich *pädagogischen* Grammatik notwendig wäre. Der Schritt von der alten BECKERschen Grammatik bis hin zur Adaption der Dependenzgrammatik ist noch kein *pädagogischer* Fortschritt. [...] Es kann nicht Aufgabe einer pädagogischen Grammatik sein - und hier geben wir dem Verfasser der Hessischen Rahmenrichtlinien uneingeschränkt recht -, eine vollständige Systembeschreibung von Sprache, nach welcher Theorie auch immer, zu liefern. Die Aneignung eines linguistischen Begriffsinstrumentariums und linguistischer Beschreibungsverfahren durch die Schüler ist erforderlich, soweit sie für die Untersuchung der Sprach*verwendung* [Hervorhebung v. Verf.= W. MENZEL 1975:66] benötigt werden und - so müssen wir ergänzen - soweit diese als Handwerkszeug zur Sprachanalyse überhaupt notwendig sind."

Bis heute zutreffend ist die Feststellung, daß die "Didaktik noch nicht zu dem Selbstverständnis gefunden hat", das sie bräuchte, um Schulgrammatik nicht als irgendeine Form von reduzierter wissenschaftlicher Grammatik zu formulieren, sondern Schulgrammatik letztlich aus einem eigenen Anspruch heraus zu entwickeln. Wie desolat - aus der Sicht eines Didaktikers, der sich auf die Suche nach den positiven Funktionen von Grammatikunterricht begibt - die Situation eben des Grammatikunterrichts Mitte der siebziger Jahre - und lange noch danach - war, zeigt der Vergleich MENZELs, den er mit den "Richtlinien für die Volksschulen des Landes Niedersachsen" für die Fächer Mathematik und Deutsch anstellt (MENZEL 3/1975:97ff.). Den Vergleich zusammenfassend heißt es (3/1975:99):

"Bei der Aufzählung der Aufgaben für den Mathematikunterricht werden bestimmte zu erwerbende *Kenntnisse* und *Fertigkeiten* genannt. Der Akzent liegt auf den *Techniken* und *Operationen*, welche beherrscht werden sollen, und den zu durchschauenden *Gesetzmäßigkeiten*. Die Aufmerksamkeit des Lehrenden wird auf die *Sache* selbst gerichtet [...] Die Darstellung der Aufgaben für den Sprachunterricht hingegen ist bestimmt durch die *Negationen* und *Warnungen*. Der Leser erfährt in den wenigen Sätzen vornehmlich, worauf er zu *verzichten* habe, was er *bekämpfen* solle, welchen Verhaltensweisen er entgegenwirken müsse, was didaktisch *nutzlos* sei usf. Was im einzelnen zu tun ist, wird kaum deutlich. [...] Eine solche Gegenüberstellung erst macht deutlich, in welchem Maße die deutsche Sprachlehre allgemeinen Erziehungszielen verpflichtet ist, wie wenig sie andererseits orientiert ist an der Sprachwissenschaft."

Die Zeit war für die Entwicklung einer Schulgrammatik also auch aus der Sicht MENZELs trotz seines Buchtitels nicht gerade günstig. Zwar setzt er sich mit damals modernen Formen linguistischer Sprachbeschreibung, also auch mit generativer Grammatik und Dependenzgrammatik, auseinander, aber es kommt nicht zum großen Wurf einer pädagogischen Grammatik. Das konnte wohl in diesen Jahren auch nicht sein; Syntax, Semantik, Pragmatik bestanden relativ unverbunden nebeneinander, und so lange das Bild der Linguistik von außen noch so "disparat" war oder so gesehen wurde, war die Warnung ja berechtigt, daß es "eine absurde Zielsetzung" sei, in "der Schule Systemlinguisten auszubilden".[15] Gleichzeitig übte die Pragmatik eine große Anziehungskraft auf alle jene aus, die sich als Linguisten

---

15 IVO (1975:102).

damals mit Sprachunterricht beschäftigten, also etwa Utz MAAS, Dieter WUNDERLICH und Hans-Jürgen HERINGER. Auch Hubert IVO widmet drei Kapitel, das dritte, vierte und fünfte, seiner Schrift "Handlungsfeld Deutschunterricht" (1975) dem Grammatikunterricht, doch werden auch sie den damals wichtigen Sinn- und Ideologiefragen zugebeugt. So kann es nicht wundern, daß das *Handeln* mit Sprache mehr im Vordergrund steht als das Sprachsystem selbst. Der Titel des fünften Kapitels lautet denn auch "Noch einmal: Didaktik des Grammatikunterrichts und der Sprachwissenschaft. Der Beitrag der Philosophie", womit vor allem die "Ordinary Language Philosophy" und spezieller AUSTINs Buch "How to do things with words" (1955) gemeint war. IVO (1975:101) formuliert in seiner Zusammenfassung dort:

"Der Primärsprachenunterricht soll, von diesem unterstellten Konsens bin ich ausgegangen, zum sprachlichen Handeln [i.S. einer Steigerung der Handlungsfähigkeit] und zum Nachdenken über die Bedingungen dieses Handelns anleiten [wobei die Reflexion auf die Bedingungen des Handelns selbst wiederum auf die Verbesserung des Handelns zielt]."

Konsequenterweise reduzierte IVO (1975:102) damals den Grammatikunterricht auf die Perspektiven der Sprechakttheorie:

"Spitzen wir die Frage abschließend noch einmal zu, wieviel Grammatik der Mensch brauche, so lassen sich an dieser Stelle zwei abschließende Feststellungen treffen:
- Die Kinder, wenn sie in die Schule kommen, verfügen längst über eine Basis-Grammatik [und mehr als eine Basis-Grammatik] im Deutschen. Sie muß ihnen nicht erst vermittelt werden.
- Das Nachdenken über Systemhaftigkeit sprachlicher Zeichen im Äußerungsakt rechtfertigt sich nur dann, wenn damit bessere Handlungs- und Reflexionsmöglichkeiten auf der 'Ebene' des propositionalen und des illokutionären Aktes gewonnen werden."

Wie weit die "Hoffnungen", die auf die Sprechakttheorie gesetzt wurden, gingen, zeigt, daß selbst Äußerungen wie die von Franz HEBEL (1971:67) bei IVO (1975:103) *skeptisch* zitiert werden: "Grammatik-Unterricht ist eine entscheidende Voraussetzung der Ideologiekritik. Er bietet das Instrumentarium, mit dessen Hilfe der Schüler selbständig diese Kritik leisten lernt [...]" Diese Textbeispiele mögen genügen, um zu zeigen, wie sehr man einerseits um die Diskussion des Grammatikunterrichts bemüht war und ihn eben nicht einfach abschaffen wollte. Andererseits belegen sie die Zweifel an seinem Sinn und die Orientierung an allgemeinen, ideologiekritischen Zielen, die als übergeordnet eingestuft wurden. Eine Auseinandersetzung mit der Sache *Grammatikunterricht* selbst wurde so behindert und auf Umwege gebracht. Im hypothetischen Konjunktiv ist anzumerken: es hätte erkannt werden müssen, daß die Instrumentalisierung des Grammatikunterrichts bzw. des daraus resultierenden Grammatikwissens erst einmal die Sache "Grammatik" für die Schule in ihrer Eigengesetzlichkeit erfordert hätte. Die neuen Anstöße aus der Linguistik und die aufgeworfenen gesellschaftlichen Fragen hätten zu einer Neu-Konzeption durchaus klassischer Bereiche führen müssen, statt daß so arg schnell auf neue linguistische Felder "auszuweichen" war. Mit Recht wurde ja - so etwa auch

HEBEL schon 1971[16] - eine Zusammenführung der linguistischen Bereiche Syntax, Semantik und Pragmatik für die Schule eingeklagt. Entsprechendes wurde in diesen Jahren durchaus gefordert. In seinem bis heute wichtigen Aufsatz "Welchen Sinn hat der Grammatikunterricht in der Schule?" stellt Gerhard AUGST (1976:235) fast lapidar fest:

> "D.h. es kann in der Schule gar nicht darum gehen, Phonologie, Morphologie, Syntax, Semantik, Texttheorie oder Pragmatik nach einer wie auch immer theoretisch legitimierten Wissenschaft zu betreiben, sondern eben diese Disziplinen müssen sich auf Grund der didaktischen Situation, Befähigungen für bestimmte Qualifikationen zur Bewältigung von Lebenssituationen zu vermitteln, befragen lassen, was sie zu diesem Lernprozeß beitragen können."

Und an die Fachwissenschaft gewandt führt er fort:

> "Den Fachwissenschaftler mag es zunächst seltsam berühren, seine Fachwissenschaft hier in die Pflicht einer Wissenschaft von der Didaktik genommen zu sehen, aber zum einen erschöpft sich seine Fachwissenschaft nicht in ihrem Beitrag für die Didaktik und zum anderen - und das ist hier der wichtigere Grund - sind alle Wissenschaften dazu aufgerufen, in diesem curricularen Prozeß zu bestimmen, was denn eigentlich die Lebenssituationen sind oder sein sollten, für die und auf die hin es zu erziehen gilt."

AUGST (1976:231) selbst verweist auf eine Begründung des Grammatikunterrichts, wobei er Argumentation wie "die Kinder können ja schon Deutsch" etc. implizit mit berücksichtigt, wenn er auf die "Freiheit" verweist, die Heranwachsende in der Schule erhalten müßten, um Sprache nach ihren eigenen Wirkungsabsichten zu nutzen; "[...] daß diese Freiheit realiter oft nicht besteht, müßte ein hervorragendes Thema des Deutschunterrichts sein."

Vor dem Hintergrund dieser Trends, also dem eher lebenspraktisch- und fachwissenschaftsorientierten Trend, wie er durch AUGST zu Wort gekommen ist, und dem eher philosophisch-ideologiekritischen und pragmalinguistischen Trend, ist wohl der Versuch zu sehen, einen "*anderen* Grammatikunterricht" [17] in die Schulen zu bringen. Denn dieser wirkungsvolle Buchtitel macht ja klar, daß er die Sinnfrage des Grammatikunterrichts positiv beantworten und die neueren linguistischen Erkenntnisse und Beschreibungsmethoden einbeziehen will; immerhin heißt der Untertitel "Veränderung des klassischen Grammatikunterrichts. Neue Modelle und Lehrmethoden."

Worin bestehen die wesentlichen Veränderungen? - Den Autoren BOETTCHER und SITTA geht es einmal um eine Veränderung der Inhalte, dann um eine veränderte Reihenfolge und Gewichtung dieser Inhalte und endlich um eine fast ausschließliche didaktisch-methodische Anbindung an Alltagssituationen. Die Veränderung der Inhalte geschieht zum einen durch die explizite Aufnahme und Integration der Bereiche Semantik und Pragmatik zusätzlich zur Syntax, und zum anderen geht damit eine Ausdünnung der Inhalte durch die Anbindung an Situationen einher. Damit allerdings

---
16 AUGST (1976).
17 BOETTCHER/SITTA (1978).

droht schließlich und vor allem in praxi eine Aufgabe der grundständigen Systematik.[18]

Die Aufnahme der Bereiche Semantik und Pragmatik bedingt eine Reflexion über Reihenfolge und Hierarchie. Die Position der Autoren (die ich in dieser Frage weitgehend teile) drückt sich in einer Kapitelüberschrift (1.1.2.) "Das falsche Pferd falsch aufgezäumt - zum Problem der sogenannten Elementargrammatik" dergestalt aus, daß es in der nächsten Überschrift[19] heißt: "Das fatale Vorbild der Aufschichtung: Syntax - Semantik - Pragmatik in der Linguistik." Die Autoren plädieren letztlich für eine Umkehrung dieser Schichtung in der Schule. Natürlich argumentieren sie mit Recht, daß Schüler zunächst die Sprachverwendung und ihre Problematik interessiert, bevor sie sich Formalem zuwenden wollen. Daß damit der Weg zur Systematik schwieriger wird, steckt schon in dieser pädagogisch-psychologischen Anlage, die aber einen kräftigen Motivationsschub leisten kann. - Aus meiner Sicht klafft hier wieder einmal der Abstand zwischen Erwachsenendenken und Kinderdenken; als Erwachsene können wir eigentlich gar nicht wissen, wie Kinder mit - letztlich begrifflicher - Systematik umgehen. Andererseits schulden wir ihnen als Erwachsene eben nicht nur Motivation, sondern auch die Herausforderungen der Erwachsenenwelt. Wie immer auch, die Anbindung an Situationen der Sprachverwendung - die wesentliche *andere* Veränderung - wirkt sich letztlich als inhaltliche Verknappung aus; das steht dann eventuell im Gegensatz zur oben erwähnten Forderung, eine Freiheit, sprachlich wählen zu können, beim Schüler systematisch zu erzeugen.

Die Anbindung des Grammatikunterrichts an Situationen, wo es notwendig wird, theoretisch und reflexiv über Sprache zu sprechen und Wissen zu erwerben, sollte aus der idealistischen Sicht der Autoren zu einer Fragehaltung gegenüber Sprache und Sprachverwendung überhaupt führen. Daß daraus eine immer größere Entfernung der Lehrer und ihrer Schüler vom Grammatikunterricht resultierte, ist nicht den Autoren, sondern eben auch den oben genannten Tendenzen mit anzulasten. Der "andere Grammatikunterricht" war um eine Aufgeschlossenheit gegenüber der Sprache und ihrer Verwendung bemüht, wie sie in diesen Jahren nicht eben selbstverständlich war.

Analog zum damaligen didaktischen Trend verhalten sich die für die Praxis geschriebenen Lehrmaterialien. In seiner Besprechung "Kommunikative, grammatische und lerntheoretische Konzeptionen in Sprachlehrwerken des Deutschen" sagt Theodor LEWANDOWSKI (1977:260) über die "Gesamtkonzeption neuerer Sprachbücher" verallgemeinernd und zusammenfassend zum Stellenwert des Grammatikunterrichts:

> "Im Rahmen allgemein-soziologischer Orientierung erscheint Sprache nur noch als soziales Handeln [...] Die Situativität sprachlichen Handels wird für Sprachdidaktiker zum Dogma [...] Hervorzuheben sind im gegebenen Zusammenhang:
> - Die Tendenz zur verstärkten Modellierung und Darbietung der äußeren Faktoren sprachlichen Handelns;

---

18 Ich beziehe mich hier insbesondere auf das Kap.1.1.2., 28ff.
19 BOETTCHER/SITTA (1978:30).

- die Tendenz zur Behandlung von Grammatik als je instrumenteller Komponente von situativer Kommunikation mit zufälligem oder funktionalem Einbau [Mosaikstruktur];
- die Tendenz zur allgemeinen Minimalisierung grammatischer Anteile [Zuviel Grammatik schadet uns];
- die Tendenz zur Verschleierung von Grammatik [Je weniger man von der Grammatik merkt, um so besser] [...] Dagegen wird von textlinguistischen und textgrammatischen Möglichkeiten nur zögernd Gebrauch gemacht [...]"

Im folgenden bestätigt LEWANDOWSKI (1977:263) die Hinwendung der Didaktik bzw. der Sprachlehrwerke zur Pragmatik, findet aber auch deutlich kritische Worte:

"Mit Vehemenz haben Sprachdidaktiker die Sicht der Sprache als Handeln und Gebrauch im Rahmen des angelsächsischen Ansatzes zu einer Sprechakttheorie nebst ihrer Diskussion im deutschen Sprachraum übernommen und [...] überraschend viel daraus gemacht. In der Theorie- und Anwendungsdiskussion freilich gibt es mehr Mißverständnis und Dissens als fruchtbaren Konsens, zumal man die impliziten pragmatisch-behavioristischen Grundlagen nicht immer mit reflektiert und es auch an einer semiotischen Analyse von Sprachkonstitution und Sprachgebrauch fehlen läßt."

Und so wird verständlich, daß LEWANDOWSKI (1977:263) gegen den damaligen allgemeinen Trend fordert: "Für das Einleiten und Fördern von Sprachlernprozessen ist das Herstellen ausgewogener Verhältnisse zwischen Kommunikation und Kognition von grundlegender Bedeutung." Aber genau diese Ausgewogenheit war mit einem Sprachunterricht nicht zu erreichen, zu dessen "Hauptaufgaben" allein "Emanzipation von Manipulation durch Sprache und Durchschauen von Manipulationen der Sprache" [20] rechneten. Dies sind alles wichtige und richtige Ziele, die aber konkret sprachlich faßbar werden müssen: Die Kognition hätte durchaus des Zugangs zu systematischem grammatischem Wissen bedurft, gerade auch, um Kommunikatives und Pragmatisches für und mit dem Schüler dingfest machen zu können, statt mit ihm in der inhaltlichen Paraphrase irgendeiner vorfindlichen Kommunikation steckenzubleiben. Man muß sich hierzu nur vergegenwärtigen, wie sehr die impliziten Sprachhandlungen die expliziten quantitativ überwiegen, um daraus die Forderung abzuleiten, die impliziten auch sprachsystematisch aufdecken zu können. Wenn Schüler zum Beispiel das Tempussystem nicht auch kognitiv kennen, können sie seine Funktionen für das Erzählen und Besprechen - ich spiele auf WEINRICHs (1964) berühmte Arbeit an - nicht wahrnehmen und bleiben in ungenauen Zeitreferenzvorstellungen über das Tempussystem stecken. Gleichzeitig fehlt ihnen das systematische Instrumentarium, um einen Kommunikationsvorgang daraufhin zu untersuchen, was davon den Status des durch Bericht oder Erzählung Fernliegenden hat und was davon als aktuell thematisiert wird. M.a.W., allein der Tempuswechsel kann in einem Gespräch darauf verweisen, wann eine Zwischenerzählung eingeschoben wird und wann es wieder um das unmittelbare Wechselgespräch geht.

---

20 LEWANDOWSKI (1977:264).

1.5. Die allmähliche Wiederentdeckung des Grammatikunterrichts

Verfolgt man unter der Perspektive, wann und wie das eigentlich Grammatische des Grammatikunterrichts in Didaktik und Lehrwerken thematisiert und in systematischer Weise ernstgenommen wurde, so verwundert es fast nicht - freilich a posteriore -, daß Anfang der achtziger Jahre auf die späten siebziger Jahre Titel folgen wie 1981 "Grammatik entdecken. Grundlagen des kognitiven Lernens im Sprachunterricht" von Eduard HAUEIS, "Leistungen und Aufgaben eines funktionalen Grammatikunterrichts" von Kurt REIN und 1983 "Funktionaler Grammatikunterricht. Tempus, Genus, Modus: Wozu wurde das erfunden?" von Wilhelm KÖLLER. Auch der Weg zum funktionalen Grammatikunterricht war weit und ist bis heute trotz inzwischen positiver Konnotationen nicht selbstverständlich - was auch diese Studie wesentlich motiviert hat.

Aus der Rückschau wird verständlich, warum etwa HAUEIS (1981:9f.), der mit dem programmatischen, doppelt zu verstehenden, Sachebene und Diskussionsebene betreffenden Titel "Grammatik entdecken" eine vorsichtige Wende in der Didaktik bewirken will, warum er also mühsam die Unterscheidung zwischen "systematischem" und "funktionalem Ansatz" klärt, statt solche Fragen in den Bereich der Sukzessivität, also etwa von der Funktion zum System zu verweisen:

> "Die Gegenüberstellung von 'systematischen' und 'funktionalen' Ansätzen des Grammatikunterrichts [...] umfaßt erstens die Frage, ob Grammatikunterricht als ein eigener Lernbereich, d.h. in relativer Selbständigkeit gegenüber mündlicher und schriftlicher Kommunikation zu konstitutionieren oder nicht vielmehr davon auszugehen sei, daß es 'eines geschlossenen grammatischen Systems nicht bedarf' [21] [...] Der zweite Gesichtspunkt, unter dem zwischen einem systematisch und einem funktional orientierten Grammatikunterricht unterschieden wird, betrifft dessen sprachtheoretische Prämissen. Es geht darum, ob Schüler Sprache als 'langue', d.h. als idealisiertes System von Regeln, oder nicht vielmehr als 'parole', d.h. beim Funktionieren in Situationen der Sprachverwendung kennenlernen sollten. Dabei wird 'parole' gegen 'langue' didaktisch in der Weise ausgespielt, daß sich - vor allem programmatisch - das Interesse an den Gegenständen von Kognitionen im Sprachunterricht auf das konzentriert, was in problematischen Interaktionen handlungsrelevant zur metakommunikativen Klärung beigetragen werden kann."

Hier stört nicht nur der auf "Regeln" verkürzte langue-Begriff, sondern auch die Entscheidung, auf die SAUSSUREschen Begriffe in dieser Form zurückzugreifen, wo doch - wenn man überhaupt in die Zwangsjacke solcher Dichotomien freiwillig schlupfen will - auch die CHOMSKYschen Begriffe der Performanz und Kompetenz zur Verfügung gestanden hätten; diese hätten immerhin den Vorteil geboten, daß sie je eine inhärente individuelle Kompetenz hypostasiert hätten und damit immerhin dem "situativen Bemühen um Grammatik" auch sprachtheoretisch nähergekommen wären.

---

21 Hier zitiert HAUEIS LEWANDOWSKI (1977:260), freilich ein wenig ungenau, da sich LEWANDOWSKI hier zwar mit möglichen Positionen auseinandersetzt, sich aber doch kritisch von situativen Ansätzen distanziert und einem Grammatikunterricht eigener Konsistenz das Wort redet, wie die obigen Zitate deutlich gemacht haben.

Dies hätte aber auch HAUEIS' (1981) Absicht nicht entsprochen, da er seine Schrift ganz anders begründet, als der Titel es nahelegt:

"Mit der Vorlage dieses Buches [...] verfolge ich nicht unmittelbar das Ziel, in die Diskussion um die Berechtigung des Grammatikunterrichts einzugreifen. Auch ist es mir nicht darum zu tun, Vorschläge für die methodische Gestaltung von Unterrichtsvorhaben zu unterbreiten. Beide Zielsetzungen halte ich derzeit für wenig sinnvoll [...] der gegenwärtige Stand der Dinge läßt einen besseren Grammatikunterricht in doppelter Hinsicht nicht zu, weil zum einen den vorhandenen Modellen für die Unterrichtspraxis nichts Neues mehr hinzuzufügen ist [...] und zum anderen die didaktische Forschung bislang etliche Fragen, deren Beantwortung der Begründbarkeit von curricularen Entscheidungen zugute käme, noch nicht einmal gestellt hat. Solche theoretische Defizite sichtbar zu machen und sie, wo immer dies möglich ist, zu beheben, soll die Aufgabe dieses Buches sein."

Diese Sätze aus dem Vorwort spiegeln die geistesgeschichtliche Situation Anfang der achtziger Jahre sehr gut wieder. Der Grammatikunterricht war eben nicht nur suspekt geworden, auch die Defizite seiner theoretischen Begründbarkeit waren im Kontext soziolinguistischer und handlungstheoretischer Trends spürbar geworden. Grammatisches Wissen war unter utilitaristischen Druck geraten, es war eben nicht selbst Ausgangspunkt von Funktionen; diese Perspektive ist erst in jüngster Zeit von der didaktischen Diskussion, noch vereinzelt, entwickelt worden. Ein letztes, für die Anfangsphase der Diskussion um den funktionalen Grammatikunterricht wiederum typisches Schlaglicht stellen die abschließenden Sätze der HAUEIS-schen Schrift dar, wo er das Substantielle seines - oben nur angedeuteten - Sprachwissensmodells - wohl ungewollt - in Frage stellt:[22]

"Doch selbst wenn es sich herausstellen sollte, daß sprachliches Wissen keinen Einfluß auf sprachliches Können hat, wäre dies noch kein hinreichender Grund, für die Abschaffung des Grammatikunterrichts zu plädieren. Es gibt ja auch in anderen Bereichen des Deutschunterrichts Anzeichen dafür, daß unterrichtliche Anstrengungen im außerschulischen Verhalten wenig Folgen zeitigen."

Abgesehen davon, daß für einen Didaktiker die innerschulische Nützlichkeit auch eine Rolle spielen sollte, wird mit solchen Sätzen der programmatische Titel selbst desavouiert. Damit aber ist keine Motivation zu schaffen, "Grammatik entdecken" zu wollen; auch dann nicht, wenn im allerletzten Satz darauf verwiesen wird, daß Grammatikunterricht "spezifische kognitive Operationen" herausbilden helfe.

Im selben Jahr 1981 erbitten Jakob LEHMANN und Karl STOCKER Basisartikel für ihr "Handbuch der Fachdidaktik Deutsch". Schon der Titel, den REIN (1981) seinem Beitrag gibt, ist von positiverer programmatischer Art: "Leistungen und Aufgaben eines funktionalen Grammatikunterrichts auf linguistischer Grundlage". Seine Auseinandersetzung mit der Bewertung des Grammatikunterrichts überhaupt ist realistisch, wenn er die "negative Einschätzung bei Schülern wie auch nicht wenigen Lehrern konstatiert".[23] REIN setzt sich mit dem Verhältnis Sprachwissenschaft - Sprachdi-

---
22 HAUEIS (1981:251); später folgt für diesen "Analogieschluß" der Hinweis auf den Literaturunterricht!
23 REIN (1981:10).

daktik auseinander: auch er kritisiert die zu schnelle Rezeption der in den vorangegangenen Jahren zahlreich entwickelten linguistischen Modelle und deren allzu naive, weil im Detail zu aufwendige Methodisierung durch die Didaktik und die Schulbuchverlage. Er verweist mit Recht darauf, daß es in diesen Jahren kaum Lehrer gab, die allein schon den Ansprüchen der "neuen Sprachwissenschaft hätten entsprechen können".[24] Er schließt er sich der Kritik am "anderen Grammatikunterricht" an, wie sie auch LEWANDOWSKI, HAUEIS und andere geübt hatten, indem er die "integrierte Grammatik" des "kommunikativen/situativen Sprachunterrichts" letztlich der Minimierung bzw. fast der Abschaffung des Grammatikunterrichts zeiht. In diesem Sinne zitiert er LEWANDOWSKI (s.o.):[25]

"Diese Prinzipien des hier skizzierten 'anderen' Deutschunterrichts laufen auf eine Allgemeinerziehung hinaus, in der die fachspezifischen Kenntnisse und - Fähigkeiten des Deutsch- wie des Sprachunterrichts ihrerseits zu 'Service-funktionen' verkümmern; so wichtig diese auch seien, so kann man sie nicht auf Kosten der eigentlichen Aufgabe des Deutschunterrichts ausweiten, die darin besteht, die Rolle der Sprache herauszustellen und verstehen zu lernen."

Als Hauptgefahr des situativen Grammatikunterrichts sieht REIN (1981:26) den Verlust der Systematik:

"Der [...] Kritikpunkt - die Unsystematik der Grammatikkenntnisse - ist implizit im ersten [i.e. der ungeklärte linguistische Status einer kommunikativ-situativen Grammatik] angelegt: Beim deklarierten Vorrang der situativen bzw. inhaltlichen Thematik im Deutschunterricht ist mehr als fraglich, ob die Grammatik - als Faktenwissen, Analyseverfahren oder Terminologie verstanden - in zureichendem Maße auch behandelt wird. [...] Das Ergebnis ist eine 'Zufallsgrammatik' [...]"

Als positiven Gegenpol zu diesem aus seiner Sicht Fehlversuch, Grammatikunterricht einen Platz im (Schul-)Leben zu verschaffen, entwickelt er kurz die "Anforderungen an eine funktionale Schulgrammatik".[26]
Sie ist für ihn:

1. "deskriptiv - beschreibend,
2. operationalisierbar: d.h. sie versucht Begriffe und Termini möglichst induktiv, d.h. von der Sprachrealität und dem Sprachempfinden [...] zu erarbeiten [...]
3. primär textorientiert [...]
4. (sprach-)wissenschaftlich fundiert [...] und
5. kompetenzerweiternd. Will man dieses Globalziel nicht in dieser weithin üblichen Leerformel belassen, so bedarf dies auch konkreter Grammatikarbeit in der Klasse."

Die Anforderungen 3 und 5 lassen ansatzweise den funktionalen Anspruch erkennen, auch wenn sie hier noch zu allgemein und weit formuliert sind. Wesentlich für eine Fortführung der didaktischen Diskussion sind in diesen Anforderungen vor allem die Wissenschaftsorientierung und die Wahrung der Deskriptionsperspektive, wobei hier die Bezugswissenschaft vor allem die Linguistik in ihren klassischen Bereichen ist.

---

24 REIN (1981:12f.).
25 REIN (1981:22, bzw. 18).
26 REIN (1981:27ff.).

1.6. Auf dem Weg zu einer funktionalen Schulgrammatik

Einen ebenso markanten wie konkreten Schritt weiter auf dem Weg zu einer funktionalen (Schul-) Grammatik geht zwei Jahre später KÖLLER (1983) mit seinem Buch "Funktionaler Grammatikunterricht. Tempus, Genus, Modus: Wozu wurde das erfunden?". Er entwickelt den Funktionsbegriff nicht von den grammatischen Regeln her, denen er dann auf einfache Weise Funktionen zuordnet, sondern er geht grundsätzlicher vom *grammatischen Zeichen*[27] aus. Die Definition des grammatischen Zeichens gewinnt er in Unterscheidung und Abgrenzung zum lexikalischen Zeichen: [28]

> "Während die lexikalischen Zeichen die thematische Basisinformation in einer Äußerung liefern und gleichsam als Bausteine zum Aufbau komplexer Vorstellungen angesehen werden können, vermitteln uns die grammatischen Zeichen Informationen über die Korrelationen zwischen lexikalischen Zeichen bzw. über die Art und Weise, wie wir sie verstehen sollen. Die grammatischen Zeichen bilden also gleichsam den Mörtel zwischen den lexikalischen Bausteinen, weil wir erst mit ihrer Hilfe komplexe Gefüge vom Satzglied über den Satz bis zum Text herstellen können. Während lexikalische Zeichen semantisch als *repräsentierende Zeichen* angesehen werden können, lassen sich die grammatischen Zeichen als *organisierende Zeichen* klassifizieren."

Anzufügen ist dieser Definition nur noch, daß die Organisationsfunktion selbst semantisch bzw. semantisch-pragmatisch ist. Die Differenzierung Zeichen - Regel konstituiert im eigentlichen Sinne die Funktionalisierung grammatischer Erkenntnisse bzw. grammatischen Wissens als einer Beobachtung und Beschreibung, wie denn das Zeichen funktioniere, was sich dann gelegentlich regelhaft formulieren läßt. Wesentlich und diesen Grundgedanken bestätigend ist die Ausweitung der Feld-Methaper, wie sie für Wörter seit langem und in jüngerer Zeit wieder diskutiert worden ist, auf die grammatischen Zeichen. Dabei differenziert KÖLLER (1983:20) im Sinne Jost TRIERs (1973:459ff.),

> "man dürfe den Feldgedanken nicht statisch nach dem Modell eines *Mosaiks* umsetzen, wo jedes Element eines Feldes gleichbleibende Grenzen zu seinen Nachbarn habe. Statt dessen müsse man sich am Bilde vom Feld der Pferde in einem Rennen orientieren, wo sich die Feldordnung in Korrelation mit der Zeit ständig ändere."

Zwar erweist sich das grammatische Zeichen in seiner Funktion und Struktur insgesamt als beharrlicher als das lexikalische, aber auch das grammatische Zeichen muß letztlich im Sinne der Rennfeldmetapher dynamisch gesehen werden, schon weil es auch bei den grammatischen Zeichen konkurrierende Formen gibt, die dann mit und trotz Überlappungen in eine gewisse Opposition treten (z.B. die Zeitreferenz von Tempora). Das grammatische Zeichen ist nach KÖLLER (1983:13f.)

> "pointiert und paradox formuliert [...] *unauffällig* [...] Im Vollzug von Kommunikation haben wir weder als Sprecher noch als Hörer ein explizites Bewußtsein von ihrer

---

27 KÖLLER (1983:9).
28 KÖLLER (1983:14).

Existenz und ihren Funktionen. Wir werden erst dann auf sie aufmerksam, wenn sie fehlen oder anders erscheinen, als wir es erwarten, oder wenn das Sprechen und Verstehen ins Stocken gerät. Sprachpsychologisch gesehen lassen sich deshalb grammatische Zeichen unter normalen Kommunikationsbedingungen *vorbewußten* Planungs- und Verstehensprozessen zuordnen, die zwar normalerweise vor der Bewußtseinsschwelle ablaufen, die aber dennoch *bewußtseinsfähig* sind. Bewußtseinsfähig werden grammatische Zeichen, wenn wir unser Interesse nicht mehr auf ausgesagte Sachverhalte richten, sondern gleichsam eine logische Stufe höher auf die sprachlichen Mittel, mit denen wir uns solche Sachverhalte zu repräsentieren und objektivieren versuchen. Erst auf einer solchen *Metaebene* als einer Bewußtseinsebene zweiter Ordnung können grammatische Zeichen und Funktionen ins Licht unseres expliziten Bewußtseins treten."

Damit sind wesentliche Fragen der Grammatikschreibung für die Schule, der grammatischen Lehr- und eventuell Lerninhalte und des Grammatikunterrichts thematisiert. KÖLLER geht es nicht um eine vordergründige Funktionalisierung des Grammatikunterrichts. Mit Recht verweist er darauf, daß das grammatische Zeichen erst dann Bestandteil kulturellen Bewußtseins wird, wenn in einer Kultur die Schriftlichkeit zunimmt bzw. wenn sich beim Individuum die ontogenetische Phase durchsetzt,"formale Denkoperationen" [29], also nach dem zehnten Lebensjahr, leisten zu können: [30]

"Im Zeitalter der *Schriftkultur* verstärkt sich die Tendenz, die Sprache als autonomes Informationsmedium auszubauen, weil nun Kommunikationssituationen möglich sind, die durch extreme zeitliche, räumliche und intentionale Distanz zwischen Sprechern und Hörern gekennzeichnet sind. Dazu muß die Menge der grammatischen Zeichen klar systematisiert werden. [...] Es überrascht deshalb auch nicht, daß im Rahmen der Schriftkultur das Bedürfnis nach expliziten grammatischen Kenntnissen ansteigt, weil die Sprecher beim Schreiben Sprache nicht mehr spontan benutzen, sondern in einer wirkungspsychologisch reflektierten Einstellung [...]."

Diese Argumentation zur eigentlichen Begründung des funktionalen Grammatikunterrichts ist in hohem Maße auch Ausgangspunkt dieser Studie. Die Eindeutigkeit der Argumentation *für* einen Grammatikunterricht stand quer zum Zeitgeist und zur Praxis dieser Jahre. Deshalb grenzt sich KÖLLER (1983:34f.) auch gegen den naiv verstandenen situativen Grammatikunterricht ab,

"der konkrete kommunikative Konflikte in der Klasse oder bei der Textlektüre aufgreift und zum Gegenstand der grammatischen Reflexion macht. Ein so verstandener situativer Grammatikunterricht kann im Einzelfall sehr motivierend wirken, er führt aber didaktisch in die Sackgasse [...]. Er überfordert den Lehrer, weil dieser gleichsam aus dem Stand die geeigneten Impulse geben muß, um die grammatische Reflexion voranzutreiben, und er wird zufällig, was Themenbereiche und Problemstrukturen anbetrifft. Im Bewußtsein der Schüler bleiben bei diesem didaktischen Konzept grammatische Phänomene immer randständige Erscheinungen."

Offen bleibt zunächst noch, worin die Funktionalität des Grammatikunterrichts besteht. Ein deutlicher Berührungspunkt mit meiner Studie liegt in der Forderung, daß bei zunehmender Schriftlichkeit eine explizite Kenntnis

---

29 KÖLLER (1983:31f.).
30 KÖLLER (1983:15).

sprachlicher Zeichen notwendig wird. Freilich mochte KÖLLER (1983:24) noch nicht so weit gehen, wie ich es hier tun will. Er formuliert vorsichtig:

"Die These, daß der Grammatikunterricht die sprachliche Kompetenz der Schüler verbessere, ist sicher nicht falsch, aber in dieser Pauschalität unbefriedigend. Die explizite Kenntnis von grammatischen Formen und Funktionen verbessert nicht automatisch die produktive und rezeptive Sprachbeherrschung. Bei der Textproduktion können wir die Funktionalität konkurrierender grammatischer Formen gedanklich überprüfen, bevor wir sie verwenden, und bei der Textinterpretation können wir möglicherweise mit Hilfe von Grammatikkenntnissen Sinndimensionen von Texten erschließen, die spontanem Verstehen nur in sehr vager Form über das Sprachgefühl zugänglich sind. Außerdem bieten Grammatikkenntnisse natürlich eine Hilfe, wenn es darum geht, Verstehenskonflikte zu lokalisieren und Interpretationsentscheidungen zu motivieren."

KÖLLERs (1983:27) Verdienst ist es, ganz konkret und entgegen dem Trend grammatische Kenntnisse für die Schule einzufordern, freilich nun differenziert gemäß der vorangegangenen didaktischen Diskussion:

"Grammatische Inhalte dürfen nicht als fertige Produkte vermittelt werden, sondern müssen den Schülern im Kontext der Prozesse erfahrbar gemacht werden, in denen sie Gestalt gewonnen haben. Die Schüler müssen dazu angeregt werden, die jeweiligen Inhalte als Erschließungswerkzeuge für andere Inhalte zu benutzen. Welche grammatischen Kategorien solche Schlüsselfunktionen haben können, kann allerdings nicht die Didaktik allein beantworten, sondern eher eine didaktisch sensibilisierte Fachwissenschaft."

KÖLLER hat für diesen letzten Zusammenhang Vorschläge zu den Kategorien Tempus, Modus, Genus verbi gemacht; die vorliegende Studie versucht nun nach vielen Jahren diesen Weg weiter zu gehen, besonders auch, was die "anderen Inhalte" als die grammatischen angeht, nämlich Inhalte, wie sie eher für den Lehrer als unmittelbar für den Schüler relevant werden: Verteilung von deiktischen und nicht-deiktischen Adverbialien in Texten und in verschiedenen Textsorten beispielsweise, Anteiligkeit von Attribuierungen in Textsorten u.ä. Das Ziel dieses Ansatzes muß es sein, eine genauere Vorstellung von Sprachlichkeit in Texten zu gewinnen.

Aber nicht nur deswegen wurde KÖLLER hier so ausführlich zitiert. Seine Arbeit markiert in der damaligen Bildungslandschaft einen fundierenden Neuansatz, der jedoch nicht so intensiv und so weit rezipiert wurde, wie er es verdient hätte. Die Unterrichtspraxis verblieb weithin in jenem Schonraum, den die Zweifel am systematischen Grammatikunterricht eröffnet hatten, und dessen Funktionalität war ja in den Jahren zuvor erst auf einige Konfliktsituationen reduziert worden. M.a.W., erst Ende der achtziger und Anfang der neunziger Jahre sieht es so aus, als ob an der Funktionalität des Grammatikunterrichts systematisch weitergearbeitet würde. Dabei bedürfen gerade die anstehenden Fragen der Zusammenarbeit von Linguisten und Didaktikern. Zu einem großen Konzept des Grammatikunterrichts, sei er nun funktional, systematisch oder situativ, wurde in den Folgejahren nicht gefunden. Vielmehr ist es zu einer Verschmelzung der Ansätze dergestalt gekommen, daß zwar an eine alles abdeckende Systematik kaum jemand mehr glaubt, daß sie aber für relevante Bereiche angestrebt wird. Die

33

Ansätze und Anstöße des situativen Konzepts wurden inzwischen zum festen Bestandteil der Methodik, gelegentlich so sehr, daß systematische Chancen fast vergeben werden:[31] denkbar bleibt, von der Systematik ausgehend Sprachphänomen affine Situationen zu suchen und methodisch aufzubereiten: für den Grammatikunterricht brauchbare bzw. notwendige Situationen lassen sich gewissermaßen systematisch herbeiführen. So gewinnt die funktionale Perspektive inzwischen zunehmend an Bedeutung, wie es auch in manchen Veröffentlichungen eingefordert wird. Hans-Dieter ERLINGER (1986) z.B. beendet seinen Artikel "Begründungen für Grammatikunterricht: einst und heute" mit dem Satz:

> "Wünschenswert wäre statt einer Verordnung von Grammatik durch Richtlinien - das hatten wir schon - ein Fortschritt in der Entdeckung der kulturellen Bedeutung der Sprache. Dies nicht nur, aber auch: durch Grammatik."

1.7. Zur heutigen Situation: Alte Differenzen und die textlinguistische Öffnung

Was nun den zum Grammatikunterricht gehörenden Lernbereich in den Lehrplänen angeht, die "Reflexion über Sprache", so teilt sich die Diskussion seitdem bis heute in jenen Strang, der die "Reflexion" im weiteren Sinn meint und auf philosophische und soziologische Fragestellungen abhebt und der dem Grammatikunterricht im engeren Sinne nach wie vor mit einer gewissen Skepsis gegenübersteht[32], und in jenen Strang, der sich relativ funktional mit Grammatikunterricht auseinanderzusetzen beginnt. Dabei lohnt der Blick auf die Beiträge der Fachdiskussion, die sich mit Textualität auseinandersetzen. Dies ist insofern bemerkenswert, als damit der Trend weg von der "Einzelsatz-Linguistik" und vor allem weg von der "Einzelsatz-Schulgrammatik" ebenfalls in Richtung *funktionaler Grammatikunterricht* weist. Beispielhaft möge hier das 1988 erschienene Heft des DU mit dem Titel "Textkohärenz" sein; beispielhaft auch der Satz SITTAs (1988:3) in der Einführung:

> "Die sprachlichen Mittel, die die Satzverknüpfung leisten[33], sind zu einem guten Teil grammatischer Natur, freilich nicht formalgrammatischer: Die Grammatik des zusammengesetzten Satzes ist hier gefragt, aber auch die primär unter explizit textgrammatischer Perspektive, d.h. also von der Frage her, welche Beziehungen zwischen einzelnen Textstücken bestehen und auf welche Weise sie signalisiert sind."

Dieser Satz deutet an, wie weit der Weg zum funktionalen Verständnis von akzentuiert systematischem Grammatikunterricht noch ist: Die Mikrostruk-

---

31 Vgl. hierfür die Grammatiklektionen z.B. BENDEL-KLOSTERMANN im "Sprachschlüssel" seit 1982ff.
32 z.B. IVO: (1988 a und b); IVO/NEULAND (1991) mit dem programmatischen Titel "Grammatikunterricht? Ja", unter "4. Zusammenfassende Interpretation der Befragungsergebnisse" ihre bildungspolitische Betonung der Reflexion vertreten.
33 Hier das zentrale Thema des Heftes, nämlich "Kohärenz", wobei es sich gerade für die sprachlichen Mittel der Textkonstitutionen eher um "Kohäsion" handelt.

turen, die eben auch das Text-*Gewebe* konstituieren, müssen als Thema sowohl des Grammatik- wie des Schreibunterrichts erst noch deutlich wahrgenommen und erarbeitet werden.

Exemplarisch seien hier zwei Arbeiten erwähnt, die eben dieses Thema von der Textualität her angehen, wenngleich in unterschiedlicher Weise und mit unterschiedlicher Intention, aber beide, indem sie Linguistik und Didaktik letztlich verbinden und in je eigener Weise ihren Schulbezug haben. Gemeinsam ist ihnen ein funktionaler Grundzug: Markus NUSSBAUMER (1991) stellt sich der Frage "Was Texte sind und wie sie sein sollen. Ansätze zu einer sprachwissenschaftlichen Begründung eines Kriterienrasters zur Beurteilung von schriftlichen Schülertexten." Und Karl BLÜML (1992) stellt insofern etwas wirklich Neues zur Diskussion, als er eine "Textgrammatik für die Schule" anbietet; sie hat den Untertitel "Zu einem umstrittenen Kapitel der neuen Deutschlehrpläne", womit die neuen österreichischen Lehrpläne (1985-89) für Hauptschulen und AHS Unter- und Oberstufe gemeint sind. Während NUSSBAUMER (1991:303-306) sich vor allem die Aufschlüsselung von Textualität bemüht, um schließlich linguistisch das "Zürcher Analyseraster" zu begründen - nach diesem Raster wurden Schweizer Abituraufsätze deskriptiv bearbeitet -, bemüht sich BLÜML um die Integration textueller Merkmale wie Thema-Rhema-Struktur mit grammatischen Schwerpunktbereichen wie "Junktionen, Tempora, Modi, Aktiv und Passiv, Parallelismus".[34] Beide Autoren leisten quasi auch Vorarbeiten für funktionalstilistische Fragestellungen: Sie nähern sich Mikrostrukturen in Texten, sowohl für deren Analyse wie für deren Lehrbarkeit. Für die Fragestellungen hier ist vor allem festzuhalten, daß der Zusammenhang zwischen Grammatik und Textrezeption, Textanalyse und Textproduktion endlich funktional und konkret durch solche Arbeiten zum Thema geworden ist. Wie in einer Spirale kehrt das Thema Grammatikunterricht nach zwanzig Jahren Diskussion zu formal-grammatischen Fragen zurück, freilich bedeutsam verändert und erweitert. Oder doch nicht? In der Zusammenfassung eines Vortrags auf dem Zürcher Symposion Deutschdidaktik 1994 entwirft Wolfgang BOETTCHER (1994:170) noch immer ein sehr negatives Bild:

> "Schulischer Grammatikunterricht ist nach wie vor ein Problem - und das Problem beschränkt sich nicht auf die Schulzeit: Grammatikunterrichtsgeschädigte Schüler werden Lehrerstudenten, studieren Grammatik, geprägt von ihrer schulischen Sozialisation, und unterrichten, beladen mit dieser Hypothek, als Lehrer Grammatik: ein Teufelskreis. Er muss durchbrochen werden, und er kann nur im Studium durchbrochen werden."

Auch wenn ich nicht mehr diese negative Sicht restlos teile, ganz einfach weil ich so viel neues Bemühen sehe[35], so teile ich die Schlußfolgerung ganz: Ansatzpunkt für eine Veränderung des Grammatikunterrichts in der Schule ist das Studium, die Lehrerausbildung. Didaktik und Linguistik sind hier unmittelbar gefordert.

---

34 BLÜML (1992:5; Inhaltsverzeichnis).
35 z.B. BREMERICH-VOS (1994).

2. Bestandsaufnahme zum Aufsatzunterricht

2.1. Aspekte der Schreibdidaktik: Auf der Suche nach der Sprachlichkeit in einer langen Diskussion. Rückblicke und Ausblicke.

Grammatikunterricht kann verschiedene Funktionen im Rahmen der vielfältigen Aufgaben des Deutschunterrichts haben. Für die Untersuchung und Diskussion seiner Funktion zum Schreiben, zum Gestalten von Texten ist es notwendig, Tendenzen der fachdidaktischen Diskussion über den - konventionell gesagt: - Aufsatzunterricht zurückzuverfolgen und sein Verhältnis zum Grammatikunterricht zu klären. Die letzten zwei Jahrzehnte sind von verschiedenen schreibdidaktischen Ansätzen geprägt gewesen: auf den traditionellen, den sprachgestaltenden Aufsatz folgten das kommunikative, das personale, das heuristische und in jüngster Zeit das kreative Schreiben. Diese Folge könnte fast wie ein Abarbeiten des BÜHLERschen Organonmodells (1934) anmuten: standen zunächst die Themen und mit ihnen die "Sache", die Welt im Mittelpunkt der Bemühungen, so folgten dann die Kommunikation im allgemeinen und der Adressatenbezug im besonderen. Schließlich konzentrierte man sich auf das *ich* im personalen Schreiben und jetzt wieder im kreativen Schreiben. Also: vom *es* zum *du* zum *ich*, von der Darstellungsfunktion zur Appellfunktion und jetzt zur expressiven Funktion des sprachlichen Zeichens.

Nur das sprachliche Zeichen selbst, es wurde (und wird) für selbstverständlich genommen, als habe es einfach zur Verfügung zu stehen - abgesehen von einigen wenig systematischen Hinweisen auf Teile des Zeichens Sprache: "Erzähle im Präteritum, berichte im Präsens, suche den treffenden Ausdruck, wechsle die Satzmuster [...]" Auch wenn die didaktische Diskussion solche "Niederungen" der Konkretheit nur selten erreichte, so waren und sind im Schulalltag solche Hinweise brauchbar; sie bleiben unvollkommen, aber sie dienen dazu, überhaupt etwas für die Schüler zu tun, was aus ihrer Sicht einklagbar sein mußte: "Wie schreibt man [...], was nimmt man [...] was macht man [...] s p r a c h l i c h , wenn man erzählt, berichtet, informiert, argumentiert ? [...]"

Was hier leicht ironisch skizziert wird, ist das Fehlen eines Bemühens um das Zentrum des BÜHLERschen Organonmodells, ein Bemühen um das sprachliche Zeichen selbst, um das Zeichen in Satz und Text. Die Frage also lautet, welche sprachlichen Merkmale eine Textsorte, eine Aufsatzart markieren. Doch da die Frage so viel zu allgemein und zu ungenau ist, muß sie aufgeschlüsselt und differenziert werden. Am Anfang läßt sich nur in Form einer These formulieren, daß es sprachliche Merkmale gibt, die eine Textsorte mit konstituieren; sie lassen den Rezipienten die pragmatische Richtung in allgemeiner Weise wahrnehmen, und deshalb muß man sich fragen, inwieweit solche sprachlichen Merkmale ins Bewußtsein gehoben und also kognitiv für die Rezeption und Produktion von Texten dem

Sprachteilhaber zur Verfügung stehen sollten. Damit wird man auf die Vorfrage zurückgeworfen, welche sprachlichen Merkmale denn funktionalstilistisch eine Textsorte markieren und wie ihr Zusammenspiel im Text ist. Dies sei unter *Sprachlichkeit* eines Textes, einer Textsorte verstanden.

Die Aufsatzdiskussion bzw. -didaktik in einer Rückschau betrachtend, stellt sich die Frage, inwieweit eben diese *Sprachlichkeit* zum mehr oder weniger präzisen, ausformulierten Gegenstand des Aufsatzunterrichts geworden ist. Gleichermaßen ist dies die Frage nach der Funktionalität von Grammatikunterricht, wie sich auch umgekehrt die Frage anschließt, inwieweit Schreiben als Spracherfahrung zum Grammatikunterricht und zur Reflexion über Sprache beitragen kann und inwiefern es sprachliches Wissen unmittelbar entstehen läßt. Diese Wechselfragen sollen diese Rückschau bestimmen; dazu muß im einzelnen weiter ausgeholt werden.

Lange Zeit, nämlich seit der Nachkriegszeit, stand das Gesamtprodukt Text in Form des "sprachgestaltenden" Aufsatzes im Zentrum des Interesses. Die "Aufsatzarten" [1] der Schule bildeten einen Kanon in den Lehrplänen, und in vermengender Weise wurden dem Schüler inhaltliche und (schul)stilistische Hilfen für die fünf oder sechs Grundformen des Aufsatzschreibens gegeben. Im Grunde herrschte - und herrscht noch - der Inhalt, der Gehalt über die Form, über das sprachliche Zeichen, auch wenn gelegentlich eine funktionale Wechselbeziehung formuliert wurde[2] und es schließlich zu einer Erstarrung der Formen kam.

Wenn im folgenden Rückblick auf verschiedene Tendenzen in der Schreiberziehung der letzten dreißig, gelegentlich siebzig Jahre eingegangen wird, dann nicht, um eine neue Schreibdidaktik zu propagieren oder eine Tendenz ganz besonders zu favorisieren, sondern um zu erfahren, ob und wie in den einzelnen Phasen der Schreibdidaktik Sprachlichkeit thematisiert und explizit gemacht worden ist; weiterhin, was zur Textstruktur und ihrer Lehrbarkeit gesagt worden ist.

Diese Fragen nach Mikro- und Makrostrukturen in den Texten, die zu schreiben Schüler veranlaßt wurden und werden, sind Fragen, die Schüler "ganz von selbst" stellen, ganz einfach, weil die inhaltliche und/oder pragmatische Richtung, wie denn geschrieben werden solle, nicht "automatisch" die Sprachlichkeit und die Textstruktur mit vorgeben. An dieser Stelle muß sich der Lehrer allein gelassen fühlen, da weder Didaktik noch Linguistik hinreichend Antworten für ihn vorbereitet haben. Die zunehmende Bedeutung der Textlinguistik zeigt immerhin, daß das Problem gesehen wird.[3] Zunächst, so scheint es, steht Sprache mit all ihren Möglichkeiten und Strukturen zur Verfügung. Doch ganz so ist es nicht: Die sprachliche Handlung und der Inhalt bedingen eben doch die Auswahl spezifischer sprachlicher Elemente. Aber gerade die Kritik am sprachgestaltenden Aufsatz erbrachte

---

1 Vgl. dazu MARTHALER (1962).
2 z.B. RAHN/PFLEIDERER (1951:3): "Es gibt nicht bloß einen Weg von innen nach außen, vom Gehalt zur Form, sondern auch einen solchen von außen nach innen, von der Form zum Gehalt. Dies wurde und wird in jedem geschichtlichen Erziehungssystem von Rang seit jeher praktisch geübt."
3 Für die Didaktik z.B. BLÜML (1992) und für die Linguistik z.B. NUSSBAUMER (1991).

die Ablehnung alles Normativen und Präskriptiven, weshalb eine gemäßigte, linguistisch orientierte Funktionalstilistik[4] seit Jahren zu kurz zu kommen scheint.

2.2. Der "traditionelle" Aufsatz

Zunächst soll jener Aufsatzart mehr Gerechtigkeit zuteil werden, über die in den siebziger Jahren so geklagt worden ist und die doch in verschiedenen Metamorphosen im Schulalltag noch immer eine wichtige Rolle zu spielen scheint. Die traditionelle Aufsatzart, der sprachgestaltende oder auch sprachschaffende Aufsatz hat eine Genese mit mehreren Wurzeln: er kann entdeckt werden als Reaktion auf den reformpädagogischen "freien Aufsatz" der ersten Jahrzehnte unseres Jahrhunderts. Darüber hinaus ist er dadurch dem noch älteren "gebundenen Aufsatz" des 19. Jahrhunderts so verbunden, daß seine Wurzeln auch dort noch zu suchen sind, nämlich in der Betonung des Sprachlichen.

Der Geschichtsschreiber des deutschen Schulaufsatzes Otto LUDWIG (1988:448) nennt ihn "letztlich doch ein[en] Reproduktionsaufsatz", er richtet also den Hauptvorwurf gegen den gebundenen Aufsatz ebenso gegen den sprachgestaltenden Aufsatz. LUDWIG begründet seinen Vorwurf gerade mit der Einübung sprachlicher Formen, der hier ernst genommen werden muß:

> "Dem Schüler werden die sprachlichen Formen vorgegeben, sie sind von ihm einzuüben, d.h. doch wohl zu reproduzieren. Insofern ist der Schüler nicht frei, sondern an sie gebunden. Frei ist er nur in ihrer Anwendung auf einen Stoff."

Aber genau mit dem letzten Satz wird jene Wurzel des sprachgestaltenden Aufsatzes angesprochen, die sogar zum freien Aufsatz zurückführt: es entsteht eine gewisse Freiheit gegenüber dem Stoff, gerade weil die Sprachlichkeit gesichert erscheint. Hier ist doch eher dem Gedanken Alexander BEINLICHs (1961:411) zu folgen, der im sprachgestaltenden Aufsatz eine Synthese aus freiem und gebundenem Aufsatz sieht:

> "Die Werke [Walther SEIDEMANNs und Karl REUMUTHs] standen also ebenso entschieden auf dem Boden eines von innen her formenden Sprachgestaltens innerlich selbst erlebter Inhalte und Gehalte, wie dem des planmäßigen Vorgehens auch im Aufsatzunterricht durch ein ausgiebiges, zielstrebiges Üben im Rahmen des Einschulens ganz bestimmter Stilformen."

Moderne Tendenzen der Schreibdidaktik, also das personale und kreative Schreiben, knüpfen somit eigentlich an den reformpädagogischen Aufsatz

---

[4] Vgl. dazu NEULAND/BLECKWENN (1991:7). Dort heißt es unter "Perspektiven der Stildidaktik: 1. Die Objektivierung in der Beschreibung textkonstitutiver Merkmale und damit in der Bewertung von Textualität, vor allem aufgrund der grammatischen und textlinguistischen Analyse von Schüleraufsätzen, und die Ableitung der Forderung nach didaktisch begründeten qualitativen Entscheidungen [...]"

an. Dabei ließe sich auch heute der alte Vorwurf der Normativität und der Reduktion auf Reproduktion relativ einfach entschärfen: Wenn Schule einen Sozialisationsauftrag hat, muß sie auch die sozialen Normen, hier die Schreibkonventionen, vermitteln. Gleichzeitig wird erst derjenige frei und *kreativ* (was immer das wirklich ist) schreiben, der die Konventionen kennt, der seine "Schreibgymnastik" absolviert hat und somit über ein Register verfügt, das ihm sogar erlaubt, mit den Konventionen (sprach-) zuspielen. "Üben" schlicht mit "Reproduzieren" gleichzusetzen signalisiert Fremdheit gegenüber Lernprozessen; kein Musiker und kein Sportler würde dem Gestalten je so fern stehen.

Festzuhalten bleibt, daß der "freie Aufsatz" vom Anfang unseres Jahrhunderts wirklich eine Befreiung von zu starker Gebundenheit der Schreiberziehung im 19. Jahrhundert zu leisten hatte und daß in der zweiten Hälfte unseres Jahrhunderts mit der Verkrustung des traditionellen Aufsatzes durch eine präskriptive Stilisierung in den sechziger und siebziger Jahren wohl wiederum eine Befreiung notwendig war. So wenig dem also zu widersprechen ist, so wenig wird man Versuche zur Stilbildung generell verdammen dürfen, auf die die Schüler eben auch Anspruch haben.

Aber auch der Begriff der "Stilbildung" ist nicht nur positiv besetzt; er war Mitte der zwanziger Jahre positiv verstanden, war weit über das Sprachliche hinaus auf den ganzen Menschen und seinen Charakter ausgedehnt und damit belastet worden, etwa im Sinn BUFFONs berühmten Diktums (1753) "Le style, c'est l'homme même", oder in den Worten des Reformers Wilhelm SCHNEIDER (1926:64) "Wer den Stil seiner Schüler bilden will, muß ihren Geist bilden." Daß jenseits solcher heute hehr klingender Worte die - damalige - konkrete Spracharbeit ihren festen Platz hatte, geht nicht nur aus den einschlägigen Veröffentlichungen[5] hervor, sondern man muß sich auch den Grad formalgrammatischer Ausbildung vergegenwärtigen, wie er etwa durch den Stellenwert des Faches Latein ausgedrückt wurde. Und man darf natürlich nicht übersehen, wie sehr den Lehrern, den Germanisten und vor allem den Reformern Wilhelm von HUMBOLDTs Gedanken von der Sprache nicht nur eines *ergon*, sondern eben auch einer *energeia* im Bewußtsein war.[6]

Wie mit dem Begriff der "Stilbildung" auch noch am Ende dieses Jahrhunderts und angesichts eines öffentlichen Rufes nach mehr sprachlicher Ausbildung umgegangen wird, zeigt der Tenor, in dem LUDWIG (1988:340) über die Wurzeln des sprachgestaltenden Aufsatzes spricht:

---

5 Vgl. LUDWIG (1988:341).
6 Besonders lesenswert ist z.B. HUMBOLDT (1963:226): "Die Sprache gehört mir an, weil ich sie hervorbringe. Sie gehört mir nicht an, weil ich sie nicht anders hervorbringen kann, als ich thue [...]". In: Nationalcharakter der Sprachen, ebenfalls Bd. III, 81 heißt es: "Der Einfluß der durch die Sprachen bestimmten Subjectivitaet auf die Objecte des Geistes, den Gedanken und die Empfindung, die Erkenntniss und die Gesinnung ist insofern leicht zu ermessen, als mit stärker und vielseitiger angeregter Kraft nothwendig auch mehr errungen werden muss." Von WEISGERBER u.a. ist diese zwar wechselseitige Interpedenz nicht deutlich genug herausgestellt worden. Sie ist aber konstituierend für die sprachliche Sozialisation.

"Tatsächlich ist von der Mitte der zwanziger Jahre ab in der Aufsatzdidaktik eine Tendenz festzustellen, die ein neues Paradigma erkennen läßt. Es ist die Tendenz, die Stilbildung in den Mittelpunkt des Aufsatzunterrichts zu stellen, das heißt Sprachbildung als Stilbildung zu begreifen, den Aufsatzunterricht als Stilbildung zu betreiben und Fragen nach den Aufsatzformen auf Stilfragen zu reduzieren."

Eine solche Darstellung ist tendenziös und hilft vor allem der Schule nicht. Es wird selbst heute noch mit dem Wort "Reduktion" argumentiert, wenn es um die Akzentsetzung auf die spezifisch geformte Sprache beim Aufsatzschreiben geht. Aber gerade "Stilbildung" könnte für eine gegenwärtige Schreibdidaktik zu einem zentralen Begriff werden, weil die linguistische Beschreibbarkeit von Textualität, von Textsorten und eben auch von Stil ein erhebliches Stück vorangekommen ist und weil heute unter Berücksichtigung der Prototypentheorie eine Didaktik entwickelt werden kann, die nicht präskriptiv an die Textsorten herangehen muß, sondern dem eigenaktiven Lernen des Schülers eine gewisse Normfindung überlassen kann (vgl. Kap. 4.2).

Es sind wohl mehr die Verkrustungen, die den Blick auf diese Ansätze verdunkelt haben. Dazu hat auch die lange wirksame, irgendwo plausible, aber eben auch nie ganz faßbare Scheidung von "subjektiven und objektiven Stilsorten"[7] beigetragen. Dahinter wird eben nicht mehr die differenzierende Diskussion von SCHNEIDER, SEIDEMANN und Georg KÜHN[8] um "Zwecksprache" bzw. "Erkenntnissprache" und "poetische oder dichterische Sprache" bzw. "Erlebnissprache" erkennbar, auch nicht die Diskussion um "Stilbildung" und "innere Sprachbildung" (SEIDEMANN 1927:24).[9] Möglicherweise sind diese Verkrustungen vor allem dadurch entstanden, daß nach der Zeit des Nationalsozialismus die Diskussion zunächst auf den sprachgestaltenden Aufsatz zulief, LUDWIG nennt hier die "Arbeiten von Fritz RAHN und Wolfgang PFLEIDERER (1950-1952) sowie die von Georg KÜHN (1953), mit Einschränkungen auch die von Robert ULSHÖFER (1952ff.) und Erika ESSEN (1956), und daß endlich in den sechziger Jahren so gut wie alle Arbeiten dem sprachgestaltenden Aufsatz verpflichtet sind"[10], während eine darüber hinausgehende Diskussion fehlte.

Ohne die Unterscheidung von "sprachschaffendem" und "sprachgestaltendem Aufsatz" der späten vierziger Jahre zu diskutieren - diese Begriffe wurden vor allem später fälschlich synonym verwandt -, bleibt für das Thema hier festzuhalten, daß der Begriff der Gestaltung sich überwiegend auf die Sprache selbst bezog: "Der moderne Aufsatzunterricht [i.e. 1950] sieht den Aufsatzstoff vor allem als Mittel der stilistischen Kräfteschulung. Es kommt nicht so sehr darauf an, was und worüber Schüler schreiben, sondern wie sie schreiben".[11] Folglich kann Hermann HELMERS (1966:171)

---

7 Bes. explizit und rigoros in MARTHALER (1962) vor allem begründend: BEINLICH (1961:412).
8 Gut nachlesbar in LUDWIG (1988:339-352).
9 "Die gestaltenden geistig-sinnlichen Wechselwirkungen zwischen Inhalt und Form [...] bilden die innere Sprachform."
10 Vgl. LUDWIG (1988:434ff.).
11 TILLE (1950).

formulieren: "Gestaltung von Sprache bedeutet also im besonderen eine Art des Formens, in welcher die gedankliche Intention die sprachlichen Elemente vollkommen durchdringt und sie zu einem zwingenden Ganzen organisiert."

Solche Auffassungen liegen quer zu den Trends der letzten zwanzig Jahre, in denen die Ausgangspunkte der Schreibdidaktik nicht die Sprache, sondern die Kommunikation, die tatsächliche Äußerungsnotwendigkeit ("Ernstfalldidaktik") oder die Äußerungsbedürfnisse der Jugendlichen waren. Doch will man sich den Blick durch diese vergangenen zwanzig Jahre nicht verstellen lassen, so muß einiges für den sprachgestaltenden Aufsatz gesagt werden, und zwar nicht nur, um den Blick selbst wieder frei für die Sprachlichkeit zu machen, sondern auch, weil eine so lange gängige Schulpraxis zu respektieren ist und sie vielleicht von Verkrustungen befreit werden könnte, falls man in der richtigen Weise Anknüpfungspunkte suchte. Nüchtern betrachtet läßt sich für die oben erwähnte Äußerung Josef TILLEs anführen: eine "stilistische Kräfteschulung" setzt im Grunde Sachkompetenz und Gespür bzw. Erfahrung für Angemessenheit mit voraus. Und nüchtern könnte man sehr wohl feststellen, daß die Inhalte, über die Schüler schreiben, insofern relativiert gesehen werden müssen, als die Schülertexte letztlich *in* der Schule geschrieben bzw. diskutiert werden, womit zunächst einmal das Eigenrecht der Schule als Lebens-, als Spiel- und als Übungsraum bedacht wird. Unter strikter positiver Perspektive wäre anzumerken, daß Schule in der heutigen soziokulturellen lebensweltlichen Landschaft der Jugendlichen ein Gegengewicht sein könnte, vor allem dann, wenn sie sich nicht zu schnell an die außerschulische Lebenswelt anpaßte und sehr deutlich aus eigenem Anspruch agierte.

2.3. Reformen und Neuansätze

Es erscheint mir wichtig, insofern Extrempositionen zu verlassen, als etwa die tatsächlich erstarrten fünf oder sechs Schulaufsatzarten, also subjektbezogen "Erzählung, Schilderung, Betrachtung" und objektbezogen "Berichte, Beschreibungen, Erörterungen" [12], bis in ihre Sprachlichkeit hinein innerschulische "Selbstläufer" waren, die sich auch von den Gestaltungswünschen und -möglichkeiten der Schüler mehr und mehr entfernt hatten. Als Beispiel sei das bis heute übliche Aufsatzthema für eine Beschreibung angeführt, "Wie flicke ich einen Fahrradschlauch". Gerade dies lernt man durch Tun, und die Versprachlichung gleicht einem Dressurakt. - Aufsatzschreiben sollte wenigstens Grundsätze einer echten und für den Schüler einsehbaren Funktionalität haben, d.h. die Schriftlichkeit muß entweder kommunikativ sinnvoll, heuristisch hilfreich oder einfach vergnüglich sein. Insofern waren Reformbemühungen ab den siebziger Jahren schlichtweg notwendig.

---

12 z.B. MARTHALER (1962).

Man kann zwar nicht mit Rolf SANNER (4/1990:223) von einem "soziolinguistischen Ansatz" sprechen, da es diesen modellhaft für die Aufsatzdidaktik nicht gegeben hat, aber es ist natürlich außer Frage, daß die Hinwendung zu soziolinguistischen Untersuchungen und Theorien - also der Defizithypothese und der Differenzkonzeption - Folgen für die Lehrpläne (bes. die Hessischen Rahmenrichtlinien), die Lehrbücher usf. und eben auch für den Aufsatzunterricht hatte. Die Relativierung der Hoch- bzw. Schriftsprache zu einem sozialvermittelten *Code* mußte besonders die Notengebung und in ihrem Zusammenhang die Normvorstellungen zur Sprachrichtigkeit und Grammatikalität berühren.[13] Befreiend und Perspektiven eröffnend war diese Diskussion für den mündlichen Sprachgebrauch in der Schule, und zwar sowohl für den aktuellen Sprachgebrauch wie für seine reflexive Thematisierung. Für den schriftlichen Sprachgebrauch zeichnete sich bald eine Veränderung ab, die mit den soziolinguistischen Fragestellungen gut in Einklang gebracht werden konnte und die von einer damals als neu eingeschätzten linguistischen, also im weiteren Sinne grammatischen Theorie angestoßen wurde. Die schnelle Rezeption der Sprechakttheorie bzw. der linguistischen Pragmatik durch Didaktiker und Praktiker bleibt erstaunlich. Sie bewirkte wesentlich die Entstehung des kommunikativen Ansatzes in der Aufsatztheorie und dessen Steigerung zur sogenannten "Ernstfalldidaktik".

Ebenso bedeutsam war wohl die gleichfalls zügige und verbreitete Rezeption der Kommunikationstheorie psychologischer Provenienz von Paul WATZLAWICK (WATZLAWICK/BEAVIN/JACKSON 2/1969; CHERRY 2/1967), und zwar sowohl durch die Linguistik wie durch die Didaktik bis in die Schule. In mehr oder weniger technizistischer Form gelangten Kommunikationsmodelle zunehmend in die Sprachbücher und in die Lehrpläne.[14] Im politisierten Kontext der frühen siebziger Jahre drängte die Analyse unterschiedlichster Kommunikationsvorgänge ins Zentrum des Sprach- und teilweise auch des Literaturunterrichts. Politische Reden, Zeitungs- und Werbetexte wurden als "Gebrauchstexte" genauso zum kommunikativen Analyseobjekt, wie die kommunikativen Vorgänge rund um die Trivialliteratur, um eine Theateraufführung oder z.B. bei der Lektüre von GOETHEs "Werthers Leiden" zum Thema im Deutschunterricht wurden.

Von der einen Seite her wurde der Sprachgebrauch als soziales und soziologisches Phänomen begriffen und somit wurden Hoch- und Schriftsprache als "Codes" relativiert, von einer zweiten Seite bestimmte der Sprachgebrauch und seine Wirkung durch die Pragmalinguistik die Sprachbetrachtung wesentlich[15] und von einer dritten Seite wurde Sprache insgesamt zugunsten von Kommunikationsvorgängen, einschließlich der nichts-

---

13 Vgl. INGENKAMP (1971); MERKELBACH (1972).
14 So z.B. in die Bayerischen Kollegstufenlehrpläne bis 1976, wo dann "Kommunikation" durch "sprachliche Verständigung" zwar ausgetauscht wurde, aber noch immer dasselbe meinte. Als Beispiele für die große Verbreitung sei noch erinnert an das "Funkkolleg Sprache"(1973) und HERRLITZ (1973). Dieses Buch hat den frühen Kollegstufenunterricht sehr stark mit beeinflußt.
15 Dies war auch eine Möglichkeit, der "schwierigen" Generativen Transformationsgrammatik, die bis in die Schulbücher gelangt war, zu entkommen.

sprachlichen, relativiert. Vergegenwärtigt man sich also diese Situation der frühen siebziger Jahre, so wird zumindest verständlich, warum nichtkommunikative Binnenformen der Schule wie die traditionellen "Aufsatzgattungen" kritisiert werden mußten, warum eine ihnen verpflichtete Gestaltungsstilistik als repressives Instrument desavouiert wurde, warum Textstrukturen als konventionelle Muster ohne realkommunikativen Wert als lebensfern betrachtet wurden und warum die Schriftsprache als typischer Herrschafts-Code der Mittelschicht selbst in Zweifel geriet.

Freilich muß bei solcher Rückschau ganz außer Zweifel bleiben, daß die Erweiterung des Sprach- und Textbegriffs damals auf einer großen Bildungsbereitschaft und einem demokratischen Erziehungsideal basierten. Als eine typische Stimme sei Wolfgang HERRLITZ (1966:310ff./ 1974:163) zitiert:

> "Worauf es uns ankommen muß, ist letztlich dies: den künftigen Staatsbürger durch ein festes Sprachwissen vor demagogischen Mißbrauch zu schützen und ihn andererseits durch ein geläufiges Sprachkönnen zum Gebrauch seiner demokratischen Rechte fähig zu machen. Diese Aufgabe ist nicht in die Beliebigkeit einer beiläufigen Zusatzlehre oder einer elitären Spezialausbildung gestellt, sondern sie muß grundsätzlich, wenn auch in verschiedenem Maße, in allen Schulen erfüllt werden [...]"

HERRLITZ kontrastiert dann, "was der deutsche Schulaufsatz im Hinblick auf politische Sprachbildung leisten könnte", indem er den rhetorischen Aufsatz den "Aufgabenbestimmungen der 'Inneren Sprachbildung' SEIDEMANNs" (vgl.o.) gegenüberstellt; daraufhin resümiert er:

> "Die Institutio Oratoria ist eine Fundgrube solcher sprachlichen Kunstmittel, die eminent politische Kunstmittel sind. In rhetorischen Gestaltungsübungen kann der Schüler ein sprachliches Können erlernen, das unmittelbar in die Ernstsituation sprachlicher Beziehungen [und politischer Konflikte] einführt. Er muß erfahren, daß es neben der *'erkennenden'* und der *'künstlerischen'* eine *'handelnde'* Weise der Sprachgestaltung gibt, der er einmal ausgesetzt sein wird und der er dann gewachsen sein muß."[16]

Damit ist im Grunde der moderne kommunikative Aufsatz ausgerufen, und zwar in zweierlei Hinsicht: einmal als ein kommunikatives Probehandeln in der Schule und zum anderen, wie es schlagwortartig über die Aachener Gruppe BOETTCHER - FIRGES - SITTA - TYMISTER[17] heißt, die kommunikative "Ernstfalldidaktik". Bemerkenswert ist bei HERRLITZ noch die historische Rückbindung an die Rhetorik, die dann allmählich entschwindet. "Ernstfalldidaktik" ist insofern das zentrale Stichwort, als sich die Aufsatzdidaktik vor allem zwei Grundproblemen zu stellen versuchte, die tatsächlich die bisherige Aufsatzpraxis zweifelhaft erscheinen lassen mußten und die schwer lösbar bleiben. Das eine Grundproblem liegt in der Differenz von schulischem versus alltäglichem, *öffentlichem* Schreiben. Schulisches Schreiben ist nur minimalen kommunikativen Anforderungen ausgesetzt: es handelt sich um die konventionalisierte Interkommunikation von Lehrer und Schüler und - im besten Falle - um die Intrakommunikation des

---

16 Ebenda.
17 BOETTCHER (1973) u.a.

schreibenden Schülers - die später im heuristischen, personalen und kreativen Schreiben (s.u.) akzentuiert wurde. Öffentliches Schreiben hingegen ist in etlichen Fällen hochgradig formalisiert, man denke an Formulare und Kürzestberichte (etwa im Zusammenhang mit einem Strafzettel, einem Versicherungsfall u.ä.), und es erfordert in etlichen Fällen funktionalstilistische Mischformen, man denke an Geschäftsbriefe, Eingaben, Anfragen u.ä., wo informative Teile mit appellativen, argumentativen und manchmal sogar narrativen Erfordernissen verknüpft werden müssen. Das Grundproblem bestand - und besteht wohl immer noch - darin, daß die Schule, der Deutschunterricht dieses öffentliche Schreiben ausgeklammert und letztlich dem ehemaligen Schüler überlassen hat, die in der Schule erworbenen Schreibfähigkeiten an die öffentlich-kommunikativen Erfordernisse selbst "irgendwie" anzupassen bzw. den nötigen Transfer zu leisten. Denn das Verfassen allenfalls von Lebensläufen und Bewerbungsschreiben konnte hier, so notwendig es war und ist, nicht die Breite lebensweltlicher Anforderungen abdecken. Solch alltagspragmatische Formen waren nicht wirklich im Horizont des damaligen Bildungsideals; erst mit der für die Fachdidaktik der siebziger Jahre entscheidenden Orientierung an der Curriculumtheorie W.P. ROBINSONs (1965) wurde der "Bildungswert" fachspezifischer Gegenstände an seiner Bedeutung für zukünftige, d.h. eben auch und gerade alltägliche Lebenssituationen des Schülers gemessen.

Das zweite Grundproblem hängt mit dem ersten unmittelbar zusammen. Anläßlich der Sprachbarrierendiskussion Anfang der siebziger Jahre wurde das deutlich gesehen. Es besteht eine gesellschaftliche Notwendigkeit und ein Anpassungsdruck, die prestigebesetzten sprachlichen bzw. funktionalstilistischen Normen im öffentlichen Sprachgebrauch zu beherrschen als eine wesentliche, wenn auch nicht immer hinreichende Voraussetzung für die Teilhabe an weiterführender Bildung und gesellschaftlichem Aufstieg. Hier aber gibt es schichtspezifische "Differenzen", die sich insofern als "Defizite" erweisen, als die Nicht-Einhaltung gesellschaftlicher Normen auf die eine oder andere Weise sanktioniert wird. Auf beide Grundprobleme sollte schreibdidaktisch reagiert werden. Valentin MERKELBACH (1972:12) setzte seine Kritik an den der Mittelschicht zuzurechnenden Gymnasiallehrern an:

"Wenn Arbeiterkinder z.B. in großer Anzahl am Deutschunterricht des Gymnasiums scheitern, so beweist das wohl nur, daß sie sich nicht rasch genug an die anders geartete ästhetische 'Objektivität' von Philologen anpassen können?"

Auf der anderen Seite formuliert Otfried HOPPE (und HAUEIS 1972:51f.) dieses Grundproblem so:

"Wir sind bisher von der Zielvorstellung einer stilistischen Adäquanz ausgegangen, die jeweils durch die gesamte kommunikative Situation geforderte stilistische Handlung soll optimal geleistet werden können. Da jedoch nicht die Wirklichkeit an sich bestimmte Stilformen postuliert, sondern die Einschätzung der Wirklichkeit und die Entscheidung über die adäquate Stilform konventioneller Art sind, schließt unsere Zielvorstellung eine Anpassung des Schülers an die sozial bedingten Normen ein. [...] Das [...] Problem der 'Anpassung' läßt sich [...] lösen, wenn zur Beherrschung der

Sprecherrolle die Fähigkeit zu deren Analyse tritt; wenn also außer der stilistischen Kompetenz eine sprachtheoretische gebildet wird, die auch die sozialen Bedingungen der Kommunikation erfaßt."

A posteriori ist ganz augenscheinlich, wie sehr gerade auch in diesen Jahren nach einem breiten Sprachwissen gerufen wurde, wobei damals eben zunehmend die Faktoren des Sprachgebrauchs thematisiert wurden und weniger das grammatische Wissen selbst. Das Ziel, kommunikativ angemessene Texte zu produzieren, wurde nicht so sehr um seiner selbst willen, also letztlich von der künftigen Lebenspraxis der Schüler aus begründet, sondern durch die Schwierigkeit, Aufsätze objektiv zu benoten:[18]

> "Die Unmöglichkeit, intersubjektiv handhabbare Kriterien für die Beurteilung von Schüleraufsätzen zu erstellen. [...] Sie liegen für uns [- und das sind die Aachener Autoren BOETTCHER, FIRGES, SITTA und TYMISTER -] in der Unmöglichkeit, den Schülern für die ihnen abgeforderten Gattungen - Schilderung, Beschreibung, Bericht usw. - klare Anfertigungsvorschriften an die Hand zu geben: Beurteilt werden kann sinnvollerweise nur die Differenz zwischen den Anfertigungsvorschriften und der je konkreten Ausarbeitung."

Den Anfertigungsvorschriften wird - zu Recht - Vagheit vorgeworfen, was wiederum darauf zurückgeführt wird, daß[19] "die in der Schule geforderten Schreibgattungen nicht eingebunden sind in eine kommunikative Situation, die bestimmt ist durch eine Reihe konstitutiver Faktoren wie Schreiberintention, Adressatenbezug, Lesererwartung u.a., von denen hier die Weise des Schreibens sich allererst bestimmen lassen kann." Damit wurde die bisherige Aufsatzdidaktik nicht einfach in eine Sackgasse gestellt, sondern die Lösung bereits angezeigt:[20] "Einen Ausweg aus dieser Problematik sehen wir in der Anwendung von Ergebnissen der Kommunikationsforschung auf den Bereich des Aufsatzes." Konkret bedeutet dies Schreibprojekte, bei denen Schüler in Realkommunikation mit öffentlichen Institutionen treten, sich in die Bedingungen dieser Kommunikation hineinfinden, reale Texte an Institutionen richten und - ganz im Sinne der Sprechakttheorie - eine perlokutive Wirkung, eine Antwort, eine Veränderung o.ä. auslösen. Damit ist dann gleichzeitig das Problem der Bewertung "gelöst" bzw. elegant umgangen, weil ja die Reaktion auf den Schreibakt die Bewertung ganz real darstellt.[21]

> "Für den Schüler entsteht jetzt folgender Orientierungszusammenhang: Anhand der jeweiligen echten Situationen werden für ihn die generellen und die jeweils besonderen Bedingungen der schriftlichen Kommunikation erfahrbar und testbar. Von daher ergeben sich für ihn nachvollziehbare Anfertigungsgesichtspunkte für das Schreiben, und relativ zu den Anfertigungskriterien lassen sich in der Klasse Beurteilungskriterien vereinbaren."

Mittelbar ist damit das andere wesentliche Ziel der damaligen Veränderungsvorschläge erreicht: Es werden schichtabhängige Aufsatznoten ver-

---

18 BOETTCHER u.a. (1973:9).
19 BOETTCHER u.a. (1973:9).
20 BOETTCHER u.a. (1973:9).
21 BOETTCHER u.a. (1973:114).

mieden; denn Aufsatznoten waren ja unter der Perspektive der Sprachbarrierendiskussion insofern schichtabhängig, als Kinder aus der Unterschicht einen viel weiteren und schwierigeren Anpassungsweg zurückzulegen haben als die mit den Lehrern schichtidentischen Mittelschichtkinder. Für den eigentlichen Aufsatzunterricht und die Sprachverwendung wurde von den Aachener Didaktikern eine Weichenstellung ganz im Sinne der Tendenzen des Zeitgeistes vorgenommen:[22]

> "Ein [...] Faktor ist das fehlende Verhältnis vieler Schüler zur Hochsprache, die - nach kurzfristig gewährten [lernpsychologisch begründeten] Zugeständnissen im ersten Grundschuljahr - einzig toleriertes Sprachsystem in der Schule ist. - Die Folge für die Situation des Schülers ist - etwas vereinfacht dargestellt: Die Sprache, die er in der Schule lernt, erlebt er als etwas Äußerliches, in welchem er weder zu Hause sein noch seine Probleme und Interessen bearbeiten kann, er erlebt sie als etwas, mit dem er hantieren muß anhand von Grammatik, Aufsatz und Literatur, ohne daß dabei für seine eigene Situation entscheidende Erfahrungen und Veränderungen möglich werden."

In dieser Weise wird weiterargumentiert, durchaus mit sozial engagiertem Anliegen; aber dieses Anliegen schloß eben nicht eine Kritik an Formen des Unterrichts, an fehlender Funktionalisierung des Grammatik- und Schreibunterrichts ein, es wurden nicht "bildungsorientierte Erfahrungen für die Schüler eingeklagt"; langfristig hatte sich somit eine vielleicht zu starke Utilitarisierung des Unterrichts ergeben.

Man muß sich nun in der Rückschau davor hüten, diese Wesenszüge der "Ernstfalldidaktik" verfälschend kritisch zu sehen. Die Ernstfalldidaktik bewirkte etliche Schreibprojekte, es kam verschiedentlich zu echten öffentlichen Kommunikationsvorgängen - mit Bürgermeistern, Behörden, Zeitungen; aber auch Busbestellungen für den Wandertag und ähnliches konnten in Gang gesetzt werden. Fraglos bleibt eine solche konkrete Schreibsituation ein Idealfall, der, wann immer sich dazu eine Gelegenheit bietet, auch genutzt werden sollte. Mit diesem Hinweis ist freilich auch schon angedeutet, daß solche "Ernstfälle" nicht nur nicht endlos vorhanden sind, sondern daß damit allein noch keine Schreiberziehung zu verwirklichen ist. So begrüßenswert solche Erfahrungen für Schüler sind, daß sie sich nämlich zunächst sachkundig machen müssen, daß sie das eigene Anliegen wirklich vollkommen geklärt haben müssen und daß sie die konventionelle Form und Stilebene erkunden und erwerben müssen, so deutlich werden auch die Grenzen der Kompetenzen der Jugendlichen: müssen sie doch auch erst sprachkundig werden und wissen, wie der Text zu bewältigen ist. Auch wenn dies in vielen Fällen gelungen sein mag, programmatisch wurde von den Ernstfalldidaktikern wohl der Sprachgebrauch, nicht aber die Sprachlichkeit selbst thematisiert. In der Ernstfalldidaktik stecken jedoch noch weitere gravierende Probleme. So z.B. SANNER (4/1990:225):

> "Die Folge ist, daß die Schüler hauptsächlich Briefe in den Formeln des öffentlichen Schriftverkehrs schreiben lernen; und sie können jeweils immer nur *einen* Brief schreiben, da der gebotene konkrete Fall zumeist ja nur die Weiterleitung des einen

---

22 BOETTCHER u.a. (1973:31).

in die Endredaktion gekommenen Briefes zuläßt. Damit bleibt der Aufsatzunterricht auf den Bereich des Verfassens pragmatischer Texte eingeschränkt und dient - angesichts der Beispiele - primär der gesellschaftlichen Interessendurchsetzung [FRITZSCHE 2/1978:185] jedoch auf Kosten der Vorstellungskraft und der Phantasie."

Ganz so kritisch muß das Resümee nicht ausfallen. Generell kann man deswegen sagen, daß die Hauptanliegen der Ernstfalldidaktik gelegentlich erreichbar waren - und sind; ein echtes kommunikatives Erfolgserlebnis ist allemal besser als eine gute Note für einen Aufsatz, dessen eigentlicher Adressat *nur* der Lehrer ist. Doch kann dies alles wirklich das Ziel sein? Nicht nur ist bei aller Berücksichtigung demokratischer Perspektiven die Gefahr anzumahnen, daß der Unterricht nach Maßgabe eines öffentlichen Lebens zu utilitaristisch ausgerichtet wird, sondern es werden auch andere Erfahrungswege verbaut, wie sie bald darauf durch das *personale* und das *heuristische Schreiben* thematisiert wurden. Vor allem aber wird in solch einem utilitaristischen Gefüge der Weg zu einer systematischen *sprachlichen* Reflexivität weiter.

Aber die Ernstfalldidaktik war ja nur ein Teil einer breiteren Strömung, nämlich der *kommunikativen Schreibdidaktik*, die die kommunikativen Ernstfälle schlichtweg zu simulieren versuchte.[23] Damit war eine größere Motivation, nämlich der "Lebensbezug" gegenüber dem traditionellen Aufsatz zumindest vordergründig verstärkt gegeben; von nun an wurde vor allem der "Adressatenbezug" eingefordert - obwohl nach meiner Einschätzung jedoch gerade hier eine Fehleinschätzung vorliegt. Schüler wissen sehr wohl, wer ihr erster Leser ist, und sie spüren, daß ihr Lehrer sich durchaus damit schwer tut, den Adressatenbezug, wenn er denn nicht nur formal bleiben soll, zu gewichten.

Auch dieses erweiterte Modell stützte sich auf die Kommunikationstheorie, stellte die situative und intentionale Einbindung des Schreibens in den Vordergrund und richtete seine zentrale Aufmerksamkeit auf die Adressatenbezogenheit eines Textes. Sprache wurde dabei vor allem in ihrer Funktion als Mittel des Handelns und der Durchsetzung von Interessen gesehen. Deshalb wurde in der Schule eine intrinsische Motivation aus dem Fundus des - öffentlichen - Alltags angestrebt, die die tiefe Kluft zwischen schulischem und außerschulischem Schreiben schließen sollte. Die kommunikative Didaktik hatte vor allem die Teilhabe an der öffentlichen Kommunikation im Sinn. Insofern war sie *kompensatorisch*, als sie die Voraussetzungen für eine echte Chancengleichheit in der Teilhabe an der öffentlichen Kommunikation sah.

In Abgrenzung zur kommunikativen Didaktik wurden gleichzeitig Wege zur *Emanzipation* bedacht und diskutiert. Sie sind hier von Belang, weil Sprache zum zentralen Thema gemacht wurde. Programmatisch dafür scheint Werner INGENDAHLs Titel "Aufsatzerziehung als Hilfe zur Emanzipation", war er doch sowohl individual- wie sozialpsychologisch zu verstehen. INGENDAHL (1972:7) setzt schon im Vorwort ganz breit an:

---

23 Ein gutes Beispiel findet sich bei FRITZSCHE (1980).

"Vor allem soll der Schüler *befähigt* werden, Texte zu verfassen, d.h. allgemeiner: Lebenssituationen sprachlich zu bewältigen: zu durchschauen und mitzugestalten. Nach *operationalen* Methoden und in partnerbezogenen Arbeitsformen werden Gestaltungsmöglichkeiten gemeinsam erarbeitet, jedoch *individuell* umgesetzt in Texte, die der Schüler nun auch zu verantworten weiß, weil er auch andere Möglichkeiten der Versprachlichung kennt."

Die von INGENDAHL (1972:bes. 20ff., 68) entwickelte Theorie und Form des Aufsatz-Schreibens kann als *heuristisch* bezeichnet werden. Dies leitet sich insbesondere aus seinem Sprachverständnis her, das explizit Leo WEISGERBER und HUMBOLDT verpflichtet ist, freilich ohne daß er in die Argumentationsweise des Sprachdeterminismus gerät:

"Aus den beiden fundamentalen Beziehungen der Sprache zur Wirklichkeit und zum Menschen resultieren zwei Grundfunktionen: die heuristische und die kommunikative: Im Primärprozeß, in dem der Mensch die Wirklichkeit versprachlicht, vermittelt ihm die Sprache Erkenntnis seiner Welt; im Sekundärprozeß spricht der Mensch mit diesen seinen Erkenntnissen zu anderen Menschen."

Hier ist allerdings anzumerken, daß Erkenntnis vor allem auch durch dialogische Rückversicherung und Veränderung entsteht[24], was von INGENDAHL nicht gesehen worden war. Von der heuristischen Grundfunktion der Sprache ausgehend wird für INGENDAHL (1972:53) der bewußte Umgang mit Sprache und ihre bewußte Gestaltung in Texten zur Grundlage des Aufsatzunterrichts. Er grenzt sich von der Differenzkonzeption der Sprachbarrierendiskussion insofern ab, als er die "Hochsprache [...] als die sozialste Form von parole" bezeichnet, "weil sie situations-, schichten- und raumüberlegen ist, weil sie allen Mitgliedern einer Sprachgemeinschaft Kommunikation und also Interaktion ermöglicht, weil sie den Grad von Allgemeinheit hat, der nötig ist, um Schranken zu überwinden und sich selbst im Rahmen eigener, sozialer und umweltbedingter Determinanten bestmöglich zu verwirklichen." Im Rahmen dieser Auffassung und speziell bezogen auf die Hochsprache wird der hohe Stellenwert der Bewußtseinsbildung durch die Schule deutlich. [25]

"Das Schreibenlernen unterstützt in selten hohem Maße die Erziehung zur Bewußtheit und Intentionalität der Handlung, es erzieht zu verantwortetem Sprachgebrauch und ermöglicht [...] schließlich auch Emanzipation aus dem 'Sozialzwang' der Sprache. [...] Dieselbe Leistung für die Bewußtseinsbildung des jungen Menschen wird im weiteren Verlauf der intentionalen Erziehung durch die Schule, durch den Unterricht in Grammatik erzielt. [...] Im Unterricht soll ihm [dem Kind] nun das muttersprachliche Ordnungsgefüge, nach dem es sich bisher unbewußt richtete, schrittweise aufgedeckt werden."

In mehrfacher Weise wird nun die Funktionalität von Grammatikunterricht für den Sprachgestaltungsprozeß beschworen und letztlich nur noch operational gesehen: [26]

---

24 Vgl. z.B. SWITALLA (1993). Switalla bezieht sich dabei besonders auf DAVIDSON (1991).
25 INGENDAHL (1972:41).
26 INGENDAHL (1972:100).

"Ersatzproben [Wort und Satzglied]
Umstellproben [Satz]
Umformungsproben [Satzbaupläne]
Entfaltungsproben [Wort, Satzglied, Satzbauplan].
Klangproben und Anschlußproben helfen bei der Gestaltung selbst zur Entscheidung für bestimmte der gesammelten Möglichkeiten."

Wieder einmal wird deutlich, welch große Wirkung die GLINZschen Proben hervorgerufen haben; diese z.T. überhöhte Wirkung verdeutlicht, wie groß das Bedürfnis nach unmittelbarer sprachlicher Operationalisierbarkeit eigentlich war - und ist. INGENDAHL (1972:99) räumt gerade dem sprachlichen Gestaltungsprozeß viel Platz ein, wünscht ihn sich als "über mehrere Jahre erstreckende Lehrgangsprojekte", wenngleich sich die einzelnen Vorschläge dann eher mechanistisch (1972:ab 104ff.) geben, sind sie doch in arg einfacher Weise vom linguistischen Modell, hier dem Dependenzmodell, in die Methodik übernommen (1972:ab 129).

Bezogen werden diese Gestaltungsvorschläge durchaus auf bekannte Aufsatzarten, wobei durch die Termini ein feiner, aber wichtiger Unterschied signalisiert werden soll: die Termini werden nämlich nicht mehr als Substantive formuliert, sondern als substantivierte Infinitive: es soll also nicht mehr um die tradierte und "verkrustete" Textsorte "Erzähl**ung**" gehen, sondern "Erzähl**en**" ist in sich ein mehrgestaltiger Prozeß, der sehr wohl Mischformen zuläßt.

Wieder knüpft INGENDAHL (1972:73f.) bei der energeia-Perspektive auf Sprache an: "Wenn Erzählen, Beschreiben, Berichten, Schildern und Erörtern wirklich Grundverhaltensweisen zur Welt sind, müssen sie in der Schule nur noch gepflegt [...] werden." Kritisch fährt er fort: "Die Darstellungsformen sind unkritisch tradierte Formen antiker und mittelalterlicher Rhetorik." Freilich grenzt er sich auch gegen die Kommunikations- und Ernstfalldidaktik ab: "Es ist heute wie gestern unmöglich, das Aufsatzschreiben pragmatisch aus den Anforderungen des täglichen Lebens her zu begründen. Das Ausfüllen von Formularen und Fragebogen, das Aufsetzen von Lebensläufen und Bewerbungsschreiben erfordert nur das Einhalten ökonomischer Schemata [...]" Und für die Zeit untypisch, wenn auch terminologisch ungenau wird die Forderung aufgestellt: "Selbstverständlich sollen alle Arten literarischer Texte - auch poetische - von den Schülern einmal selbst gemacht [sic!] werden, damit sie ihre Machbarkeit erfahren."

Höhepunkt der Aufsatzdidaktik stelle ein Projekt dar, da hier sowohl der einzelne wie die Gemeinschaft zum Zuge käme, weil Person oder Gegenstand durchdrungen werden müssen und weil dann die Sprachgestaltung bis hin zum einzelnen Wort breiten Raum einnehmen könne (1972:80ff.). Diese Forderungen bleiben jedoch insofern abstrakt, als ein konkretes Projekt dann aber nicht mehr zur Diskussion gestellt wird, das die im folgenden dargestellte konkrete Spracharbeit funktional einsichtig machen würde.

So hatte INGENDAHLs Ansatz zwar einen hohen theoretischen Anspruch, zumal er sehr um Differenzierung zwischen "sprachgestaltendem" und "kommunikativem Schreiben" bemüht war, aber zu den eigentlichen Textstrukturen auf der Mikro- und Makroebene konnte auch er nicht vordringen. Gerade die sprachlichen Operationen bleiben nicht frei von Beliebigkeit. Das mag im letzten in seinem Vertrauen auf die energeia-Perspektive der Sprache beruhen, daß nämlich allein schon der bewußte Umgang mit Sprache und mit zu "wertenden" Gegenständen die Erkenntnisse stiften würde, die die Schüler zu ihrer Emanzipation brauchen.

Aus meiner Sicht war und ist eine so deutliche Hinwendung zur Sprachlichkeit sehr begrüßenswert. Es muß aber der Schritt zur Funktionalstilistik hinzutreten. Dazu genügen die GLINZschen Proben nicht allein, so wertvoll sie im einzelnen sind. Syntax muß ebenso ins Verhältnis zur Textualität gesetzt werden, wie das zwischen Wort und Satzglied, zwischen Satzglied und Satz und zwischen Satztypen untereinander schon lange schulpraktisch geschehen ist (s.u. sowohl Kap.4.5 wie Kap.5).

Für die Lebendigkeit der fachdidaktischen Entwicklungen dieser frühen siebziger Jahre spricht, daß "Kreative Prozesse im Aufsatzunterricht", so der Buchtitel von Friedrich OSTERMANN (1973), auch schon und gleichzeitig mit den kommunikativen und emanzipatorischen Ansätzen diskutiert wurden. OSTERMANN greift bis zu den Reformpädagogen, bis zum "freien Aufsatz" zurück und beruft sich auf die Theorien Rudolf HILDEBRANDs (1867), wenn auch er den zu utilitaristischen kommunikativen und den für ihn schon fast zu funktionalen heuristischen Aufsatz kritisiert. Dabei ist seine Kritik um Ausgewogenheit und um Differenzierung bemüht, weil sie nicht das eine zugunsten des anderen abschaffen will, sondern: [27]

"Wir vertreten den Standpunkt der klaren *Scheidung* zwischen einem *Aufsatzunterricht* mit der zentralen Förderung des *kreativen* schriftlichen *Gestaltens* und einem 'Sprachhandlungsunterricht', zu dessen Aufgaben u.a. die Tätigkeiten und Übungen im Schreiben gehören, die reproduktive und kompensatorische Funktion haben."

Zentrale Begriffe sind im Zusammenhang mit den "kreativen Prozessen" bei OSTERMANN die "immanenten Wachstumsprozesse" (1973:228), für die es typisch sei, daß "der innere Gestaltungsvorgang beim Kinde kaum, beim Jugendlichen nur zu einem geringen Grad reflektiert" werde, sich aber der "Anteil der Reflexion" (1973:230f.) allmählich steigere. - Es wird deutlich, daß OSTERMANN (1973:51f.) INGENDAHL näher stand als BOETTCHER u.a., daß er auch den "sprachgestaltenden Aufsatz" noch keineswegs restlos verworfen sehen wollte.[28]

Interessant für den Zusammenhang mit dieser Studie hier ist die bei OSTERMANN angedeutete Differenzierung von kognitivem und vorbewußtem Lernen, die ja schon deshalb wichtig wird, weil alles beim Schreiben Notwendige nicht "auf einmal" lehrbar ist. Bei OSTERMANN (1973:52) liest sich das als kritische Distanz zu einem hochgradig kognitiven Vorgehen, wie es INGENDAHL vorgeschlagen hatte (vgl.o.) und gegen das er sich abgrenzt:

---

27 OSTERMANN (1973:12).
28 Vgl. OSTERMANN (1973:11).

"Die *Behauptung der durchgängigen Operationalisierbarkeit*, die bei der Konzeption beider Methoden [i.e. reproduktiver und kompensatorischer Unterricht] zu sehr negativ wirkenden Systemzwängen führt, und die Verdrängung des kreativen Gestaltens stehen in engem Zusammenhang mit der Annahme der potentiellen Bewußtheit aller Sprachvorgänge, die wiederum nur durch die Ausklammerung des Problems des Vorbewußten möglich ist."

OSTERMANN lag also mit seinem Konzept[29] quer zu den Haupttendenzen dieser Jahre. Die Schule selbst, so scheint es, bewies ein gewisses Beharrungsvermögen beim traditionellen Aufsatzunterricht und öffnete sich allmählich vor allem der kommunikativen Schreibdidaktik, wobei dies im Norden und Westen Deutschlands nach meinem Eindruck mehr der Fall war als im Süden.

2.4. Ausgleichsbemühungen

Nicht nur die Schule verhielt sich angesichts des Handlungsdrucks ihres Alltags vermittelnd zwischen den Neuansätzen, sondern bis in die didaktische Diskussion hinein entwickelte sich ein Ausgleich der Tendenzen. Eine vermittelnde Position in bezug auf die schulischen Stilformen des Aufsatzunterrichts und die neuen Anforderungen der kommunikativen Didaktik kann Rolf SANNER (1975:27) zugeschrieben werden.

"Darstellungsformen sind keine Muster oder formalen Schemata, sondern Aktionsformen, unter denen Texte mit übereinstimmender Intentionalität zusammengefaßt werden. Um Mißverständnisse zu vermeiden, empfiehlt es sich daher, statt der Substantiv-Form [Bericht, Erzählung ...] den substantivierten Infinitiv zu verwenden [Berichten, Erzählen ...]. Bei einem derartigen Begriffsverständnis stehen die Darstellungsformen nicht im Widerspruch zum sprachlichen Kommunikationsvorgang; sie ergänzen ihn lediglich durch den textspezifischen Aspekt."

Das ist im Grunde die Anwendung der Sprechakttheorie auf Texte, so daß Textsorten gleichsam als Makro-Sprechakte erscheinen, die diverse Sprechbzw. Sprachakte Absatz für Absatz, gelegentlich Satz für Satz in sich tragen. Ähnlich vermittelnd ist seine Position gegenüber einem - in Ansätzen ja immerhin bereits angedeuteten (vgl.o.) - funktionalen Grammatikunterricht; SANNER (1975:24) setzt sich mit den überall so angepriesenen Proben auseinander und differenziert:

"Doch dabei kann es sich immer nur um herausgelöste Aufsatzteile und um das Durchspielen paradigmatischer Satzmuster handeln, nicht um das Erproben aller Vertextungsmöglichkeiten bei jedem Einzelthema. Dennoch ist das Primärziel hier nicht die grammatikalische Kompetenz, sondern ein Zuwachs an Einsicht in den Zusammenhang von Sprachintention und Satz- bzw. Textstruktur. Die Übergänge zur Stilistik sind hier fließend."

Eine neue, auch vermittelnde Perspektive auf den Aufsatzunterricht nimmt einige Jahre lang Joachim FRITZSCHE (1980:137) ein, die er später

---

29 z.B. zum soziolinguistischen Bereich OSTERMANN (1973:232-234).

verstärkt zum kreativen Trend hin verschiebt. Für ihn ist das Aufsatzschreiben ein *Lernmedium* zum Erwerb von vier Kompetenzen:

"Ich unterscheide vier Gruppen:
1. Aufsätze im Zusammenhang des Erwerbs *kognitiver Kompetenz.*
2. Aufsätze im Zusammenhang des Erwerbs *interaktiver Kompetenz* und der *Entwicklung eines moralischen Bewußtseins.*
3. Aufsätze im Zusammenhang des Erwerbs *ästhetischer Kompetenz.*
4. Aufsätze im Zusammenhang der *Konstitution von Lebensgeschichte und Identität.*"

Damit erhält der Aufsatzunterricht einen sehr hohen Stellenwert nicht für die sprachliche, sondern vor allem für die gesamte individuelle Sozialisation. FRITZSCHE (1980) bezieht auch andere Ansätze zum Aufsatzunterricht mit ein, legt aber besonderes Gewicht auf den "personalen" Ansatz (vgl.o.). Dabei stellt sich die Frage nach der Bedeutung des Begriffs der "Bewußtseinsentwicklung" und nach den angestrebten Zielen. Hier nun orientiert er sich, soweit er dem personalen Schreiben zuzurechnen ist, an den HABERMASschen Kompetenzen der "Ich-Entwicklung": HABERMAS hält zunächst drei Kompetenzen fest, die *kognitive* in Auseinandersetzung des Subjekts mit der "*Welt*", die *interaktive* in Auseinandersetzung mit der *Gesellschaft* (sie hat also eine pragmatische und moralische Komponente) und die *sprachliche* Kompetenz. Diese ergänzt Joachim FRITZSCHE (1980:15f.) nach Jürgen KREFT noch um die "ästhetische" Kompetenz, die dem Bereich der "inneren Natur" bei HABERMAS entspricht. Bei ihr habe Schreiben die Funktion der "Selbstdarstellung des Sprechers" und besonders die Bedeutung des sprachlichen Artikulierens und Interpretierens der "inneren Natur".[30] Dies bedeute - so FRITZSCHE - aber keinen nur "subjektivistischen" Stil, vielmehr sei dies ein echtes Mittel zur Entwicklung des Bewußtseins, das sonst psychisch gestört sein könne.[31] So gesehen hat also Schreiben eine vierfache Bedeutung beim Prozeß der "Ich-Entwicklung", die dann - wiederum nach KREFT - von FRITZSCHE durch das ergänzt werde, was er als Schreiben zur "Konstitution von Lebensgeschichte" (1980:133-136) bezeichnet. Hier werde die durch Reflexion bzw. Erinnerung gewonnene Identität im mündlichen oder schriftlichen Erzählen geäußert und so Lebensgeschichte in Auswahl "konstruiert", wobei die schriftliche Sprache die Tendenz zur Konstruktion bzw. "Neuinszenierung" erheblich verstärke (1980:134f.). Schreibend "vergewissere" sich so das Subjekt gegenüber sich selbst und auch gegenüber anderen seiner Identität.[32] Damit erhält der Aufsatzunterricht bei FRITZSCHE - und auch bei anderen Vertretern dieser Richtung - eine bedenkenswert und bedenklich große Bedeutung und eigentlich auch Verantwortung, wie sie bis dahin selten so herausgestellt worden ist.

Mit diesem Theoriegerüst analysiert FRITZSCHE (1980:136-144) die Aufsatzarten bzw. *Textsorten* und ordnet sie jeweils einem Kompetenzbereich (s.o.) schwerpunktmäßig zu: So fallen unter die kognitive Kompetenz

---
30 FRITZSCHE (1980:123f.).
31 Hier fällt schon die starke therapeutische Komponente bei FRITZSCHES Ansatz auf.
32 S.a. SPINNER (1980:67-80).

z.B. Rezepte, Berichte, Protokolle, die zu erwerben bzw. auszubauen insbesondere durch einen fächerübergreifenden Unterricht angestrebt werden könne. Unter Texten, die die interaktive und moralische Kompetenz befördern, versteht er rhetorische Textformen, Inhaltsangaben und Erörterungsaufsätze. Schilderung, lyrische Texte, Essays und spielerische Formen dienen als "literarische Textsorten" der Ausbildung der ästhetischen Kompetenz; sie sind Mittel des inneren Ausdrucks und der Kommunikation und können vom Zwang zur Rationalität entlasten. Dabei - so FRITZSCHE (1980:143) - dürften sich "ästhetische und therapeutische Funktion verbinden, und zwar so, daß sich eine innere Spannung dadurch löst, daß das Subjekt mit ästhetischen, d.i. sinnlich-künstlerischen Mitteln ausdrückt, wie ihm zumute ist". Schließlich führen narrative und autobiographische Texte zur Konstruktion von Lebensgeschichte und Identität, die somit nicht nur in den Unterstufen (wie in den jetzigen Lehrplänen) von Bedeutung wären. Gerade bei den letzten beiden Kategorien stellt FRITZSCHE zu Recht ein großes Schuldefizit fest.

Die hier genannten didaktischen Umsetzungen sind sicherlich nicht originär, doch setzen sie einen neuen Schwerpunkt und insbesondere neue Ziele für den Aufsatzunterricht. Dabei berührt sich FRITZSCHEs Ansatz stark mit dem kreativen, allerdings finden sich bei ihm keine methodischen Umsetzungen.[33] Für die Praxisumsetzung gilt ähnliches wie beim kreativen Schreiben, daß nämlich eine konsequente Einarbeitung in den Schulalltag noch nicht erfolgt und somit auch noch wenig erprobt ist. In den traditionellen Schulbüchern existieren dazu außerdem keine Lerneinheiten.[34] FRITZSCHE selbst scheint die Übertragbarkeit seiner eigenen Überlegungen für den Unterricht einzuschränken, da er sie bisher vor allem in außerschulischen Vermittlungsformen, den *workshops*, verwirklicht.[35]

Diese Ansätze sind für die vorgelegte Studie interessant, weil sie die Rolle der Sprache große Bedeutung zuzumessen scheinen. Freilich, einer innersprachlichen Systematik zum Erwerb der Sprachlichkeit - von der Grammatik bis zur Textstruktur - wird von der Theorie dieser Ansätze her kein Gewicht gegeben.[36] Deshalb müssen solche schreibdidaktische Ansätze sich bei ihren hohen Ansprüchen auch die Frage nach dem Verhältnis

---

33 Dazu z.B. MATTENKLOTT (1979).
34 Als eines der ersten von der Theorie des "personalen" Ansatzes beeinflußten Lehrwerke erscheint der "Sprachschlüssel", der eine spezielle Einheit "Gefühle äußern" in seine Struktur Band für Band aufgenommen hat und sich im Lehrervorwort folgendermaßen begründet: "Das Bemühen, eigene Emotionen in Sprache zu fassen und die versprachlichten Emotionen anderer zu verstehen, fördert die Identitäts- und Persönlichkeitsentwicklung junger Menschen und ihre Fähigkeit, mit anderen zusammenzuleben. Mit dem didaktischen Schwerpunkt "Gefühle äußern" ist ein wichtiges erzieherisches Anliegen des Deutschunterrichts verbunden, das sich nicht auf eine bestimmte Altersgruppe oder Klassenstufe eingrenzen läßt". BENDEL-KLOSTERMANN (1982).
35 Anders dagegen bei: MATTENKLOTT (1979) und INGENBERG/SEIFERT (1983).
36 Diese Feststellung soll diese Ansätze aus der Perspektive dieser Studie nicht an sich abwerten. Der Weg, den diese Studie didaktisch beschreitet, besteht letztlich aus zwei Schichten: einer kognitiven Schicht und einer ganzheitlichen Schicht, die auf das eigenständige Lernen durch Prototypen dort vertraut, wo das möglich ist (vgl. das nächste Kap.).

von Grammatik- und Schreibunterricht gefallen lassen. FRITZSCHE (1980:96) beantwortet sie allgemein, aber positiv:

> "Bei aller Flexibilität gibt uns die Sprache doch ein festes Gerüst von Möglichkeiten vor: Satzmuster, bestimmte Weisen der Satzverbindung, sprachliche Wendungen, literarische Darstellungsformen wie Anekdote, Schilderung, Beispiel usw. Das heißt, unsere Erzählungen werden bestimmt durch unsere Sprachkompetenz und unser Bildungswissen. Hier wirken sich die 'Sprachbarrieren' hemmend, die Vertrautheit mit der Schriftsprache aber fördernd aus."

Und wenn diese Gretchenfrage nach dem Stellenwert grammatischen Wissens konkreter beantwortet werden soll, so findet sich trotz der Dominanz der Pragmatik und des "anderen Grammatikunterrichts" eine recht eindeutige Stellungnahme: [37]

> "Noch deutlicher als die semantische Dimension ist die *syntaktische* unabhängig von der pragmatischen Dimension. Es mag zwar einen gewissen Sinn haben, auch die pragmatischen Regeln als 'Grammatik' zu bezeichnen; aber man muß sehen, daß die Satzgrammatik nicht von der 'Grammatik der Situation' determiniert wird. 'Grammatikalität' von Sätzen ist sehr wohl ohne Situationsbezug feststellbar."

Dieses "Bekenntnis" muß auf zeitgeschichtlichem Hintergrund gesehen werden, und deshalb sei auch hier auf die Auseinandersetzung mit der schiefen und mehr als ungenauen Argumentation verzichtet. Deutlich wird allemal, daß hier kein funktional-grammatisch-didaktischer Anstoß zu erwarten war.

Mit FRITZSCHE sind die achtziger Jahre erreicht, und mit ihm die Gesamttendenz der didaktischen Diskussion hin zur Entfaltung des - hoffentlich - schreibenden Ichs, ob es sich nun im personalen, im kreativen oder problemlösenden Schreiben entfalten sollte.

2.5. Neuer Subjektivismus

Das sogenannte "personale Schreiben" [38] ist im Zusammenhang mit dem "kreativen Schreiben" und dessen impliziten Zielen zu sehen; eine Unterscheidung der Vertreter der beiden Richtungen ist nicht immer leicht möglich: Das "kreative Schreiben" konzentriert sich mehr auf eine bestimmte Methode und praktische Unterrichtsvorschläge, um das Individuum in seinen expressiven Möglichkeiten und Bedürfnissen zu unterstützen.

Die Vertreter des personalen Ansatzes legen ebenfalls eher eine pädagogische als didaktische Theorie zugrunde; freilich tendieren sie stärker zu einer "Welterschließung" durch das sensibilisierte Ich, während bei der kreativen Richtung vor allem das Ich Thema bleibt. Das "personale Schreiben" ist eine Form, "in der das schreibende 'Ich' selber im Mittelpunkt steht und seine Wahrnehmungen von sich selber, seine Wahrnehmungen von der

---

37 Ebenda.
38 Vgl. BOUEKE/SCHÜLEIN (1985:277).

Welt und seine Wahrnehmungen von den anderen im Schreibprozeß formuliert."[39] Damit richtet sich der personale Ansatz besonders gegen die oben geschilderte Zweckrationalität des kommunikativen Schreibens. Statt der kommunikativen Funktion von Sprache wird jetzt - wie schon beim kreativen Ansatz - stärker die expressive Funktion von Sprache herausgestellt und gleichzeitig die Möglichkeit für den Schreibenden, mittels Sprache Distanz zu sich selbst zu schaffen und sich abzugrenzen. Diese Überlegungen können wohl auch im Zusammenhang mit dem neuen Trend zur Subjektivität in den Bereichen von Literatur, Gesellschaft und Wissenschaft in den achtziger Jahren gesehen werden.

Grundsätzlich scheint innerhalb dieser Richtungen Übereinstimmung zu herrschen, daß das Schreiben für die Stärkung der Entwicklung des *Ichs* genutzt werden soll. Welchen Problemen sich gerade der kognitive Weg zur Textgestaltung durch sprachliche Einsichten gegenüber befindet, wird deutlich, wenn man sich noch ein wenig mehr mit dem kreativen Schreiben auseinandersetzt. "Kreatives" oder "freies" Schreiben - beide Begriffe sind wohl als fast synonym zu verstehen - läßt sich nach Fritz WINTERLING (1985:360) wie folgt beschreiben:

> "Freies Schreiben wird im folgenden, ohne den Versuch exakter Abgrenzung, verstanden als das Abfassen freier, persönlich verantworteter Texte, seien es nun Versuche, literarisch zu schreiben, frei zu assoziieren, individuellen Bedürfnissen Ausdruck zu geben oder auch nur sich spielend-schreibend Freiräume zu schaffen."

Dafür wurden außerhalb der Didaktik liegende Grundlagen herangezogen: Einmal die Kreativitätsforschung, die sich seit den fünfziger Jahren in den USA immer stärker durchsetzte (J. Paul GUILFORD u.a.) und die mit etwas Verzögerung in den deutschen Sprachraum drang. Sie will die kreativschöpferischen Fähigkeiten des Menschen in ihren Mittelpunkt stellen, auch in Abgrenzung zur Technikgläubigkeit, und sie schloß schon anfangs eine pädagogisch-therapeutische Komponente mit ein.

Dann bekamen die Ansätze der modernen Gehirnforschung Gewicht, auf die sich z.B. insbesondere Gabriele RICOs Schreiblehrgang (1987) "Garantiert schreiben lernen" bezieht. Dabei spielt die sogenannte Lateralisierung der rechten und linken Gehirnhälften eine wichtige Rolle. In der medizinischen Forschung hat sich die These durchgesetzt, daß die linke Hemisphäre stärker auf das begrifflich-lineare Denken spezialisiert sei, die rechte dagegen auf das bildlich-assoziative; dies sei für den schöpferischen Schreibprozeß von großer Bedeutung. Beide Gehirnhälften sollten aber mittels der Nervenverbindung (corpus callosum) zu verschiedenen Zeitpunkten der Textproduktion zusammenarbeiten. - Angesichts der Tatsache, daß Didaktiker gemeinhin medizinische und psychologische Laien sind, kann eine solche Analogisierung allzu platt zu sein. Das verhindert aber eine rasche Übernahme solcher Überlegungen nicht, was zumindest partiell zu einem Dilettantismus und einer falschen Akzentuierung führt.[40]

---

39 BOUEKE/SCHÜLEIN (1985:283).
40 Vgl. z.B.: SCHUSTER (1992) wo im Kap."Textproduktion" RICO und andere - zu - ausführlich dargestellt werden, also z.B. 152ff. Man vergleiche hierzu die Textmenge und damit auch

Aufgrund der zügigen Rezeption dieser beiden Forschungsrichtungen wurde der bisherige Schulunterricht als zu einseitig kritisiert, da er kreative Veranlagungen bei Schülern in keiner Weise fördere. Durch die Konzentration auf das logisch-lineare Denken, so RICO, würden die schöpferischen Fähigkeiten gehemmt. Auch das Bewußtsein der Lehrer sei zu sehr auf begrifflich-logische Ergebnisse fixiert. Die Zergliederung des Unterrichts in einzelne Fächer und noch weiter in Teilgebiete störe das ganzheitliche Denken. Ziel aber eines guten Unterrichts, und das schließe natürlich einen Schreibunterricht mit ein, sollte eine über Kreativitätsförderung erreichte Stärkung des Ichs sein, d.h. das Selbstbewußtsein der Schüler gegenüber der normierten Sprache solle gefördert werden, und genauso das Kennenlernen von Sprache als individuelles Ausdrucks- und Kommunikationsmedium.[41] Im engeren Bereich des Aufsatzunterrichts sollen die Schüler das lernen, was RICO (1987:13) als "die eigene Stimme finden" bezeichnet, also einen unmittelbareren und natürlicheren Ausdruck anstatt strikter Normenerfüllung.[42] Schreiben solle in einem schöpferischen Prozeß vor sich gehen, wobei die Anregungen der rechten Gehirnhälfte zunächst nicht vom begrifflichen Denken "gestört" werden sollten: diese dürfe erst später korrigierend und ausgestaltend eingreifen.[43] Insgesamt stehen damit beim "kreativen Schreiben" eher expressiv-emotionale Texte im Vordergrund, aber auch spielerisch-experimentierende. Alles dies sieht RICO (1987:50-63) auch durch einen Rückgriff auf die "Kindheitsmuster", d.h. die Kreativität der vorkonventionellen Stufe als erreichbar an.

Ihre eigene Theorie verwirklicht RICO vorwiegend in außerschulischen Formen wie workshops. Doch der kreative Ansatz tritt auch sehr häufig in praktischen Unterrichtsvorschlägen auf, von denen viele zumindest teilweise von RICOs Schreiblehrgang motiviert zu sein scheinen. So beschreibt RICO eine neue Methode, das *Clustering*, das durch freies Assoziieren den Zugang zur Kreativität der rechten Gehirnhälfte erleichtern solle und mittels der Bildung eines Versuchsnetzes erster *cluster* zu ersten Texten, sogenannten Miniaturen, führen. Weitere Unterrichtsmethoden sind bei ihr und überhaupt beim kreativen Schreiben das Arbeiten nach literarischen Vorlagen, nach Bildimpulsen, aber auch die Verarbeitung von im Grunde stilistischen Hinweisen zum Textaufbau, etwa die sogenannten "wiederkehrenden Elemente" (RICO 1987:116-140). Die Betonung des Nicht-Rationalen dieser besonders ausgeprägten Richtung in der kreativen Schreibdidaktik läßt eine Frage nach dem Stellenwert des Grammatikunterrichts für das Schreiben erst gar nicht zu, soweit die kreativen Formen davon betroffen sein könnten. Kreatives Schreiben bekommt zunehmend in jüngster Zeit hermeneutische Aufgaben zugewiesen. Es nähert sich eilig dem Literaturunterricht, wobei Literaturrezeption durch das kreative Schreiben nicht nur refle-

---

den Stellenwert, dem der "Grammatikunterricht" dort zugewiesen wird (173-181).
41 Näheres, auch allgemein zu Kreativität in der Schule z.B. CORDRUWISCH/WECKMANN (1985:381).
42 Auch RICO verwendet fast ausschließlich einen inhaltlich-stilistischen Begriff von einem "guten Text", (1987:8f.).
43 Hier deutlicher Gegensatz zur Theorie von ANTOS (1982), s.u.

xiv gefördert werden soll, sondern Literatur und poetologisches Wissen werden für literarisches Probehandeln und für den Ausdruck eigener Befindlichkeit instrumentalisiert.[44] Es mag damit deshalb sein Bewenden haben. Ohne Frage kann kreatives Schreiben eine Bereicherung darstellen; doch damit ist der Sozialisationsauftrag der Schule in bezug auf Schreibkompetenz oder gar Text*gestaltungs*kompetenz keineswegs erfüllt. Abgesehen davon könnte ja der Grammatikunterricht sogar kreative Prozesse reflexiv begleiten; doch das scheint nicht gewollt. Was aus meiner Sicht im Zusammenhang mit dem Begriff und dem Schlagwort der "Kreativität" nicht außer acht gelassen werden sollte, ist die *handwerkliche* Komponente eines *Schaffensprozesses*, wie ihn das Schreiben und Gestalten eines Textes im Grunde für jede Altersstufe darstellt. Deshalb ist es hier notwendig, ganz einfach darauf hinzuweisen, daß wirklich Schöpferisches erst ab der Stufe gesicherten Könnens möglich wird. Und der Grammatikunterricht kann hier sehr wohl als *Sprachangebotsunterricht* und als Medium fachlich-reflexiver Kenntnisstiftung fungieren.

2.6. Schreiben als Denken

Wenn die Zeichen nicht trügen, gewinnt Schreiben gegen Ende der achtziger Jahren wieder mehr Bedeutung für das Hineinwachsen der Jugendlichen in die Welt. Schreiben ist ein langsamerer Prozeß als Sprechen, und somit können reflexive Vorgänge durch Schreiben gefördert und konkretisiert werden. Damit dient Schreiben nicht nur der Ich-Spiegelung, wie das von den kreativen Ansätzen propagiert wird, sondern es eröffnet die Möglichkeit, sich in Schritten produktiv mit Welt auseinanderzusetzen. Solche Gedanken waren ansatzweise auch schon im heuristischen Schreibansatz in den siebziger Jahren u.a. von Wilhelm GÖSSMANN und Werner INGENDAHL aufgegriffen worden. Vertreter dieser Aufsatzdidaktik in den achtziger Jahren sind insbesondere Gerd ANTOS und Ortwin BEISBART.

Von ihnen wird Schreiben und vor allem der Schreibprozeß als "Medium der Welterschließung"[45] verstanden, oder, um es mit einem Aufsatztitel von Fritz HERMANNS (1988) zu sagen, "Schreiben als Denken." Insofern besteht hier auch eine gewisse Nähe zu FRITZSCHEs Gedanken vom Nutzen des Schreibens als "Lernmedium", wenn auch die Ziele nicht identisch sind.

Sicherlich gibt es auch bei dieser schreibdidaktischen Richtung unterschiedliche Theorie-Entwürfe, doch mit ANTOS (1982:117) "Grundlagen einer Theorie des Formulierens" liegt ein sehr umfassender Ansatz vor. ANTOS will keine neue Theorie des Schreibens aufstellen, sondern er konzentriert sich darauf, neben der kommunikativen eine weitere Seite des Verbalisierens, nämlich die sogenannte *formulative* zu durchleuchten.[46]

---
44 Vgl. WALDMANN/BOTHE (1993).
45 BOUEKE/SCHÜLEIN (1985:278).
46 ANTOS (1982:10-14) zum Begriff des "Formulierens".

Eine seiner Ausgangsthesen ist, daß Formulieren ein Problemlöseprozeß und folglich "schwer" sei, daher sei es von einfachem "Verschriftlichen" zu trennen. Als Anzeichen dafür im Alltag sieht er z.b. Pausen beim Sprechen oder auch einfache "Versprecher" an, die er als Formulierungsfehler interpretiert. Anschaulich wird diese Schwierigkeit des Formulierens auch, wenn man die unterschiedlichen Teilprozesse beim Schreiben bzw. Formulieren zusammenstellt[47] oder sie - wie es verschiedentlich versucht wurde - in ein Modell des Schreibprozesses zusammenfügt.[48]

Für das Formulieren als Problemlösen orientiert sich dann ANTOS (1982:37 und 139-157) an Klaus DÖRNERs Modell des dialektischen Problemlösens für sogenannte "ill-defined-problems". Demgemäß werden im dialektischen Prozeß des Formulierens erst allmählich Zielkriterien und Form der Mittel (also das *Was?* und das *Wie?*) konkreter. Texte sind als sukzessives Lösen von Formulierungsproblemen zu verstehen, ja der Textproduktionsprozeß wird als dauerndes "Umformulieren"[49] interpretiert.

Damit wird Formulieren in die Kategorie der schöpferischen Tätigkeiten erhoben, was lange nicht so gesehen wurde.[50] Es hilft also nicht, nur einfach beim Schreiben Regeln grammatischer oder sonstiger Art abzuarbeiten, sondern auch problemlösendes Denken und kreative Elemente spielen hier eine wichtige Rolle ("Schema-Innovation"[51]). Gerade beim Schreiben tauchen für den Schreibenden erst viele Probleme auf.[52] Allerdings erleichtern Konventionalisierungen von Textsorten - und damit die Erwartungen an Texte - und die sogenannten Operationen, als "routinierten Tätigkeiten" den Herstellungsprozeß; er sollte schließlich zu einem abgeschlossenen Gestaltungsergebnis, im Gegensatz zu einer bloßen Sprechhandlung, führen.

Auch in Hinblick auf die oben erwähnte sprachphilosophische These des Schreibens als Form der "Verständnisbildung von Welt" wird somit die Textherstellung insgesamt zur "wichtigsten Form angewandter Sprachreflexion".[53] Und dabei können im einzelnen folgende Ziele - nach ANTOS (1988:38) - durch ein systematisches Schreibtraining erreicht werden:

"Planen einer komplexen Handlung, Antizipationsfähigkeit bezüglich der Wirkungsintention, selektive Bereitstellung und Strukturierung von Wissen[54], Kritikfähigkeit bei der Revision des Geschriebenen und schließlich Identitätsbildung qua 'Selbstbetrachtung des Schreibers in seinem Produkt' [AUGST/JOLLES 1986:7]. In der Ausbildung dieser Fähigkeiten liegt der eigentliche Sinn des Schreibens."

Hier erhält also die Textproduktion eine viel tiefer- und weitergehende Begründung als zuvor beim traditionellen Aufsatzunterricht, wo es schließlich doch nur um Konventionserfüllung ging, während eine Schreibdidaktik, die

---

47 ANTOS (1988:40f.).
48 BEISBART (1989:11).
49 ANTOS (1982:147-150); als literarisches Beispiel dafür könnte Faust bei seinen Versuchen der Übersetzung des Johannes-Evangeliums genannt werden.
50 ANTOS (1982:111).
51 ANTOS (1982:108-112).
52 So HERMANNS (1988:72).
53 ANTOS (1988:37f.).
54 "Metagedächtnis".

das Denken und Problemlösen so ernst nimmt, die Konvention wieder ausfüllt und, wo nötig, ändert. Im Grunde kommt hier der Schreibprozeß zu seinem eigentlichen Recht, gerade auch gegenüber der viel schneller und notwendigerweise aktuell veränderbaren Mündlichkeit.

Erste Konsequenzen für den Deutschunterricht hat ANTOS (1988:38) aus seiner Theorie unter dem programmatischen Titel "Eigene Texte herstellen!" gezogen. Dort wird Schreiben jedenfalls von ihm ganz "werkorientiert" gesehen; und so sollte der Ansatz von ANTOS wohl auch für den Aufsatzunterricht rezipiert werden. Dabei hält er drei allgemeinere Unterrichtsbedingungen als methodische Hinweise fest:

1. Er plädiert für ein gezielteres Üben der Teilprozesse des Schreibens[55]; darunter würden auch so lange Zeit vernachlässigte Gebiete wie die Planung und die Revision von eigenen Texten fallen. Das Schreiben eines Textes könne stufenweise gelernt werden und sei nicht als reine "Kunst" mißzuverstehen, die ausschließlich Talentierten offenstünde - so wie es im Aufsatzunterricht oft noch der Fall zu sein scheint. So könnte man z.B. das Planen an Hand von einer Zusammenstellung von Formulierungszielen und deren Diskussion üben oder Metatexte mit der (späteren) Endfassung vergleichen.
2. In der Schule sollten auch die *objektiven Formulierungsprobleme* beim Schreiben beachtet und von den jeweils subjektiven Formulierungsschwierigkeiten getrennt gesehen werden. Darunter sind z.B. textsorten- oder sozialabhängige Probleme zu verstehen. Als Beispiel nennt hier ANTOS die isolierte Behandlung von typischen Problemen wie des Textanfangs oder der Wortwahl.
3. Weiterhin soll die Schule natürlich *Schreibroutine* vermitteln, und dies nicht nur ab und zu vor einer Schulaufgabe, sondern regelmäßig. Schon in seiner "Theorie des Formulierens" hatte ANTOS (1982:164-170) außerdem die Behandlung der "Entlastungsstrategien" gefordert, wie z.B. das "reproduzierende oder musterorientierte Formulieren", die "Anspruchsanpassungsstrategie" oder die "Exothetisierung von Zwischenlösungen". Mit Recht hält er diese für fachdidaktisch von Bedeutung, ihre Verwendung ist vor allem im *Schreiballtag* relevant.

Noch etwas weitergehende Folgerungen finden sich bei BEISBART (1989:12-15); seine Schlußthesen schließen im Grunde direkt an ANTOS an: So setzt er sich für einen vorwiegend aktiven Umgang mit Texten ein, er betont stärker als ANTOS die Förderung der Zusammenarbeit von analytisch-abstraktem Denken mit dem assoziativ-bildlichem Denken (in Anlehnung an RICO)[56], und schließlich geht er auch noch auf die Mikroebene von Texten ein, auf der er eine funktionalere Stilistik und Syntax fordert. Gerade diese Frage wird nur relativ selten in der Linguistik oder Fachdidaktik behandelt und wird so weiter unten diskutiert werden müssen.[57]

---

55 S.a. BEISBART (1989:12f.).
56 BEISBART (1989:12f.).
57 Ansätze dazu bei BRINKER (1985); KLOTZ (1989).

Wenn schon Schreiben so deutlich und richtig als Prozeß gesehen wird, dann stellt sich auch die Frage des Umformulierens im Detail. Dies geschieht meist auf dem Hintergrund konventionalisierter Textvorstellungen, selbst wenn die Konvention nur wenig präsent ist.[58] Betont sei der Perspektivenwechsel, wie er sich nun sowohl gegenüber dem sprachgestaltenden wie dem kommunikativen Aufsatz ergibt: nicht das fertige Textprodukt steht im Zentrum, sondern der Textproduktions*prozeß* wird fokussiert. Damit werden auch funktionale, konkrete Perspektiven für die Spracharbeit eröffnet, und zwar nicht so sehr in Richtung auf einen reinen Wortfindungsprozeß wie beim kreativen Ansatz, sondern auch in Richtung auf einzelne sprachliche Strukturen, also auf die - oben eingeforderte - *Sprachlichkeit*.

2.7. Zusammenfassung: Die schreibdidaktischen Neuansätze und der Grammatikunterricht

Man kann die Positionen gegenüber dem traditionellen Aufsatzunterricht als Ausgangspunkte der oben vorgestellten didaktischen Entwürfe verstehen. Kreatives, personales und heuristisches Schreiben halten aber nicht nur den traditionellen Schreibunterricht für ungenügend, genauso wenden sie sich kritisch gegen den kommunikativen Ansatz der siebziger Jahre. Dieser wird allgemein als zu einseitig abgelehnt: Schule soll nicht nur auf das Leben vorbereiten und somit kognitive oder pragmatische Normen vermitteln, sondern soll auch Spielräume zur Welt-, Gesellschafts- und Ich-Erschließung für heranwachsende Jugendliche sein, wobei natürlich die situativen Bedingungen nie ausgeschlossen werden. In diesem Zusammenhang wird von allen drei Ansätzen Schreiben betont als ein *schöpferischer* Vorgang verstanden, der nicht allein regelgeleitet abläuft, sondern auch kreative Elemente enthält, die im traditionellen und kommunikativen Unterricht nicht hinreichend berücksichtigt wurden.

Gemeinsam ist vielen der hier vorgestellten Auffassungen, daß Schreiben als *Prozeß* gesehen wird; dies gilt insbesondere für die heuristische Konzeption, und beim personalen Schreiben wird gleichermaßen auf die sich verändernde Wahrnehmung als Voraussetzung für das Schreiben und damit die Ich-Entwicklung Bezug genommen. Der bisherige Aufsatzunterricht wird unter dieser Prozeß-Perspektive so als völlig unspezifisch und rein produktorientiert abgelehnt, er setzte mehr oder weniger das Schreiben schon voraus, unterschätzte dabei die entstehenden Probleme oder hielt ihre Lösung einfach für eine Begabungssache.

Die Rolle des sprachlichen "Handwerks" und mithin auch der Grammatik wird jedoch noch recht unterschiedlich eingeschätzt. Zwar wird gerade die Bedeutung des "Machens", das gelernt werden kann, übereinstimmend vom kreativen und heuristischen Schreibansatz festgehalten. Diese handwerkliche Komponente wird allerdings diametral unterschiedlich darge-

---

58 Vgl. meine These von der unbewußten Prägung (1991b).

stellt: Während RICO gerade das "Einfache" am Schreiben dank des assoziativen Denkens der rechten Gehirnhälfte betont, hebt ANTOS die Problematik und Schwierigkeit des Schreibens heraus.

Die neueren Ansätze zielen dagegen weniger auf ein bestimmtes Schreibprodukt, sondern bei ihnen hat das Schreiben eine Funktion als Lernmedium, um den Ausdruck von FRITZSCHE zu wiederholen, wobei die Ziele aber nicht unbedingt übereinstimmen. Am ehesten ist noch der Ansatz RICOs auf sogenannte gute Texte ausgerichtet, die aber auch bei ihr eine tiefergehende, nämlich im weitesten Sinne therapeutische Bedeutung haben sollen.

Die schreibdidaktischen Neuansätze der achtziger Jahre haben aber über die umfassende Kritik am traditionellen und kommunikativen Aufsatzunterricht hinaus noch eine weitere Gemeinsamkeit: Nahm der traditionelle Aufsatzunterricht ausschließlich das Schreibprodukt unter die Lupe, befaßte sich der kommunikative besonders mit Intention und Adressat, so setzen die hier geschilderten Ansätze an einer anderen Stelle des Kommunikationsprozesses an, und zwar an der Person des Schreibers selbst. Dies erfolgt explizit beim personalen Schreiben, bei dem es ja um die Ausbildung des Ich-Bewußtseins geht. Ebenso will auch der kreative Ansatz den Schreibenden zu mehr schöpferischem Selbstbewußtsein und zu persönlichem Ausdruck verhelfen.[59] Und der heuristische Ansatz befaßt sich mit der persönlichen Welterschließung des Schreibers; dabei wird die emotive Einbettung des Schreibprozesses berücksichtigt.[60]

Es hat sich gezeigt, daß von der Schreibdidaktik alle kommunikativen Faktoren immer und wieder thematisiert worden sind. Es hat sich auch gezeigt, daß keine der Tendenzen es je wieder - im Vergleich zum 19. Jahrhundert - zu einem Ausschließlichkeitsanspruch gebracht hat; und das ist natürlich gut so. Expressive, informative, appellative, metatextuelle Funktionen von Texten können sehr wohl im schulischen Schreibbetrieb nebeneinander bestehen. Die Fragen müssen eher dahin gehen, was *in* der Schule gut lehr- und lernbar ist, was *außerhalb* der Schule in anderen Sozialformen - workshops - oder privat individuell an Schreiberfahrung gemacht werden kann. Es ist auch selbstverständlich, daß öffentliches Schreiben mit allen seinen Konventionen ebenso trainiert werden muß, wie Freiräume sprachlichen Gestaltens eröffnet werden können, und daß sehr wohl innerschulisches, fächerübergreifendes Schreiben mit seinen mehrfachen Funktionen auch "welterschließend" wirken kann.

Schließlich hat sich gezeigt, daß die *Sprache* selbst immer wieder - auch - thematisiert worden ist, daß sogar vereinzelt auf linguistische Operationen wie die GLINZschen Proben zurückgegriffen wurde. Das wesentliche Defizit besteht aber darin, daß die Vorstellungen im konkret grammatischen Bereich letztlich zu allgemein geblieben sind, und zwar aus meiner Sicht des-

---

59 RICO (1987:26).
60 ANTOS (1988:40); vgl. auch BEISBART (1989:15): "Die jungen Menschen zu stärken, zwischen Ich-Welt und gesellschaftlichen Erwartungen auch schreibend zu bestehen, ist der didaktische und methodische Bezug auf den Prozeß eigenen Schreibens als ein Heimischwerden in der Sprache und als Möglichkeit, Distanz zu gewinnen, in besonderem Maße geeignet."

halb, weil sie nie wirklich funktional entwickelt worden sind. Es war zwar das Bewußtsein vorhanden, daß "Spracharbeit" geleistet werden müsse, doch sollten die Voraussetzungen dafür in einem letztlich als *abgetrennt* angesehenen Grammatikunterricht in Form eines *unspezifischen*, breiten Sprachtrainings vermittelt werden, - falls denn überhaupt während solch konkret gehaltener "Grammatikstunden" das Bewußtsein beim Schüler aufkommen konnte, daß dieser Unterricht wirklich als Training gemeint war.

Über eine Verbindung von Aufsatz- und Grammatikunterricht ist systematisch bislang jedenfalls nicht nachgedacht worden. Es mag sein, daß dahinter stets noch die Scheu vor einer zu starren stilistischen Festlegung steht. Doch sollte man sich einmal von der Vorstellung lösen, daß man als Schreiblehrer immer der Gefahr ausgesetzt sei, entweder eine Anweisungsstilistik zu verordnen oder aber zu wenige sprachliche Elemente im Unterricht anbieten zu können. Man kann sich auf die Suche nach Affinitäten zwischen konkreter Sprachlichkeit und Textsorten machen; diese werden nicht völlig allgemein zu finden sein, sondern als relativ spezifische Zusammenhänge zwischen Textsorten und Gruppierungen von sprachlichen Elementen. Diese Vorstellungen müssen dabei Lernwege einschließen, die aufgrund didaktischer Entscheidung sowohl kognitives, spezifiziertes Lernen ermöglichen wie ein Lernen am Beispiel, am Prototyp, also durchaus gesamtheitlich und eigenaktiv.

Schließlich ist das lernende Subjekt selbst zu bedenken. Schüler bringen ihre eigenen Erfahrungen mit Texten mit, und sie versuchen, sie ebenso umzusetzen wie das, was ihnen der Unterricht "gibt". Das bedeutet letztlich, daß der Lehrer recht genaue Einsichten in Textualität haben muß, um einerseits die Textbeispiele zu durchschauen, die seine Schüler als Erfahrungen haben (könnten), und andererseits zu erkennen, was besser der Eigenaktivität des Schülers im Sinne eines Herantastens überlassen bleiben kann und was ihm im Sinne entdeckenden Lernens kognitiv vorzustellen ist.

Gerade deshalb ist eine Introspektion in die Sprachlichkeit und in die Textstrukturen notwendig, wo sich deren Hauptzüge mit sprachlich-grammatischen Details verbinden.

3. Hauptfragen an eine funktional verknüpfte Grammatik- und Schreibdidaktik

Die Rückschau auf die Entwicklung der Grammatik- und der Schreibdidaktik hat gezeigt, daß beide Bereiche überwiegend getrennt diskutiert worden sind, obwohl schon immer eine Interdependenz zwischen ihnen bestanden hat, die auch gelegentlich gesehen worden ist. Eine fachtheoretische Auseinandersetzung zur Verknüpfung dieser beiden Bereiche hat m.E. nicht stattgefunden, obgleich der schulische Alltag eine solche Verknüpfung - etwa beim Korrigieren und Verbessern von Schüleraufsätzen - immer wieder vornimmt bzw. sie leisten muß. Eine Erklärung für die theoretische Zurückhaltung - neben der Furcht vor einer präskriptiven Didaktik - mag darin liegen, daß Schreiben und Grammatik-Kennen noch andere Verknüpfungen im Deutschunterricht eingehen können und müssen. Beide Bereiche verknüpfen sich mit gutem Grund mit dem Literaturunterricht, mit der Rezeption expositorischer Texte. Darüber hinaus tragen sie natürlich ihre Funktion jeweils in sich.

Grammatik- und Schreibunterricht miteinander zu verknüpfen versteht sich zunächst als längst fälliger Reflex der Fachdidaktik auf die Alltagspraxis, und dann, diese Aufgabenstellung aus der Praxis nutzend, vor allem als fachdidaktischer Theorieansatz, ein breiteres Sprachwissenskonzept zu entwickeln, bei dem Grammatik Schreiben fördert und Schreiben grammatisches Wissen und Reflektieren einfordert und fördert. Dabei kann es sich nicht um eine einfache Addition beider Bereiche handeln, sondern die Verknüpfung wirft selbst spezifische Fragen auf. Grammatikunterricht kann viele wichtige Funktionen haben; vor allem dann, wenn er eben nicht nur phänomenorientiert, sondern *in Funktion* gehalten wird. Im Schulalltag wird er jedoch zumeist so realisiert, daß er unspezifisch der Vermittlung sprachlichen Wissens und Bewußtsein dient. Das kann interessant sein, aber es genügt - vor allem auch den Schülern - nicht, denn sonst wäre gerade dieser Unterricht nicht so unbeliebt. Vereinzelt dient er auch als Instrument der Textanalyse oder der Rechtschreibung, aber ein pragmatischer Gesamtanspruch und Sinn wird dem Schüler nicht deutlich. Die didaktische Diskussion zeigt erfreulicherweise wieder mehr Interesse an Grammatik; die funktionalen Tendenzen scheinen sich zu verstärken, freilich ohne daß innerhalb der funktionalen Ausrichtung bereits deutliche Akzente, speziell in Hinblick auf die Schreibförderung, sichtbar würden. Es gilt, sie zu setzen.

Das Schreiben in der Schule hat seinen unbezweifelten Platz, und zwar seiner Art und Praxis nach auch unabhängig von der didaktischen Diskussion. Diese hat in ihren z.T. widerstreitenden Richtungen gezeigt, wie vielfältig Funktionen von Schreiben sein können. Als Beispiel für eine wenig beachtete Funktion ist das Entdecken von Sprachstrukturen durch Schreiben zu nennen: wenn also probierendes, suchendes, spielendes Formulieren einzelne sprachliche Phänomene zum Thema macht.[1] Dies freilich setzt auf der anderen Seite einen Grammatikunterricht voraus, der den Boden vorbereitet hat, solche vom Formulieren her initiierten Fragen aufzufangen. Gemeinsamer Ausgangspunkt- und Bezugspunkt kann der Text sein, wobei "Text" in doppelter Weise strukturiert erscheint: einmal linear, und damit deutlich der Syntax und der Semantik zugeordnet, und dann hierarchisch, also sachlichen und textsortenorientierten Informationsstrukturen zugeordnet. Text-Gestaltung erweist sich so als eine linear-grammatische und als eine hierarchisch-informative Aufgabe. Beide Aufgaben stellen kognitive Anforderungen, die offensichtlich zu einem großen Teil vorbewußt und zu einem kleineren, aber möglicherweise entscheidenden, weil uns zugänglichen Teil bewußt bewältigt werden.

3.1. Einblicke in die Sprach- und Schreibentwicklungsforschungen

Den vielen und vielfältigen Forschungen zur Sprach-[2] und Schreibentwicklung[3] ist gemeinsam, daß sie deskriptiv sind und sich nur ganz selten und in wenigen Bereichen mit "Eingriffen" in diese Entwicklung beschäftigen.[4] Vielmehr besteht ein Respekt gegenüber dem jeweiligen Sprachentwicklungsstand des Kindes und des Heranwachsenden; mit dem Reformpädagogen Berthold OTTO (1908:17) gesagt:

"Denn das sprechende Kind hat mit seiner Sprache immer Recht, selbst dann, wenn wir glauben, daß wir einen grammatischen oder logischen Fehler oder Mißverständnisse anderer Art nachweisen können. Die Sprache des Kindes entspricht ganz genau seiner Weise, die Welt und diese einzelnen Dinge, über die es gerade spricht, zu betrachten."

Nun darf aber trotz dieses berechtigten und wahrscheinlich nicht immer gewahrten Respektes nicht die Rolle und Aufgabe der Schule übersehen werden. Schule hat Sozialisationsmöglichkeiten bereitzustellen, ob sie die Sprachentwicklung dergestalt begleitet, daß sie - ganz einfach? - für ein ungehindertes Wachsen und Entwickeln sorgt, oder ob sie zielgerichtet fördert und fordert und sich somit konzeptuell engagiert. Um nun hier den Gegensatz nicht überzustrapazieren, sei darauf verwiesen, daß sich mit wachsendem Alter eine begleitende Reflexivität zum Handeln gesellt, und zwar nach Jean PIAGET (1956) etwa ab dem 13. Lebensjahr, weshalb sich in unserem Zusammenhang die Frage nach der Funktion von Grammatikunterricht gerade für die Altersgruppe im Übergang zur Fähigkeit zum

---

1 z.B. Verkitschung eines Textes durch "Hochwert"-Attribute, Öffentlichkeitscharakter durch Nominalisieren u.v.a.m.
2 Einen umfassenden Bericht bietet NEULAND (1984).
3 Einen sehr guten Überblick hat FEILKE (1993:17-34) zusammengestellt und erläutert: Ein kurzer Überblick unter besonderer Berücksichtigung der Entwicklung prozeßorientierter Schreibfähigkeiten.
4 AUGST/FAIGEL (1986:187-189) kommen auch nur ganz kurz am Schluß ihrer ontogenetischen Beobachtungen darauf zu sprechen.

abstrakten Denken stellt. Dabei darf nicht übersehen werden - und so zeigt es sich auch im empirischen Material immer wieder -, daß die Heranwachsenden erst am Anfang dieser Entwicklung stehen. Aber gerade diese Konstellation begründet, warum hier nicht mehr nur von Schreibentwicklung als einer phänomenologischen Beschreibungsaufgabe gesprochen wird, sondern warum der anspruchsvollere Begriff der Textgestaltungskompetenz zu wählen ist, und warum ich hierzu korrespondierend die Forderung nach einem *Sprachangebotsunterricht* erhebe.

Die Sprachentwicklungsforschung hat sich im Verlauf ihrer Geschichte überwiegend mit *mündlichen* Texten auseinandergesetzt, bedingt durch die Konzentration auf die frühkindlichen und vorschulischen Prozesse der Sprachentwicklung. Die gerade für den Deutschunterricht so wesentlichen Fragen der Sprachentwicklung im *Schul*alter, zumal im Anschluß an die Grundschulzeit, standen hingegen weit weniger im Blickpunkt des Forschungsinteresses. Erst in jüngerer Zeit erfolgte auch eine systematische Behandlung späterer Sprachentwicklungsstufen[5], und zwar unter Einbezug von sozialer Schichtzugehörigkeit und, seltener noch, unter Berücksichtigung regionalsprachlicher Prägung, die beide eine Annäherung an die Standard- und gar an die Schriftsprache erschweren. Als Beispiele mögen Dietrich PREGEL/Gert RICKHEIT (1975) mit der Untersuchung von Redetexten von Grundschulkindern und Gert RICKHEIT (1975) mit der Untersuchung "Zur Entwicklung der Syntax im Grundschulalter" genannt werden. Beide Forschungen waren deutlich der Soziolinguistik unter Anwendung neuer Grammatikmodelle (GTG) verpflichtet. Auch wenn sich die Sprachentwicklungsforschung in jüngster Zeit verstärkt der Schriftlichkeit - im Rahmen des Schriftspracherwerbs - und der Textualität zuwendet, stellt die Untersuchung der *Schreib*entwicklung im *späteren* Schulalter jedoch bis heute eher eine Ausnahme dar. Dies gilt z.B. für die Studie von Wolfgang H. KLEIN (1978:128). Sein Vergleich von mündlicher und schriftlicher Kindersprache und Erwachsenensprache ist zwar insgesamt deskriptiv, will aber letztlich herausstellen, "welche Maßstäbe und Kriterien verwendet werden sollten, wenn Kindertexte der vorliegenden Art beurteilt werden." Auf die zentrale didaktische Frage: ob für die einzelnen Altersstufen ein je bestimmter Stand der Sprachentwicklung als Ausgangspunkt und Bedingungsrahmen für eine gezielte Sprachförderung im Deutschunterricht unterschieden werden kann, bieten die genannten Untersuchungen jedoch nur sehr bedingt Antworten. Eine solche Perspektive wurde gesucht und gefunden vor allem in der *Altersstilforschung*, die seit den zwanziger Jahren die prozeßhafte Abfolge kindlicher Sprachentwicklungsstufen bis hin zur Erwachsenensprache mit einer besonderen Betonung von entwicklungsbedingten Stilmerkmalen hauptsächlich in schriftlichen Texten verfolgt.[6]

---

5 Beispielhaft dafür steht die von AUGST (1978b) herausgegebene Tagungsdokumentation "Spracherwerb von 6 bis 16".

6 Einen repräsentativen Einblick auch in die historischen Etappen der Altersstilforschung bietet der Sammelband von HELMERS (1969).

Zwar wird diese Forschungsrichtung aufgrund bestimmter Prämissen wie der Überbetonung von genetischer Determination, von Altersnormen und universalistischen Typologisierungen sowie aufgrund der Gefahr einer präskriptiven Stildidaktik heute äußerst kritisch beurteilt. Dies gilt etwa für den Beitrag von Hildegard HETZER und Herbert FLAKOWSKI (1959; 4/1972), deren Kennzeichnung "typischer Stilmerkmale", wie Eva NEULAND (1984:68) hierzu kritisch anmerkt, die Ebene der Deskription zugunsten einer wertgebundenen, an literarästhetischen Vorstellungen orientierten Stilauffassung verläßt:

> "Dabei gleicht vor allem die Charakterisierung der frühen Stilalter der Aufzählung einer Mängelliste, die sich mit Anpassung an das normierte Endprodukt der 'Schul- und Erwachsenensprache' mit fortschreitendem Alter reduziert."

Doch haben nicht alle Vertreter der Altersstilforschung bzw. einer auf Sprachentwicklungsstufen gerichteten Forschung den Blick so sehr auf *Mängel* im Hinblick auf mögliche Altersnormen gelenkt; vielmehr wurden gerade auch Leistungen der Heranwachsenden betont, wie in den Untersuchungen von H. BECKMANN (1927) und G. KÖNIG (1972), die dem hier vertretenen Anliegen näher stehen. BECKMANN (1927:148f.) sieht die Entwicklung der Sprachfähigkeiten, - nicht im Sinne einer Behebung von Mängel - insgesamt kontinuierlich wachsen, wobei er einen gewissen Einbruch im Wachsen der Fähigkeiten mit dem Weggang der Gymnasiasten aus der "Volksschule" erklären kann. Die deskriptive und die pädagogisch-didaktische Leistung der Untersuchung BECKMANNs (1927:150) bleibt auch bei der heutigen Lektüre beeindruckend. Als Variablen für seine Zielvorstellung, "auch den Aufsatz zu einem objektiven Gradmesser für die Entwicklung des Kindes zu machen", hat er über die acht Jahrgangsstufen der Volksschule die Wortarten, die "Satzteile", die Satzarten, die Satzverknüpfung und die "Projektion seelischer Akte" ("bildhaft, abstrakt, gemütshaft, gehörshaft" - das "personale Schreiben" also fast indirekt vorwegnehmend) beobachtet (1927:144ff.). Er stellt für das achte Schuljahr - etwa vergleichbar den späteren PIAGETschen Aussagen (s.o.) - "die allmähliche Angleichung ohne besondere Sprünge" an die Erwachsenensprache fest (1927:149); "hingegen zeigen diejenigen grammatischen Elemente, denen spezifisch logische Elemente zugrunde liegen, einen beträchtlichen Anstieg." Eine solche Aussage bestätigt, daß der Zeitraum beginnender Adoleszenz gerade in Hinblick auf syntaktisches Strukturwissen interessieren muß und didaktischer Konzeptionen bedarf. BECKMANN (1927:150) bewahrt seine deskriptive Haltung auch in der Beurteilung aller seiner Ergebnisse:

> "Es kann nicht die Absicht sein - auch wenn genannte Zahlen durch weitere Versuche zu allgemein gesetzmäßigen korrigiert würden - diesen bei der Beurteilung der Aufsätze grundlegende Bedeutung beizumessen. [...] Aber die grammatische Richtigkeit und Gewandtheit, der Grad der Vertrautheit mit den grammatischen Gesetzen, die erreichte Höhe der Vielseitigkeit im Gebrauch der grammatischen Elemente, die Angleichung an die Schriftsprache des Erwachsenen müssen meines Erachtens der objektiv messenden Beurteilung zugänglich sein, da sie die Bildungsstufe des Schülers

direkt wiederspiegeln und da die Schriftsprache als Kulturgegebenheit als Normalmaß dient."

Mit geringen Einschränkungen - etwa angesichts sozialer und regionaler Komponenten - ist dem hinter diesen Äußerungen liegenden Konzept auch heute zuzustimmen. Gerade der korrigierende Lehrer braucht Informationen darüber, was Schüler in welcher Entwicklungsstufe durchschnittlich leisten, damit er Mängel und vor allem Leistungen seiner Schüler ausgewogen einschätzen kann.

Der hier vorliegenden Untersuchung nahestehend ist die jüngere Arbeit KÖNIGs (1972:53); sie ist eine Beschreibung schriftsprachlicher Fähigkeiten von 10- bis 12 jährigen Schulkindern, die sich als ein Beitrag zur "Strukturforschung solcher 'Alterssprachen' eines bestimmten 'Sprachalters'" versteht. Seine Studie benutzt ein linguistisch-syntaktisches Instrumentarium für die Analyse der Textsorten Erzählung und Bericht. KÖNIG folgt insoweit den Trends der frühen siebziger Jahre, als er deutlich soziolinguistische Akzente setzt; er unterscheidet sich aber andererseits von den damaligen Trends, als er nicht Mündlichkeit, sondern Schriftlichkeit untersucht. Zusammenfassend stellt er für den "schriftlichen Sprachgebrauch 10- bis 12 jähriger Schüler durchschnittlich elaborierte Textstrukturen" (1972:192) fest. Deshalb spricht er von [7]

"reich frequentierter Verbalplanung, variabel distribuierter Nominalbesetzung [...], für die adverbiale Situierung und präpositionale Komplexion ebenso charakteristisch ist wie konjunktionale Relativierung und semantisch-syntagmatische Kontextverschränkung. Die Elaboration der Stilformen Erzählung und Bericht [sind] generell unterschiedlich in ihrer Erscheinung, insofern die Erzählform sowohl im syntaktischen Umfang wie auch im lexikalischen Bestand quantitativ und qualitativ anders beschaffen ist als die Kontrastform Bericht, die auf allen Ebenen der stilistischen und grammatischen Varianten restringiert zu sein scheint."

Die Diktion zeigt neben ihrer deskriptiven Ausrichtung den bildungspolitischen Ansatz: [8]

"Eine notwendige Ergänzung aber sollte die mündliche Sprachkompensation im Bereich der geschriebenen Sprache durch das Prinzip der *emanzipatorischen Sprachförderung* erfahren [...] Eine solche Emanzipation, d.h. Freilegung und Habituierung potentiell vorhandener Sprache *durch Schreiben* stellt eine notwendige und sinnvolle Ergänzung der mündlichen kompensatorischen Sprachbeeinflussung dar."

Solchen allgemeinen Vorstellungen zur Funktion des Schreibens für die Sprachentwicklung kann aus heutiger Sicht voll zugestimmt werden. Freilich bleibt nach dem Weg und genauer nach der Rolle des Grammatikunterrichts für die Förderung der Schreibkompetenz zu fragen. Aus der Reihe der Untersuchungen zur Schreibentwicklung im späteren Schulalter sind noch einige wenige einschlägige Studien aus der jüngsten Zeit anzuführen. Die größte Bedeutung hat die hier schon mehrfach zitierte Studie von AUGST und FAIGEL (1986), da sie den Bereich der Sprachentwicklung

---

7 Ebenda; die genauen Zahlen finden sich von 152-191.
8 KÖNIG (1972:198f.).

67

schon im Untertitel deutlich ausdehnt: "Untersuchungen zur Ontogenese der schriftsprachlichen Fähigkeiten von 13-23 Jahren". Von allergrößter Wichtigkeit ist auch die dort vorgenommene Differenzierung nicht nur in Lexik und Syntax, sondern - als drittem Bereich - auch in Textstruktur. Damit findet - endlich - auch die Sprachentwicklung auf dem Gebiet der Pragmatik Eingang in die Sprachentwicklungsforschung. AUGST und FAIGEL haben gerade diese Komponente durch den Titel ihrer Studie herausgestellt: "Von der Reihung zur Gestaltung".[9] Ferner ist für die Gegenwart ein vom Schweizerischen Nationalfonds (NF) finanziertes Sprachentwicklungsprojekt zu nennen, das unter Leitung von Peter SIEBER (1990b) und unterstützt von Horst SITTA (1989) der Frage nach den "Muttersprachlichen Fähigkeiten von Maturanden und Studienanfängern in der Deutschschweiz" nachgeht. Die Ergebnisse sind Ende 1994 von Peter SIEBER und seiner Gruppe unter dem Titel "Sprachfähigkeiten - Besser als ihr Ruf und nötig denn je" vorgelegt worden. Begleitend dazu und das Analyseraster begründend ist die Arbeit von Markus NUSSBAUMER (1991) erschienen; sie setzt sich mit dem Problem der Wertung besonders auch auf textlinguistischer Grundlage[10] auseinander und trennt deutlich in der Analyse zwischen Mängeln und Leistungen, wie sie "Das Zürcher Textanalyseraster"[11] vorgibt. - Diese Arbeiten stehen den Untersuchungen hier inhaltlich einerseits nahe, andererseits beschreiben sie, was am *Ende* schulischer, genauer: gymnasialer (Sprach-)Beeinflussung möglich ist. Mit dem Plädoyer für einen Pespektivenwechsel vom *Defizit* zur *Entwicklung*[12], d.h. mit der Aufforderung, den Blick auf das sprachliche Mehr und Andere[13] zu richten, das heutige Jugendliche angesichts der gewandelten gesellschaftlichen Anforderungen an ihre Sprachkompetenz in die Schule mitbringen, argumentieren die Schweizer Sprachforscher gleichzeitig gegen die allübliche Sprachverfallsklage, der sie mit ihren Ergebnissen zur Sprachfähigkeit Jugendlicher deutlich widersprechen können. Ebenfalls auf hohem Altersniveau - nämlich der 11. Jahrgangsstufe - bewegt sich die hier zuletzt zu nennende "Hamburger-Aufsatzstudie", die Wilfried HARTMANN in mehreren Zwischenberichten vorgestellt hat. Für unseren Zusammenhang von Schreibentwicklung und Grammatikunterricht sind zwei Feststellungen HARTMANNs (1989:96) wichtig:

1. "Bisher setzt lediglich eine kleine Minderheit der Unterrichtenden Verfahren, die geeignet sind, Schreibfähigkeiten zu verbessern, mehr als einmal im Monat ein und beschränkt sich dabei meist auf Gliederungsentwicklung, Absatzgestaltung, Rechtschreibung und Zeichensetzung."
2. "Die kreativen Möglichkeiten der Sprache sind den meisten Schülern nicht bewußt, weder auf der Wort- noch auf der Textebene."

---

9 Im Abschlußkapitel 8 wird auf diese Studie noch weiter Bezug genommen.
10 Knapp dargestellt in EISENBERG/KLOTZ (1993:32).
11 NUSSBAUMER (1991:303-305); im A-Teil wird "Richtigkeit" und im B-Teil wird "Angemessenheit" registriert.
12 Dies ist die Tendenz von SITTAs Beitrag (1990).
13 SITTA (1990:250).

Diese Beurteilung durch eigene Beobachtungen teilend, ergibt sich für den Schreibunterricht durchaus ein Bild, wie es HARTMANN (1989:96) dann entwirft:

> "Viele Lehrer scheinen davon auszugehen, daß Schreibenkönnen eine naturgegebene Fähigkeit ist, und halten *Üben* offensichtlich nur in Klassen, die als 'schlecht' eingeschätzt werden, für nötig oder setzen Korrektur mit negativen Anmerkungen gleich."

Um so mehr, so läßt sich hier folgern, muß nach einem kontinuierlichen Grammatikunterricht gefragt werden, der je nach Sprachentwicklungsstand die Möglichkeiten sprachlichen Wissens ins Bewußtsein hebt und trainiert bzw. als "Sprachangebot" bereitstellt. In diesem Sinne kommt auch Helmuth FEILKE (1993:31f.) in seinem Forschungsbericht zu dem Resümee:

> "Schließlich wäre dann die praktisch-didaktische Frage zu stellen, wie Schreiben so organisiert werden kann, daß den Schreiber/innen dadurch auch Möglichkeiten ihrer Entwicklung deutlich und - i.S. von Fähigkeiten und Fertigkeiten - *verfügbar* werden können. Positiv ausgedrückt bedeutet dies, die Schreibdidaktik muß Wege suchen, das implizite und unbewußte Strukturbewußtsein der Leser und Hörer von Texten ihnen auch als Schreibern verfügbar und so bewußt zu machen."

Die Anlage meiner Untersuchung sowie meines Theorieansatzes scheint insofern mit diesen resümierenden Äußerungen übereinzustimmen, als für den Schreibentwicklungsprozeß und für die Textgestaltungskompetenz unterschiedliche Kompetenzstufen, die nebeneinander bestehen, anzusetzen sind. "Leser und Hörer" (s.o.) können wohl am besten *auch* über prototypische Texte ihr Strukturbewußtsein entwickeln. Grammatikunterricht kann hierbei helfen, doch muß geprüft werden, wie und mit welcher Wirkung. Dies soll in ersten Ansätzen im folgenden geschehen, auch um einen Schritt in die Richtung zu tun, wie ihn AUGST (1976:231) provokant eingefordert hat:

> "Auf jeden Fall bedeutet es in meinen Augen einen Skandal, wenn man gegenüberstellt, daß auf der einen Seite schon beinahe 3000 Jahre Grammatikunterricht in der Schule betrieben [...] wird, daß es aber auf der anderen Seite bisher keine (!) empirische Untersuchung darüber gibt, ob eine Korrelation zwischen Grammatikunterricht und der Erweiterung der sprachlichen Kompetenz besteht."

3.2. Funktionale Bezüge zwischen Textualität und Grammatik

Drei Arten von Fragen stellen sich dem Fachdidaktiker, der das Ziel hat, wenigstens einige systematische Wege zur Sprachlichkeit der Textgestaltungskompetenz zu finden:

Die *erste* Art der Fragen ist auf das Objekt selbst gerichtet: wir wissen wenig über die Mikrostrukturen von Textualität, und wir können sie noch zu wenig differenzieren in bezug auf die Textsorten; auf diese Fragen wird im nächsten Kapitel 4 näher eingegangen. Diese Fragen schließen literarische und alltägliche Texte ein, und sie sind im hier zu bearbeitenden Bereich auf Texte von Menschen zu beziehen, die sich erst noch entwickeln, nämlich auf die Aufsätze von Schülern.

Die *zweite* Art der Fragen ist genuin didaktisch und methodisch: es geht um Schwerpunktsetzungen im großen Bereich des Sprachwissens unter Berücksichtigung der unterschiedlichen Wissens- und Könnensstufen, die sinnvollerweise anzusetzen sind. Dies soll im anschließenden Kapitel 4 behandelt werden. Dabei geht es methodisch um die Verzahnung von kognitiv erworbenem Sprachwissen mit (hier) eigenaktivem Schreiben; m.a.W. es müssen Schwerpunkte mit der Qualität von Affinitäten zwischen Textsorten[14] und Grammatikwissen gesetzt werden. In Lehrmaterial, in Sprachbüchern müssen solche Schwerpunktsetzungen vorgenommen werden; doch stellen sich bei aller Plausibilität didaktische Forschungsfragen nach dem Effekt eines solchermaßen gestalteten Lehrmaterials. Gleichzeitig ergibt sich daraus die Folgeaufgabe, die positiven Effekte von systematisch organisiertem Lehrmaterial für die Schülerkompetenz in didaktische Schwerpunktkonzeptionen umzusetzen. Nach meiner Überzeugung muß von einem großen Einfluß des Lehrmaterials ausgegangen werden. Oft informieren sich Lehrer sogar anhand des Lehrmaterials selbst, wenn ihnen nämlich ein Zusammenhang unklar ist; das Vertrauen in Sprachbücher ist somit z.T. sogar *zu* groß.

Die *dritte* Art der Fragen ist überwiegend texttheoretischer Natur. Als Didaktiker bedarf ich prototypischer Vorstellungen zu den Makrostrukturen der Textsorten (vgl. dazu Kap.4.3 sowie 5), vor allem der Strukturen mittlerer Komplexität, der Text*segmente*. Diese prototypischen Vorstellungen dienen als tertium comparationis und nicht als normative Schreib- bzw. Korrekturanweisung ; mit ihrer Hilfe können nicht nur negative, sondern vor allem auch positive Wertungen vorgenommen werden. Es soll also der Versuch unternommen werden zu erklären, warum uns ein Text gefällt, was sicher schwerer ist als ihn negativ korrigierend abzuurteilen. Der Weg, hier Aspekte zu finden, führt über die Betrachtung von Texten als einerseits linearen Informationsketten, die aber andererseits sehr wohl hierarchisch strukturiert sind: Diese spezifischen Strukturen fürs Informieren und Erzählen wenigstens in Aspekten zu kennen, scheint mir eine Lehrvoraussetzung, mit deren Hilfe erst jene systematische Methodisierung möglich wird, die Inhaltliches mit Sprachlichem unmittelbar verbindet.

Alte Fragen kommen wieder zum Vorschein, freilich in veränderter, in funktionaler Weise: "Wieviel Grammatik braucht der Mensch?", braucht er sie überhaupt für seine Schreibhandlungskompetenz, einfacher: für das Aufsatzschreiben, oder könnte sie sich gar störend auswirken, ironisch gesprochen: "verdirbt" sie die Kreativität? Welche Grammatik erscheint geeignet, welche Teile davon braucht er bzw. welche sollen als schreibkompetenzfördernde grammatische Schwerpunkte das Wissenskonzept für eine (Schul)Grammatik bestimmen? Weitere wichtige Fragen müssen sich hier anschließen: Schon der Terminus "Grammatikwissen" muß in Frage gestellt werden gegenüber dem offeneren und weiteren Begriff von "Sprachwis-

---

14 Vgl. die frühere Diskussion in KLOTZ (1979).

sen". Was soll nun unter dieses Wissen fallen? Grammatik wird oft zu sehr auf Syntax reduziert. Wie intensiv sollen Pragmatik und Semantik betrieben werden, wieviel Morphologie ist notwendig, wenn es z.b. um Verbalstil oder Nominalstil geht? Welches Textwissen kann angeboten werden? Sind Thema und Rhema z.B. sinnvoll lehrbar? Diese Fragen können fast mühelos fortgesetzt werden. Aber es geht hier weder bei den Fragen noch bei den Antworten um Vollständigkeit. Die Antworten können Akzente setzen, und sie sind Beispiele, die weitere Diskussionen in gerichteter Weise anregen. Die Aufgabenstellung, *Grammatische Wege zur Textgestaltungskompetenz* neu und vor allem in deutlich systematischer Weise zu suchen und vorzuschlagen, verlangt nach einem Sprachwissen, das Grammatisches und Textuelles durch Funktional-Stilistisches verbindet. Der Stilbegriff hat hier insofern Bedeutung, als mit ihm bewußt Wahrnehmbares und halbbewußt Aufgenommenes der Sprachlichkeit verknüpft werden. Dies ist so, weil Stil immer etwas mit *Markanz* und *Frequenz* zu tun hat, was einschließt, daß auch die systematische Abwesenheit von etwas ein Stilistikum sein kann, wie z.B. ein einmaliges, vordergründig unerwartbares Auftreten eines sprachlichen Phänomens (man denke an Witz, Ironie oder Satire). Markanz und Frequenz sind auf pragmatischem Hintergrund zu sehen, also letztlich im Zusammenhang mit Konvention bzw. Erwartbarkeit. Eine Typologie expositorischer Textsorten sollte, wie sie in nuce in der Schule ja auch erarbeitet werden, die narrativ-expressive, die informativ-deskriptive, die argumentativ-appellative und die instruktiv-appellative Textsorte enthalten.[15]

3.3. Unterrichtsalltag und funktionalgrammatische Desiderate

Während, wie hier postuliert wird, der Lehrer ein möglichst umfassendes Bild von Stil, zumal von den funktionalen Stilen haben und dabei dennoch individuelle Gestaltung nicht verhindern sollte, ist im Deutschunterricht für die Schüler eine Akzentuierung notwendig. Freilich, sieht man sich daraufhin die üblichen Hinweise zu den Textsorten an, wie sie im Unterrichtsalltag gegeben werden, dann reduzieren sie sich und werden sehr ungenau.[16] Ich will hier versuchen, nicht durch Zitieren aus Aufsatzlehren, sondern durch Berichten aus dem Praktikumsalltag ein einigermaßen realistisches Bild zu skizzieren:

Zum *Erzählen* erfahren die Schüler etwas, was eher der Makrostruktur eines Dramas entspricht, aber sich natürlich auch schon immer bewährt hat: Einleitung, Hinführung zum Höhepunkt, Schluß. Dies allein legt schon ein sehr aktionistisches Erzählen nahe, während ein allmähliches Entfalten schon deshalb nicht mehr gelehrt wird, weil die Lehrpläne nach der 7. Jahrgangsstufe leider kein Erzählen mehr fordern, obwohl gerade in höheren

---

15 Vgl. dazu KLOTZ (1991b:39ff.).
16 Vgl. ABRAHAM (1993).

Klassen die Verknüpfung zum Literaturunterricht lohnend und deshalb wünschenswert wäre. Und ein wirklich entfaltendes, schilderndes Erzählen ist eigentlich nur auf einer etwas höheren Altersstufe denkbar, gerade auch, wenn man eine "Erziehung zum Kitsch" beim Erzählen-Lernen vermeiden will. Ein halbwegs nüchterner Blick auf Kinderaufsätze zeigt eben, daß die Schüler unter vermeintlichem oder echtem Anpassungsdruck, oder weil sie in diesem Alter dafür besonders empfänglich sind, z.t. recht triviale Texte schreiben. Hier wäre die Schule aus meiner Sicht verpflichtet, eine Fortentwicklung der Erzählfähigkeiten systematisch anzubieten. Und ob dies das "kreative Schreiben" und den "kreativen Umgang mit Literatur" zu leisten vermögen, muß bezweifelt werden. Ein bewußt gestaltendes und gelegentlich nach Vorbildern stilisierendes schriftliches Erzählen[17] erbrächte ein Mehr an Fachlichkeit für die Schüler.

Im Mikrobereich werden üblicherweise die *consecutio temporum* Plusquamperfekt-Präteritum und das Praesens historicum gelehrt, also Erzählflußsteuerungen über die Tempora. Hinzu kommen noch Wortschatzübungen, und zwar mit dem vernünftigen Hinweis, den "treffenden Ausdruck" zu wählen; dies wird relativ gut eingeübt, freilich oft auch überzogen und in der Art einer Erziehung zum Kitsch. In diesem Zusammenhang wird außerdem empfohlen, reichlich zu attribuieren, was möglicherweise ganz richtig, wiederum aber ungenau und keineswegs empirisch gesichert ist: So wissen wir als Didaktiker und Linguisten noch immer nicht, in welchen Bereichen einer Erzählung, also z.B. Anfang, Mitte und/oder Schluß Attribuierungen tatsächlich die Textqualität - zumindest konventioneller Weise - positiv beeinflussen. Wir wissen auch nicht, welche der Attribuierungsmöglichkeiten einem solchen Zweck besonders dienlich wären, wir können z.Zt. nur vermuten und uns auf Praktikererfahrungen verlassen, freilich wiederum ohne zu wissen, wie diese geartet sind; Adjektive und Relativsätze können es wohl nicht allein sein. Möglicherweise ist ein sehr sparsamer Attribuierungsgebrauch viel wirkungsvoller. Wie immer auch, hier liegt ein weites didaktisch-linguistisches Forschungsfeld, das für die Literaturdidaktik so wichtig wie für die Sprachdidaktik ist.

Es könnte an dieser Stelle kritisch gefragt werden, welchen Wert denn solche Einsichten hätten, zumal ja auch noch eine individuelle Komponente zu berücksichtigen wäre. - Die Schärfung des Bewußtseins für z.B. *Attribuierungen* könnte Unterrichtsversuche motivieren, einen Schreibunterricht durchzuführen, in dem mit Attributen in Texten systematisch experimentiert würde. Hierbei würden die Schüler vieles konkret über Semantik und Pragmatik und sogar über Syntax erfahren. Es könnten Schreibversuche gemacht werden, einmal mehr konventionell, einmal mehr individuell bzw. eigenwillig zu formulieren.[18] Diese Andeutungen bestätigen im kleinen, wie wenig wir noch über Mikrostrukturen von Texten und Textsorten wissen, und sie zeigen, wie anders ein wirklich funktional orientierter Grammatik-*und* Schreibunterricht gestaltet sein könnte, wieviel Freude an

---

17 PORTMANN (1993).
18 Dies wird erprobt in einer von mir konzipierten Attributlektion "Schöne Ferien": BENDEL-KLOSTERMANN (1993).

Sprachlichkeit vermittelbar wäre. Welche anderen Desiderate, welche anderen Ausweitungen müßte man zur Einsicht in die Sprachlichkeit des Erzählens vornehmen? - Besonders bedeutsam erscheint mir der Bereich der *Adverbialien*, und zwar aus zwei Gründen: da mit der Wahl eines Verbs seine notwendigen Aktanten mit aufgerufen sind, allein schon durch unser Weltwissen (*geben* braucht einen Gebenden, eine Gabe, einen Erhaltenden), sind die "frei" - nach der Valenzgrammatik - hinzutretenden Aktanten, also die Adverbialien und Satzadverbialien, eine quasi "zusätzliche" Information, die über das Wann, Wie, Wo, Warum, Wozu usf. des verhandelten Sachverhaltes Auskunft geben und damit die Qualität des Textes unmittelbar beeinflussen können; freilich fragt sich wiederum sofort, wo im Text sie ihre Wirkung positiv tun, in welcher Verteilung und Explizitheit, mit welcher innertextlichen Reichweite usf. Angedeutet kann an dieser Stelle nur werden, daß die Adverbialien eben nicht einfach als eine einheitliche grammatische Kategorie gesehen werden dürfen: Zeit- und Ortsadverbialien haben eine größere textliche Reichweite als Modal- und Kausaladverbialien. Die Deixis-Angaben gelten bis zu ihrer Differenzierung oder Aufhebung im Text, während die anderen Adverbialien nur auf den unmittelbaren Kotext bezogen werden können. Es kann angenommen werden, daß diese differenten Eigenschaften der Adverbialien sich auf ihre Distribution in Texten auswirken.

Der zweite Grund, warum mir die Adverbialien fürs Erzählen wichtig erscheinen, liegt in der kindlichen Struktur des Erzählens, in der "und-dann-Struktur". Diese Fast-Leerformel "und dann" ruft geradezu danach, sinnvoll und variantenreich gefüllt zu werden. Und genau an diesem Punkt kann eine Erzähldidaktik wiederum in neuer Weise einsetzen: es bedarf etlicher Versuche herauszufinden, welche Adverbialien im Textverlauf günstigerweise vorkommen müßten. Konventionellerweise wird am Anfang eine Klärung der Deixis erwartet. Doch wie geht es weiter? Würde eine Verstärkung modaler und kausaler Elemente weniger Aktionismus und mehr Ausgestaltung in die Texte bringen? - Einige, noch wenige Beobachtungen an literarischer Kurzprosa lassen mich vermuten (vgl. auch das Einleitungskapitel), daß bei Erzählungen gegen Ende vermehrt Kausales auftritt. Doch auch dies ist genauer zu überprüfen, und es fragt sich zusätzlich, ob eine solche Übernahme in jugendliches Erzählen gelingen könnte.[19] - Wiederum kann von der Frage nach der Rolle der Adverbialien in Texten die Motivation ausgehen, systematisch mit Adverbialien in den Klassenzimmern schreibend zu spielen, zu experimentieren, um auch diese Qualität unmittelbar zu erfahren.

Zu wenig wird fürs Erzählen die Modalstrukturierung[20] herangezogen. Natürlich wird überwiegend im Indikativ erzählt. Aber die bewußte Kenntnis des Konjunktivs II könnte Einschübe des Stilmittels der erlebten Rede ermöglichen, Hypothetisches und Optatives könnte bereichernd in die Ausdifferenzierung des Erzählten eingebracht werden, in höheren Klassen

---

19 Vgl. KLOTZ (1990:485f.). Ich beziehe mich hier auch auf eine mit meinem Einfluß und mit meiner Mitwirkung entstandene Staatsexamensarbeit: RAUSCHER (1990).
20 KLOTZ (1991a).

könnte die indirekte Rede besondere Akzente erlauben. Es geht mir hier nun nicht darum, das gesamte Arsenal sprachlicher Möglichkeiten in eine Erzähllehre zu packen, sondern ich möchte verdeutlichen, daß grammatisch-sprachliche Schwerpunktsetzungen mit plausiblen Erfolgsaussichten für einen sprachlichen Angebotsunterricht im Bereich Erzählen sehr wohl vorgenommen werden können; gleichzeitig gilt es, in Textkorpora nach diesen sprachlichen Elementen gezielt zu suchen, um dann ihre Wirkungen in den (Schüler)Texten zu beobachten.

Schließlich sei, auch wenn dies hier nicht mehr aufzuarbeiten ist (vgl. Kap.5.2), auf den Zusammenhang hingewiesen, daß die *sprachliche* Darstellung des Erzählens *linear* erfolgen muß, während die Theoretiker des Erzählens in den verschiedenen *story grammars* darin übereinstimmen, daß die *kognitive* Struktur des Erzählens *hierarchisch und linear* angelegt ist.[21] Dieser Zusammenhang verdeutlicht, daß *im* Erzähltext Signale sein müssen, die den Übergang von der sprachlichen Linearstruktur in eine kombinierte kognitive linear-hierarchische Struktur steuern bzw. ihrerseits strukturieren.

Bei den Textsorten Informieren/*Berichten* (vgl. dazu Kap.5.3) dürften die Hinweise, die ein Schüler zur Sprachlichkeit dieser Textsorten im Unterrichtsalltag erhält, eher noch mangelhafter sein, als das beim Erzählen der Fall ist. Üblicherweise wird im Unterricht der Akzent auf den "einfachen sprachlichen Ausdruck" gelegt, auf das mit dem Erzählen kontrastierende *Tempus* Präsens und auf die Deixis. Was freilich unter "einfachem sprachlichem Ausdruck" mikrostrukturell zu verstehen ist, muß einigermaßen offen bleiben. Man könnte annehmen, daß dies eine attributfreie Sprache meinen könne, aber genau dies erweist sich bei allfälligen Unterscheidungen in determinativ versus ornativ bzw. restriktiv versus appositiv als falsch, ohne daß damit über die *Attribuierungs*struktur beim Berichten schon Zentrales gesagt wäre. Bleibt also nur der fast selbstverständliche Hinweis auf den Verzicht auf eine allzu "blumige" Sprache. Alle weiteren Hinweise orientieren sich üblicherweise am Inhaltlichen: sachliche Richtigkeit und Vollständigkeit, Einhalten der Reihenfolge, Genauigkeit. Die Durchsetzung des Stilmittels Tempus Präsens erfolgt meist *zu* rigide, zumal im alltäglichen öffentlichen Sprachgebrauch auch Präteritum beim Berichten weit verbreitet ist; die Verwendung von Präsens soll im allgemeinen den Schüler vom Erzählen abhalten. Ob dies dann gerade über das Tempus-Gebot oder über andere unterrichtliche Empfehlungen gelingt, bleibt dabei offen. Die für diese Textsorte notwendige Genauigkeit in der Deixis schließlich verweist von sich aus auf die *Adverbialien*, deren Verwendung und Distribution wohl wirklich relativ konstituierend für Textsorten ist. Welche didaktischen Optionen zur Sprachlichkeit des Berichtens wären aber über gezieltes Attribuieren und gesicherte Adverbialienstruktur noch offen? *Nominalisierung* und *Satztypen* bieten sich unmittelbar an; ein grammatifizierter Einstieg in die Pragmatik bzw. in typisierte Sprachhandlungen für die Schule fehlen leider noch. Sie wären für etliche Berichtformen

---

21 Vgl. z.B. RUMELHART (1975), BOUEKE/SCHÜLEIN (1991) und SHEN (1989:415-467).

freilich notwendig, nämlich überall da, wo Aussagen von Betroffenen über Sachverhalte in spezifischer pragmatischer Weise gemacht werden. Wenn es also um didaktische Akzentsetzungen geht, die die Affinitäten zwischen sprachlichen Merkmalen und Textsorten betreffen, dann kann dies einerseits aus der Perspektive von zu haltendem Unterricht oder zu gestaltendem Lehrmaterial als Setzung geschehen. Andererseits können solche Affinitäten aber auch als Merkmale in berichtenden Texten des außerschulischen Alltags gesucht und für die Mikrostruktur registriert werden[22], nicht zuletzt, um künftigen Unterricht und künftiges Lehrmaterial über eine bloße Plausibilität hinaus in eine systematische Begründung zu überführen. In diesem Rahmen soll mit den plausiblen Affinitäten der Unterrichtserfahrung und einer allgemeinen linguistisch-stilistischen Sensibilität angefangen werden. Für den empirischen Teil dieser Studie bedeutet dies, daß aus allgemeinem, aber auch sprachentwicklungsbezogenem, linguistisch-didaktischem Interesse mögliche Merkmale von Mikrostrukturen herausgegriffen werden und daß andererseits die Wirkung von spezifiziertem Grammatikunterricht auf Textgestaltung betrachtet wird. Dabei stehen die Inhalte dieses Grammatikunterrichts als Affinitäten zu Textsorten zunächst nur auf plausibler Basis, um später zu gerichteten Hypothesen fortentwickelt zu werden. Anstelle einer *Zusammenfassung* seien noch einmal jene rein sprachlichen Merkmale aufgeführt, die beim gegenwärtigen Stand drei relevante Bedingungen für eine Untersuchung erfüllen:
1. Die sprachlichen Merkmale haben eine gewisse Affinität zu Textsorten, in denen sie vermehrt auftreten.
2. Deshalb muß interessieren, wo sie und in welcher Verteilung sie im Text erscheinen und wirksam werden.
3. Sie könn(t)en Bestandteil eines Unterrichts- bzw. Lehrmaterialkonzeptes sein, das diese Affinitäten aus didaktischen und methodischen Gründen herausstellt, ohne sie deswegen für die Textsorten funktional-stilistisch zu verabsolutieren; aber sie erfüllen die stilistischen Bedingungen der Markanz und Frequenz. Lernpsychologisch fungieren sie für den Schüler als die Merkmale, die man "lernen" kann, so daß man nicht ganz ratlos vor dem weißen Papier sitzt, auf das sogleich geschrieben werden soll.

3.4. Untersuchungsbereiche in Schüleraufsätzen

Die *Untersuchungsbereiche*, auf deren Auswahl ich mich beschränken muß, können dann so aussehen: **Attribuierungen und Adverbialen** haben unmittelbar mit der "Ausstattung" von Satzgliedern bzw. von Sätzen zu tun; sie können zunächst als ein *Mehr* an sprachlicher Ausstattung angesehen werden. Freilich wird in einem zweiten, kontrollierenden Anlauf in Zweifel

---

[22] Darin lag der Schwerpunkt meiner Untersuchung an zwanzig Leitartikeln der Süddeutschen Zeitung; in: KLOTZ (1991b).

gezogen werden müssen, ob sich die vor allem syntaktische und eben nicht textlinguistische Vorstellung von einem - quasi nicht notwendigen - Mehr halten läßt oder ob Attribute und Adverbialien nicht auch aufgrund von bestimmten "Notwendigkeiten" formuliert werden müssen, nämlich wenn sie als semantisch restriktive Attribute fungieren und somit für die Textlogik mitverantwortlich sind. Die Unterscheidung in *restriktive Attribute* ("Diejenigen Bäume, die morsch sind, werden gefällt.") und *appositive Attribute* ("Seine Eltern, die wohlhabende Leute sind, ließen ihn verkommen.")[23] sind von der Schreibdidaktik noch gar nicht wahrgenommen worden, obwohl die beiden Attributtypen in einem so wichtigen Unterschiedsverhältnis stehen wie sinn-*notwendig* und *ornativ*, was durch eine einfache Weglaßprobe leicht herauszufinden ist. **Satzgliedlängen und Satzlängen** müssen in unmittelbarem Zusammenhang mit den beiden zuvor aufgeführten sprachlichen Elementen stehen, werden von ihnen mikrostrukturell gleichsam "hergestellt". Gleichzeitig aber gibt es ja Parataxen und gemischte Para-Hypotaxen, so daß die Satzlängen durchaus eigene Qualitäten darstellen. Bei den Satzgliedlängen ist zu unterscheiden, inwieweit sie durch Attribuierungen zustandekommen und inwieweit sie durch Expansion als Nebensätze, als Gliedsätze formuliert sind, sei es als komplexe (Verb-) Ergänzungen, sei es als Adverbialien. **Tempus, Modus und Genus verbi** sind schon wegen der Bedeutung des Prädikats immer *mit* in Bezug zu bringen, zumal ihnen auch verhältnismäßig viel Unterricht gewidmet wird. Sie werden im allgemeinen Bewußtsein ja auch relativ deutlich mit Textsorten korreliert, so daß sie in die Suche nach den Mikrostrukturen miteinbezogen werden müssen.

Einen ganz eigenen Untersuchungsbereich stellen die *kohäsiven Mittel* für Texte, für Textsorten dar. Sie spielen für die Vertextung, für die Rezeption und vor allem für die Rezeption durch den Lehrer eine große Rolle. Lehrer scheinen geradezu ihr besonderes Augenmerk auf sie zu legen. Es ist der Untersuchung von Gerhard AUGST/Peter FAIGEL (1986:95-102)[24] zu danken, daß sie darauf hinweist, wie verschiedene Altersgruppen verschiedene kohäsive Mittel bei ein und derselben Textsorte einsetzen. So wird dort herausgestellt, daß die höchste Verwendungshäufigkeit von Konnektiven bzw. Konnektoren bei den 13- bis 15jährigen zu finden war, während 23-jährige Akademiker, also Studenten, wenig Konnektoren einsetzten und dafür der isotopischen Verknüpfung ihrer Texte vertrauten.[25] **Pronominale Rekurrenz, syntaktische Kohäsion, Konnektoren und Isotopie** sind relativ gut beobachtbar und wären, wenn die schulische Sprachlehre nur systematisch darauf einginge, auch gut lehrbar.[26] Die *pronominale Rekurrenz* muß nicht weiter betont werden, sie ist im schulischen Alltag präsent, und der Rotstift des Lehrers reagiert sehr deutlich auf "Bezugsfehler". Die *syntaktische Kohärenz*, die vor allem durch das topikalisierte Satzglied gestiftet wird, ist als Mittel meist unauffällig, aber eben doch wirksam. Wenn

---

23 Die Terminologie und die Beispiele sind entnommen: EISENBERG (1986:217).
24 "Gebrauch von Konjunktionen".
25 AUGST/FAIGEL (1986:77-84). Satzkomplexität - von der Sequenz zur Integration.
26 Vgl. DEDERDING (1993).

die Verschiebeprobe nicht nur für die Auffindung von Satzgliedern verwendet wird, sondern funktional als Vertextungsmittel ins Bewußtsein gehoben wird, dann lassen sich mit Schülern bereits erste Erfahrungen mit Textualität ebenso spielerisch wie systematisch machen.

Ich plädiere also für ein mittelkomplexes, semantisch funktionales Vorgehen, bei dem sich die sprachsystematischen Fragen schließlich "wie von selbst" stellen. Dies trifft für die *Konnektoren* gleichfalls zu. Natürlicherweise werden Konnektoren benutzt. Zu unterscheiden und zu lehren ist hier, daß "semantische Richtungen" verändert oder ausgetauscht werden können. Oft kann eine temporale Struktur durch eine kausale ersetzt werden, manchmal täte einem Text die wenig genutzte modale Möglichkeit gut. Schließlich kann man Unterordnung und Gleichordnung dergestalt kontrastieren, daß einerseits "Reliefs"[27] angelegt werden können, andererseits über pronominale Konnektoren derselbe Inhalt in einer Strukturierung erscheint, die fast schon eine Herausstellungsstruktur ist ("Deshalb [...], gerade dadurch [...]").

Isotopische Kohäsion ist wohl fast immer in alltäglichen Texten gegeben, doch ist sie insgesamt schwerer beschreibbar. Natürlich hat sie mit Distribution (bellen - Hund) zu tun, mit Wortfeldern, mit Hypernomien und Synonymien usf., aber sie ist auch weitgehend vom Weltwissen des Rezipienten und seiner rezeptiven Routine und "Gutmütigkeit" abhängig, man denke nur an die GRICEschen Konversationsmaximen (1968), die gleichermaßen für den schreibenden Schüler wie für den lesenden und korrigierenden Lehrer gelten (sollten). Dies richtig einzuschätzen, hier gar an semantische Ränder zu gehen, verlangt viel Kommunikationserfahrung, die Schüler schon deshalb kaum machen können, weil sie in der "Schulstubensituation" jenen eigentümlichen Bekanntheitsgrad und jene eigentümliche Distanz gegenüber dem Lehrer zu bewältigen haben, die zwischen vertrautem Unterrichtsgespräch und vorgestellter Fremdheit beim Aufsatzschreiben oszillieren. Und doch, schon wegen der Beschäftigung mit Literatur, aber auch wegen der Auseinandersetzung mit Massenmedien und Werbung wäre eine systematische Beschäftigung mit Isotopie in der Art sinnvoll, daß Texte untersucht und später spielerisch hergestellt würden, deren hauptsächliches Verknüpfungsmittel die Isotopie und kaum die übrigen Kohäsionsmittel sind (also neuere Lyrik, Reklametexte, Boulevardtextüberschriften u.ä.).

Ein Weiterdenken in der bisher eingeschlagenen Richtung erscheint gut möglich. Es müssen aber diese Andeutungen hier zunächst genügen, denn sie verdeutlichen, auf welche konkrete Weise man sich den Mikrostrukturen nähern kann, sowohl in Untersuchungen, die für uns als Lehrende Aufschlüsse geben können, wie im Unterricht, wo die "Sprach-Lehre" den Schülern ein breit(er)es funktionales Angebot schuldet.

Als konkrete Untersuchungsfelder, wie sie auch im empirischen Teil dieser Studie Verwendung finden, sind etliche detailliertere und - wenn

---

27 Wiederum nach WEINRICH (1964:157 ff.), da es um die Ausformung eines Sachverhalts auf der Ebene des Nebensatzes geht: Er erscheint als "Hintergrundinformation".

man so will - kleinere Fragestellungen möglich und nötig. Angefangen sei mit dem einfachen schon erwähnten Beispiel, das zu erreichen sich jeder Lehrer wünschen muß: die Veränderung vom "und-dann- Erzählstil" zu komplexeren, strukturierteren Formen des Erzählens. In der Untersuchung sind also einfachste zeitlich reihende Sätze solchen Sätzen gegenüberzustellen, die komplexere, differenziertere Zeitangaben, etwa in Form von temporalen Adverbialsätzen enthalten bzw. auch mit den anderen Adverbialienarten der Art, des Grundes, des Zweckes, des Hindernisses etc. variieren. Die computer-gestützte Recherche etwa zu diesen Bereichen erlaubt über ein eigens entwickeltes Daten- und Abfragesystem unmittelbare Gegenüberstellungen dieser Art, also beispielsweise eine Auflistung aller Temporaladverbialien *vor und nach* spezifischem Sprachunterricht, eine eigene Auflistung der Modal-, Kausal- usf. -adverbialien, trennbar sogar nach Komplexitätsgraden, also von einfacher Angabe bis zum Adverbialsatz. Man muß sich hierbei freilich hüten, in komplexeren Strukturen einen Wert an sich zu sehen. Was allenfalls zählen sollte, ist die sprachliche bzw. strukturelle Vielfalt, ganz einfach weil sie besagt, daß dem Schreiber vielerlei sprachliche Möglichkeiten zur Verfügung stehen. - Wiederum zeigt sich unser Mangel, noch so wenig über die Mikrostrukturen von Textsorten zu wissen, denn sonst wären sehr wohl Wertungen auf den Folien von prototypischen Texten möglich. Sich diesen prototypischen Texten zu nähern gehört zum zweiten Anliegen solcher empirischer Recherche. Gleichermaßen wird diese Näherung in der Theorie angestrebt. Bei aller gebotenen Beschränkung angesichts möglicher großer Mengen von Daten bleiben etliche relevant erscheinende Fragen:
- Variabilität der Adverbialien an sich;
- Variabilität der Komplexität bzw. Einfachheit von Adverbialien;
- Ausnutzung der Attribuierungsintensität für Ergänzungen und Adverbialien;
- Variabilität der Satzarten: einfacher Satz, Parataxe, Hypotaxe, gemischte Para- und Hypotaxe;
- Kombinationen dieser Fragestellungen, z.B. Korrelationen zwischen Adverbialien und den Tempora der Prädikate.

Das von mir eingehobene Schülertexte-Corpus legt keine Verwendungsunterschiede des genus verbi nahe, weshalb es hier nicht eingereiht worden ist. Die weiteren, besonders die Didaktik sehr interessierenden Fragen zu Veränderungen von Textlänge, Satzlänge und Satzgliedlänge sowie zu den Informationsverläufen in Texten werden anschließend im allgemeinsprachlichen Teil gestellt, da sie noch nicht so durchschaubar erscheinen, daß sie unterrichtlichen Überlegungen direkt zugänglich gemacht werden könnten; wohl aber sind sie aus meiner Sicht für Lehrer und Didaktiker wichtig als Information über die Sprachlichkeit der Texte. Die Bereiche der *Kohäsion* werden überwiegend theoretisch behandelt, doch wird der konkrete Bezug zum Corpus hergestellt.

Anschließend seien an dieser Stelle einige *Thesen* formuliert, wie sie sich aus den Rückblicken auf den Grammatikunterricht und auf den Aufsatzunterricht bzw. auf die jeweilige didaktische Diskussion und wie sie sich aus meinen Überlegungen zur wechselseitig funktionalen Verbindung von Grammatik- und Schreibdidaktik ergeben:
1. Schüler *lernen* - wie noch gezeigt werden soll - auf zwei Wegen, einem kognitiven Weg, der allmählich zu bewußteren Schreibentscheidungen führt, und einem prototypischen Weg, weil die Massierung der einzelnen Mikro- und Makrostrukturen nicht nur nicht auf einmal gelehrt und gelernt werden kann, sondern weil sie in ihrer Gesamtheit Didaktikern und Linguisten auch noch nicht zugänglich bzw. für ihre Lehre verfügbar sind.
2. Es gibt einzelne sprachliche Phänomene, die für Textsorten, auch für die in der Schule geschriebenen, unter welchem Ansatz sie dort auch gelehrt werden, konstituierend sind. Diese Phänomene sind auf beiden Wegen - These 1 - lehrbar, wobei die Phänomene selbst noch differenziert werden müssen in bezug auf den Lehr-/Lernweg, auf die Sukzession und auf die Kombination mit Textsorten (als *Affinitäten*).
(a) Obwohl die Adverbialien einer einzigen Oberflächen-Kategorie anzugehören scheinen, ist ihre semantische Reichweite in bezug auf Sätze und Texte unterschiedlich; Kausal- und Modaladverbialien beziehen sich auf die Sätze ihres unmittelbaren Kotextes, Temporal- und Lokaladverbialien gelten weiträumig in Texten, nämlich bis sie differenziert oder durch andere ersetzt werden.
(b) Attribute unterscheiden sich nicht nur an der Oberfläche der Kategorie, sondern bekanntlich semantisch in determinativ und ornativ. Bezogen auf Textualität ergeben sich unterschiedliche Anteile an Attributen überhaupt und in bezug auf narrative und informative Texte. Ornative Attribute reagieren in ihrer Verteilung textsortenspezifisch. Beide Unterthesen sind zwar zunächst syntaktisch, ihre Validierung ist aber nur textuell möglich. Insofern stellen sie Phänomene dar, an denen sich der notwendige Übergang bzw. die Interdependenz von Syntax zur Textualität zeigen läßt.
3. Der Bereich Grammatikunterricht bzw. "Reflexion über Sprache" trägt diesen Überlegungen inhaltlich noch nicht hinreichend Rechnung. Es bedarf der Verbindung von Grammatik und Textualität zu einem Sprachwissen, wobei Sprachwissen wiederum im Sinne beider Lernwege ein Wissen und ein Können meint.
4. Funktional betriebener Grammatik- und Sprachwissensunterricht fördert die Schreibkompetenz der Schüler. Dies läßt sich empirisch beobachten.
5. Schülertexte sind bis in Einzelphänomene beschreibbar und lassen sich unter Einsatz von Computertechnik nach sprachlichen Einzelphänomenen analysieren, so daß auch Veränderungen und Entwicklungen deutlich werden.

Im Bereich der Makrostrukturen interessieren also *narrative* und *informative* Texte. Sie stehen gemäß den Lehrplananforderungen und m.E. gemäß der Sprachentwicklung am Anfang differenzierender Textgestaltungsanforderungen. Sie werden anhand von Strukturmodellen zu informativen und narrativen Texten exemplarisch dargestellt. Im Bereich der Mikrostrukturen interessieren narrative und informative Tempusstrukturen, da sie neben Wortschatzübungen üblicherweise gelehrt werden. Darüber hinaus interessieren als relativ neue grammatische Schwerpunkte - neu im Zusammenhang mit der Textsortenspezifizierung: die Adverbialien auf der Satzgliedebene und Attribuierungen der Ebene unterhalb von Satzgliedern. Sie werden in quantifizierender Weise dargestellt.

Im folgenden werden nun einige wesentliche der hier angesprochenen Bereiche wie die des sprachlichen Wissens, der Prototypik und der Textsorten einer genaueren Betrachtung unterzogen.

4. Perspektiven sprachlichen Wissens

Zu den zentralen Aufgaben der Fachdidaktik gehört es, für die Hauptarbeits- und -lernbereiche des Deutschunterrichts konzeptionell Perspektiven zu entwickeln, diese Perspektiven inhaltlich, man könnte fast sagen *materiell* zu füllen und sie dann empirisch zu überprüfen und zu modifizieren. Der Bereich des sprachlichen Wissens ist weitgespannt, reicht er doch von morphologischen Details bis zur Textualität, und umfaßt er doch kognitiv präsentes Wissen ebenso wie ein halbbewußtes Können hinsichtlich der Anwendung.

Dies ist am Beispiel einer Schulgrammatik recht gut zu demonstrieren, deren materielle Existenz gesellschaftlich zwar unbestritten ist, die aber inhaltlich und wissenschaftlich noch immer nicht befriedigend in Erscheinung tritt. Solche Widersprüche haben zur Folge, daß wesentliche deutschunterrichtliche Bereiche - denken wir dabei an Schreibdidaktik, literarische Rezeptionsdidaktik u.a.m. - letztlich entweder sehr traditionell und/oder eklektizistisch - ja, solche Widersprüche machen den Alltag aus - oberflächlich abgehandelt werden. Will man solche Bereiche also in ihrer Breite, d.h. mit der in der Didaktik oft nötigen Tendenz zur Gesamterfassung, erarbeiten und diskutieren, ist fast zu großer Mut - auch der zur Lücke - notwendig.

Im folgenden geht es um Theorien und Modelle, die mir notwendig für Fragen erscheinen, die sich mit dem Erwerb, der Verbesserung von Formulierungs- bzw. *Textgestaltungskompetenz* in der Schule beschäftigen. Schwerpunkte werden hierbei Theorien und Modelle zu Textualität, Textsorten, Stil einerseits und zu Grammatikunterricht, Sprachwissen, Sprachbewußtsein andererseits sein. - So groß dieser Bereich auch ist, seine Komplexität muß im schulischen Alltag von den Kindern bzw. Jugendlichen bewältigt werden, während die sie unterrichtenden Lehrer vielleicht spüren, vielleicht aber auch gar nicht mehr ein Bewußtsein dafür entwickeln, wie wenig exakt und helfend sie die Schüler bei der Lösung ihrer Aufgaben begleiten können, weil sie mit zu wenigen Details zu global operieren müssen.

Aus meiner Sicht ist es zunächst wichtig, Modelle für den - künftigen - Lehrer zu entwickeln, die zielgerichtetes Sprachwissen und -bewußtsein dergestalt ermöglichen, daß er über seine didaktische Kompetenz zur Schwerpunktsetzung und Methodenwahl bewußt und kritisch verfügt. Erst dies könnte ihn frei machen, die öffentlich für notwendig erachteten Kenntnisse, Fähigkeiten und eventuell auch Einstellungen zu vermitteln und gleichzeitig auf die Unterrichtsbedürfnisse der Schüler einzugehen.

Ein textuell-stilistisches Modell wird notwendig, das Auskunft über die Makrostruktur der Textsorte, also der *sprachlichen* Ausfüllung der pragmatischen Grundfunktion gibt.[1] Ein solches Denken an textliche

Prototypen (vgl. Kap.4.3) muß nicht sofort zum Schreckensbild der Vereinheitlichung sprachlicher Realisierungen und der Vereinheitlichung aller Kreativität führen. Vielmehr ist es doch so, daß wir über die linguistische Makro- und vor allem Mikrostruktur von Texten und Textsorten noch wenig wissen, daß wir als Verfasser und als Rezipienten von Texten wahrscheinlich weit mehr sprachlich konventionell *geprägt* sind, als wir uns einzugestehen bereit sind, und daß wir andererseits im Alltag oft verblüffend schnell Textsorten erkennen, obwohl wir diese Tatsache selbst nur unzureichend erklären können.

Folglich, so scheint mir, verfügen wir - möglicherweise kognitiv nur halb- oder vorbewußt - eben doch über ein syntaktisches, morphologisches und pragmatisches Sprachwissen zu den Textsorten, das auf einige Signale hin, wie sie etwa für einen Prototyp zutreffen, funktioniert. So gesehen hat ein grammatisch-sprachliches Wissen zu interessieren, das prototypisch einer Textsorte durchaus auch im Sinne einer Funktionalstilistik die verbleibenden, wenn man so will "kreativen" Freiräume ebenso erschließt wie seine Konstitutiven. Wie dieses Sprachwissen inhaltlich anzulegen und methodisch zu vermitteln ist, darüber muß theoretisch und konzeptionell nachgedacht werden.

Es ist Ziel dieser Studie, Überlegungen für ein solches funktionales Sprachwissen vorzustellen. Dies soll in zwei Teilen geschehen: einerseits sind theoretische Modellvorstellungen zu entwickeln, andererseits bedarf es wenigstens einer teilweisen empirischen Überprüfung, ob und wie ein Sprachwissensmodell greift. Empirisch soll beobachtet werden, wiederum an ausgewählten, noch einfachen Beispielen, wie sich ein funktionaler Grammatikunterricht auf das Schreiben von Kindern auswirkt. Sowohl für eine solche Analyse wie für ein grundsätzliches Nachdenken über Sprachwissen genügt eine einfache Form-Funktion-Zuweisung auch und gerade nicht für die Schule. Eine Tempus*form* z.B. an der sprachlichen "Oberfläche" steht in Verbindung mit der *Funktion* zeitlicher Situierung einer Äußerung, pragmatisch hat sie aber mehr mit der Konstitution der Textsorte zu tun als mit zeitlicher Einordnung; die pragmatische Form ist im Beispiel hier die Tempora-Bündelung der consecutio temporum. So verweist bekanntermaßen das Präteritum nach WEINRICH (1964) eigentlich vor allem auf einen Äußerungsakt *erzählen* und nur äußerlich/oberflächlich auf die jeweilige Erzählgegenwart (!).

Schreibdidaktisch sind ähnliche Differenzierungen notwendig. Die einfache Beobachtung, daß eine Erzählung nicht unbedingt nur der Unterhaltung dient, sondern daß ihre Funktion argumentativ, informativ usf. sein kann, verweist auf ihre pragmatische Eigentlichkeit. Auf diese Weise erhält man z.B. ein Textsortenmodell, das nach pragmatischen Grundfunktionen bzw. -bedürfnissen fragen muß und das die jeweiligen Repräsentationen dieser Grundfunktionen als konventionelle Varianten auf der Oberfläche begreifen könnte. Beide Erzählfunktionen können sowohl einzeln als auch gleichzeitig als aktiviert gelten.

---

1 Man denke etwa auch an die Dreierfigur, die Tempora etc. im oben zitierten Kinderaufsatz.

In diesen Vorüberlegungen stecken bereits etliche schreibdidaktische und rezeptionsorientierte Operationalisierungschancen, die ein entsprechendes, bewußt handzuhabendes grammatisches Instrumentarium einfordern. Auf das Ziel "Entwicklung und Verbesserung der Textgestaltungskompetenz mit besonderer Berücksichtigung der Rolle bzw. der Funktion des Grammatikunterrichts" übertragen, bedeutet dies konkret, daß die Fachdidaktik auch fragen muß, inwieweit sich die alltäglichen pragmatischen Grundfunktionen hinter den schulischen Schreibformen wiederfinden bzw. entdecken lassen bzw. inwieweit an diese Grundfunktionen je gedacht worden ist. Aus solcher Sicht werden z.B. die meisten Aufsatzthemen zu sogenannten Erlebnis- und Phantasieerzählungen, zu sogenannten Gegenstands- und Vorgangsbeschreibungen usf. fast ausnahmslos zu pragmatischen Akten *innerhalb* der Schule, die sich nur "oberflächlich" mit denen des Alltags berühren.[2] - Damit ist auch die kritische Frage erreicht, ob eine Schreibdidaktik für ein bewußtes, systematisches *Schreiben in der Schule* angestrebt wird oder ob sie *systematisch für eine öffentliche schriftsprachliche Kommunikation* ausgerichtet wird. Diese alte Frage wird angesichts der früheren didaktischen Diskussion (vgl. Kap.2.3) und angesichts der Sprachentwicklung hier noch einmal kurz berührt. Die Antwort kann nicht in ein schlichtes "sowohl-als auch" münden, da die Lebenswelt der Schüler *zunächst* sehr stark von der Schule bestimmt wird, vor allem soweit ihre Arbeit im eigentlichen Sinne davon betroffen ist. Erst allmählich tritt die äußere Lebenswelt in der Weise an sie heran, daß zunehmend öffentliche Kommunikationsakte von ihnen verlangt und geleistet werden müssen. Wie auch immer, *systematisch* bedeutet in beiden Fällen die Berücksichtigung textlinguistischer, pragmatischer und vor allem eben auch mikrolinguistischer (= Satzebene, Satzgliedebene, Satzfokus, Wortebene) Strukturen.

Dabei geht es auch um jenen "wunden Punkt" der Schreibdidaktik, um den sich die verschiedenen schreibdidaktischen Ansätze der letzten zwei Jahrzehnte immer wieder bemüht haben, den sie aber aus meiner Sicht nicht konsequent genug aufgearbeitet haben: gemeint ist die Entscheidung, schulisches Schreiben sehr stark am Alltag außerhalb der Schule zu orientieren (*non scholae sed vitae discimus*), wie das vor allem von kommunikationsorientierten und z.T. von den funktional ausgerichteten Didaktikern gefordert und methodisiert wurde, *oder* aber schulisches Schreiben *im Schonraum Schule* ernstzunehmen, was bisher ebenfalls kaum konsequent getan worden ist, allenfalls z.T. wenig reflektiert vom traditionellen Aufsatzunterricht, z.T. psychologisch-therapeutisch motiviert von der kreativen Richtung und, wenn auch nicht genügend ausgeschöpft, von Lehrenden, die die funktionale Verzahnung mehrerer Bereiche tatsächlich unterrichtlich umzusetzen versuchen.

Ich kann mir ein bewußtes und entschiedenes *non vitae sed scholae scribimus* vorstellen, das manche realistische und realisierbare Vorteile mit sich brächte: wie in anderen Entwicklungsbereichen der Jugendlichen auch

---

2 Unbeachtet bleibt an dieser Stelle noch die alltägliche Einfallslosigkeit der Schulpraxis, insbesondere was die Themenstellungen und Textvorstellungen angeht.

würde der jeweilige Stand sich entfalten können und ernstgenommen werden, die als ausschließliche Forderung belastende Orientierung am Alltag entfiele zunächst, bis sie von den Jugendlichen selbst eingefordert würde. Zuvor aber ist nach ernsthaften innerschulischen Themen und Bereichen zu suchen, sofern sie nicht schon vorliegen, wie z.B. auf fächerübergreifenden Gebieten: für die Darstellung eines physikalischen Versuches brauchen die Schüler wirklich die sprachliche Hilfestellung des Deutschlehrers. Des weiteren würde die künstliche Kommunikation beim schulischen Schreiben von einem gemeinsamen Sich-Bemühen um Ausdruck abgelöst, was einschlösse, daß die Themen und Schreibanlässe einem echten, sicherlich oft erst zu weckenden Äußerungsbedürfnis entsprechen müssen, und freie Themenwahl ist letztlich auch keine Alternative, es sei denn begrenzt auf sogenannte workshops zum Schreiben.

Insbesondere die Multifunktionalität pragmatischer Äußerungsformen und ihre textsortenspezifische sprachliche Struktur müssen dem - künftigen - Lehrer vermittelt werden, damit seine Einstellung zum Entwicklungsprozeß der Textgestaltungskompetenz vorab durch sein linguistisches Wissen geprägt ist und nicht später durch halb literarisierte, poetologische Vorstellungen einerseits und durch die unmittelbare Konfrontation mit den Texterzeugnissen der Schüler andererseits mehr oder weniger resignativ entsteht.

Wie auch immer: "Schreiben lernt man nur, indem man schreibt; ein mühseliges Geschäft." [3] Dieser ebenso schlichte wie richtige Satz muß vor vielerlei Hintergrund gesehen werden. Was hier im Vordergrund steht, ist die *Sprachlichkeit des Schriftlichen*, des Schreibens, soweit es in verschiedenen Kompetenz- und Wissensstufen faßbar ist - unter Ausklammerung der Orthographie und der Interpunktion. Fast unvermeidlich drängt in eine Diskussion ums Schreiben, zumal in schulischem Zusammenhang, das *Inhaltliche*. - Dieser Bereich soll in seiner Bedeutung für das Endprodukt "Text" nicht unterschätzt, muß aber vor allem in Verbindung mit der ebenfalls nicht zu unterschätzenden Bedeutung der Sachkompetenz gesehen werden.

Unter *Sprachlichkeit* seien grammatische und textuelle Strukturen verstanden werden, wie sie sich einerseits aus syntaktisch und textlinguistisch gezielter Betrachtung und wie sie sich andererseits aus kognitionswissenschaftlichen Ansätzen ergeben. Diese Perspektivierung begründet sich aus der schlichten Beobachtung, daß wir relativ spontan sagen können, welcher Text uns gefällt, ja sogar, welcher Text ein "guter" Text ist, daß wir aber kaum hinreichend fähig sind, unsere Qualifizierung zu begründen. Bei Begründungsversuchen zu Textqualitäten ist eine Tendenz feststellbar, die sich schlagwortartig mit "alles ist möglich; es kommt auf die Kombination der sprachlichen Mittel an" umreißen läßt. Doch in der Regel bleibt die Aufzählung vordergründig und gelangt dann doch zur Paraphrasierung von Inhaltlichem.

---

3 AUGST (2/1983:6).

Gibt man sich damit nicht zufrieden, dann bietet sich der Blick auf die Kognitionswissenschaften und auf die Prototypforschung an. Textsorten sind in ihren sprachlichen Strukturen und in ihrem Stil sehr stark konventionell geprägt; der individuelle Anteil ist wahrscheinlich geringer als gemeinhin angenommen. Dies ist zum größeren Teil den meisten Mitmenschen sicher nicht bewußt. Der kreative Freiraum ist sehr, sehr schmal, wenngleich er auch sehr markant sein kann. Man muß sich nur vergegenwärtigen: Sogar die Verletzung einer Konvention läßt die Konvention selbst noch anwesend sein.

Sprachlichkeit muß schon deshalb interessieren, weil erst sie amorph Gedachtes formt, weil erst sie im KLEISTschen Sinne "Vom Verfertigen der Gedanken beim Reden" den Inhalt zu Tage fördert, der durch sie erst manifest wird. - Ein weiter Weg für den Jugendlichen, aber gerade deshalb muß die Sprachlichkeit so sehr neben dem Inhalt betont werden.

Denn natürlich bedürfen die Überlegungen zum Schreiben - in und außerhalb der Schule - auch einer zeitgemäßen Rechtfertigung. Der Berufsalltag von immer mehr Menschen steht in unmittelbarem Zusammenhang mit Schriftsprachlichkeit, für manche Berufe ist sie ein Werkzeug unter mehreren, für manche fast schon das einzige. [4]

> "Je mehr allein mit Sprache gearbeitet wird, desto notwendiger werden explizite Grammatikkenntnisse, um Sprache ökonomisch und gezielt zu verwenden und um verdeckte Sinndimensionen von Texten zu erfassen. Da wir nach dem Erwerb der Schrift alle in Situationen kommen, in denen wir die Sprache als autonomes Sinnbildungsinstrument verwenden, kommt niemand um ein Minimum expliziter Grammatikkenntnisse herum, das wir uns normalerweise im Zusammenhang mit dem Schrifterwerb aneignen. Das beginnt mit Kenntnissen über grammatische Wortklassen und endet mit Kenntnissen über die Gestaltung von spezifischen Textsorten."

So sehr also das Wissen ums Schreiben wie das um Grammatisches aus fachspezifischen und wissenschaftlichen Gründen getrennt diskutiert wird, so sehr sind beide in einem *Sprachwissenskonzept* zu integrieren. Im folgenden sind vier Hauptaspekte zusammenzufügen, die eine Grundlage für eine Didaktik bildet, die Grammatikunterricht funktional mit Schreibunterricht zu einem Sprachwissen verbindet.

Es sind die Aspekte
1. der Wissens- bzw. Könnensstufen,
2. des lernenden bzw. *sich* entwickelnden Subjekts,
3. der kognitionswissenschaftlichen, "prototypischen" Textphänomene und
4. des Lehrmaterials als Steuerungsmittel des Lernens (Aspekte 1-3)

Diese Aspekte sind getrennt auf die Lehrerpersönlichkeit und die Schülerpersönlichkeit zu beziehen, weil das Schülerwissen und -können nicht einfach als Reduktionsstufe der Lehrerqualitäten gesehen werden kann. Es genügt nicht, wenn der Lehrer einfach "mehr weiß" als sein Schüler.

---

4 KÖLLER (1988:385).

4.1. Differenzierung der Wissens- und Könnensstufen

Schlagwortartig läßt sich sagen, wir können mehr, als wir wissen, und wir wissen mehr, als wir können. Unter "wir wissen mehr, als wir können" ist eine kognitive Kenntnis gemeint, die nicht in einem Vermögen wurzelt. So "wissen" wir im allgemeinen einiges über das Steuern von Flugzeugen, über Fußball, übers Kochen; aber das heißt nicht, daß wir diese Tätigkeiten wirklich *können*. Dieses "Wissen von" ist relativ groß; es hat viel mit "Bildung", z.B. aufschlüsselbar und beschreibbar mit sozialen Schichtungen u.a.m. zu tun. Wir wissen, daß es sehr, sehr viele Bereiche gibt, wo man etwas wissen und können kann, und *Bildung* bedeutet z.B., nicht orientierungslos in komplexen Zusammenhängen zu sein. Bezogen aufs Schreiben, aufs Texte-Verfassen ahnen wir, daß unser Wissen selbst dann partikulär bleibt, wenn wir das Schreiben zu unserem Beruf in irgendeiner Form gemacht haben. Aber wir wissen gleichzeitig, daß sich unsere partikuläre Kenntnis immerhin erweitern läßt, wenn wir uns angrenzenden Fachrichtungen zuwenden und dort weiteres Wissen und Können erwerben.

In diesem Zusammenhang ist auch das Phänomen zu klären, warum - um es so konkret wie überspitzt zu sagen - die Schüler Texte verfassen können, obwohl der Unterricht oft gar nicht so hinreichend komplex gewesen sein kann. Anscheinend hat das lernende Subjekt (s.u.) verschieden explizite bzw. deutliche Könnens- und Wissensstufen selbsttätig aktiviert.

M.a.W., *wir alle*, also auch die Schüler, *können mehr als wir wissen*, d.h. als uns bewußt ist. Im Sinne einer differenzierenden Diskussion sind verschiedene Ebenen des Wissens und Könnens anzusetzen. Eine der bekanntesten Unterscheidungen hat Gilbert RYLE (1949) mit dem Begriffspaar "knowing how" und "knowing that" getroffen.

Eine ganz saubere Trennung von Wissen und Können scheint (mir) nicht ganz möglich. Beide Bereiche verbinden sich zur *Kompetenz*, die eben in der hier beschriebenen Weise changiert: so kann unser *Wissen*, wie man ein Flugzeug steuert, durchaus partiell und möglicherweise in Notlagen in steigendem Maße in ein Können umschlagen.[5] Umgekehrt kann Handlungskompetenz mit immer höherem Wissen und immer höherer Bewußtheit ausgestattet werden.

Mit dem sprachspielerischen Satz "wir können mehr, als wir wissen" lehne ich mich an Eugenio COSERIU (1988:bes. Kap.2 und 3) und seine Darstellung zum Kompetenzbegriff an, wo zwischen (a) einem vorbewußten Können, (b) einem einzelsprachlichen Wissen im Sinne von "so ist es richtig, so falsch; man kann es noch anders sagen" und (c) einem kognitiven, also verfügbaren und metasprachlich expliziten Wissen unterschieden wird. Das Wissen selbst wird auf drei Ebenen bezogen, nämlich

---

5 Beim Beispiel des Kochens kann man dies zwar leichter nachvollziehen, aber es werden die Extrempunkte von "Wissen von" *ohne* Können und "Wissen von" *mit* praktiziertem Können nicht so deutlich; es soll den Leuten im Tower, irgendwo in Amerika, tatsächlich gelungen sein, einem *wissenden* Laien den Landeanflug über Funk durch entsprechende Anweisungen zu ermöglichen, nachdem der Pilot wegen Herzversagens ausgefallen war.

1. auf das *elokutive Wissen* [6]

"Der naive Sprecher [...] weiß, wie man spricht, und erkennt diese Verfahren [des Sprechens] zugleich mit der ihnen innewohnenden Norm, d.h. er weiß *intuitiv* [Hervorhebung d. Verf.], welches die Normen des Sprechens im allgemeinen sind. Dieses Wissen zeigt sich gerade in den negativen Urteilen über das Sprechen anderer. [...] Wir haben also auf der Ebene des Sprechens im allgemeinen einerseits die Norm der Kongruenz [... mit den Prinzipien des Denkens, die nicht mit denen des logischen Denkens identifiziert werden dürfen, und mit der allgemeinen Kenntnis der Sachen ...] und die Verhaltensnorm der Toleranz, und wir haben andererseits ein Verfahren der Interpretation des Sprechens anderer, dem diese beiden Normen innewohnen. Das Verfahren der toleranten Interpretation ist ein Verfahren des Verstehens, auf das sich der naive Sprecher auch bei seinem Sprechen verläßt."

Daß dies aufs Schreiben weitgehend genauso anwendbar ist, versteht sich fast von selbst, und natürlich trifft es besonders für Kinder, Heranwachsende und alle Menschen zu, die aus sozialen Gegebenheiten heraus naiv bleiben; m.a.W., gerade der Bereich des elokutiven Wissens legt eine Emanzipation zu bewußtem Sprechen und Schreiben durch Wissensvermittlung nahe. Wer nicht metakommunikativ Verständnis und Mißverständnis besprechen kann, bleibt partiell *unmündig*.

Als 2. Ebene setzt COSERIU das "idiomatische Wissen" (1988:249ff.) an, das er auf die jeweilige Einzelsprache bezieht (das elokutive W. postuliert er ja als universelle Ebene). Gemeint ist damit, daß es für den Sprecher, bezogen auf die Einzelsprache, beides gibt, "nämlich sowohl Zeichen aus Form und Inhalt als auch Verfahren". Das Verhältnis von Zeichen und Verfahren diskutiert COSERIU im folgenden phonetisch und phonologisch, wobei er dem Sprecher zubilligt, daß er "ideelle Einheiten realisieren will" und "nicht beliebige Laute" durch die Artikulation. Dies läßt sich auf die Schreibsprache sehr wohl übertragen, wo es im Schreibprozeß letztlich auch nicht um die Folge beliebiger Schriftzeichen geht, sondern beim routinierten (!) Schreiber ebenso um "ideelle Einheiten". Offen bleibt, wie groß diese Einheiten bzw. auf welcher Ebene sie anzusiedeln sind; COSERIU unterscheidet geradezu klassisch für die Wortbildung "Lexikalisten" und "Syntaktizisten", was sich ebenfalls aufs Schriftliche übertragen läßt, wobei unklar bleiben muß, wie groß die Einheiten im internen kognitiven Verarbeitungsprozeß wohl wirklich sind. Die Kombination von Einheiten scheint ja doch recht stark satzbezogen, aber natürlich auch über die Satzgrenze hinaus angelegt zu sein; andererseits läßt sich ein Verharren bei einem einzelnen Wort wahrnehmen, wenn das Wort einen entsprechenden Stellenwert hat. Deshalb ist COSERIU auch fürs Schriftsprachliche zuzustimmen, wenn er auf dieser, der idiomatischen Ebene den Gehalt sprachlichen Wissens so umreißt (1988:255): "Auf der einen Seite haben wir Verfahren der Kombination, denen als Regeln explizierbare Normen innewohnen. Auf der anderen Seite haben wir vorgegebene Elemente, die kombiniert werden."

Das Verhältnis von "Einheiten und Verfahren [...] und [...] die Grenze zwischen beiden Bereichen" ist Problem und Thema der nächsten Ebene

---

6 COSERIU (1988:248).

der Kompetenz. Diese 3. Ebene wird als die *des expressiven Wissens* bezeichnet, womit die Ebene des Textes und des Diskurses erreicht ist. [7]

"Auf der Ebene des Diskurses oder Textes besteht der Gehalt sprachlichen Wissens an erster Stelle in der Kenntnis von Verfahren mit innewohnender Norm. Während aber die Verfahren auf der allgemein-sprachlichen Ebene noch leer waren, d.h. sich nur auf die Art des sprachlichen Machens und noch nicht auf gemachte Einheiten beziehen konnten, operieren die Verfahren der Textbildung mit einzelsprachlichen Zeichen, die in der *Tradition* [Hervorhebung des Verf.] schon gegeben sind. Die Normen der Textbildung schließen Abweichungen nicht aus. Vielmehr zeigt sich gerade in der Abweichung die Norm, denn Abweichungen sind Abweichungen von etwas."

Diese Ebene so explizit in die Kompetenz mit aufzunehmen ist deshalb wesentlich, weil damit der Schritt über das (satz-)grammatische Wissen hinaus zum breiteren Sprachwissen getan ist. Die Ebene des Textes bzw. des Diskurses ist ja die eigentliche Ausdrucksform des Menschen. Sie erst schafft die Ordnungen für die anderen beiden Ebenen; von ihr ausgehend läßt sich Sprachlichkeit erst sinnvoll beschreiben und verstehen. Und tatsächlich machen wir die Erfahrung, daß gelegentlich bei der Analyse ambiguer Einzelsätze sowohl in der Sprachwissenschaft wie in der Schulgrammatik der eilig zusammengezimmerte Kontext die Erläuterung und die Disambiguierung leisten muß - zu oft übrigens ohne die Ausformulierung eines expliziten Kotextes, mittels der zu analysierende Satz in ein wirkliches, seinen eigenen Gesetzen gehorchendes Textstück eingebettet wäre. Wesentlich erscheint mir dabei - und das wird zumeist übersehen -, daß die Textsorte in ihrer Konventionalität sich bis in fast jede Satzgestaltung mit auswirkt. Man denke hierbei z.B. an den Grad von Attribuierungen in Texten und an ihren Typus, an die Nutzung von Nominalisierungsmöglichkeiten, an die je verschiedene Adverbialienausstattung, an die Satztypen usf., aber auch an noch so wenig beobachtete Bereiche wie Themakonstanz bzw.-progression, Rhemafolgen und Subrhematisierungen, an Informationsverteilungen und -flüsse . Hierin sehe ich die eigentliche *Sprachlichkeit* von Texten, und sie hat insofern sehr stark mit dem idiomatischen, dem einzelsprachlichen Wissen zu tun, weil sich die sprachlichen Möglichkeiten in der Mikrostruktur von Sprache zu Sprache z.T. recht deutlich unterscheiden.[8]

Die Makrostrukturen von Texten hingegen dürften sich weniger signifikant von Sprache zu Sprache unterscheiden; so folgen Erzählen und Informieren wohl weithin beachteten Konventionen[9], synchron wie diachron, während das Argumentieren deutlich schicht- und kulturspezifischer sein dürfte. Noch wissen wir zu wenig über die Mikro- und Makrostrukturen der zentralen pragmatischen Textsorten, um aus der Perspektive des rein Sprachlichen, nicht des Inhaltlichen sagen zu können, warum welche Texte

---

7   COSERIU (1988:256).
8   z.B. der hohe Druck im Deutschen, zu pronominalisieren, und die Freiheit davon z.B. im Lateinischen und im Türkischen; vgl. auch COSERIU (1988:168).
9   Die Untersuchungen von GIORA und die von ihr und SHEN gemachten Beobachtungen sowie ein gewisser "Internationalismus" in der story-grammar-Diskussion (z.B. LABOV, RUMELHART, BOUEKE, SHEN) legen dies nahe; siehe hierzu die Bibliographie.

"gut" sind. Viele Schwierigkeiten und vieles Versagen beim schulischen Schreiben und den dazugehörigen Erwartungshaltungen sind auf die Themenstellungen zurückzuführen - der eingangs besprochene Kinderaufsatz mag hier als Beleg zunächst genügen.

Die Suche nach der Sprachlichkeit von Textsorten unter Ausklammerung des Inhaltlichen beruht auf der These, daß diese Sprachlichkeit prototypisch je Textsorte wenigstens im Rahmen einiger sprachlicher Merkmale sei. Dabei soll die Kenntnis der Prototypik nicht einen Unterrichtsdrill auf vorgestanzte Muster hin bewirken. Sie dient der Klarheit didaktischer Zielsetzung und Information, der Bewußtheit im produktiven und rezeptiven Umgang mit Texten. Damit dies deutlich und mit der angemessenen Gewichtung gesehen wird, muß man den Kenntnis-/Erkenntnisbegriff differenzieren und *in* ihn den Fähigkeitsbegriff integrieren.

Mit dieser Integration soll die begriffliche Scheidung von Kenntnis und Fähigkeit keinesfalls aufgehoben werden, vielmehr ist sie hier als Reaktion auf ein nach-behavioristisches Konzept vom Lernen gemeint: lernt nämlich der Heranwachsende auch und gerade anhand von Prototypen, so bewirkt der aktive Umgang mit prototypischem Lernmaterial ein Können, das dann noch als solches bewußt gemacht werden muß, um zu einem Wissen zu werden. M.a.W., erzählt ein Kind beispielsweise anhand von Erzählungen, die konventionellerweise als prototypisch und vorbildlich angesehen werden, dann lernt es erzählen zunächst in der psychomotorischen Lernkategorie, und es ist später möglich, diese komplexen Vorgänge in der kognitiven Lernkategorie bewußt zu machen.

In gewisser Weise war diese Integration von kognitiven und psychomotorischen Lernzielen unter dem Begriff der Lernzielkumulation in den Lehrplänen seit den frühen siebziger Jahren angelegt gewesen, aber sie hatte sich wohl nie so ganz durchsetzen können; vor allem blieben viele methodische Maßnahmen eben doch behavioristisch. Und dort liegt der Gefahrenpunkt der Präskription oder gar des Drills.

Sinnvoll war diese begriffliche Unterscheidung Ende der 60er Jahre, um sich von den Stofflehrplänen verabschieden und um den ehern erscheinenden Bildungskanon aufbrechen zu können. Eine wirkliche Umsetzung dieser differenten Lernzielkategorien gelang im Schulalltag nur bruchstückhaft, dabei wurde - vielleicht kaum merklich - die mobile Verknüpfung der kognitiven und psychomotorischen Lernziele allmählich aufgegeben oder zumindest ausgedünnt. Die kategoriale Unterscheidung von Lernzielen war sicherlich nicht falsch. Sie war ein Ordnungsprinzip, das etwas so Komplexes wie die Beziehung von Lernen und Lernerfolg klären sollte.

Sucht man nun nach einem Integrationsbegriff, von dem diese und andere Ordnungsprinzipien ableitbar sind, der aber andererseits stabil genug den Gesamtheitsanspruch auszudrücken vermag, so bietet sich der Begriff der *Kompetenz* an. Wie sich noch zeigen soll, bekommt das oben angedeutete prototypische Wissen gerade in Verbindung mit dem Kompetenzbegriff seine - vor allem auch didaktische - Funktion.

Für diesen Kompetenzbegriff [10], wie er für die gesamte folgende Diskussion gelten soll, lehne ich mich in der oben angedeuteten Weise zwar an COSERIU (1988) an, möchte aber noch deutlicher die Systematik des cognitio-Begriffes nach LEIBNIZ für mein didaktisches Anliegen ausschöpfen.

Dazu wird Gottfried Wilhelm LEIBNIZ im folgenden Schritt um Schritt herangezogen, und pro Schritt soll die Affinität zu den grundsätzlichen didaktischen Fragen angesprochen werden. LEIBNIZ (1684/1965:25-49) zweisprachige "Meditationes de cognitione, veritate et ideis - Betrachtungen über die Erkenntnis, die Wahrheit und die Ideen" unterscheidet:

> "Die *Erkenntnis* ist also entweder *dunkel* oder *klar* [vgl. *obscura* vel *clara*] und die klare Erkenntnis wiederum entweder *verworren* oder *deutlich* [vel *confusa* vel *distincta*], die deutliche Erkenntnis aber entweder *inadäquat* oder *äquat* [vel *inadaequata* vel *aequata*] und gleichfalls entweder *symbolisch* oder *intuitiv* [vel *symbolica* vel *intuitiva*]; wenn aber die Erkenntnis zugleich adäquat und intuitiv ist, so ist sie am vollkommensten. *Dunkel* ist ein Begriff, der zum Wiedererkennen der dargestellten Sache nicht ausreicht [...]"

Im Grunde ist hier schon formuliert, was oft für eine Begriffskenntnis der Schüler zutrifft: häufig vermittelt Schule zu sehr ein bloßes *Benennungswissen*, was auch in der Unterschiedlichkeit des *erkennenden Subjekts*, also des erwachsenen Lehrers und des sich entwickelnden Schülers liegen mag. Dadurch wird auch klar, daß die didaktische Diskussion zwischen einer *Handlungs*mündigkeit und einer *Diskurs*mündigkeit *ernsthaft* unterscheiden müßte. Denn lange vor der Diskursmündigkeit wird eine Handlungsmündigkeit erreicht. Sie zu trainieren und mit sparsamen, zentralen Begriffen zu umgeben ist eine der ersten Aufgaben des Lehrenden, da sich die differenzierende Begrifflichkeit erst später und allmählich und nur bei fortlaufendem Gebrauch erwerben läßt. - Der Lehrende hingegen geht natürlicherweise von seiner Klarheit des Begriffs aus und merkt erst allmählich, wie "dunkel" die Begrifflichkeit beim Schüler noch geblieben sein mag. Aufs Schreiben und aufs grammatische Wissen angewandt heißt dies, daß für Schüler gerade auch Textualität in ihren komplexen Formen und Strukturen weitgehend "dunkel" bleiben muß.

Hart formuliert LEIBNIZ die Konsequenz dieser Kognitionsstufe: "daher wird auch der Satz dunkel werden, in den ein solcher Begriff eingeht" (1684/1965:33ff.). Und er führt die weiteren Kognitionsstufen fort:

> "*Klar* ist also die Erkenntnis, wenn ich sie so habe, daß ich aus ihr die dargestellte Sache wiedererkennen kann, und sie [= die cognitio clara] wiederum ist entweder verworren oder deutlich. *Verworren* [confusa] ist sie, wenn ich nicht genügend Kennzeichen gesondert aufzählen kann, um die Sache von anderen zu unterscheiden, wenn auch jene Sache solche Kennzeichen und Merkmale tatsächlich besitzt, in welche ihr Begriff aufgelöst werden kann."

---

10 Ich führe hier bewußt *nicht* die Diskussion um CHOMSKYs *Competence*, da dies vom Thema hier abführen würde und da es hier gerade nicht um die Dichotomie "Kompetenz-Performanz" geht.

Das Problem liegt nach LEIBNIZ darin, daß die klare, aber verworrene Erkenntnis (cognitio clara confusa) nur "auf Grund des einfachen Zeugnisses der Sinne, nicht jedoch auf Grund aussagbarer Kennzeichen berührt." Erläuternd führt LEIBNIZ das Beispiel an: "Auf ähnliche Weise sehen wir Maler und andere Künstler angemessen erkennen, was richtig und was fehlerhaft gemacht ist, ohne daß sie oft den Grund ihres Urteils angeben können."

Erstaunlich auch bei diesen Unterscheidungen, wie deutlich man an Problemfelder, aber auch an die bereits vorhandene Kompetenz als Didaktiker erinnert wird. Das eigentliche Problem gerade des Schreib- und Sprachunterrichts läßt sich an dieser Stelle besonders deutlich erfassen, wenn man sich vergegenwärtigt, welchen Kenntnisstand der Lehrende denn hat. Wiederholt ist damit die Frage, was z.B. einen guten Text zum guten Text macht und mit welchen Mitteln ein solches Phänomen beschrieben werden kann. Es ginge darum, "genügend Kennzeichen gesondert aufzählen" zu können (vgl.o.), und zwar in "aussagbarer" Weise (vgl.o.). Um sich dieser Aufgabe stellen zu können, brauchen wir als Didaktiker (und Linguisten) Vorstellungen von Prototypen, eben damit wir zu "aussagbaren Kennzeichen" in "genügender", in *hin*reichender Weise kommen. Konkret geht es um die mikrostrukturellen sprachlichen Elemente in konventionalisierten Textsorten. Denn damit ließe sich ein "Sprach*angebots*unterricht" formulieren, der dem Schüler sprachliche Alternativen auf verschiedenen Bewußtseinsstufen (s.u.) bereitstellt. LEIBNIZ geht aber über die *confusa*-Stufe hinaus und formuliert am Beispiel der Goldwertbestimmung die Kognitionsstufe vom "*deutlichen Begriff* [distincta notio]":

> "solche Begriffe pflegen wir in bezug auf die mehreren Sinnen gemeinsam zukommenden Begriffe zu haben, wie die der Zahl, der Größe, der Gestalt, ebenso in bezug auf viele Affekte der Seele, wie Hoffnung und Furcht, das heißt in bezug auf alles, wovon wir eine *Nominaldefinition* besitzen, die nichts anderes als die Aufzählung der zureichenden Kennzeichen ist."

- Frei paraphrasiert heißt dies auch, daß es so etwas wie eine Kennzeichenkonvention gibt, die im gesellschaftlich gemeinsamen Bewußtsein zwar etabliert ist, die aber notwendigerweise weder die vollständige noch die ganz und gar adäquate Gruppe von Kennzeichen sein muß, die dem Gegenstand letztlich angemessen wäre. Und so kommt LEIBNIZ dazu, selbst diese Kognitionsstufe noch als "inadaequat" kennzuzeichnen.

> "Wenn aber all das", fährt er auf dem Weg zur höchsten Kognitionsstufe fort, "was in dem deutlichen Begriff (Cum vero id omne quod notitiam distinctam ingreditur) wiederum deutlich erkannt ist, oder wenn man die bis zum Ende durchgeführte Analyse kennt, so ist die *Erkenntnis adaequat*; ich weiß nicht, ob die Menschen dafür ein vollkommenes Beispiel geben können, aber das Wissen von den Zahlen kommt dem sehr nahe."

Die Begrenztheit menschlicher Erkenntnis immer wieder zu formulieren ist gerade auch für den Didaktiker und den Lehrer wichtig. Speziell im Schulbereich und dort insbesondere in den Bereichen Textwissen und

Sprachwissen/grammatisches Wissen werden zwar - z.T. ja durchaus zutreffende - Kennzeichen behandelt, aber die mit den Schülern bearbeiteten Gegenstände bleiben damit "inadaequat" erfaßt. Beide Textanalysen am Anfang der Darstellung (vgl. die Einleitung) können das bereits hinreichend belegen, und die noch zu führende Diskussion um Text- und Sprachwissen wird u.a. die Perspektive der Adäquatheit wieder aufgreifen müssen.

COSERIU (1988:208f), der diesen LEIBNIZ-Text auch ausdeutet, bringt für die Differenzierung "aequata" versus "inadaequata" bei der "cognitio clara distincta" den anschaulichen Gärtnervergleich:

> "Die *cognitio inadaequata* ist teilweise bzw. unmittelbar eine *cognitio*, die zwar wissenschaftlich nicht angemessen ist, aber [...] der Erkenntnis der Techniker und Fachleute in ihrem Bereich entspricht und sich als praktisch und nützlich erweist. Eine solche Erkenntnis ist beispielsweise die der Gärtner in bezug auf die Pflanzen. Die Gärtner wissen, warum man die Bäume auf eine bestimmte Art schneiden muß [...]", damit "die Bäume mehr Früchte tragen [...] Sie wissen auch, wann und wozu die Pflanzen gegossen werden müssen, d.h. sie können eine durchaus stichhaltige Begründung geben. Was sie aber nicht geben können, ist eine Begründung der Begründung. Der Gärtner braucht als Gärtner nicht zu wissen, welche chemischen Prozesse in den Pflanzen ablaufen. Es genügt ihm zu wissen, was man machen und was man damit erreicht."

Angesichts der Komplexität des Sprach- und Textwissens und angesichts seiner Fülle wird die Frage nach den Wissensstufen auf wenigstens drei Ebenen zu stellen sein:

a) Welche Wissensstufen sollen Schüler schließlich für ihren Erwachsenenalltag erreichen, aufgeschlüsselt nach Unterbereichen des Text- und Sprachwissens?

b) Welche Wissensstufen sollen Lehrer realistischerweise wenigstens haben? Welches Bewußtsein und welche Einstellungen sind den Lehrern bezüglich der Inadaequatheit ihres Wissens nahezubringen, damit sie als Förderer und Prüfer ihrer Schüler angemessen handeln können?

c) Wie lassen sich welche Wissensstufen von Didaktikern und Linguisten fortentwickeln, damit wenigstens möglichst viele "distinkte Kenntnisse" für die Schule - in aller Inadaequatheit - zur Verfügung stehen und die Menge distinkter adaequater Kenntnisse in zentralen Unterbereichen zunimmt?

Die LEIBNIZschen "meditationes" führen zu didaktischen Grundsatzüberlegungen daß ,

1. Distanz zu einem überzogenen und auch von der Wissenschaft - noch - nicht leistbaren höchsten Wissens- und Kenntnisstand gefunden wird; daß

2. in reflektierter Weise ein gestufter Kenntnis"katalog" gesucht wird, der selbst wiederum für die beteiligten Gruppen zu differenzieren ist; daß

3. auf diesem gestuften Hintergrund die "Gegenstände" des Text- und Sprachwissens daraufhin betrachtet werden, ob und in welcher Entwicklungsstufe die Schüler dieses Wissenskonzept aufnehmen können.

Die Kenntnisstufe "cognitio clara distincta *aequata*" ist somit letztlich die wissenschaftliche, die die Didaktiker und Linguisten für immer mehr Gebiete erreichen müssen; sie ist die Stufe, über die der Lehrer auch in etlichen Bereichen verfügen sollte und die sogar der Abiturient als Horizont erkennen können sollte. Die Stufe der cognitio clara distincta *inadaequata* ist für den gesamten Sprachgebrauch des Schülers anzustreben: also Merkmale des Gegenstandbereiches distinkt benennen zu können, stilistisch-ästhetisch ein Beurteilungsvermögen aufgebaut zu haben und vor allem den Sprachgebrauch angemessen vollziehen zu können (Gärtnervergleich; s.o.). Für den Lehrer ist diese Stufe unabdingbar, obwohl gerade er dieser Stufe und sich selbst gegenüber als auf dieser Stufe überwiegend befindlich selbstkritische Distanz entwickeln können sollte. Denn natürlich bleiben wir alle in weiten Teilen auf der Stufe der "cognitio clara *confusa*". Damit scheint mir ein wesentliches binnendidaktisches Ziel gegeben zu sein. Nach COSERIU stehen sich cognitio-Begriff und *Kompetenz*begriff sehr nahe. Auch dem Didaktiker wird diese Fast-Gleichsetzung von cognitio und Kompetenz fruchtbar, freilich nicht ohne eine genauere inhaltliche Diskussion.

Zusammenfassend läßt sich festhalten: wenn Kompetenz aus einer eigentümlichen Mischung von (Handeln-) Können und Wissen besteht, dann sind wenigstens drei Hauptstufen sinnvollerweise für die Didaktik anzusetzen:
1. eine quasi vorbewußte Kompetenzstufe, wo der Gegenstand zwar deutlich gewußt wird, alle Handlungen mit und um ihn routiniert vollzogen, aber noch kaum Merkmale distinkt gewußt werden. Auf dieser Kompetenzstufe ist es möglich, zwischen "richtig/falsch, angemessen/unangemessen" zu unterscheiden und, falls vorhanden, Alternativen aufzuführen. Ob in den Bereichen, wo diese Kompetenz zu tauglichen Verhaltensweisen und Ergebnissen führt (z.B. das alltägliche Sprechen), Unterricht mit dem Ziel einer Kognitivierung sinnvoll ist, ist sehr genau zu reflektieren. Zum einen umfaßt diese Kompetenz wahrscheinlich mehr Bereiche, als dem Lehrenden unmittelbar zugänglich sind. Zum anderen bedeutet das Betreten eines Weges zur Kognitivierung, daß man ihn sehr weit gehen muß, damit anfängliche und zwischenstufige partielle Kenntnis sich nicht störend oder gar dysfunktional auswirkt.[11] In der LEIBNIZschen Begrifflichkeit entspricht diese Kompetenzstufe etwa der "cognitio clara obscura". Hier sei sie **allgemeine Handlungskompetenz** genannt.
2. Die mittlere Kompetenzstufe setzt die Kenntnis des Gegenstandes voraus, und die Handlungen mit und um ihn sind an beschreibbaren Merkmalen orientiert. Diese Merkmale werden in ihrer Sachorientierung gewußt und im besten Fall in ihrer Konventionalität gesehen (z.B. das übliche allgemeine Wissen um die Gestaltung eines Höhepunktes in einer Erzählung). Der Merkmalkatalog kann durchaus pragmatischer Natur sein, er muß nicht, kann aber freilich wissenschaftlich gesichert sein. Diese Kompetenz wird bewußt erlebt; die Gefahr hierbei ist, daß dieses

---

11 Ich denke dabei durchaus an die Gleichnisse im KLEISTschen Marionettentheateraufsatz.

partielle Wissen überschätzt wird, daß es aufgrund der bekannten Merkmale zu normativen Einstellungen und Handlungen kommt. Diese Kompetenz bedarf am meisten der kritischen Distanz, da sie mit der ersten Kompetenzstufe durchmischt ist. - Gerade Lehrer müßten zu ihr eine kritische Bewußtheit anstreben, da sonst nicht nur ein Übergewicht des Normativen auf der Basis einiger - vielleicht zureichender - Merkmale droht, sondern da sonst die Offenheit für eine höhere Kompetenzstufe verschlossen bzw. blockiert wird. Der Unterricht in Bereichen, wo diese Kompetenz erreicht bzw. gefördert werden muß (z.B. sich schriftlich äußern können), kann sehr stark situativ und induktiv sein. Die Kognitivierung kann oft *nach* dem Handeln erst einsetzen, etwa im Sinne einer Beschreibung, was denn gerade ganz natürlich geleistet worden sei. Die Kenntnis der Merkmale führt zu einem vor allem funktionalen Wissen und erlaubt einen Diskurs über Erfahrungen. Prototypische Beispiele leisten den Aufbau von Merkmalkenntnissen am besten; sie sind übertragbar und schließen weitere, möglicherweise wichtig werdende Merkmale nicht aus. Auch diese Kompetenzstufe ist weitverbreitet, hat durchaus schon mit Spezialisierung zu tun (s.o. den Gärtnervergleich) und ist sicherlich soziokulturell abhängig. In der LEIBNIZschen Begrifflichkeit entspricht diese Kompetenzstufe etwa der "cognitio clara distincta inadaequata"; sie sei hier **spezifizierte Handlungskompetenz** genannt.
3. Die höchste Kompetenzstufe ist die wissenschaftlich erworbene und gesicherte Kompetenz. Der Gegenstandsbereich und die Handlungen mit und um ihn sind durch wissenschaftlich beschreibbare, modellorientierte Merkmalsbündel erfaßt. - Damit unterliegt diese Stufe der Kompetenz ständiger kritischer Überprüfung und trägt ihre eigene Veränderung quasi in sich. - Sie bedarf der Bereitschaft zur Relativierung, da sie auf Fortentwicklung angelegt ist. Sie ist für den Lehrenden notwendig, damit er sich selbst von der eigenen mittleren Kompetenz immer wieder distanzieren kann, damit er mit Offenheit den Kompetenzstufen der Schüler begegnen kann und die eigene Kompetenz nicht absolut setzt. - Sogar der Schüler sollte diese Kompetenzstufe exemplarisch erfahren können. In LEIBNIZscher Begrifflichkeit nähert sich diese Kompetenzstufe der "cognitio clara distincta aequata"; sie sei hier **wissenschaftliche Kompetenz** genannt.
4. Sinnvoll ist es schließlich, eine **Metakompetenz** anzusetzen, um beschreiben zu können, welche *Kompetenzbewußtheit* zu den verschiedenen Kompetenzstufen bzw. welche Distanz zu ihnen besteht. Es ist klar, daß sich Kompetenzstufe und Metakompetenz wechselseitig beeinflussen, sei dies stützend, kritisch oder fordernd.

4.2. Akzentuierung des eigenaktiv lernenden und sich entwickelnden Subjekts

Die Differenzierung von Wissensstufen bedingen eine veränderte Perspektive auf Lernende und Heranwachsende und somit die Befreiung aus der schlichten Dichotomie "gewußt - nicht gewußt". Zentrale Fragen zu unserem Bewußtsein stehen an.
- Wie machen wir Erfahrungen?
- Wie geben wir unseren Erfahrungen Sinn?
- Wie trennen wir alltägliche und besondere Erfahrungen?
- Wie erhalten Erfahrungen Relevanz?
- Wie und in welcher Form ordnen, wie bewahren wir unsere Erfahrungen?
- Wie lernen wir?
- Welche "Erfahrungen" kann Schule, können einzelne Schulfächer möglich machen?
- und schließlich: Inwieweit operiert unser Denken mit Basiskategorien, mit Prototypen?[12]

Daß diese Fragen weitreichend und schwierig sind und daß sie eigentlich viele weitere Fragen mit sich bringen, ist unmittelbar einsichtig. Didaktiker und Lehrer muß Erfahrungsverarbeitung interessieren, da sie mit einer Substanz, nämlich dem für Schule und Gesellschaft wichtigen *Lehr*stoff der Sozialisation, auf erfahrungsoffene, auf lernende Menschen zukommen; das bedeutet, daß diese Substanz, der Lehrstoff und die mit ihm zu machenden Erfahrungen nur dann sinnvoll und verantwortlich ausgewählt werden können, wenn zum
1. die Substanz typisch für das zu Lernende ist, wenn
2. eine begründete und taugliche Vorstellung vom lernenden Subjekt entwickelt werden kann und eben nicht das Lernen und Denken wie im Behaviorismus in eine *black box* verlagert wird; wenn also
3. die Erfahrungs- und Lernprozesse als gestufte Prozesse der Erkenntnis *und* der sich selbst orientierenden Kompetenz gelten (s.o.), und wenn sich schließlich
4. der Lehrende selbst als einerseits erfahrungsgeprägt sieht und er diese Prägung insgesamt als eher konventionell und damit mehr soziokulturell als individuell und originär akzeptiert.

Solche Überlegungen anzustellen, befreit nicht nur von der *black box*, sondern befreit auch von der alten Auffassung, das Denken als einen Vorgang anzusehen, bei dem Bedeutungskonzepte letztlich als transzendental angesehen werden. Wahrscheinlich gehört es in die Ambivalenz des platonischen Höhlengleichnisses, menschliches Denken in dieser Weise einerseits als vorläufig, fern von den wahren Ideen zu entwerfen, und es andererseits zu einer vernünftigen Bescheidenheit zu führen. Zu einer solchen

---

12 Diese Fragen beziehen sich auch auf die Einleitung von LAKOFF (1987).

95

"Bescheidenheit" gehört auch, daß die Lehrenden nicht die Struktur ihrer Vorstellungen, Kenntnisse, Stoffe absolut setzen gegenüber den Lernenden, sondern daß sie auch auf die eigene Erfahrungsverarbeitungsfähigkeit und -kapazität der Lernenden vertrauen.

Die Vorstellung von einem "epistemischen oder epistemologischen Subjekt" paßt stimmig zu den differenten Kognitionsstufen. Sie entschärft den bildungspolitischen und pädagogischen Streit um schülerzentrierten versus lehrerzentrierten Unterricht, denn: "Lernen ist kein passives Aufnehmen und Abspeichern fertig präparierter Kenntnisse und Fähigkeiten. Lernen ist aktive, d.h. verändernde Aneignung eines Gegenstandes im Rahmen persönlicher Wahrnehmungs- und Denkmuster." [13] Und deshalb kann es nicht um die Verabsolutierung *eines* Lernweges gehen. Es kann Wissensabstände zwischen Lernenden und Lehrenden geben, es kann soziale und emotionale Konstellationen im Unterricht geben, die eine Lehrerzentrierung sinnvoll machen. Entscheidend ist der Anspruch, der hinter Lehrstoff und Lehrenden steht, damit bei dieser Form des Unterrichts Erfahrungen möglich werden, vor allem auch die des Respektes gegenüber einem (Lern-) Gegenstand. Auch darin besteht eine Form der Orientierung auf den Schüler. - Freilich, die übliche Schülerorientierung kommt dem Konzept des epistemischen Subjekts in natürlicher Weise entgegen.

Die verändernde Aneignung des anderen macht Lernenden und überhaupt uns allen im Alltag zwar immer wieder zu schaffen, aber sie gehört zum Wesen des *entdeckenden*, selbständig aktiven Subjekts. Es ist Teil seiner Autonomie, so wie die Lehrenden die Gesellschaftlichkeit des Wissens als Gegenkraft zu vertreten haben bzw. hätten.

Die Grundannahme zum epistemischen Subjekt lautet[14], daß das Ich eine "innengeleitete Kognitivität und Reflexivität" autonom besitze. Das heißt, daß das Subjekt beim Beggenen mit der Welt durch die Erfahrungen *selbsttätig* sowohl Vorstellungen wie vor- und halbtheoretische Strukturen aufbaut. Das schließt Fehlwege mit ein, die aber aufgrund seiner Selbstreflexivität korrigiert werden können (nicht müssen). Erst allmählich findet eine Auseinandersetzung mit den öffentlichen, konventionellen, eventuell wissenschaftlichen Modellen zur Wirklichkeit statt. "Epistemologisch" heißt hier, das Subjekt verfügt über "intuitive Theorien",wenn man Vorstellungen zu einem Gegenstandsbereich einmal so nennen darf, über die Realität, und es versucht diese anhand von Erfahrungen konkret zu überprüfen".[15] Damit werden "Eigenaktivität und Selbststeuerung" zu "grundlegenden Komponenten aller Lernprozesse. Lernangebote und -hilfen müssen diese aktive Selbststeuerung unterstützen und begleiten [...]" [16]

Folgende didaktische Konsequenzen, sind hier, in Anlehnung an Peter SIEBER (1990a:27f.), der diese Vorstellungen für die Schweizer Sprachdidaktik fruchtbar gemacht hat, zu übernehmen:

---

13 BRÜGELMANN (1986:23f.).
14 Vgl. GROEBEN/SCHEELE (1977).
15 ULICH (2/1982:92).
16 SIEBER (1990a:27).

> "Die Auffassung vom Menschen als einem ziel- und zukunftsorientierten Subjekt, das selbst aktiv handlungsfähig ist, wird die Basis für eine didaktische Perspektive, die [...] schulische Lernprozesse von einer 'Lernerperspektive' her zu begreifen, zu planen und zu gestalten versucht. Der Aufbau von Sprachkompetenz muß gedeutet werden als ein aktiver und kreativer Gestaltungsprozess, indem der Sprachlerner sich selbst [oft unbewusst] Regeln bildet, die er im Gebrauch überprüft, modifiziert und ausweitet. Schulisches Lernen muß diesen Prozeß der Regelbildung unterstützen. Die Hinwendung zum aktiven Verarbeitungsprozess eröffnet neue Sichtweisen auf den Erwerb und die Verwendung der verschiedenen sprachlichen Register [...]"

(vgl. im nächsten Kapitel die Bedeutung, die den Prototypen zugemessen wird). Aus der Sicht der kognitiven Sozialisationsforschung ergeben sich folgende Konsequenzen für die Bestimmung von Lernen: [17]

> "Besonders unter dem Sozialisationsgesichtspunkt ist festzustellen, daß 'Lernen' und 'Handeln' zusammenfallen. Die aktive Auseinandersetzung mit der Umwelt *ist* immer zugleich auch ein Lernprozeß; man weiß künftig um die neugeschaffene Lage und 'berücksichtigt dieses Wissen fürderhin'. Damit wird Lernen verständlich als das 'zunehmende Ausnützen oder Herstellen von Regelhäufigkeiten in unterschiedlich erscheinenden Situationen'."

Vor allem diese Sichtweise erlaubt, den Verarbeitungsprozeß des Lernenden nicht unter unmittelbaren Erfolgsdruck zu stellen; m.a.W. die Auseinandersetzung mit einem sprachlichen Phänomen muß sich auch nicht "sofort" - etwa im Schreibprozeß - niederschlagen. Gerade deshalb bedarf es eines kontinuierlichen Grammatikunterrichts, der seinen Bezug im aktiven Handeln beständig findet. Dies kann auch unmittelbare Auswirkungen auf Auswahl und Präsentation des "Lernstoffs" haben: Es wird zu unterscheiden sein zwischen zu isolierenden Sachbereichen, die einer kognitiven Verarbeitung zugeführt werden sollen, und Sachbereichen, die in komplexen Zusammenhängen stehen, damit sie über eigenaktiven Umgang mehr internalisiert als "gewußt" werden. Denn: nicht über alles können und müssen Schüler Auskunft geben können, was sie schließlich am Ende ihrer Schulzeit sprachlich können sollen bzw. im Erwachsenenalltag routiniert brauchen werden. Und schließlich, das sei nicht übersehen, gibt es ein theoretisches Wissen als Selbstzweck und als kulturelles Datum; "Selbstzweck" im Sinne propädeutischen Lernens und Sichtens von "Welt", "kulturelles Datum" im Sinne des Gesprächs zwischen den Generationen.

Dies alles bedeutet keine Absage an die zentrale Position des Lehrers, der Lehrerin im Deutschunterricht; zu bedenken ist aber ihre Rollenausfüllung. Eine Diskussion um "lehrerzentrierten versus schülerzentrierten Unterricht" wäre deshalb verkürzend und vereinfachend. Denn die Lehrenden verbleiben in diesem Modell in ihrer zentralen Funktion und Verantwortung: als Erwachsene gegenüber Jugendlichen, die ein Anrecht auf die Herausforderungen und Aufgaben der Erwachsenen haben - und sie wohl auch brauchen; als Fachinstanz gerade für das Schwierige, das Systematische, das Wertende und als Fachinstanz für die Inhalte und die methodische Organisation der Inhalte (vgl. auch den nächsten Abschnitt hierzu); als

---

17 ULICH (2/1982:95); Ulich faßt in seinem Beitrag die Forschung von Behaviorismus bis zur kognitiven "Wende" zusammen.

Vermittler zwischen erwachsener Alltagswelt und schulischer "Innenwelt", deren Eigengesetzlichkeit nicht nur nicht versteckt, vermieden, verharmlost werden sollte, sondern die mit ihrem eigenen Anspruch gilt.[18] Schülerzentrierung kann bedeuten, vieles aus der Lebenswelt der Schüler mit dem Unterricht zu verbinden bzw. dort auch aufzuarbeiten (Erzählstrukturen in Filmen; Jugendsprachlichkeit u.v.a.m.). Das kann bedeuten, kindliches und jugendliches Vermögen auf den altersgemäßen Stufen im Sinne der oben formulierten gestuften Wissensdifferenzierung zu fordern bzw. für die eigenaktiven Lernprozesse die geeigneten prototypischen Inhalte und Materialien zu öffnen. Damit wird u.a. deutlich, welche Bedeutung dem Unterrichtsmaterial zukommt. Eine ausgiebige didaktische Diskussion dazu scheint zu fehlen, sieht man einmal von einzelnen Besprechungen von Lehrwerken ab. Als Kristallisationspunkt für diese Diskussion über Beschaffenheit und Form des Unterrichtsmaterials kann die Prototypentheorie dienen.

4.3. Die Prototypentheorie in didaktischer Sicht

Die Binnendifferenzierung des Wissens und die Einbeziehung des epistemischen Subjekts würden für eine Neubegründung der Grammatikdidaktik allein genügen; auch wäre damit die funktionale Verbindung des Grammatikunterricht mit der Schreibdidaktik bereits zu leisten. Als dritte Stütze kann sich die didaktische Perspektive auf die Prototypentheorie erweisen. Dafür lassen sich gewichtige Gründe anführen:
1. Kindliches und jugendliches Denken ist - noch - nicht begrifflich systematisch. Dies kann erst auf der Basis einer Grundkompetenz in Annäherung an das Erwachsenendenken erfolgen. Bezogen auf die Prototypentheorie, genauer auf die Entwicklung von Kategorien, bedeutet dies nach TAYLOR (1989: Kap.13, The Acquisition of Categories 239 f.):

"As far as the present discussion is concerned, this means, above all, inquiring into the development of categories in child language. We need to examine in this connection not only the acquisition of semantic categories symbolized by the meaningful morphemes of a language, but also data pertaining to the development of the formal categories of linguistic structure. Anyone studying the development of language in the young child is hardly likely to be able to find much inspiration in a theoretical model which makes a clean division between syntax and semantics, and between semantic structure and conceptualization. The child's emerging skill in the manipulation of the formal elements of language cannot reasonably be seperated from the increasing range of meanings that he is able to express. By the same token, his growing ability to use language meaningfully cannot be isolated from the development of more general cognitive skills."

---

18 Das gilt besonders für den Deutschunterricht, wo allzu viele Laien glauben, der Fachinstanz hineinreden zu können, "weil man ja Deutsch kann", und wohin allzu viele Inhalte der "Außenwelt" zu beliebig drängen.

2. Schule und gerade auch der Deutschunterricht müssen im Grunde Komplexes vermitteln. Eine atomistische Vorgehensweise kann falsche Akzente mit sich bringen. Dies trifft für die Bereiche Sprachwissen und Textkompetenz besonders zu. Makro- und Mikrostrukturen von Texten sind in ihren Verflechtungen weder linguistisch noch didaktisch ganz erforscht, so daß sich Textkompetenz noch gar nicht restlos systematisch kognitiv aufbauen ließe - wenn dies überhaupt noch methodisch machbar und sinnvoll wäre. Dies ist es aber nicht.
3. Prototypentheorie, wie noch zu erläutern sein wird, verknüpft mehrere Basiskategorien, so daß Komplexes damit erfaßt und dem Lernenden zugänglich gemacht wird.
4. Prototypentheorie ist - recht verstanden - nicht normativ-präskriptiv, gerade weil sie Randphänomene zuläßt; sie kann aber eine Leitfunktion ebenso wie eine Maßstabsfunktion haben. Varianten werden also inkludiert und nicht exkludiert, was wesentlich für den Lernprozeß ist; dies sich immer wieder zu vergegenwärtigen wäre für die Einstellung und das Wissen der Lehrenden wichtig, wenn sie Schülerleistungen zu betrachten und zu beurteilen haben.
5. Mit Hilfe von Prototypen werden Makro- und Mikrostrukturen und deren Verhältnis zueinander lehrbar. Auf einem kognitiven Lehr-/Lernweg wäre der Aufwand erheblich; und dieser Aufwand würde wohl das Lernziel in Frage stellen!

M.a.W. und auf unser Vorhaben bezogen: Funktionalstilistisches kann weniger partikulär in Augenschein genommen werden; seine Strukturen werden über prototypische Texte allmählich und mehr und mehr durchdrungen.

Von der Inhaltsseite, dem Unterrichtsmaterial her argumentierend, ergibt sich immer das Problem der Auswahl. Zu den Grundbedingungen dieser Auswahl gehört, daß die Inhalte mit der Lebenswelt der Kinder und Jugendlichen zu tun haben müssen, daß sie für sie motivierend sein sollen, und natürlich, daß sich daran Wesentliches erfahren und lernen läßt. Daran anknüpfend ergibt sich fast wie von selbst, daß die Inhalte Welterschließung an typischen, an besten Beispielen ermöglichen sollen. Hier genau besteht die Brücke zur Prototypik, die nach Reinhard BLUTNER (1985:104) bedeutend für das Lernen selbst ist:

> "Basiskategorien erweisen sich als die allgemeinsten Kategorien, für die konsistente Motogramme existieren und für die konsistente mentale Bilder erzeugt werden können. Gemessen an der Kategorisierung Erwachsener sind Basiskategorien die ersten stabilen Kategorien, die Kinder beherrschen [Experimente mit Sortieraufgaben u.ä.]. Außerdem erweisen sich Basiskategorien als die ersten Kategorien, für die Namen ausgebildet werden. Wenn in einer Taxonomie Benennungen fehlen, dann sind davon in erster Linie Kategorien ober- und unterhalb der Basisebene betroffen."

Damit sind zentrale Lern- bzw. Erwerbbedingungen angesprochen, wie sie insbesondere für den in jedem Fall *auch* verlaufenden eigenaktiven Lernprozeß bedeutsam sind. Dies trifft in besonders hohem Maße für komplexe Strukturen zu, wie es Sätze, Textsegmente und Texte sind. Freilich wird die

Ebene des Satzes in der kognitiven Diskussion, wie sie in der Schule im allgemeinen abläuft, kaum überschritten[19], aber das Lernen am Beispiel war schon immer Schulpraxis, gerade um Komplexität zu bewältigen. Eine solche Funktion kann "beispielhaft" einfachen, kurzen literarischen Texten zukommen, z.b. wie Kurt FRANZ (1995:55) etwa über die Kalendergeschichten Johann Peter HEBELs berichtet:

> "Die Kalendergeschichten HEBELs sind, ohne daß dafür die Sprache allein ausschlaggebend gewesen wäre, bevorzugte Grundlage für sämtliche Formen des schulischen Erzählens. Der Lehrer soll einfache Geschichten 'vorerzählen', nicht vorlesen, dann von den Schülern ein- bis zweimal frei nacherzählen und anschließend ins unreine bzw. reine niederschreiben lassen."

Gerade dieses kleine, aber wirkmächtige Beispiel zeigt, wie eng Prototypik und Konventionalität zusammenhängen können; eine Feststellung, der Lehrende um der Relativierung eigener Konzepte willen bedürfen. Freilich ist auch wahr, daß das Arbeiten am Beispiel die Gefahr der Erstarrung im Normativen und Präskriptiven in sich trägt. Aber es ist ebenso klar, daß das Beispiel einen Halt für den sich erst noch entwickelnden jungen Menschen bietet, insbesondere wenn man sein eigenaktives, z.T. vorbewußtes Lernen mit in Rechnung stellt. Freilich darf dann nicht irgend ein beliebiges Beispiel vom Lehrer, von der Lehrerin gewählt werden. Prototypen sind "beste Beispiele" von Kategorien.[20] Denn: eine Kategorie konstituiert sich aus einer Gruppe z.T. relativ verschiedener Elemente, die aber alle miteinander bestimmte Gemeinsamkeiten aufweisen. Die Mitglieder dieser Gruppe grenzen sich gegenüber anderen Kategorien und deren Elementen, die eben zu anderen Kategorien gehören bzw. die sich außerhalb der in Frage stehenden Kategorie befinden, durch Eigenschaften ab, die diese Elemente nicht teilen. Deshalb läßt sich zu jeder Kategorie ein Prototyp finden, der die gemeinsamen Eigenschaften aller Kategorienmitglieder abstrahiert und somit die Kategorie am besten von allen Mitgliedern repräsentiert.

Dies trifft aber auch für solche Mitglieder einer Kategorie zu, die als "beste Beispiele" gelten; m.a.W. Prototypen können nicht nur Abstraktionen sein, die aus den Subkategorien der einzelnen Mitglieder gewonnen worden sind, sondern ein konkretes Mitglied kann selbst Prototypenfunktion bekommen (s.u. das "Vogel-Beispiel" nach E. ROSCH[21]). Mit BLUTNER (1985:90f.) kann unterschieden werden:

> "TOKEN-Konzepte und TYPE-Konzepte. Ein TOKEN-Konzept beinhaltet die Repräsentation eines konkreten Objektes [Ereignisses, Zustands u.ä.], das auf verschiedene Weise kategorisiert werden kann. Ein TYPE-Konzept repräsentiert eine Kategorie und steht im unmittelbaren Zusammenhang mit den Kenntnissen, die ein Organismus erzeugt und speichert, wenn er die Kategorie lernt."

---

19 So z.B. nicht in TAYLOR (1989), wohl aber bei GIORA/SHEN, vgl. die Kap.4.2 und 4.3.
20 In Anlehnung an LAKOFF (1987:40 ff.); wo die Untersuchungen von ROSCH (1973:328-350) referiert werden.
21 ROSCH hatte sich zunächst mit den Farbexperimenten von Berlin und Kay (LAKOFF 1987:26ff.) auseinandergesetzt und ging dann auf "physical objects" (1973:41) über.

Angesichts der Komplexität von Texten und ihrer vielen mikrostrukturellen Elemente ergibt sich für die Erfassung von Textualität eine größere Nähe zum TYPE-Konzept, während die Inhaltsseite der Textproduktion, insbesondere in der Schule, beim TOKEN-Konzept zu liegen scheint. M.a.W., die Lehrenden tendieren stärker zum Lehren über das TOKEN-Konzept, das bis hin zum literarischen Text bewußt gemacht wird; das TYPE-Konzept berührt eher die funktional-stilistische Seite der Textualität, welche wohl insgesamt, vor allem wenn es konkret grammatisch wird, weniger Thematisierung erfährt. Sprachlich und aufgrund seines Verallgemeinerungscharakters besitzt der Prototyp einer Kategorie den geringsten individuellen Aussagewert bzw. den allgemeinsten, eben nicht spezifischsten Informationsgehalt; er weist aber diejenigen Elemente der Gruppe auf, die es ermöglichen, auch andere Mitglieder der Gruppe zu identifizieren, freilich meist (s.o.) unter Verzicht auf die individuelle Gestalt der Elemente des jeweils zu identifizierenden Gruppenmitglieds einer Kategorie.

Die Mitglieder einer Gruppe lassen sich am besten dem Prototyp zuordnen, da sie im Prototyp die meisten Gemeinsamkeiten verbinden. Somit bildet der Prototyp innerhalb einer Kategorie den zentralen Referenzpunkt für die weniger repräsentativen Gruppenmitglieder und dient als Referenz, nach dem sich die weniger repräsentativen Elemente klassifizieren lassen.

Anschaulich hierfür ist immer noch der Test von S.K. REED (1972), der ähnlich von BLUTNER (1985:98f), aber weniger abstrakt genutzt wird:

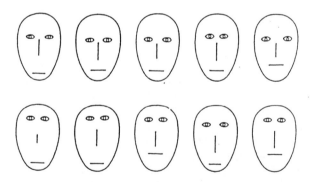

Figure 1. The faces in the two artificial categories in Reed's experiment (1970) studying schema abstraction with respects to faces. The faces in the top row are from category 1, and the faces in the bottom row are from category 2 (REED 1972:382-407).

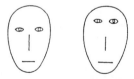

Figure 2. The prototypes for category 1 and category 2 in Figure 1.
Abb. 1

Anschaulich ist auch das in der Literatur herangezogene Beispiel *Vogel*.[22] Übertragen auf unsere Breiten könnte z.b. eine "Amsel" als das "beste Beispiel" für "Vogel" gelten, wobei "Amsel" als Prototyp eben nicht nur Spatz und Adler, sondern auch Huhn, Strauß und Pinguin letztlich mit zu repräsentieren hat.

Was leistet nun der Prototyp für den lernenden Schüler, zunächst bezogen auf das Beispiel "Vogel"? Der Vorteil, bei "Vogel" an "Amsel" zu denken, liegt einfach und vordergründig darin, daß nicht eine "gelernte Liste" - eine check-list - von Elementen geradezu zwangsweise gewußt werden muß, die die Kategorie *Vogel* bestimmen, sondern daß jederzeit vom prototypischen Beispiel her diese Elemente zum größten Teil selbsttätig, also ganz entsprechend den Vorstellungen von dem epistemischen Subjektmodell, entwickelt werden können. Die Schüler wissen oder spüren wenigstens, daß sie nicht über alle Elemente auf einmal kognitiv verfügen können, die *Vogel* ausmachen, wohl aber ahnen sie, daß sie einiges mehr über Vogel "wissen", als sie darüber sogleich aussagen können - im Sinne der Wissensstufen entsprechend obiger Unterscheidung nach LEIBNIZ. Denn BLUTNER (1985:101): "Beim Erwerb einer Taxonomie sollten die Basiskategorien zuerst gelernt werden." Begriffshierarchisches Lernen - hier also Lebewesen: Tiere: Vögel: Adler, Spatz, Pinguin [...] - entspricht eher dem Erwachsenendenken, an das erst herangeführt werden bzw. das sich selbst entwickeln können muß.

Wo und wie weit greifen nun Prototypen im Deutschunterricht, im Sprachunterricht? Vielleicht hat es ja die Literaturdidaktik besser, wenn es um Texte, um Textsorten geht. Trotz aller Diskussion existieren Vorstellungen von Dramenformen, von *der* Novelle, *dem* - z.B. barocken - Sonett etc., und es gibt im Sinne einer Kultur- und Bildungstradition - wie immer man dann auch Kanonfragen beantwortet - "beste Beispiele" für diese Formen, mit deren Hilfe auch Kontraste und Entwicklungen herausgearbeitet werden können. Daß hiermit auch viele Probleme entstehen, sei nicht verkannt.

Die Sprachdidaktik, genauer die Schreibdidaktik hat sich mit einem doppelten Textsortenproblem und demzufolge auch mit doppelten Prototypen - wahrscheinlich öfter divergierend als es Schule und Gesellschaft recht sein kann - auseinanderzusetzen: Es existieren im Alltag konventionalisierte Textsorten, und die Schule tradiert z.T. daneben noch immer ihre schulischen Textsorten, auch wenn in verschiedenen Lehrplänen (z.B. 1992 in Bayern, 1993 in NRW) die Prozessualität des Schreibens betont wird und es schon längere Zeit üblich geworden ist, nicht mehr von *dem Bericht*, sondern von *Berichten* zu sprechen. So wohltuend diese Öffnung für die Lehrenden wie für die didaktische Diskussion war, darf man sich doch nicht darüber hinwegtäuschen, daß eben dennoch viel Kanonisches an den schulischen Textsorten haften bleibt - vielleicht mit gutem Grund. Selbst wenn es gelänge, Verkrustungen und Erstarrungen zu vermeiden, dann wären schulische Textsorten noch immer nicht "beste Beispiele", Prototypen

---

22 LAKOFF (1987) zitiert z.B. ausführlich dieses Beispiel nach ROSCH.

für das alltägliche Leben draußen. Teile dieses Lernprozesses kann Schule den Heranwachsenden im Alltag wohl gar nicht ersparen.

Wie zutreffend diese Annahme eines "doppelten Textsortenproblems" ist, ergibt sich zum Beispiel aus der Beobachtung, daß Kalendergeschichten wie die von HEBEL in der Schultradition schon lange "beste Beispiele", Vorbilder sind bzw. gewesen sind[23], und es kann mit gutem Grund angenommen werden, daß heutige Lehrer in ihrer Kindheit als Schüler auf diese Vorbilder - wenn auch in einer abgeschwächten Form - hin in ihrem Erzählverständnis geprägt oder zumindest beeinflußt worden sind. Was im Zusammenhang mit Kalendergeschichten und einer modernen, z.T. kognitivistisch ausgerichteten Schreibdidaktik zunächst verstaubt aussehen mag, bedarf aber doch eines genaueren, positiven Hinsehens. Da Kinder die einzelnen Merkmale einer Textsorte in keinem Fall partikularistisch-additiv lernen können, und da hierzu vor allem keine komplexe Theorie zur Verfügung steht[24], ist ihr Lernweg in hohem Maße imitativ. D.h. ihre Wahrnehmung kann sich durchaus an so komplexen Entitäten, wie es "exemplarische Texte" sind, orientieren, und Schritt für Schritt lassen sich Merkmale der Kognition zugänglich machen, so daß dann über sie allmählich in freierer Weise, als dies bei der Imitation möglich ist, verfügt werden kann.

Schulpraxis konnte noch nie abwarten, bis alle Einzelmerkmale eines Phänomens wissenschaftlich geklärt sind, sondern sie mußte immer die Ontogenese in plausibler Weise fördernd begleiten. So ist es verständlich, daß zu exemplarischen Texten gegriffen wurde, daß z.B. das Erzählen über das *Nach*erzählen begonnen wurde. Die Schüler stattdessen schon früh in den Freiraum schreiberischer Möglichkeiten zu entlassen, kann deshalb schon keine Lösung sein, weil ja damit keineswegs sicher ist, daß sie wirklich "kreativ" neue, für sie besonders passende Lösungen für ihr Schreibvorhaben finden, sondern es bleibt z.T. nur unklar, an welche Muster sie sich dann anlehnen. Denkt man diese "Gefahr" zu Ende, so wird bei solchem Vorgehen die Wahl eines Musters wieder schicht- und bildungsabhängig, während Schule doch vor allem eine Chancengleichheit herstellende Funktion hat. Dies gilt insbesondere für alle Textsorten, die in- und außerhalb der Schule kommunikativ konventionell sind. Daß daneben kreative Freiräume zu schaffen und zu füllen sind, bleibt außer Frage.

Selbst auf das Bedenken hin, daß prototypische Vorgaben den Erwerb von Textkompetenz in die Nähe von präskriptivem Unterricht rücken können, ist die Möglichkeit eigenaktiven Lernens für Schüler immer noch so groß, daß sie auf diese Weise eine komplexe Kompetenz erwerben können. Textkompetenz meint ja nicht nur Sachangemessenheit, Verfügen über Wortschatz und Satzbaufähigkeiten. Eine in der Welt komplexe und immer auch hierarchische Sachstruktur muß in die Linearität eines Textes so übertragen werden, daß - quasi trotz der Linearität - die hierarchische Struktur im Text wieder mit repräsentiert wird. Dies trifft für narrative, informative,

---

23 FRANZ (1995:21ff.).
24 Betrachtet man neben anderen z.B. einen Reader wie SCHWARZ (1992); so fällt auf, daß die Forschungen nicht oder kaum über die Satzgrenze hinausgehen. Vgl. z.B. dort das Kapitel "6. Sprachproduktion", 166-193.

appellative und argumentative Vertextung zu. Es ergibt sich also die Notwendigkeit, eine stilistische und strukturelle Durchdringung der schulischen Textsorten in bezug auf ihren Gehalt an Prototypik für den Alltag zu leisten; damit ist gemeint, daß die sprachlichen und inhaltsorganisierenden Strukturen dieser *heimlichen Vorbilder* deutlicher einsehbar werden müssen.

Damit ist die sich wechselseitig bedingende Kompliziertheit der Entwicklung von schriftsprachlicher und grammatischer Kompetenz zunächst hinreichend skizziert. Das *Ziel* deutschdidaktischer und -methodischer Bemühung wird aber bereits auf dieser Grundlage formulierbar: Schule muß dem lernenden, dem epistemischen, eigenaktiven Subjekt durch das Lehrmaterial Prototypen anbieten, um

1. solche "beste Beispiele" auf der halbbewußten Wissens- und Könnensebene zu etablieren und um
2. eine bewußte, eine kognitive Durchdringung dieser Beispiele zu ermöglichen, damit eben dieses Subjekt, der Schüler, die Schülerin, schließlich autonom und mündig werden kann. Denn
3. muß das anzustrebende Ziel lauten, daß die Schule, der Unterricht die Aufgabe haben, die Schüler schließlich aus der zu engen Verhaftung mit Prototypen zu befreien, damit ein eigenständiger (modischer: ein kreativer) Umgang mit Sprache und Textsorten auch möglich wird.

An dieser Stelle der theoretischen Überlegungen müssen die Lehrenden selbst mit einbezogen werden: für sie muß klar und immer wieder erfahrbar sein, daß sie selbst hochgradig konventionell geprägt sind, daß es für sie und ihre geistige Verarbeitung genauso Prototypen gibt - die freilich in Distanz zu denen der Jugendlichen stehen können, schon aus Erfahrungs- und Altersgründen. Während die Lehrenden also möglichst viel von den tiefer liegenden Strukturen wissen sollten, um unterrichtend frei und souverän mit dem Lehrmaterial und den Lernzielen umgehen zu können, müssen ihre Schüler hingegen - idealiter - nur einige markante Merkmale kognitiv "wissen", den Gesamtbereich dagegen, also z.B. eine Textsorte nur vorbewußt "kennen", nur damit sprachpraktisch umgehen können.

Prototypentheorie, die *Theorie vom epistemischen Subjekt* und das *Modell von Kognitionsstufen* verbinden sich also besonders günstig, da sie zusammen eine theoretische Fundierung didaktischer Lehre, didaktischer und z.T. methodischer Entscheidungen erlauben und unmittelbar die Komposition des Lehrmaterials beeinflussen können. - Der Komposition des *Lehrmaterials* einen hohen Stellenwert einzuräumen, soll sich im folgenden als vierte Stütze des didaktischen Gebäudes erweisen (s.u.).

Das Lehrmaterial nämlich stellt sozusagen den Inhalt für die jeweiligen Prototypen, an denen das epistemische Subjekt eigenaktiv lernt und durch das dieses Subjekt gleichzeitig verschiedene Kognitionsstufen erwirbt: die jeweils vom Lehrer thematisierten Inhalte sind z.T. kognitiv zu verarbeiten. Da diese Inhalte nicht losgelöst von anderen Zusammenhängen gemäß der Handlungsmaxime, wie sie von der kognitiven Sozialisationsforschung[25] erhoben wird, im Unterricht erarbeitet werden, entsteht anhand gerade prototypischen Materials auch halbbewußtes Wissen und Können, das bei Wiederholung die kognitive Ebene erreichen kann, wenn man nur der eigenaktiven Aneignung des epistemischen Subjekts dies zutraut.[26] Die Thematisierung von Tempora beim Erzählen z.B. schließt andere Makro- und Mikrostrukturen vor- oder halbbewußt mit ein, also etwa eine erzählerische Dreierfigur oder den Einsatz von Temporal- und Lokaladverbien.

Diese Überlegungen haben aber schließlich nur Sinn, wenn zweierlei gelingt: es müssen einerseits Bereiche absteckbar werden, in/an denen die Prototypentheorie greift, und zum anderen müssen diese Prototypen selbst gefunden werden. Konkret gefragt: Kann es *die* prototypische Erzählung, *den* prototypischen Bericht usf. überhaupt geben? Diese Frage berührt das Lernen unmittelbar, aber auch die Vorstellungen sprachlicher Individualität. Denn: Ist man bereit, zunächst auf einen Originalitätsanspruch auf den verschiedenen sprachlichen Ebenen zu verzichten, so kann man sich der Frage stellen, welche konventionellen Muster die eigene Sprachlichkeit geprägt haben. Es wird nicht nur vorstellbar, daß das eigene Erzählen von den gehörten Märchen beeinflußt wurde, daß sich eine rechtliche Diskussion an die Muster der Gesetzes- und Verordnungssprache anlehnt usf. Auch auf den weniger komplexen Ebenen Textsegment, Satz, Satzglied, Wortwahl sind solche Anpassungen im Rahmen von halbbewußten Textsortenvorstellungen denkbar. Deshalb der Blick auf die Kleinstrukturen, auf einzelne sprachliche Elemente, die im Sinne einer stilistischen These konstitutiv für ihre jeweilige Textsorte sind, soweit sich das einerseits kognitiv und andererseits über den Prototyp erfassen läßt.

Ein Exkurs kann die Zusammenhänge verdeutlichen: Auf der Ebene des Textsegments nimmt Rachel GIORA (1983, 1985, 1988)[27] eine Analogie von Kategoriebegriff und dem Thema eines Textabschnitts an: für argumentative Texte gelten deren Themen (*topics*) als Kategorien, die in idealtypischer Weise organisiert sind. Für ein Textsegment gilt, was für eine Kategorie gilt: Jedem Segment läßt sich eine prototypische Aussage zuordnen, welche als Referenzpunkt für alle weiteren Aussagen/Propositionen des Segments dient. Stellt man sich nun eine aufsteigende Verdichtung der Informationsspezifik innerhalb eines Segments idealerweise vor, so ist die letzte Aussage eines Segments seine spezifischste, die erste Aussage hingegen seine allgemeinste, wobei in schrittweiser Spezifizierung der Propositionen der Zusammenhang - die Kohärenz für den Rezipienten - zwischen dem **D**iskursthema [= **d**iscourse **t**opic] und der letzten Proposition gewahrt bleibt und für den Rezipienten leistbar ist. Eine eigene Untersuchung an 20 Leitartikeln der Süddeutschen Zeitung hat diesen prototypentheoretischen Ansatz bestätigt; Abweichungen vom prognostizierten Typus waren so gut wie immer pragmatisch erklärbar bzw. interpretierbar.[28] Das heißt in

---

25 Vgl.o., z.B. ULICH (1977).
26 Und so wird auch verständlich, warum ein früherer Grammatikunterricht an Einzelsätzen als Pauken empfunden wurde und wenig bewirkt hat.
27 Und GIORA/SHEN (1994:447-458).
28 Vgl. KLOTZ (1991b:42-47).

der ersten Konsequenz, daß prototypische Aussagen als allgemeine Referenzpunkte in Textsegmenten von Rezipienten erwartet werden; dies begründet sich sicherlich mit dem Kurzzeitgedächtnis, das sich hier eine Textkonvention geschaffen hat.

Weiterhin hat die Untersuchung in voller Übereinstimmung mit GIORAs andersgelagertem Untersuchungsdesign ergeben, daß idealer-/prototypischerweise dieser Referenzpunkt am Anfang des Textsegments steht; Abweichungen sind wiederum gut erklärbar. Auch hierin sehe ich eine Konventionalisierung, die im übrigen durch weitere Konventionalisierungen gestützt wird: Einleitungssegmente z.B. haben den Referenzpunkt an ihrem Ende, konventionellerweise wird mit etwas Speziellem begonnen, um das Interesse zu wecken.

Schließlich ermittelte meine Untersuchung die durchschnittliche Spezifikationstiefe durch Propositionen: Dem Referenzpunkt, dem *discourse topic* folgen zumeist vier Propositionen (77 %). Der unmittelbare Vergleich mit einem Schüleraufsatz aus einer 11. Klasse ergab hingegen ein deutliches Schwanken in der Propositionentiefe, worauf der Lehrer entsprechend reagierte: bei weniger Propositionen forderte er in der Korrektur mehr, bei mehr Propositionen schien ihm der Bezug verloren zu gehen, und er forderte die Wiedererwähnung der Subthematisierung, also des *discourse topic* des Textsegments.

Somit wird die zweite Folgerung aus dieser kleinen Untersuchung für den Zusammenhang hier möglich: es kann immerhin darauf geschlossen werden, daß die Rezeption von weitverbreiteten Texten unser aller Texterwartungen prägt, daß also auch die Leitartikel der SZ zusammen mit anderen ähnlich rezipierten Texten der argumentativen Textsorte eine konventionalisierende Prägung mit bewirken. Hinter diesem Schluß steht die Annahme, die Erwartung, daß Lehrende u.a. auf diese Weise zu prototypischen, sicherlich oft nur halbbewußten Vorstellungen von Textsegmenten kommen, und zwar hier ganz konkret zu einer argumentativen Aussage etwa vier Propositionen erwarten, wenn sie ihre Schüleraufsätze korrigieren. Aufgrund der geringen Datenbasis kann dies hier nicht weiter validiert werden. Wesentlich ist mir aber der Überlegungsgang, daß als typisch empfundene oder geltende Beispiele in der Art von Prototypen Lehrervorstellungen und -erwartungen bilden bzw. besetzen. Zurückverwiesen sei etwa noch einmal auf die Bedeutung von Kalendergeschichten für das Erzählen.

Dies aufzudecken halte ich für eine didaktische und textlinguistische Aufgabe, zu der Anfänge gemacht werden müssen. Oder als These formuliert: Prototypen sind auf den verschiedenen sprachlichen Ebenen auffindbar. Denn wenn sie als solche erkannt und akzeptiert werden, können sie auch in ihren Strukturen untersucht und gemacht werden somit der Kognition zugänglich. Einer solchen kognitiven Bewußtheit bedarf der Lehrer, um so sein Lehrmaterial qualitativ gestalten zu können.

Damit ist die anfangs gestellte Frage wieder erreicht: Bereiche auf allen sprachlichen Ebenen zu suchen, wo die Prototypentheorie greift bzw. greifen kann. Die These[29] lautet, daß ein Zusammenhang zwischen Makro- und

Mikrostrukturen besteht. Da Texte nur als Textsorten vorkommen können, sind Prototypen für die "klassischen" Textsorten und ihre Textsegmente zu suchen. Deshalb muß als Möglichkeit angenommen werden, daß die Textsorten sogar die Ebenen des Satzes und der Satzglieder beeinflussen, man denke etwa an Satztypen, an Adverbialien, an Thema und Rhema o.ä., und sogar an die Wortarten. Das Gebiet ist also weit, und es kann hier nur darum gehen, aufgrund einiger linguistischer Einsichten und didaktisch-praktischer Erfahrungen erste Schritte zu tun.

Gleichzeitig sei einmal mehr betont, daß es hier *nicht* um die Aufrichtung einer normativen Präskription geht, sondern um sinnvoll lehrbare Größen, die als gute Beispiele erst eine bewußte und kompetente Befreiung aus der Konvention oder eine bewußte Einpassung in die Konvention ermöglichen.

4.4. Perspektiven der Lehrmaterialgestaltung oder: Die Bedeutung des Lehrmaterials

Lehrmaterial hängt in hohem Maße von den erlassenen Lehrplänen ab. Lehrmaterial ist natürlich alles, was der Lehrer sagt, was er an die Tafel schreibt, was von ihm an Texten und Arbeitsblättern verteilt wird; Lehrmaterial sind vor allem aber auch Sprach- und Lesebücher, Sachtexte und literarische Ganzschriften. Lehrmaterial sind heute auch interaktive Prozesse beim Umgang mit elektronischen Medien, die ihrerseits Lernprozesse im Alltag der Heranwachsenden zunehmend auslösen, was aber wie schon immer für alle außerschulischen Miterzieher in einem gewissen Umfang gilt.

Thematisiert werden soll hier nur das Sprachbuch, da es zumindest offiziell neben dem Lesebuch das Zentrum des fachlichen Lehrmaterials darstellt und vor allem da es in günstigen Fällen im Zusammenhang mit konkreten didaktisch-methodischen Konzeptionen entsteht; im negativen Fall folgt es uneigenständig dem Lehrplan.

Wie entsteht Lehrmaterial, wie eine Sprachbuch-Unterrichtseinheit, wie kann sie entstehen? Zunächst und in naivem Verständnis wird man erwarten, daß die zu lehrenden "Gegenstände" des Deutschunterrichts einigermaßen klar sind und natürlich auch vom Lehrplan aufgeführt werden. Folglich wird man gemäß solcher Erwartung dann einen "Inhalt" zu suchen haben, der in motivierender und funktionaler Weise diese "Gegenstände" transportiert. Der Unterrichtsgegenstand wäre demnach nur noch in Lernschritte zu unterteilen und dem Inhalt aufzusatteln. Anschließende Übungsmöglichkeiten könnten dann das Gelernte sichern. - Daß vielfach so gearbeitet wird, läßt sich unschwer an vielen Sprachbuchlektionen ablesen - und so kann es z.B. passieren, daß an einem Thomas MANN-Text die Modi hin- und herprobiert werden[30], gerade so, als handle es sich bei solchen lite-

---

29 z.B. GARCIA-BERRIO/MAYORDOMO (1987).
30 Vgl. z.B. SCHOEBE (1980:143ff.).

rarischen Texten um einen Steinbruch. Daß aber erst bei einem differenzierten Wissen zu den Modi die Qualitäten eines literarischen Textes erkannt und gewürdigt werden können, wird bei solchem Vorgehen für den Schüler nicht wirklich spürbar. Schlimmer noch, in fachlicher, auch linguistischer Sicht ist in solchen Fällen die zu starke Verkürzung der sprachlich grammatischen Phänomene. Die Reduktion auf die Verbmodi im Beispiel, das selbst wiederum auf die Konjunktive reduziert ist, soll hier den Blick auf die Sprache Thomas MANNs lenken, wo doch das Modifizieren bis hinein in die Satzstrukturen und in die Lexik zu verfolgen wäre.[31] Schülernähe und echte Übungsmöglichkeiten kommen zu kurz. - Unterrichtsgegenstand und "Inhalt" sollten wohl nicht in so beliebiger, vordergründig funktionaler Weise zueinander stehen.

Nimmt man die bisher erörterte lerntheoretische Basis ernst, so muß das auch Konsequenzen für die Konzeptionierung von Lehrmaterial haben. Dem Lehrmaterial kommt neben der Lehrerpersönlichkeit deshalb eine so große Bedeutung zu, weil es das einzige Steuerinstrument in den Unterricht hinein ist, das *auch* durch sich selbst wirken kann. Die sehr verschiedenartigen Kompetenzen der Lehrenden, ihre sehr verschiedenen pädagogischen Wege und ihre unterschiedlichen Arbeitsmöglichkeiten, ihr unterschiedliches Engagement und ihr unterschiedlicher Fleiß lassen den oben als beliebig bezeichneten Weg zum Lehrmaterial bedenklich erscheinen, vor allem wenn man sich die vielfältigen Negativurteile zum Sprachunterricht überhaupt, zum "Grammatikunterricht" speziell und zur Aufsatzbenotung ansieht; die Liste ist allzu gut fortsetzbar.

Lehrmaterial muß einigen allgemeinen *Anforderungen* genügen:
1. Lehrmaterial muß *funktional* in doppeltem Sinne sein: Innersprachlich sollten isoliert zu thematisierende Bereiche mit anderen Bereichen in funktionalem Zusammenhang stehen, also z.B. das Thema "Inhaltsangabe" im Zusammenhang mit einem Theaterbesuch, das Thema "indirekte Rede" im Zusammenhang mit Inhaltsangabe oder Protokoll o.ä.; alltagsweltliche Funktionen sollten dem Schüler bei jedem Thema ebenfalls deutlich werden können (wie in den obigen Beispielen augenscheinlich), oder aber die innerschulische Funktion sollte deutlich funktional ausgewiesen werden, also z.B. ein naturwissenschaftliches Experiment beschreiben oder Übersetzungsvarianten diskutieren können. Freilich, solche Funktionalität ist nicht immer eindeutig gegeben bzw. zuzuordnen. Aber, um im Bereich Aufsatz und Grammatik zu bleiben,[32]

"es gibt, was in der Stilistik von jeher so gesehen wurde, *Affinitäten* zwischen Textsorten und sprachlichen Regularitäten. Sie - z.B. - für den Aufsatzunterricht explizit herauszugreifen, ihre Funktionalität zusammen mit ihrem Anteil an der Sprachsystematik vorzustellen, zu üben und anwenden zu lassen, würde diese Affinitäten beim Schüler internalisieren. Einem alten pädagogischen Prinzip gemäß kann man in einem Lernprozeß immer nur ein bis zwei Korrekturen beim Lernenden anbringen. - Vertraut man gleichzeitig - wie ja sonst im Deutschunterricht auch üblich -, darauf, daß der Schüler seine Muttersprache ja eigentlich 'kann', dann lassen sich diese textsorten-

---

31 Vgl. hierzu auch die Aufsätze von KÖLLER, STRECKER und KLOTZ in DU 4/95.
32 Vgl. dazu ausführlicher KLOTZ (1979:5ff.).

spezifischen Schwerpunkte - oben Affinitäten genannt - mit Recht, d.h. auch 'mit Mut zur Lücke' unterrichten und überprüfen. [...] Konzeptionell müßte man an 'eine Art grammatischer Baukasten' denken, bei dem einige [Versatz]- Stücke schwerpunktmäßig Aufsatzarten beigegeben werden, eben weil zwischen Textsorte und herausgreifbaren sprachlichen Phänomenen Affinitäten bestehen; von der Seite der Textrezeption werden diese Zusammenhänge schon lange gesehen und genutzt."

Solche Affinitäten sind zwar stilistisch immer wieder diskutiert worden, haben zu Bezeichnungen wie "Verbal-, Nominalstil, hypotaktischer Stil" u.ä. geführt, aber sie sind in der Didaktik nicht ernsthaft bearbeitet worden. Das mag an der Scheu gelegen haben, Grammatikunterricht auf diese - funktionale - Weise ernstzunehmen. Im Rahmen der Schreibdidaktik mag es daran gelegen haben, so deutliche, fast ans Präskriptive heranreichende Empfehlungen auszusprechen. Die Fiktion von der fast unbegrenzten sprachlichen Vielfalt bei der Vertextung mag also lange eine Offenheit für solche Affinitäten ebenso behindert haben, wie das die Fiktion von der Originalität und Kreativität beim Schreibprozeß heute zu tun droht. Akzeptiert man aber auch in diesem Zusammenhang mehr eine konventionelle Prägung als eine - vermeintliche - gestalterische Freiheit, dann wird das Aufgreifen solcher Affinitäten wohl eher durch solide Werkstattsarbeit schließlich Chancen für eine Gestaltungskompetenz eröffnen. Die Diskussion solcher Affinitäten steht mit im Zentrum dieser Studie, und es geht zunächst ums Sammeln, auf welchen sprachlichen und textuellen Ebenen solche Affinitäten bestehen (könnten), also eben nicht nur zwischen indirekter Rede und Protokoll, Kenntnis der Sprechakte und Protokoll, sondern z.B. auch zwischen Art und Intensität von Attribuierung und Textsorte oder zwischen Kohäsionsmitteln und Textsorte. Eine solche Liste kann hier nur eröffnet werden. Aber Lehrmaterial muß nicht nur funktionale Affinitäten haben.

2. Fast trivial, aber eben doch wichtig ist der Hinweis, daß Lehrmaterial vernünftig *portioniert* sein muß. Zum einen muß die Teil-Ganzes-Relation gewahrt bleiben - die indirekte Rede z.B. gehört zum Modalitätskomplex, zum kommunikativen Grundwissen und funktional zu bestimmten Textsorten. Zum anderen muß die Menge des Neuen zu bewältigen sein. Jeder Sportler weiß, daß pro Übung nur ein, zwei Korrekturen bzw. Thematisierungen möglich sind, im Sprachunterricht aber ist der Lehrer immer wieder verführt, von einem Gesamt der sprachlichen Korrektheit und inhaltlich Stimmigkeit mit einigen wenigen Zugeständnissen ans Alter auszugehen.[33]

3. Portionieren heißt Auswählen, und das Ausgewählte muß eben nicht nur funktional, sondern auch noch *markant* und *typisch* sein. Während "typisch" letztlich auf Prototypik verweist, meint "markant" konturiert genug, damit es für den Jugendlichen genügend wahrnehmbar wird. - Es ist durchaus schwierig, z.B. Textsorten, Satzglieder oder Attribuierungen markant darzustellen. Man muß solche Strukturen bzw. ihre Elemente

---

33 Erinnert sei hier wiederum an den einleitenden schwachen Kinderaufsatz: Bei positiver Registrierung konnte bereits viel Geleistetes festgestellt werden; ein, zwei Korrekturen würden den Text erheblich verbessern; und das wäre auch für einen Lernschritt genug.

erfassen können, um ihre Eigenart gegenüber anderen Elementen zu erkennen. Und selbst die typische, funktionale Verwendung muß nicht unbedingt in sich markant sein. Der hier vorgeschlagene Weg führt über einen affinen Sachverhalt, mit der der grammatische und/oder sprachliche "Stoff" präsentiert wird: die markante Inhaltlichkeit des Sachverhalts wird nicht nur als Brücke zum eigentlichen sprachlichen Thema ernstgenommen, sondern er führt in bestimmtem Umfang sein Eigenleben. Dahinter steht die pädagogisch-methodische These, daß zu sprachlichen Phänomenen immer wieder Inhalte bzw. Sachverhalte gefunden werden können, die die thematisierte Sprachlichkeit fast prototypisch, jedenfalls aber typisch an sich ziehen. - Eine solche Organisation, ein solches Konzept stellt eine Umkehrung des "situativen Grammatikunterrichts" [34] zwar dar, ist aber gleichzeitig seine situativ-motivationale Nutzung. M.a.W., die Lehrenden verfügen als Gestalter von Lehrmaterial über ein verdecktes systematisches Konzept, das sie über das Herbeiführen affiner Sprachsituationen verwirklichen. Wenn also z.B. Satzglieder mit einer inhaltlichen Verrätselung verknüpft werden, dann ergeben sich eben nicht nur die Fragen "wer wem was" usf. ganz natürlich, sondern diese markante Verrätselung, z.B. die Lösung eines Kriminalfalls o.ä., verweist auf das grammatische Thema zurück.[35] Im übrigen läßt sich Markanz gerade durch die anfänglich unter 2. thematisierten funktionalen Affinitäten erreichen.
4. Verknüpfendes Band dieser drei Grundanforderungen an Lehrmaterial ist die selbstverständliche pädagogische Forderung der *Altersgemäßheit*. Als Erwachsene haben wir mit ihr insofern Schwierigkeiten, als wir eben doch immer wieder die Einsicht in jugendliche Lebenswelten verlieren. Vor allem ist das aus Erwachsenensicht Einfache für Jugendliche nicht einfach. Vielmehr sind es die in mittlerer Weise komplexen Gegenstände, die für Jugendliche gut faßbar sind, gerade weil diese Gegenstände eher in sich abgeschlossene Größen bilden. So ist das Phänomen "Wortarten" dann für Kinder schwieriger, wenn Wortart für Wortart durchgenommen wird, während sich dieses Problem der Hauptfunktionen und Unterscheidungskriterien von Wortarten recht gut aus dem Satzzusammenhang bzw. aus einem kleinen Textzusammenhang entwickeln lassen.[36]
5. Gelegentlich schwierig, doch unabdingbar ist die Grundanforderung fachgermanistischer *Stimmigkeit* an Lehrmaterial; sie ist keineswegs immer gegeben, manchmal nicht einmal in Lehrplänen.[37] Die Schwierigkeit beruht in der Notwendigkeit, für die Schule Zusammenhänge verkürzen zu müssen. Noch mehr Schwierigkeit bereitet aber, daß das Formale für

---

34 Mit besonderem Bezug auf BOETTCHER/SITTA (1978).
35 Ein solches Konzept wird in Kap.4.5. ausführlich dargestellt.
36 z.B. BENDEL-KLOSTERMANN (1987a:23), wo der Einstieg zu diesem Thema mit bald folgender Systematik über ein Morgenstern-Gedicht erfolgt: "Gruselett: Der Flügelflagel gaustert / durchs Wiruwaruwolz / die rote Fingur plaustert / und grausig gutzt der Goltz."
37 So z.B. heißt es im Gymnasiallehrplan 1993 für NRW "Partizipialsatz" und "Infinitivsatz", wo es heißen müßte "satzwertige Partizipialkonstruktion bzw. -Infinitiv".

Jugendliche und Kinder nicht nur weniger interessant, sondern einfach auch weniger Thema ist als das Funktionale. Das wird etwa anschaulich, wenn man sich die Schwierigkeiten vergegenwärtigt, die Kategorie "Attribut" mit ihren Subkategorien und differenten Funktionen linguistisch zu beschreiben. Eine semantisch-pragmatische Funktionsbeschreibung des Attributs im Sinne von "sprachlicher Ausstattung" - z.B. "restriktiv-appositiv" [38] - erreicht Jugendliche und Kinder weitaus besser und vermag sie in begrenztem Umfang für Formales zu interessieren.[39] Selbst in vereinfachter Form muß Lehrmaterial jedoch linguistisch stimmig und nach Möglichkeit - nur für den Lehrer wahrnehmbar - einem Modell verpflichtet sein.[40]

6. Diese Grundanforderungen an Lehrmaterial genügen noch nicht ganz. Dies hat die Diskussion in den vorigen Kapiteln schon gezeigt. Mit der Bedeutung der Inhaltlichkeit für die eigentlich sprachlichen Themen rückt die Rolle der *Sachkompetenz* ins Blickfeld. Man kann hier einfach an der Alltagsbeobachtung anschließen, daß wir immer dann weniger sprachliche Schwierigkeiten haben, wenn wir uns einer Sache sehr sicher sind, wenn wir sachkompetent sind.

Aus diesen sechs Kriterien läßt sich für die Gestaltung von Lehrmaterial folgendes Vorgehen als möglich und sinnvoll ableiten: In Anbetracht der sprachlichen Lernziele sollen die Sache, der Sachverhalt selbst ernst genommen werden und eben nicht nur als Vehikel für die Lernziele dienen. Wenn die *Sache* unter den Gesichtspunkten genügender Attraktivität und Komplexität in einem ersten Schritt gefunden ist, kann in einem zweiten Schritt nach *affinen* Textsorten und Kommunikationsanlässen und -situationen gesucht werden. Nach deren Auswahl können affine sprachliche Merkmale zusammengestellt werden, die den Schülern die Erfahrung ermöglichen, daß ihre Kenntnis die Kommunikation konkret fördert; sodann besteht die Chance, anhand der textlichen und textsortenorientierten Zugänge die Sache selbst genauer zu durchdringen.

Ein so geartetes Vorgehen erscheint geeignet, Schülern genug Raum für die Eigenaktivität zu geben, weil sie als epistemische Subjekte ernstgenommen werden; sie erreichen kognitive und halbbewußte Kenntnisstufen. Und die sprachlichen Lerninhalte können so ausgewählt werden, daß sie weder beliebig noch zufällig randständig, sondern zunächst einmal prototypisch sind. Gleichzeitig ermöglicht dieses Konzept, gewissermaßen im Hintergrund die fachliche Systematik zu verwirklichen. Der Erfolg des Konzeptes hängt freilich eng mit den Lernsituationen zusammen.

---

38 EISENBERG (1986:217ff.).
39 Ein entsprechendes Konzept habe ich zur Diskussion gestellt in KLOTZ (1991a:494-508).
40 Vgl. z.B. die Forderungen bei REIN (1981) und von EISENBERG/MENZEL (1995).

4.5. Lernsituationen - systematisch integrieren und loslassen

Geht man von einem wechselseitig funktionalen Ansatz der Schreib- und Grammatikdidaktik aus, dann bleibt zunächst offen, ob die daraus folgenden Unterrichtskonzepte, vor allem wenn es sich um Grammatikunterricht handelt, eher systematisch oder eher situativ, eher isolierend oder eher integrativ sein sollen. Entscheidungen sind hier zu fällen, die zum einen bestimmt sein mögen durch die Schüler - und durch die Lehrerpersönlichkeiten; oft stellen sich bestimmte Präferenzen in Lerngruppen ein, und solchen Eingespieltheiten ist a priori wenig entgegenzuhalten.

Zum anderen werden solche Entscheidungen von der Materialseite her beeinflußt; insbesondere die Struktur von Sprachbüchern mag den Lehrenden ihren Weg mit den Heranwachsenden nahelegen, wobei der Grad der Verwendung solch vorstrukturierten Lehr-/Lernmaterials ganz markant vom Gestaltungswillen der Lernergruppen abhängt. Tendenziell läßt sich zu den gegenwärtigen Sprachbüchern sagen, daß sie integrativ angelegt sind - mehr oder weniger erfolgreich.

Der situative Unterricht, wie ihn BOETTCHER und SITTA (vgl.o. Kap.1.4) vorgeschlagen haben, setzt hochkompetente Lehrende voraus, die nicht nur sehr rasch auf ein zur Sprache kommendes Phänomen eingehen können müssen, sondern die zudem in der Lage sein müssen, eben doch den systematischen Zusammenhang aufscheinen zu lassen. Schließlich müssen solche Entscheidungen überhaupt als differente Möglichkeiten wahrgenommen werden, an denen noch nicht einmal über die ganze Strecke eines Unterrichtsvorhabens festgehalten werden muß, sondern die selbst variierbar sind und die einander ablösen können.

Diese Vorüberlegungen zu den Entscheidungen, wie Lernsituationen gestaltet und beeinflußt sein können, sind angesichts der nach wie vor schwierigen Lage des Grammatikunterrichts notwendig. Ohne Übertreibung kann aufgrund von Praxisbeobachtung und von Praxisberichten gesagt werden, daß ein systematischer Grammatikunterricht - wie ihn z.B. auch Peter EISENBERG und Wolfgang MENZEL (1995) vorschlagen - die ganz seltene Ausnahme ist (abgesehen sei hier von Lehrenden, die aus Unkenntnis der Diskussion ganz traditionell mit ihren Schülern "Grammatik machen"). Ein moderner systematischer Grammatikunterricht müßte sich eine Lernsituation schaffen, die tatsächlich ein fast naturwissenschaftliches Untersuchen von und Experimentieren mit Sprache möglich machte. Dem steht sozialpsychologisch das allgemeine Faktum entgegen, daß die meisten, die den Beruf des Deutschlehrers, der Deutschlehrerin wählen, dies aus Liebe zur Literatur tun; damit einher geht fast nie eine Offenheit für naturwissenschaftliche Verfahren, eher gilt das Gegenteil. - Damit soll aber insgesamt nicht in Abrede gestellt sein, daß nicht auch ein systematisierender Grammatikunterricht erfolgreich sein kann. - Das schwerwiegendste Problem ist in diesem Zusammenhang in der Tatsache begründet, daß der Unterrichtsbereich Grammatik von den Lehrplänen eigentlich nur zwischen der 3. und

8. Lehrgangsstufe vorgesehen ist und damit ein als relevant erfahrbares Niveau kaum erreicht werden kann.[41]

Erfahrbarkeit ist aber der gewichtige Trumpf integrativer Konzepte. Die Lernsituation ist von vornherein so angelegt, daß sich das eine aus dem anderen ergibt, also die sprachliche Frage aus der Textrezeption oder -produktion, die gestalterischen Optionen beim Sprechen und Schreiben aus dem sich entfaltenden sprachlichen Wissen.

Prinzipiell sind drei Lernsituationen - und hier sind Makrostrukturen gemeint, nicht der Aufbau der einzelnen Unterrichtsstunde oder -phase - denkbar.

Die *Lernsituation 1* (**LS 1**) entsteht in geschlossenen Systemen integrativer Unterrichtseinheiten bzw. sogar -sequenzen. Die jeweils funktional zueinander passenden Lernbereiche sind aufeinander funktional abgestimmt, die Heranwachsenden werden relativ genau bei der Entdeckung von Phänomenen und bei der Bearbeitung von Aufgaben begleitet.

Die *Lernsituation 2* (**LS 2**) trifft man nur selten an; die Lernbereiche des Deutschunterrichts laufen relativ getrennt nebeneinander her. Funktionale Wechselbeziehungen stellen eher den Glücksfall in der Arbeitsphase dar; im Ergebnis sollen dann freilich alle Lernbereiche aber doch funktionale Bezüge ermöglichen. - Diese Lernsituation ist mit guten Gründen angegriffen worden. Wesentlich mag freilich dabei eine Rolle gespielt haben, daß dann insbesondere der Literaturunterricht von Sprachbetrachtungen frei blieb bzw. in einem Pflichtteil gleichsam noch nachgeholt wurde. Doch bleibt bei aller Ablehnung zu bedenken, daß eine solche Lernsituation jedem der Lernbereiche ein eigenes Gewicht verleiht und so insbesondere in den Bereichen des Sprachwissens und Schreibens erheblich mehr Ziele gesteckt und erarbeitet werden müssen, was letztlich dem Niveau zugute kommen kann.

Die *Lernsituation 3* (**LS 3**) verbindet die beiden vorher skizzierten Lernsituationen LS 1 und 2 dergestalt, daß zumeist ein integrativer Anfang gesetzt wird, der von einer trennenden Phase gefolgt wird. Eine erneute Integration wird bei weiteren Phänomenen und Aufgabenstellungen fast ganz den Lernenden überlassen.

Es sei an dieser Stelle schon angedeutet, daß die im Rahmen dieser Studie angelegten empirischen Untersuchungen - es handelt sich um die Wirkung von Grammatikunterricht auf schriftsprachliche Kompetenz - eindeutig der Lernsituation LS 3 den besten Erfolg bestätigen. Die Situationen LS 1 und LS 2 hingegen bewirken beide - trotz aller Unterschiedlichkeit - im Grunde recht wenig (vgl. Kap.7).

Die Lernsituation LS 3 entspricht am meisten auch den bisher erörterten Stützen zum Erwerb sprachlichen Wissens: Das eigenaktive, das epistemische Lernersubjekt braucht zwar wie alle Lernenden einen integrativ gestalteten ersten Schub, scheint aber dann bereit für eine Einzelauseinandersetzung mit den Phänomenen, zumal es ja seinen Weg über z.T. eigene

---

41 Vgl. hierzu KLOTZ (1995) mit dem gleichnamigen Hefttitel, und dort ebenfalls das "Kasseler Gespräch".

Theorieentwicklung geht. Darauf paßt nur das differenzierende Wissensmodell, das sowohl von der Sache wie von der Wissens- und Könnensentwicklung her viel Raum gibt. Gleichermaßen wird deutlich, daß gerade für den prägenden Anfang eine prototypische Darstellung und durch sie eine solche Erfahrung für die Lernenden von großem Vorteil ist.

Abschließend sei betont, daß hier nur didaktisch von Lernsituationen die Rede ist, wie sie insbesondere im Zusammenhang mit Grammatikunterricht in der Diskussion sind. Was hier noch gar nicht thematisiert ist, ist die detailgenaue Methodisierung im Rahmen didaktisch gewählter Lernsituationen. Dies kann zwar schriftlich nur begrenzt geschehen, soll aber anhand einer Sprachbucheinheit im folgenden versucht werden, insbesondere um der Konkretisierung und um der Diskussion willen; die Unterrichtseinheit spielt im übrigen im Rahmen der Besprechung der empirischen Untersuchungen dann noch eine Rolle.

4.6. Grammatik und Schreiben -
ein konkretes integrativ-systematisches Beispiel

Dieses Kapitel hat zwei Funktionen: Es soll die theoretischen Ansätze des Abschnitts 4 konkretisieren und damit besser diskutierbar machen, und es soll für den empirischen Teil an einem Beispiel zeigen, welche Vorgaben Lehrer und Schüler in Form von Lehrmaterial hatten, um damit die Schreibkompetenz *und* das Sprachwissen fortzuentwickeln. Ausgewählt habe ich die von mir verfaßte Unterrichtseinheit " obwohl man noch nichts beweisen kann" des Bandes A/B 7 der Reihe "Sprachschlüssel".[42] Die Darstellung folgt dem Gang der Unterrichtseinheit, d.h. die systematisch getrennten Aspekte des 1. Kapitels werden hier in ihrem Zusammenspiel diskutiert und durch weitere, z.B. methodische Aspekte ergänzt.

---

[42] BENDEL-KLOSTERMANN (1987b:88-98). Ich möchte meinen Mitautoren und den beiden Redakteurinnen für ihre oft harte, aber immer fördernde Kritik an dieser Stelle danken.

1 Der Verdacht

Sherlock Holmes und Dr. Watson brüten über einem neuen Fall: Eine junge Dame, Miss Helen Stoner, hat sie um Hilfe gebeten: Sie fürchtet um ihr Leben.

Helen lebt zusammen mit ihrem Stiefvater Dr. Grimsby Roylott auf einem Landgut. Mr. Roylott verwaltet ihre Mitgift, so wie er es auch für Helens Schwester Julia getan hat. Es handelt sich um eine beträchtliche Summe, die die Mutter ihren Töchtern hinterlassen hatte. Die Mitgift muß im Fall einer Heirat ausgezahlt werden.

Julia starb vor drei Jahren kurz vor ihrer Hochzeit unter unerklärlichen Umständen. Eines Nachts ein gellender Schrei, Julia taumelt aus ihrem Zimmer und bricht tot zusammen. Ihre letzten Worte waren: „O Gott, Helen, das Band, das gefleckte Band!"

In den letzten Nächten vor ihrem Tod hatte sie ein merkwürdiges Pfeifen gehört, das auch nach ihrem Todesschrei wieder zu hören war. Und jetzt ist die Situation ähnlich: Auch Helen hat in den letzten Nächten dieses Pfeifen gehört, nun da sie in Kürze heiraten wird. Hinzu kommt, daß sie seit wenigen Tagen wegen Bauarbeiten in Julias Zimmer schläft — neben dem Zimmer ihres Stiefvaters. Diese Umstände machen ihr angst...

Stellt erste Vermutungen darüber an, was passiert sein könnte.

Holmes fragt als guter Detektiv zuerst nach dem *Motiv* eines möglichen Verbrechens. Er murmelt vor sich hin:
Helen heiratet in Kürze. Das ist die *Bedingung* dafür, daß Roylott nun die Mitgift auszahlen muß. Angenommen, Roylott will die Mitgift für sich behalten, dann kann das für ihn der *Grund* sein, daß...

Watson unterbricht ihn:
Jetzt verstehe ich: *Wenn* Helen in Kürze heiratet, muß Roylott ihr die Mitgift auszahlen. *Weil* er das Geld wahrscheinlich für sich behalten will, muß er die Heirat verhindern. Nun besteht folgende Gefahr: Er will Helen umbringen, *damit* er die Mitgift für sich behalten kann.

Wie gehen die beiden diesen Fall an?
Vergleicht, auf welche Weise Holmes und Watson die Feststellungen sprachlich aufeinander beziehen.
Wie müßte der letzte Satz Watsons bei Holmes heißen?

Die Feststellungen lassen sich aber auch so verknüpfen: Helen will in den nächsten Tagen heiraten. *Deshalb (folglich, darum, infolgedessen... usw.)* ...
Fahrt fort.

Holmes und Watson haben zwar einen Tatverdächtigen und auch ein Tatmotiv, aber noch keinen schlüssigen Beweis. Außerdem ist noch gar nicht geklärt, *wie* die Tat ausgeführt worden ist. Das aber müssen sie herausfinden, um Helen vor einem gleichen Schicksal zu bewahren. Holmes kombiniert also weiter. Zu diesem Zweck notiert er alles, was er über diesen Fall weiß und denkt, auf einzelne Zettel und probiert aus, wie die Feststellungen und Überlegungen auf den Zetteln zueinander passen.

Helen hat Angst.

Helen hört seit kurzem das seltsame Pfeifen.

Roylott kennt sich gut mit Schlangen aus.

Roylott hat lange als Arzt in Indien gelebt.

Roylott hat eine Schlange abgerichtet.

Roylott kann unbemerkt morden.

> nur dann!

> Das Pfeifen kann man erklären.

> Das Pfeifen ist ein Signal für die Schlange.

> Roylott läßt in Helens Zimmer Reparaturen durchführen.

> Helen mußte in Julias Zimmer umziehen.

> Roylott hat Handwerker bestellt.

> Am Haus sind eigentlich keine Reparaturen nötig.

4 Helft Sherlock Holmes kombinieren: Versucht, die Feststellungen und Überlegungen auf den Zetteln zu sinnvollen Aussagen zu verbinden. Verwendet dazu Wörter wie *weil, da, obwohl, wenn, so . . . daß, damit . . .,* aber auch *deshalb, infolgedessen, folglich . . .*

5 Beim Kombinieren hattet ihr die Möglichkeit, auf zwei verschiedene Weisen die Aussagen miteinander zu verbinden; z. B. dort, wo es um den Grund von Helens Angst geht:

4.6.1. Motivation und Stoffbegegnung

Viele Fragen und Aufgaben stehen am Anfang der Zusammenstellung von Lehrmaterial. Unzweifelhaft dominieren zu Beginn lehrplanorientierte Lernziele wie hier etwa, die Adverbialsätze zu behandeln. Die Relevanzfrage ist dann ebenso gegenwärtig wie die Suche nach einem geeigneten *Inhalt*, der die formalen Lernziele nicht nur transportieren könnte, sondern wirklich überzeugend integriert. Gleichzeitig stellt sich die Frage, ob denn Adverbialien bzw. Adverbialsätze einen prominenten "Sitz im Leben" haben, ob sie an einem besonders *markanten* Beispiel vorgeführt werden können. Und es stellt sich die Frage der innerschulischen und in der innersprachlichen Funktion: In welchen Textsorten kommen Hypotaxen, die mit Adverbialien gebildet werden, stilistisch-funktional vor? Welche sprachlich-stilistische, welche systemlinguistische Alternativen gibt es? Schließlich stellen sich die Erfahrung und das Wissen ein, daß der Inhalt, der für diese ja erst grob umrissenen Lernziele gewählt werden wird, seine Eigengesetzlichkeit entwickeln wird.

Ausgehend von der Lehrplanvorgabe "Adverbialien/Adverbialsätze" stößt man auf etliche mögliche Inhalte.[43] Hier wurde schließlich eine Sherlock Holmes-Geschichte gewählt, nämlich "Das gefleckte Band" von A.C. DOYLE, wobei es sich als unmöglich erwies, originale Textteile für eine Sprachbuchlektion zu verwenden. Vielmehr mußte die Umarbeitung in der Art eines Opernlibrettos erfolgen: Die Logik der Handlung mußte auf wenige dramatische Momente zusammengezogen werden, Vor- und Rückschau sollten diese Momente verbinden. Daß eine solche inhaltliche Wahl für die Schüler motivierend ist, steht außer Frage; kritisch zu sehen ist eher, ob es immer solche motivierenden "Glanzstücke" sein können und sollen. - Mit der Wahl des Inhalts ergab sich in diesem Fall auch die "Dramaturgie" der Unterrichtseinheit; erst mit dem Ende der Unterrichtseinheit würde der Kriminalfall für die Schüler gelöst sein.

Grammatisch und inhaltlich würden sich nicht nur die Fragen Wer Wem Was usf. ergeben - dies ist auch ganz im Sinne des Valenzmodells so gemeint[44] -, sondern es würden sich über Wann und Wo hinaus vor allem Fragen wie Warum, Wozu, trotz welcher Einschränkung usf. stellen. Dies um so mehr, als die Sherlock Holmes-Geschichte so anzulegen war, daß die Schüler den Freunden Sherlock Holmes und Dr. Watson bei der Lösung des Falles gleichsam über die Schulter schauen können.

Welche Textsorten bieten sich bei diesem Inhalt ganz natürlich an? Kriminalfälle sind weit weniger interessant, wenn sie nur aktionistisch herunter *erzählt* werden. Vielmehr ist es gerade hier möglich, Vorformen des

---

43 BENDEL-KLOSTERMANN (1987c:28-38). Einige davon wurden dann später in Bd. 8 des Sprachschlüssels für die Wiederholung herangezogen, nämlich eine physikalische Versuchsbeschreibung und eine literarische Inhaltsangabe.

44 Nach diesem für die Schule tauglichen Valenzmodell wurden von mir schon in Band 5 der Satzbegriff und die obligatorischen Satzglieder und in Band 6 die Adverbialien aufbereitet. Dies stellt den Versuch dar, durchaus *ein* Grammatikmodell der Schule zugrunde zu legen, noch dazu eins, das sowohl systematisch wie semantisch relativ einfach und klar ist.

Argumentierens zu nutzen, damit alle am kriminalistischen Ratespiel teilnehmen können. Hierzu müssen einzelne Aussagen und Sachverhalte isoliert und neu kombiniert werden. Damit dies hinreichend möglich ist, sind kurzes *Berichten* und *Beschreiben* notwendig. - Es zeigt sich also, daß sogar mehrere Textsorten funktional zu diesem Inhalt passen. Also wird es eine Frage der Portionierung und der Akzentuierung im sprachlichen Mikrobereich, hier also der adverbialen Gliedsätze, sein, welche Textsorten deutlicher hervorgehoben bzw. bewußt gemacht werden.

Vorab stellt sich zusätzlich die Frage, ob und inwieweit die Makrostruktur einer Textsorte in einem notwendigen, wahrscheinlichen oder beliebigen Verhältnis zu den Mikrostrukturen von Texten steht. Diese Frage kann hier nicht genauer erörtert werden, aber es erscheint zumindest für den Bereich der Adverbialien plausibel, daß narrative Texte wohl vor allem temporal organisiert sind. "Nicht-narrative Texte bedürfen natürlich auch deiktischer Orientierung, doch kann man bei ihnen davon ausgehen, daß der Modal- und Kausalbereich erheblich mehr ausgebaut ist, insbesondere wenn man solche Konnektive bei Asyndese präsupponiert, was bei relativ begrifflichen Texten durchaus üblich ist".[45]

Auf andere mikrostrukturelle Relationen ist in unserem Zusammenhang nicht einzugehen. Hier zeigt sich aber deutlich, daß solche anderen mikrostrukturellen Bezüge in einem solch mittelkomplexen Sprachhandlungsfeld sehr wohl vorbewußt von Schülern mit aufgenommen und "gelernt" werden können, freilich ohne daß sie dann darüber bewußt Auskunft geben könnten. Dies alles verdeutlicht, daß wir als Didaktiker und Linguisten solche Einsichten in die Mikrostrukturen von Textsorten bräuchten bzw. sie suchen müssen. So wären, nur um wenige Beispiele aufzuführen, Formen und Intensität von Attribuierungen in Textsorten interessant, Thema-Rhema-Beziehungen, Aktiv-Passiv-Verhältnisse usf. Aus der Stilistik ist uns immer nur einiges zur Temporalität, Modalität und zum sprachlichen Register bekannt.

Das grammatische "Pensum" Adverbialien/Adverbialsätze ist aus der Sicht der Valenzgrammatik insofern eine richtige und wichtige Stelle, Sprache überhaupt einlässig zu thematisieren, als die Adverbialien gewissermaßen *Optionen* sind, die entweder den Propositionen mit beigegeben werden können, oder aber es werden Propositionen durch die Wahl des geeigneten Konnektivs - Präposition bzw. Konjunktionen - zu Adverbialien. Die Wahl selbst ist wiederum als sprachliche Option zu sehen und auch so zu lehren, da auf diese Weise einfache Reihungen oder zu häufige und einfache Temporaladverbialien (vgl.u. das "und-dann-Kap." 7.2.3) in textsemantisch interessantere Verbindungen überführt werden können.

Alles in allem also ein grammatischer Bereich, der in geradezu paradigmatischer Weise Grammatikunterricht als "Sprach- Optionenangebotsunterricht" begründen kann: Kompetenz und Sprachbewußtsein werden erweitert. Nun zu der hier zu thematisierenden grammatischen Mikrostruktur, wie sie für die Lehrenden (das könnte mutatis mutandis auch für die

---

45 KLOTZ (1991:51); vgl. auch AUGST/FAIGEL (1986:79,181): Komplexität, Adressatenbezug.

Lehreraus- und fortbildung gelten) im begleitenden Lehrerhandbuch vorgestellt wird:[46]

"Durch Sätze werden Sachverhalte ausgedrückt. Diese scheinbar schlichte Feststellung [...] steht [...] am Anfang didaktischer Zielsetzung und methodischer Überlegung einer Unterrichtseinheit, die die Adverbialsätze thematisiert. Diese Feststellung kann nämlich eine Reihe grammatikunterrichtlicher Anstöße geben: Sachverhalte werden so gut wie nie isoliert betrachtet, sondern sie stehen in Zusammenhängen mit anderen Sachverhalten. Also muß für den Unterricht eine relativ komplexe Situation angeboten werden, in der Sachverhalte aufeinander einwirken und voneinander abhängen. Denn damit wird der Schüler induktiv dazu gebracht, diese Zusammenhänge von Sachverhalten sprachlich zu akzentuieren.

(a) Sherlock Holmes erfährt   *Als / Weil* Sherlock Holmes
    von einem Verbrechen.   von einem Verbrechen erfährt,
(b) Er beginnt sogleich zu   beginnt er sogleich zu
    recherchieren.   recherchieren.

Hier wird der eine Satz als Gliedsatz, der die nähere Angabe der Zeit/des Grundes enthält, in den anderen Satz eingebettet, der dadurch zum Haupt-/Trägersatz wird."

Was hier thematisiert wird, *kann* der Schüler längst; AUGST/FAIGEL (1986:95ff.) haben darauf hingewiesen, daß nach ihren Untersuchungen die 13- bis 15-Jährigen Konjunktionen am stärksten schriftsprachlich nutzen, wobei offen bleibt, ob dies eine altersspezifische Explizitheit oder - m.E. wahrscheinlicher - eben eine Folge des Unterrichts ist. Was die Schüler aber noch nicht kognitiv wissen und beherrschen, ist der bewußte, der willentliche Umgang mit den Konnektiven bzw. mit den zu verknüpfenden Sachverhalten. Das obige Beispiel zeigt es ja bereits: Der Schreiber kann etwa zwischen temporaler und kausaler Verknüpfung entscheiden. Diese Entscheidung mag im Einzelfall beliebig sein, sie ist aber in Hinblick auf die Darstellung eines größeren Zusammenhangs textsortenabhängig. Freilich wissen wir nicht genügend genau, in welchem Ausmaß.

Es ist nötig, hier auch einige rein *schul*grammatische Überlegungen anzustellen. Vom System der Valenzgrammatik aus gesehen handelt es sich bei den Adverbialien um sogenannte *freie* Satzglieder, die den obligatorischen und fakultativen gegenüber zu stellen sind. Von den Lehrplänen vorgeschrieben, muß der sogenannte *einfache Satz* v o r den Adverbialien behandelt werden, und die so bezeichneten "einfachen Adverbialien" müssen v o r den adverbiellen Gliedsätzen durchgenommen werden. In dieser Abfolge spiegelt sich ein typisches Erwachsenendenken wider, denn Erwachsene glauben in einer Art Banal-Psychologie, daß Kinder vom Einfachen zum Komplexen, vom Kleinen zum Großen geführt werden müßten. Zusätzlich wird dieses "Prinzip" vom systematischen Denken der Erwachsenen geprägt, das ja die Ökonomie der Abstraktion sucht.

Adverbialien aber als "freie" Aktanten anzusehen setzt nicht nur die Akzeptanz des Valenzgedankens voraus, sondern überhaupt das Interesse an einem strukturellen *Satz*-Minimum, soweit es sich um Sätze mit verbalen Prädikaten handelt. Auf der anderen Seite scheint (mir) gerade die Valenzgrammatik geeignet, eine einigermaßen konsistente Satzvorstellung bei Schülern zu entwickeln, zumal sich Strukturelles gut mit Semantischem[47]

---

46 BENDEL-KLOSTERMANN (1982:123).

bei ihr verbindet und zumal sie auch erhellende Problematisierungen - Zuordnung zu den Aktantenstufen obligatorisch-fakultativ-frei - ermöglicht. Wenn nun aber von der Verknüpfung von Sachverhalten die Rede ist, dann erscheint es weder plausibel noch logisch, den einen Sachverhalt nur um des Verknüpfens willen zum freien, zum "beliebigen" Aktanten in bezug auf das dann relevante Prädikat zu machen. Weiter trüge hier eher ein Gedanke, den WEINRICH (1964:156ff.) mit Reliefgebung umschrieben hat: Die einen Sachverhalte, nämlich die in den Trägersätzen, zählen zum Haupt- oder Vordergrundstrang der Darstellung, die anderen Sachverhalte bilden in Form von Nebensätzen den Hintergrund. Auch wenn dieser Gedanke der Reliefgebung nicht ganz durchzuhalten ist, so erlaubt er doch einen durchaus systematischen Blick auf Fokussierungen bzw. Rhematisierungen in Sätzen. Vor solchem Hintergrund lassen sich die strukturelle Umorganisation eines Hauptsatzes in einen Gliedsatz - vor allem die Verbendstellung mit ihrem semantischen Gewicht eben durch die Valenz des Verbs - sinnvoll erläutern. Schüler können in diesem Prozeß der Kognitivierung ihrer Kompetenz Einsicht in die Funktion von Strukturen erlangen, zumal das hier im Zusammenhang mit Aussageintention und Informationsflußgestaltung geschehen kann.

Falls man dieser Gedankenkette so weit zustimmen kann, dann läßt sich tatsächlich fragen, ob die Vorstellung von Sätzen im Deutschen schulgrammatisch nicht anders und in anderer Folge geschehen sollte als bisher. Vielmehr erscheint doch die Umkehrung der üblichen Vorgehensweise sinnvoll: nicht von einer fast schon unnatürlichen Reduktionsstufe *des* Satzes - im Sinne der Valenzgrammatik - ist zunächst auszugehen, sondern durch alltägliches Fragen kann zunächst die gesamte Kette möglicher Satzglieder angeboten und vom Schüler wahrgenommen werden.[48] Es ist auch mit Blick auf den noch ganz jungen Schüler zu fragen, welche Vorteile es denn brächte, den "einfachen" Satz ohne Adverbialien zu kennen. Die Trennung ist im Grunde künstlich und von einem Erwachsenenwissen geleitet, das mehr oder weniger bewußt auf ein wissenschaftliches Erkenntnisinteresse zurückgeht, bei dem sich jedoch, so unterstelle ich, etlichen Didaktikern, Lehrern und manchen Linguisten, die Interessen an Strukturen, an Semantik und an Funktionalem vermischen.[49]

In der als Beispiel herangezogenen Lektion ist die vorgelegte Geschichte interessant, und von Anfang an schauen die Schüler den kriminalistischen Freunden "über die Schulter". Das bedeutet auch, daß sie von Anfang an eine semantische Perspektive auf die Spracharbeit haben. Methodisch hilfreich ist sicherlich die doppelte Aufbereitung des inhaltlichen Materials: einzelne zentrale Sachverhalte sind schon herauspräpariert, und sie sind schon in sinnvolle Zusammenhänge gebracht. Trotzdem, den Schülern wird hier keineswegs zu wenig abverlangt, vielmehr wird der Akzent dadurch

---

47 z.B. MOULTON (1985). Moulton sieht in der Valenz einen starken semantischen Grundgedanken.
48 Vgl. KLOTZ (1989).
49 Diese andere Sicht teilt offenbar MENZEL, wenn er - freilich verkürzt - ähnliches in seinem Unterrichtsbeitrag des PD Heftes(1995): "Werkstatt Grammatik" äußert.

sofort auf die eigentliche Spracharbeit gesetzt. Aller Wahrscheinlichkeit nach werden überwiegend konjunktionale Adverbialsätze gebildet; nominale oder pronominale Formen sind z.T. aber auch möglich; der Sprachfluß soll natürlich bleiben.

Beachtenswert ist aber vor allem, daß die Spracharbeit im Sinne des integrativen Grammatikunterrichts (Lernsituation LS 1) zunächst ganz *ohne* grammatische Begleitung auskommt und die natürliche Kompetenz der Jugendlichen ernstgenommen wird. Erst dann wird eine allgemeine Kompetenz in eine bewußte Kompetenz übergeführt. Die Schüler sollen sich in ihrer Sprachlichkeit bewußt erleben, um jetzt erst, durch den *Sprachangebotsunterricht*, zur bewußten Wahl sprachlicher Mittel zu gelangen.

4.6.2. Kognitivierungsprozesse bzw. "Grammatikunterricht"

— Wo steht bei der Verknüpfung die Begründung für Helens Angst, wo bei der Einbettung?
— Wie kann man nach dem Grund fragen?
— Welche sprachlichen Unterschiede könnt ihr zwischen den beiden Möglichkeiten feststellen?

Die Angabe der Zeit, der Art und Weise, des Ortes, eines Grundes, einer Folge o. ä. kann als „Umstandsbestimmung", als **Adverbiale**, in einen Satz eingebettet werden. Adverbialien sind **Satzglieder**.
Es gibt sie entweder als Wort, z. B. *deshalb, heute*,
oder als Wortgruppe, z. B. *wegen des seltsamen Pfeifens*,
oder als Gliedsatz, z. B. *weil sie seit kurzem das seltsame Pfeifen hört*.
Einen solchen Gliedsatz nennt man auch **Adverbialsatz**. An seinem Anfang steht eine Konjunktion, die die Bedeutungsrichtung des Adverbials angibt *(weil, damit, als ...)*, und an seinem Ende steht die Personalform des Verbs.
Haupt-/Trägersatz und Adverbialsatz werden durch **Komma** getrennt.

Entscheidend für die Aufklärung dieses Falles ist vor allem das „Tatwerkzeug": Zwei der Aussagen lassen sich hier sehr sinnvoll durch Einbettung miteinander verbinden. Vergleicht:
a) Roylott kann unbemerkt morden, *weil* er eine Schlange abgerichtet hat.
b) Roylott hat eine Schlange abgerichtet, *damit* er unbemerkt morden kann.
c) Roylott kann unbemerkt morden, *wenn* er eine Schlange abgerichtet hat.
d) Roylott hat eine Schlange abgerichtet, *so daß* er unbemerkt morden kann.
— Stellt fest, welche Aussage jeweils zum Haupt-/Trägersatz und welche zum Adverbialsatz wird.
— In welchem Adverbialsatz ist
  — von einem *Zweck*,   — von einem *Grund* oder
  — von einer *Bedingung*,   — von einer *Folge* die Rede?
— Wie kann man nach dem Adverbialsatz jeweils fragen?
Die folgende Darstellung kann euch dabei helfen.

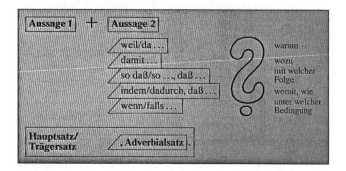

 Auch in England ist ein Verdächtiger so lange unschuldig, bis ihm die Tat wirklich nachgewiesen worden ist. Was könnte Roylott, was sein Rechtsanwalt anführen, um den schweren Verdacht des Mordes und des Mordversuchs zurückzuweisen? Wie würden sie argumentieren?
Hier einige Beispiele:
Helen hört seit kurzem das seltsame Pfeifen, weil sie Angst hat (und nicht: Sie hat Angst, weil sie das Pfeifen hört!).
Weil Helen (wie auch schon Julia) vor der Hochzeit aufgeregt ist, . . .
Das Zimmer wird nur renoviert, weil ich es gern schön habe. Ich habe nichts unternommen, damit ich die Mitgift . . .
Obwohl ich in Indien war, . . .
Ergänzt, und sucht weitere Beispiele.

Von Anfang an werden die beiden natürlichen sprachlichen Varianten ins Bewußtsein gehoben und terminologisch geschieden. Die Parallelität und die graphische Aufbereitung können die Einsicht unmittelbar fördern; Stilistisches wird hier nicht akzentuiert. Da die Gliedsätze hier das bevorzugte Thema sind, werden sie nun auch kurz strukturell und semantisch definiert. Soweit dürfte auch der übliche Rahmen in anderen Lehrwerken reichen. Die folgende Spracharbeit führt jedoch darüber hinaus. Und zwar wird durch Aufgabe 6 gezeigt, - daß es der Schreiber/die Schreiberin ist, der/die entscheidet, was zum Hauptstrang gehören soll und welcher Sachverhalt die Funktion eines Begleitumstandes erhält. Hier wird in etwas vereinfachender Weise herausgestellt, daß bei zwei Sachverhalten jeweils ein jeder von ihnen dem Haupt- bzw. dem Nebenstrang zugeordnet werden kann. Darüber hinaus besteht noch eine gewisse Freiheit in der semantischen Zuordnung, was ebenfalls in Aufgabe 6 deutlich thematisiert wird. Damit wird im Grunde auch die WEINRICHsche "Reliefgebung" vorgestellt.

Dies scheint mir eine Art von Kognitivierungsprozeß zu ergeben, bei dem der Begriff des Sprach*handelns* ernstgenommen wird und der dem Schüler wirklich Kompetenz *zumutet*, im Sinne der Verantwortung für den eigenen Text. Die folgende grammatische Verdeutlichung thematisiert die zentrale semantische Funktion der Konjunktionen und insistiert dabei auf der grundsätzlichen Eigenständigkeit der Sachverhalte, indem sie als "Aussagen" völlig gleich nebeneinander stehen. Fast notwendigerweise ergibt sich aus solcher Lernanlage, daß nun für den Inhalt dieselbe Eigenständigkeit angestrebt wird: Aufgabe 7 verlangt nun eine Neu-Kombination der Aussagen unter veränderter Perspektive und holt damit nach, was am Anfang noch nicht gefordert worden war. Abgesehen davon hat diese Aufgabe dafür zu sorgen, daß der Fortgang der Handlung und der Lektion spannend bleiben. Die Schreibaufgabe hat neben berichtenden vor allem argumentative Züge.

Das bedeutet für die Lernsituation, daß sie auch noch in der Transferaufgabe integrativ bleibt. Die Sprachhandlungen sind durchaus prototypisch angelegt, das eigenaktive Lernersubjekt kommt aber (noch) nicht oder kaum zum Zuge, eine Komponente wohl, warum trotz sehr fördernder Anlage der Lernerfolg nicht ganz so groß ist. Nur wenn die integrative Lernsituation schließlich verlassen wird, wenn die letztlich doch recht engen Vorgaben nicht mehr zu erfüllen sind, dann wird eine individuelle Lernsteigerung möglich - so zeigen es schließlich die Ergebnisse (vgl. Kap.7).

4.6.3. Sprachangebotsunterricht bzw. Funktionen von Kognitivierungen

Aus der Sicht der Lehrenden und erst recht der Schüler ist die Hauptsache bereits geleistet. Die adverbiellen Gliedsätze sind eingeführt, ihre Semantik und Funktion sind wenigstens im groben geklärt. Mit der zuvor besprochenen Aufgabe 7 ist auch eine erste Transferfähigkeit sichergestellt; die

Zeit muß die Einübung bringen. Einmal so weit im Wissen gediehen, bieten sich nun Differenzierung und Variation als weitere Lernziele an. Ein kurzer linguistischer Befund besagt, daß wenigstens folgendes mitzuteilen bzw. abzuarbeiten wäre:
- bei *Finalsätzen* gibt es bei klaren Subjektsverhältnissen die um-zu-Infinitiv-Variante. Sie wird im 2. Kapitel behandelt, wo Zweck-Fragen im Vordergrund stehen können.
- Bei *Temporalsätzen* ist die jeweilige consecutio temporum zu beachten. Da gemäß Lehrplan und gemäß der Folge dieser Sprachbuchbände die Tempora und ihre Funktionen bekannt sind, kann hier funktional wiederholt werden, zumal das 3. Kapitel inhaltlich mit Vor- und Rückblicken ausgestattet ist.
- Die *Konditionalsätze* werden hier nur gestreift. Die implizierende Semantik von "wenn" macht dies notwendig. Die Ersatzprobe mit "falls" kann erste Klarheit schaffen. Funktional hätte sich hier auch noch der konditionale Konjunktiv angeboten. Aber wegen des Umfangs und wegen der in der Folge hier zu starken Verknappung der Modalität bzw. des Modalsystems mußte dies unterbleiben.
- Die *Lokalsätze* hatten sich bislang von der "Dramaturgie" der Unterrichtseinheit her nicht ergeben. Im 3. Kapitel aber spielt die Deixis noch einmal eine wesentliche Rolle. Lokalsätze nehmen eine eigenartige Zwischenstellung zwischen adverbiellen Gliedsätzen und notwendigen Relativsätzen ein. Dies muß hier nicht thematisiert werden, zumal eine Unterscheidung zwischen Satzglied und Satzglied*teil* hier für die Heranwachsenden schwierig wäre und strukturell für die Wortfolge kaum etwas brächte (höchstens Referenzfragen). Außerdem können Attribuierungsformen hier nicht auch noch behandelt werden. Nur wenn - hypothetisch hier formuliert - solche sprachlichen Phänomene in einer 10., 11. oder 12. Jahrgangsstufe funktional thematisierbar wären, dann ließe sich mit den Heranwachsenden über Formulierungsvarianten und deren Effekte arbeiten; das aber wird weder institutionell (Lehrpläne) gewollt, noch praktisch kontinuierlich getan.
- Die *Nominalisierung* von Satzgliedern schließlich ergibt sich als sachlich-systematische Notwendigkeit. Denn üblicherweise werden ja zunächst die "einfachen" (!?) Adverbialien behandelt, und auf sie muß nun zurückverwiesen werden. Im 4. Kapitel, wo schließlich die Textsorte eines Polizeiberichts ansteht, sind sie denn auch funktional angebracht.

Hier nun Fortsetzung und Schluß dieser grammatikalischen Kriminalgeschichte:

2 Die Ermittlungen

Sherlock Holmes und Dr. Watson wollen Gewißheit, ob sie Mr. Roylott zu Recht verdächtigen. Sie erhoffen sich von einer Ortsbesichtigung weitere Aufschlüsse.
Mit Helens Hilfe können sie Roylotts Haus besichtigen. Insbesondere das Zimmer des Hausherrn und Helens gegenwärtiges Schlafzimmer sind für die beiden interessant. Was ihnen auffällt, halten sie in einer Skizze fest.

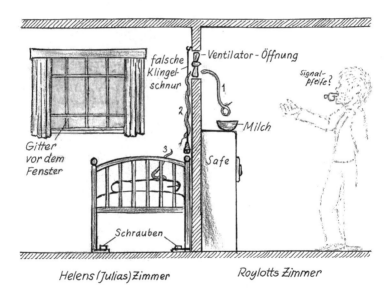

Dann ziehen sie sich in ein Gasthaus zurück und gehen nach ihrer bewährten Methode vor.

Eine Frage leitet ihre Beobachtungen und Überlegungen: *Wozu?*
Sie notieren diese wieder auf Zettel:

Roylott ließ sogar das Bett am Fußboden festschrauben.	Roylott wollte sicher sein, daß die Schlange das Opfer findet.
Milch steht auf dem Safe.	Die Schlange wird mit Milch belohnt.
Roylott hat eine seltsame "Peitsche" mit einer Schlinge.	Roylott befördert die Schlange damit in den Safe.
Roylott hatte zwischen(!) den Zimmern einen Ventilator anbringen lassen.	Roylott "schickte" die Schlange durch die Ventilatoröffnung in das Mädchenzimmer.
Die Klingelschnur ist neben dem Bett angebracht.	Die Schlange findet ihr Opfer mit Hilfe der Klingelschnur.
Roylott hatte die Reparaturarbeiten veranlaßt.	Roylott wollte Helen in Julias Zimmer haben.

Noch bleiben viele Wozu-Fragen offen. Aber die Annahme, daß das „Mordwerkzeug" eine Giftschlange ist, läßt manche Einrichtung sinnvoll erscheinen, z. B.:
Roylott hat eine seltsame „Peitsche" mit einer Schlinge, **um** *die Schlange damit in den Safe* **zu** *befördern.*

1 Wie lassen sich die übrigen Feststellungen und Überlegungen verbinden, damit die Frage nach dem **Zweck**, nach dem *Wozu*, beantwortet werden kann?

2 Welche sprachliche Form haben diese Angaben des Zweckes?

3 Probiert aus, ob sich alle Sätze durch *damit* verbinden lassen und alle durch *um . . . zu* mit Infinitiv.
Achtet dabei besonders auf das Subjekt.
Achtet auch auf die Kommasetzung: Infinitive mit „um . . . zu" werden vom Haupt-/Trägersatz durch **Komma** abgetrennt.

4 Schreibt einen Ermittlungsbericht, durch den die Verdachtsmomente gegen Roylott erhärtet werden.

3 Letzte Vorbereitungen

Holmes und Watson sitzen in der Nähe von Roylotts Landgut im Gasthaus und warten auf das verabredete Zeichen, das Helen ihnen geben wird. Dann werden sie wieder ins Landgut eindringen und in Helens jetzigem Zimmer die Ermittlungen vielleicht zum Abschluß bringen können. Noch einmal bittet Holmes, der etwas nervös ist, 5
seinen Freund, alle vergangenen und erwarteten Ereignisse zusammenzufassen:

Gut, den letzten Beweis sind wir zwar noch immer schuldig, aber nehmen 10 wir an, wie hätten ihn.
Nachdem Helens Schwester getötet war, hatte Roylott sich die eine Mitgift gesichert. Und weil seine Tat damals nicht aufgedeckt werden konn- 15 te, wartete er in Ruhe ab. Als er dann den Ernst von Helens Heiratsabsichten erkannte, sah er die zweite Mitgift in Gefahr.
Weil er seine Methode zu töten für si- 20 cher hält, will er sie wiederholen.

Also läßt Royott im Haus Reparaturen durchführen, wo es für seine Absichten am günstigsten ist. Während die Handwerker im Hause sind, muß Helen das ehemalige Zimmer Julias bewohnen. Wenn Helen in dieser Nacht tief schläft, wie er glaubt, holt er die Schlange aus dem Safe, wo sie vermutlich versteckt ist. Doch bevor sie ihre Milch* bekommt, befördert er sie mit diesem Peitschending zum Ventilator. Und wo die falsche Klingelschnur ist, ist auch der Weg der Schlange zu ihrem Opfer. Wenn Roylott annehmen kann, daß sie zugebissen hat, pfeift er sie zurück. Um sie zu belohnen, hält er ein Schälchen Milch bereit. Nachdem sie sie getrunken hat, muß sie dahin zurück, wo auch er vor ihr sicher ist. Aber während er plant, planen wir mit. Denn was Roylott nicht weiß: Wo wir sind, läßt sich kein Mord gefahrlos durchführen.

Welche Vorsichtsmaßnahmen können Sherlock Holmes und Watson ergreifen? Was wird passieren?

In diesem Text kommt zweimal *wenn* vor. Was bedeutet es jeweils? Ist es durch *falls* oder *sobald* ersetzbar?

Seht euch die unterstrichenen Konjunktionen dieses Textes an, und stellt fest, wie sie die Ereignisse und Sachverhalte zeitlich einordnen. Was geschieht vorher, was nachher, was gleichzeitig?

Bei Kriminalfällen spielt immer auch eine große Rolle, *wo* etwas passiert. Schreibt die mit *wo* eingeleiteten Sätze aus dem Text heraus. Was sagen sie über den Ort aus?

Überführung und Strafe

Nachdem alles vorüber war, mußte Sherlock Holmes Helen und ihrem künftigen Mann die entscheidenden Sekunden immer wieder berichten:

Gut; obwohl wir uns sehr sorgfältig vorbereitet hatten, blieb ja ein Rest an Unsicherheit, was schließlich wirklich passieren würde. Wenn wir Roylott überführen wollten, mußten wir ihn seine Tat fast durchführen lassen. Falls sein Tatwerkzeug wirklich eine Schlange war, mußte ich sehr schnell sein. Also galt meine ganze Aufmerksamkeit zunächst dem Ventilator. Als ich einen Lichtstrahl dort aufblitzen sah, konzentrierte ich mich auf die Klingelschnur. Wo sie endete, mußte ich die Schlange spätestens erwischen. Sonst wäre die Gefahr für unser Leben sehr groß gewesen! Das hatte ich mir klargemacht.

---

* Natürlich trinken Schlangen keine Milch und können auch nicht hören. Aber das wußte der Autor der berühmten Sherlock-Holmes-Krimis noch nicht.

Als ich das Zischeln der Schlange hörte, richtete ich meine Pistole so auf das Ende der Klingelschnur, daß ich sie treffen mußte. Nicht zu vergessen, daß der Raum ja dunkel war! Aber wegen meiner Aufregung schoß ich wohl
15 eine Zehntelsekunde zu früh. Roylott pfiff sofort nach seiner Schlange, damit er nicht überführt werden könnte. Die Schlange war aber offenbar so wütend, daß sie ihn, als sie zu ihm zurückkam, tödlich biß.
Indirekt trifft mich also die Schuld an Dr. Grimsby Roylotts Tod, aber ich muß gestehen, diese Schuld lastet nicht allzu schwer auf meinem Gewissen.
20 Und die Polizei wird sich wohl nachträglich unseren Ermittlungen anschließen müssen.

1 Hattet ihr ähnliche Vermutungen über den Abschluß des Falles?

2 Stellt fest, mit welchen Adverbialsätzen die Ereignisse erläutert werden. Welche sprachliche Form haben sie?

3 In Polizeiberichten findet sich oft ein sogenannter „Nominalstil". In einem solchen Bericht könnte es heißen:
Nach Abschluß des Falles mußte Mr. Holmes die Überführung und das Ende Dr. Roylotts erklären. Schon während der Vorbereitung . . .
Wie klingt ein solcher Text? In welchen Nomen stecken die Verben der eingebetteten Adverbialsätze?

> Ein Adverbialsatz läßt sich in Präposition + Nominalgruppe umwandeln. Diesen Vorgang nennt man **Nominalisierung**.

4 Versucht den Text so umzuformulieren, daß er Nominalisierungen enthält. Wie wirkt der Text daraufhin?

Übersicht über die Formen und Arten der Adverbialien

Bedeutung / Frage	Einbettung durch Präposition	Einbettung durch Konjunktion	Satzverknüpfung durch Adverbien	Beispiele
Grund Warum?	wegen, aus	weil, da	deshalb, darum, deswegen	*Wegen des Hausumbaus...* *Weil das Haus umgebaut wird,...* *Deswegen mußte Helen umziehen.*
Zweck Wozu?	zu, für	damit, um ... zu	dazu, dafür	*Zur Rettung von Helen...* *Damit er Helen retten kann,... / Um Helen zu retten,...* *Dazu muß Holmes sich in Helens Zimmer verbergen.*
Bedingung Unter welcher Bedingung?	im Falle, bei	wenn, falls	dann	*Im Falle einer unmittelbaren Gefahr...* *Wenn unmittelbare Gefahr droht,...* *Dann greift auch Sherlock Holmes zur Pistole.*
Folge Mit welcher Folge?	zu	so..., daß, so daß	so	*Zum allgemeinen Entsetzen...* *So heimtückisch waren die Morde, daß sich alle entsetzten.* *Alle entsetzten sich, so heimtückisch waren die Morde.*
Einräumung Trotz welchen Hindernisses?	trotz	obwohl, obgleich	trotzdem, dennoch	*Trotz großer Gefahr...* *Obwohl große Gefahr drohte,...* *Trotzdem wollte Sherlock Holmes Helen helfen.*
Mittel Womit? Wodurch? (Wie?)	durch, mit	indem, dadurch, daß	dadurch, damit	*Durch Pfeifen...* *Indem man pfeift,...* *Damit kann man eine dressierte Schlange anlocken.*
Zeit Wann?	nach, bis, seit, vor, während	nachdem, bevor, wenn, seit	danach, vorher, bisher	*Nach dem Tod seiner Frau...* *Nachdem seine Frau gestorben war,...* *Danach verwaltete Roylott die Mitgift seiner Stieftöchter.*
Ort Wo?	in, vor, über, zwischen	wo	dort, da, hier	*In Julias Zimmer...* *Wo die Freunde warten,...* *Dort wird der Beweis erbracht.*

Abschließend seien die Hauptgedanken für ein kompetenzförderndes Lehrmaterial noch einmal zusammengefaßt: Die Reichhaltigkeit der sprachlichen Angebote ist sowohl im Grammatischen wie im Textuellen recht groß. Die besonders lehrenswerten Adverbialien werden vielfältig vorgestellt, behandelt und eingeübt. Fragen des Verknüpfens von Sachverhalten werden in hohem Maße bewußt gemacht und an Sprachhandlungen angebunden. Dadurch wird die Kompetenz für Textualität direkt gefördert. Dies geschieht aber auch durch die notwendig werdenden Textsorten: Erzählen, Begründen/Argumentieren (in einer Vorform), Beschreiben (nur z.T.) und Berichten. - Diese Textsorten werden nicht lernsystematisch, sondern integrativ ausgewiesen; sie verbleiben hier auf der halbbewußten Kognitionsstufe. Schließlich ist die inhaltliche Aufbereitung so geartet, daß in gewisser Weise die Sprachhandlungen in ihren sprachlichen Erscheinungsweisen prototypisch vorkommen. Die Eigenaktivität der Schüler und Schülerinnen bleiben recht begrenzt, da diese Unterrichtseinheit ein relativ hermetisches integratives System darstellt.

Varianten zu diesem Beispiel sind denkbar und notwendig: Alles in allem mag es verdeutlichen, daß Lehrmaterial eine hohe Bedeutung für die Kompetenzentwicklung von sich aus haben kann, wenn es nur entsprechend organisiert ist. Ein gut strukturiertes Lehrmaterial vermag also gleichsam von sich aus Lernmöglichkeiten zu sichern.[50] Es bleibt die Aufgabe der Lehrenden, den eigenaktiven Lernersubjekten gerecht zu werden. Freilich ist auch ein weit weniger integratives, mehr Freiheiten und Öffnungen zulassendes Lehrmaterial nicht nur denkbar, sondern auch vorhanden.[51] Wesentlich aus didaktischer Sicht ist der bewußte Umgang mit Lehrmaterial, eine Aufgabe, die z.Zt. noch zu sehr der Lehrerbildungsphase II, der Referendarausbildung überlassen wird. In der Phase I müssen sowohl Einsicht ins Lehrmaterial aus didaktischer und linguistischer Sicht ebenso vorbereitet werden wie die Distanz dazu.

---

50 Sprachbuchlektionen zum selben Thema werden hier nicht vergleichend herangezogen, eine Konzeptionendiskussion bedarf einer gesonderten Darstellung.
51 Ein solches Beispiel könnte das "Schweizer Sprachbuch" (1993:152-159) sein, etwa Bd. 9, der Abschnitt "Konjunktionalsätze"; vgl. hierzu auch GOOD (1982).

5. Ausgewählte grammatische und strukturelle Aspekte für die Textkompetenz

Die Rückblicke auf den Grammatik- und Schreibunterricht (Kap.1 und 2) haben letztlich bestätigt, daß die Verknüpfung beider Bereiche in wechselseitiger Funktionalität immer noch einzufordern, zu versuchen und zu diskutieren (Kap.3) ist. Nachdem daraufhin Perspektiven entwickelt worden sind, in welcher pädagogischen und lerntheoretischen Differenzierung dies geschehen kann, stellt sich nun die komplexe Frage nach der inhaltlichen Ausfüllung dessen, was Deutschunterricht an sprachlichem Wissen vermitteln kann. Zielpunkt ist die Textkompetenz. Grammatisches Wissen kann hier seine konkrete erfahrbare Funktion bekommen; Auswahl und Modellierung werden deshalb vom Textgestaltungs*prozeß* her getroffen bzw. überprüft.

Sprachliches Wissen meint nicht nur den grammatischen Bereich, sondern gerade auch das textuelle Wissen. Oder, von der Schreibentwicklungsforschung her gesehen läßt sich sagen:[1] "Von den Forschungsinhalten her betrachtet, kann man die wichtigen Schwerpunkte bisheriger Schreibentwicklungsforschung durch drei Stichworte kennzeichnen: syntaktische Schreibfähigkeiten; Textstrukturierung und Schreibprozeßkompetenzen."[2] Begrifflich ist der sich mehr und mehr etablierende Terminus "Schreibentwicklung" relativ offen und deskriptiv in seiner Ausrichtung. Der hier gewählte Begriff der zur erwerbenden "Textgestaltung" will noch deutlicher einerseits die Mittel und andererseits die Fähigkeit einen Text formen zu wollen und zu können, herausstellen.

Konkreter nun: Wer sich also mit der Frage nach schulrelevantem Sprachwissen beschäftigt, kann sich nicht einfach für ein linguistisches Modell entscheiden, denn ein so umfassendes Modell, wie die Schule das mit ihrer komplexen Aufgabenstellung bräuchte, gibt es nicht und kann es vielleicht nicht geben. Es ist hier und jetzt nicht zu beantworten, ob die alte Hoffnung der Schule je zu erfüllen ist, ein geschlossenes Modell der Linguistik nur - "nur"? - didaktisieren und methodisieren zu müssen. Eine solche Konsistenzvorstellung existiert in der Linguistik allenfalls in bezug auf Universalgrammatiken, nicht aber in bezug zu den lebendigen, immer im historischen Wandel stehenden Einzelsprachen, und auch nicht oder selten[3] in bezug auf eine Schulgrammatik, die sich in systematischer Weise, aber gemäß der ontogenetischen Entwicklung, der Erkenntnisfähigkeit und den unmittelbaren Bedürfnissen der Jugendlichen entfalten müßte.

Es hat sich auch gezeigt, daß die Linguistik kein "Selbstbedienungsladen" ist, aus dem heraus die Didaktiker und die erfahrenen Schulleute eine geeignete Konglomeratsgrammatik zusammenstellen könnten. Dies ist

---
1 FEILKE (1993:21).
2 FEILKE (1993:21).
3 HERINGER (1989b) hat sich dieser Aufgabe gestellt.

zwar auch schon geschehen, und das wäre vielleicht noch nicht einmal so schlecht, wenn dahinter ein sehr eigenständiges, überprüftes didaktisches Konzept oder gar Modell stünde. Die Didaktik muß also eigenständig nach dem Konzept fragen, wie der Komplex "Sprachwissen" inhaltlich zu füllen sei.

5.1. Der syntaktische Rahmen: Das Modell des informationsgesättigten Satzes

In den bisherigen Überlegungen sind einige grammatische Kernbereiche immer wieder angesprochen worden, und zwar überwiegend aus dem Bereich der Syntax, während die morphologische und semantische Ebene nicht thematisiert worden ist. Dies begründet sich darin, daß in der Schule der Wortschatzbereich, und zwar sowohl hinsichtlich der Wortfamilien und der Wortbildung wie hinsichtlich der "Wortfelder" [4], relativ gut erarbeitet wird, während Syntax insbesondere in einer Verknüpfung mit Semantik weniger einen funktionalen Stellenwert erreicht.[5] Syntax wird in der Schule überwiegend formal, d.h. nach Kategorien behandelt. Sie sind der Ausgangspunkt, dem *dann* die Funktionen zugeordnet werden.[6] Diese Sichtweise trifft auch dann zu, wenn im Unterrichtsgeschehen tatsächlich zunächst von Verwendungszusammenhängen ausgegangen wird. Die Darstellung verengt sich gewöhnlich schnell auf die Kategorie, und es beginnt meist ein zu verkürztes Wechselspiel zwischen Kategorie und Funktion, wobei im Schulalltag der Funktionsbegriff selbst oft unklar zwischen syntaktischer und semantischer oder gar textueller Funktion changiert. - Dieser Weg bleibt wenig befriedigend. Etliche Varianten bleiben unberücksichtigt bzw. sie werden verschwiegen, man denke nur an das Futur, das als Tempus begrifflich etabliert und mit der Funktion "Ausdruck der Zukunft" versehen wird, auch wenn dieses Tempus überwiegend modale Funktionen hat. Ähnliches gilt für Begriffe wie Nebensatz, Hauptsatz ("der allein stehen kann", was bekanntlich so nicht stimmt), Passiv (einem Kind kann z.B. subjektlos gesagt werden: "jetzt wird aber ins Bett gegangen"; Passiv kann sehr wohl als Herausstellungsstruktur für Agens genutzt werden) usf. Oft wird die Begrifflichkeit selbst in deutscher Terminologie - "Zeitformen des Verbs" z.B. - von Jugendlichen eben doch als sprechende Begrifflichkeit ernstgenommen, womit die Einsicht in die Sprachlichkeit nicht eben leichter oder besser wird. Die vermeintliche Reduktion auf das Wesentliche in der Schulgrammatik und im Grammatikunterricht erweist sich nicht als einfach. Pädagogisch und unter Berücksichtigung der kognitiven Entwicklung kann

---

4 Dies hier nur in Anklang an die Wortfeldtheorie, die in ihrer Systematik und Problematik allerdings nicht oder kaum nach meinem Eindruck behandelt wird.
5 Die oben dargestellte Lektion gibt hier durchaus nicht den üblichen Präsentations- und Lehrmodus wieder.
6 Das ist z.B. auch so bei durchaus "bemühten" Schulgrammatiken, wie z.B. der Untertitel schon zeigt: RÖTZER (1986).

nicht gelten, Einfaches für Kinder, Komplexes für fast erwachsene Jugendliche, weil das für uns Erwachsene Einfache für Heranwachsende nicht einfach ist, und weil das Mittelkomplexe der Verwendung, der Spracherfahrung unmittelbar zugänglich ist. Aus solcher Erfahrung lassen sich weiterreichende Fragen gewinnen.

Didaktisch wäre folglich der Vorzug einer Entwicklung von Sprachwissen über den Sprachgebrauch, über Semantik und Pragmatik[7] zu geben. Vom Sprachgebrauch kommend wäre zunächst zu behandeln, was ich *Mittelkomplexes* nennen möchte, einfach weil es die Heranwachsenden dort abholt, wo sie konkret sind. Und aus solchen, möglicherweise *systematisch herbeizuführenden Sprachlernsituationen*[8] erweist sich eine allmählich aufbauende und sich selbst tragende Begrifflichkeit als "aufschließend". - Da die Alltagsrealität in der Schule nicht so ist oder, wenn sie so ist, den Grammatikunterricht gern ausklammert, wird man einen Weg gehen müssen, der auch die Lehrenden dort abholt, wo sie nach alter Erfahrung sind, nämlich beim Formalen, beim Kategorialen. Gleichzeitig wird man aber das sprachlich Mittelkomplexe zunächst thematisieren, um dann hierarchisch in absteigender Linie zu den weniger umfangreichen sprachlichen Phänomenen zu gelangen: also nicht vom Wort zum Satzglied zum Satz usf., sondern vom Satz zu seinen semantischen, informationalen Ebenen, zu den Satzgliedern, zu den Attributen, zum Wort. Um es überspitzt zu sagen, zunächst den kausalen Adverbialsatz mit *weil* [9], und später erst und dazu in optionalem Kontrast die pronominale Variante *deshalb*; und noch viel später das einfache Adverbiale, das mit *wegen* und Nominalgruppe gebildet wird, da es überwiegend der Verwaltungssprache angehört; sie ist den Jugendlichen zunächst fern. Das Beispiel verdeutlicht noch mehr: In Kontrast zum üblichen Vorgehen in diesem Syntaxbereich kann es sinnvoll sein, die Adverbialien in alltagssprachlicher Weise mit den *Warum-, Wozu-, Wann-, Wo-, Wie*-Fragen für das Sprachbewußtsein zunächst zu thematisieren, um *dann* eine Offenheit für die Struktur des Satzes, für seine obligatorischen Aktanten zur Verfügung zu haben. Für Jugendliche kann der Subjekts- und Objektsbegriff durchaus schwieriger sein als der Adverbialienbegriff, zumal hier eine vernünftig sprechende Terminologie zur Verfügung steht. In dieser Weise also ist die Präferenz des Mittelkomplexen zu verstehen.

Was für die Perspektiven unterrichtlicher Gestaltung hier gesagt wurde, gilt gleichermaßen für die Perspektiven, die für die Untersuchung von Schüleraufsätzen angewandt werden. Es muß also ein Instrument allgemein und für die Affinitäten zwischen sprachlichen Elementen und Textsorten bereitgestellt werden, das relativ offen Quantität und Qualität von Sätzen und Texten erfaßt. Da es beim Schreiben immer auch um Information bzw. Informationsfluß geht, soll mit Hilfe eines Semantisches und Strukturelles integrierenden Werkzeugs nach sprachlicher *Markanz* gesucht werden, die grammatisch im allgemeinen Bewußtsein ist und deren Relevanz für

---

7 Dazu habe ich einen Vorschlag anhand eines Beispiels gemacht (1991a und 4/1995 zusammen mit B. Strecker, L. Hoffmann, W. Köller, A. Näf und M. Nutz).
8 Quasi als eben doch systematische Fortführung von BOETTCHER/SITTA (1978).
9 Vgl. das inzwischen bekannte Problem gerade um diesen Gliedsatztypus: EISENBERG (1993).

Textsorten wahrscheinlich und plausibel ist. Gleichermaßen eröffnet der Blick auf Information und Informationsfluß einen geeigneten Zugang zu mittelkomplexen Textstrukturen, da auch Textsegmente in sich informationell gegliedert sind. In einem ersten Schritt geht es um die Verteilung sprachlicher Elemente in Texten, wie sie auch die funktionale Stilistik für ihre Beschreibung braucht.

Für die Untersuchung, ob schriftsprachliche Kompetenz durch geeigneten Grammatikunterricht bei Jugendlichen gefördert werden kann, ist ein grammatisches Instrumentarium nötig, das in wiederholbarer Weise Textvergleiche vor und nach diesem Unterricht bei größeren Schülergruppen bis hin zur syntaktischen Mikroebene ermöglicht. Die folgenden Überlegungen stellen den Versuch dar, so (schul-)relevante grammatische Bereiche wie Satzarten, Adverbialien, Satzmodalität, die morpho-syntaktischen Informationen des Prädikats wie Tempus, Modus und Genus Verbi, Verbergänzungen von der pronominalen bis zur Gliedsatzform und Attribuierungsgrade in ein relativ geschlossenes Modell integrieren. Dabei ergeben sich Fragen der Gewichtung innerhalb des Modells, also z.B. des Verhältnisses etwa von Tempusgebrauch und Adverbialieneinsatz in einem Satz, in mehreren Sätzen, in Texten. Dies führt zu recht grundsätzlichen Fragen bzw. Thesen in den Bereichen Syntax und Textualität. Will man unter didaktischer Perspektive einen Zugang zu einer funktionalen Grammatik entwickeln, so muß ganz im Sinne der oben formulierten Thematisierbarkeit von Grammatik für Jugendliche zunächst berücksichtigt werden, "daß das Auffälligste an grammatischen Zeichen das ist, daß sie *unauffällig* sind." [10] M.a.W. die Tatsache der Unauffälligkeit der grammatischen Zeichen bedingt einen eigenen Bewußtwerdungsprozeß, der für Kinder und Jugendliche eigentlich nur über das Inhaltliche, also über Semantik und Pragmatik gehen kann. Diese Unauffälligkeit der grammatischen Zeichen bewirkt auch, daß quasi nur einige wenige in die kognitive Ebene gehoben werden können - im LEIBNIZschen Sinne (vgl. Kap.4.1) in die *cognitio aequata* oder zumeist in die *cognitio inadaequata*. Für die nicht - aus welchen Gründen auch immer - thematisierbaren grammatischen Zeichen ist eine Kompetenzstufe anzustreben, die einen sicheren, "vorbewußten" - *cognitio clara confusa* - Sprachgebrauch ermöglicht, was im Alltag auch gerne als Sprachgefühl umschrieben wird.

Dies alles gilt ebenso für eine Fragestellung, nach der *grammatische Wege für eine Schreibkompetenz* auch aufgrund empirischer Belege gesucht werden sollen.

Was für einen funktionalen Zugang zur Syntax, zur "Satzbaulehre" gebraucht wird, ist ein Satzbegriff, der den Satz als semantische Einheit begreift und der gleichzeitig den Satz strukturell erschließt, damit er kompatibel mit dem formalen Wissen ist, wie es Schulgrammatiken und grammatische Sprachbuchlektionen anbieten und wie es die Lehrenden haben. Funktion und Kategorie sind dabei nicht immer ganz sauber zu trennen. Dabei muß man sich klar machen, daß Jugendliche allenfalls für semantische

---

10 KÖLLER (1983:14).

Funktionen interessiert werden können, während syntaktische Funktionen im Muttersprachenunterricht kaum motivierbar sind. Angesichts solcher Realität wird man dem Fremdsprachenunterricht dankbar sein müssen, wenn er diese nicht unwesentliche Lücke füllt, wie ja überhaupt die Mehrsprachigkeit der Schüler im Deutschunterricht viel zu wenig genutzt wird.

Die Lösung kann in der Weise und in der Richtung gesucht werden, daß der Satz in seiner informationellen Struktur als eine Kette von allgemeinsemantischen Informationspositionen gesehen wird, wobei diese Kette nicht beliebig vielfältig und nicht beliebig lang ist, sondern eine endliche Menge an Möglichkeiten hat. Diese einzelnen Möglichkeiten sind in einem allgemeinen semantischen Sinne zu fassen, nämlich in ihrer informativen Funktion für den Satz.

Der Vorteil, den Satz über seine allgemeinsemantische Positionenstruktur als einen mal stärkeren, mal schmaleren Informationsfluß aufzubauen, liegt für den Schulgrammatiker darin, daß mittelkomplexe "inhaltliche" Untereinheiten zur Verfügung stehen, die dem Jugendlichen als wichtig für die Gestaltung des Informationsflusses dargestellt und ihm nahegebracht werden können. Von diesem Plateau aus lassen sich die formalgrammatischen Fragen dann besser und zum größten Teil begründeter stellen. - Um es im Beispiel zu sagen: Wird in der informativen Einheit Satz eine Untereinheit "begleitende Umstände in Relation zum Sachverhalt" etabliert, dann wird deutlich, daß die grammatische Kategorie *Adverbiale* eine spezifische Relation zu dieser Einheit darstellt und daß sie ausdifferenziert werden kann, sowohl semantisch wie formal.

Dies ist im Prinzip nicht neu. So wird etwa der funktionale Aspekt bei EISENBERG (1986:56) in seinem Kapitel "Grundbegriffe" für solche Untereinheiten zwar gebraucht, aber dann nicht mehr zu einer geschlossenen Einheit zusammengebracht, indem etwa die Prädikatsrelationen entfernt von den semantischen Rollen behandelt werden. Zu den syntaktischen Relationen heißt es:

"Begriffe wie 'Subjekt', 'Objekt', 'Attribut' und 'adverbiale Bestimmung' sind relationale Begriffe. Sie kennzeichnen eine Konstituente nicht für sich selbst und unabhängig von der Umgebung, sondern sie kennzeichnen, welche Funktion die Konstituente innerhalb einer größeren Einheit hat. Sie wird damit in Beziehung zu anderen Konstituenten gesetzt und diese Beziehungen oder Relationen werden als Subjekt-Beziehung, Objektbeziehungen usw. bezeichnet."

Eine Begrenzung der Möglichkeiten der Beziehungen oder Relationen erfolgt nicht, wohl auch deshalb nicht, weil hier verschiedene Relationen selbst vorgestellt werden, womit sich auch der Ebenenwechsel hin zum Attribut erklärt. Die Prädikatsrelationen als semantische Funktionen der Einheit Satz werden hier nicht thematisiert, sondern abgetrennt im Abschnitt "4. Die Einheitenkategorien des Verbs" [11] - des "Verbs" und nicht des "Prädikats"! Schulgrammatiken gehen in ihrer Systematik ähnlich vor, so daß die informative Potentialität des Satzes nicht repräsentiert wird. Das Prädikat muß aber in diesem satzstrukturellen Zusammenhang deshalb so

---

11 EISENBERG (1986:ab 105).

sehr betont werden, weil gerade das Prädikat als komplexes grammatisches Zeichen den Heranwachsenden für die Sicht auf den Satz "unauffällig" [12] bleibt.

Einen deutlichen Schritt weiter geht Peter von POLENZ (1985:82) in seiner von der semantischen Perspektive entwickelten Satzbeschreibung, indem er den *Prädikatsausdruck* in seinem Modell *anhebt* und auf die Ebene mit den *Ergänzungen* und *Angaben* stellt, freilich ohne die Kasusrollen explizit neben die Prädikatsfunktionen zu stellen.

Sein Modell enthält also auf der obersten Ebene den Prädikatsausdruck:

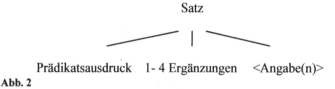

Abb. 2

Bei den "Angaben" findet sich zwar keine Differenzierung der Adverbialien für Zeit, Art, Instrument, Ort, Grund (mit weiterer Differenzierung) einerseits und Satzadverbiale andererseits. POLENZ (1985:93ff.) unterscheidet in seinem Modell des *Satzinhalts* den *propositionalen Gehalt* und den *pragmatischen Gehalt*.

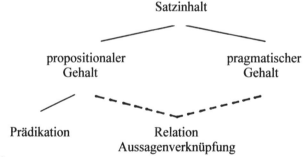

Abb. 3

Beiden Darstellungen fehlt noch eine eigene Komponente für ana- und kataphorische Textsignale, die insbesondere von Partikeln getragen werden, also z.B. ein *freilich* u.v.a.m. Denn neben den eher unauffälligen kohäsiven Mitteln wie Konstanz im Tempus und der consecutio temporum, im Modus, in Proformen u.a. wirken Partikel an der Kohäsion mit, weshalb sie syntaktisch ja so schwer zu fassen sind. Insgesamt verdienen die kohäsiven Mittel also eine Darstellung im Satzmodell, eben damit sie in die Beschreibung explizit eingehen und im Bewußtsein verankert werden können.

Aus informativer Sicht wird der pragmatische Gehalt sprachlich konkret durch Modus, Tempus, Satzadverbialien, Partikel, freien Dativ u.a. in der Schriftsprache repräsentiert; bei Mündlichkeit kommen noch Akzent und

---

12 Vgl. KÖLLER (1983:14).

Prosodie hinzu. M.a.W., die gesamtsatzrelevanten Syntagmen verdienen eine höhere und in der Beschreibung deutlich ausgewiesene Position im Satzmodell. Im folgenden wird sowohl schulgrammatisch wie sprachanalytisch ein Satzmodell für die Untersuchung von grammatischen Stärken und Schwächen in Schülerarbeiten entwickelt.

Ausgangspunkt ist die Frage, welche Entscheidungen denn ein Sprecher/Schreiber, Sprecherin/Schreiberin zu treffen haben, wenn sie einen Satz formulieren wollen. Diese Entscheidungen sind in vier informativen Kategorien zu treffen:
1. Welche *Entitäten* werden *zu einem Sachverhalt* in einem Satz zusammengenommen?
2. In welchen *raumzeitlichen Kontext* und in welchen *Begründungs- und Zweckzusammenhang* - im weitesten Sinne - soll der Sachverhalt gestellt werden?
3. Welche *Verstehensanweisungen* und welcher *Rezipientenbezug* soll explizit formuliert werden bzw. welche pragmatischen Informationen müssen sprachsystematisch gegeben werden?
4. Wie soll der *Satz organisiert* werden, in welcher Reihenfolge, in welchem Komplexitätsgrad und in welcher Extension wird was (1-3) formuliert?

Diese vier informativen Kategorien enthalten in hohem Maße traditionell-grammatische Bereiche, aber auch markante Unterschiede werden wahrnehmbar. Insbesondere wird der Prädikatsausdruck als hochverdichtetes grammatisches Zeichen angesehen, das sowohl mit eigener Information (3) wie mit organisatorischer Funktion (4) und semantischer Fügepotenz erscheint.

Eine Satzdefinition aus dieser informationellen Sicht gibt dies wie folgt wieder: Ein Satz drückt Sachverhalte aus, indem er eine oder mehrere Entinitäten (s.o.1) durch ein *finites Verb* bzw. Verbgruppe mit einem finiten Verb in einer *Struktur* organisiert (s.o. 4). Dieser so organisierte Sachverhalt kann *raumzeitlich* situiert und *logisch-argumentativ* differenziert bzw. *modifiziert* werden (s.o. 2). Die im finiten Verb enthaltenen Informationen - grammatisch als Tempus, Modus, Genus verbi bezeichnet - geben *Verstehensanweisungen* vielfältiger Art: Textsorte (erzählen oder besprechen), Zeitlichkeit, Gültigkeit, Denkmöglichkeit, Vermitteltheit der Aussage (s.o. 4). Darüber hinaus sind Entinitäten (1) und Angaben (2) als strukturell kenntliche Subsätze formulierbar, so daß ein Sachverhalt durch Subsätze in seiner Information sehr komplex werden kann. Wortfolge und Lexik bieten Möglichkeiten der Emphase, der Differenzierung und Modifizierung.

Auch wenn diese kurze Satzdefinition wie alle Satzdefinitionen unvollständig bleiben muß, so vereint sie doch relativ herkömmliches grammatisches Wissen unter der Informationsfunktion. Didaktischen und methodischen Erfordernissen wird eine solche Definition insofern gerecht, als hier Entscheidungen als Optionen innerhalb bestimmter vorgegebener Strukturen herausgestellt werden. Was für das Komponieren, Spielen und

Hören von Musik so selbstverständlich ist, gilt mutatis mutandis auch für das Verfassen, Sprechen/Schreiben und Verstehen von Sprache: Die Beschäftigung mit dem Handwerklichen eröffnet erst die vielfältigen Möglichkeiten, von der Einfachheit sprachlicher Gestaltung bis hin zu kluger Auswahl. Deshalb ist hier der Informationsbegriff sehr weit gefaßt: neben den semantischen Informationen der Wörter und grammatischen Formen sind auch Rhematisierungen und Gewichtungen als Informationen zu verstehen; selbst die Nutzung literarischer Muster führt zu einer Information, nämlich der ästhetischen und soziokulturellen Information. - Im didaktischen Zentrum steht die Wahrnehmung dieser Vielfalt, die aber eben doch auf einigen wenigen Grundbedingungen beruhen. Insofern entschwindet der Satzbegriff auch nicht durch die Hereinnahme der Vielfalt, sondern er wird unter dem Spannungsverhältnis einer relativ offenen Struktur und sehr vielen, aber nicht unbegrenzten Möglichkeiten/Optionen gesehen.

Dazu nun im einzelnen:

Zu (1): Die Verbvalenz[13] spiegelt in hohem Maße unser Weltwissen und Welt selbst wieder. Mit dem Verb *geben* sind notwendigerweise ein Gebender, eine Gabe und ein Erhaltender zusammenzubringen. Die sprachliche Differenzierung wird dann zu einer organisatorisch- grammatischen Frage, wie sich etwa an den unterschiedlichen formalen Bedingungen von semantisch sehr ähnlichen Verben wie *liefern* und *beliefern, helfen* und *unterstützen* ablesen läßt. Mit der Entscheidung, ein Verb zum Prädikat zu machen, wird ein potentieller Sachverhalt aufgerufen, der dann über die lexikalische "Ausstattung" konkretisiert wird, z.B. in seiner Konkretheit oder Abstraktheit, in seiner Ausstattung mit Sachverhalten, die, da sie als Attribute oder als Gliedsätze formuliert werden, komplexe Entitäten bilden, die in den einmal durch das flektierte Verb entstandenen Satzrahmen eingespannt werden.
Dies sei im folgenden Modell *Satzkern* genannt.
Ein ähnlicher, aber nicht weiterentwickelter Gedanke - denn darum handelt es sich, da uns der reale Satzproduktionsprozeß im Kortex nicht wirklich zugänglich ist - findet sich in der Grammatik von Ulrich ENGEL (2/1988:356f.). Er spricht von einem

"Modell des sprachlichen Erzeugungsprozesses [...] Das Verb wird nicht immer das erste Wort sein, in dem das Gemeinte [zum Teil] aufgeht; aber das Verb ist immer das wichtigste. Für ein Verb muß sich der Sprecher einmal entscheiden, und er entscheidet damit - da das Verb seine Valenz mit sich bringt - über einen großen Teil des Satzes. [...] Damit sind zugleich die Ergänzungen eingeführt, zumindest die obligatorischen."

ENGEL (2/1988:357)führt aber den Versprachlichungsprozeß nicht modellhaft fort, sondern beschränkt sich auf allgemeine Bemerkungen zu "Semantik" und "Pragmatik".

---

13 Differenzierte Diskussion z.B. in HELBIG (1982) und die Sicht in POLENZ (1985:55f.) und STEPANOWA/HELBIG (2/1981); SOMMERFELDT (1991).

Zu (2): Der "Satzkern" ist meist situativ eingebettet. Auch wenn damit die Satzglieder Adverbialien insgesamt angesprochen sind, so scheint hier eine Binnendifferenzierung sinnvoll. Zum einen informieren die raumzeitlichen Adverbialien über die Situation, in der der Sachverhalt, der Satzkern, steht, und zum anderen erfordert mancher Sachverhalt eine Modifikation, eine Begründung, eine Zweckangabe, die Mitteilung von Gegengründen und von Folgen. Aus der Perspektive der Valenztheorie handelt es sich um eine "freie" Entscheidung, inwieweit deiktische und nicht-deiktische Informationen dem Hauptsachverhalt beigegeben werden. Konventionell und aus der Perspektive der (prototypischen) Textsorten scheint es so zu sein, daß in narrativen und informativen Texten vor allem deiktische Informationen erwartet werden, in argumentativen eher nicht-deiktische Informationen, wobei grundsätzlich jeder Sachverhalt eine solche "Ausstattung" erhalten kann. Hier ist der Bereich der Konvention und der Bereich der Pragmatik unmittelbar erreicht. Denn wenn man auf Pragmatik im Sinne des philosophischen Pragmatismus und der ordinary language philosophy zurückgeht, dann wird alles Sprechen und Schreiben zum Handeln. Dies hat Karl BÜHLER (1934:102-120) geradezu paradigmatisch an der Konstitution des sprachlichen Zeigfelds im Paragraphen 7 "Die Origo des Zeigfeldes und ihre Markierung" seiner "Sprachtheorie" verdeutlicht. - Die Relevanz einer solchen fundamentalen Sprachauffassung, die in gutem Einklang mit der Ludwig WITTGENSTEINs (5/1993) steht, muß der Didaktik und hier konkret der Grammatikdidaktik mehr und mehr nahegebracht werden, nachdem nach einer ersten stürmischen Rezeptionen SEARLEs, etwa durch Hubert IVO, "Handlungsfeld Deutschunterricht" und viele andere, das Interesse an einer breiteren Sprachhandlungstheorie verloren gegangen ist.[14] Die Differenzierung in deiktische und nicht-deiktische Adverbialien berührt neben dem pragmatisch-kommunikativen Bereich auch den psychologischen: es scheint *situative Schwellenwerte* zu geben, wann Begründungen und ähnliches zu einem Sachverhalt nötig werden. - Um beim vorherigen Beispiel zu bleiben: bestimmte Gaben an bestimmte Erhaltende mögen im Zusammenhang mit *geben* der Begründung und/oder Modifikation bedürfen, oder weggelassen evozieren sie gerade diese Informationen, etwa in der Weise von Ellipsen, oder ihr Fehlen verweist auf den weiteren Kotext.
Diese Situierungsmöglichkeiten seien im folgenden Modell *Erweiterungen* genannt.

Gerade dieser wie der folgende Entscheidungsbereich[15] ist insofern sowohl relevant für Grammatikunterricht wie für Untersuchungen an Schülertexten, da er nicht notwendigerweise formuliert werden muß; er stellt grammatisch gut faßbare informative Entscheidungsspielräume dar. Hierzu sind *nicht* Richtungs- und Stellenangaben zu rechnen, die sich aus der Verbsemantik (wie bei *fahren, setzen, sein*) herleiten.

---

14 Die Arbeit von EHLICH (1983 u. 1991) und REHBEIN (1988) wurden von der Didaktik in der Folge viel zu wenig wahrgenommen.
15 Entwickelt bereits in KLOTZ (1989).

141

Zu (3): Die kommunikative Relevanz der Kombinationen von Entitäten in einer bestimmten Situierung stellt eine eigene Informationskategorie dar.[16] Sie enthält die Verstehensanweisungen, die Satz für Satz geäußert werden oder geäußert werden können. Diese nicht nur illokutiven Elemente finden sich grammatisch im Tempus (erzählen oder besprechen u.a.), im Genus verbi (eher faktisch oder prozessual orientiert), sie finden sich in affirmativen oder einschränkenden, in emotiven Satzadverbialien (oder deren anderen sprachlichen Varietäten; s.u.) und sie finden sich, aber nicht immer naiv so interpretierbar, in den Satzarten. Nicht unbeträchtlich ist hier, vor allem bei Mündlichkeit, die Mitwirkung der Partikel, die die Sprachhandlungen kommentierend oder zusätzlich beeinflussen können. Sie haben deutlich kontextualisierenden Verweischarakter.[17]
Die kommunikative Relevanz sei *Satzmodalität* genannt.

Zu (4): Sprachliche Organisation der Äußerungen über Kombinationen von Entitäten mit ihrer Situierung und ihrer kommunikativen Relevanz im Satzrahmen. Üblicherweise bilden wir Sätze, ohne über ihre Konstruktion nachzudenken, andernfalls liegen besondere Anlässe oder Bedingungen vor. Die Regeln, nach denen wir das tun, gehören verschiedenen Kategorien an, flexionsmorphologischen und syntaktischen, lexikalisch- und logisch-distributionellen usf.; sie sind üblicherweise in den Grammatiken samt Sonderregelungen beschrieben, manchmal mehr normativ, manchmal mehr deskriptiv.
Sie seien *Organisationsmerkmale* genannt.

Diese eher onomasiologischen Aspekte zusammenfassend sei noch einmal auf die Entscheidungen verwiesen, die Sprecher/Schreiber treffen müssen und/oder können, wenn sie Sätze formulieren:
- Welche Entitäten sollen auf welchem Konkretions- bzw. Abstraktionsniveau und auf welchem Komplexitätsniveau kombiniert werden?
- In welchen Rahmen sollen diese Kombinationen "situiert" werden?
- Welche Verstehensanweisungen mehr oder weniger expliziter Art sollen der Äußerung mitgegeben werden?
- Welche sprachlichen Kombinationsmittel sollen dafür verwendet werden, eventuell welcher Stil soll gewählt werden?

Über diese Aspekte hinaus bleibt zu fragen, was die Thematisierung dieser vier recht allgemeinen Kategorien, die für den Formulierungsprozeß konstitutiv sind, für den Aufbau von Sprachwissen und Sprachbewußtsein leistet.

Das Wesentliche scheint (mir) die Akzentsetzung zu sein, die sich für den Sprachunterricht ableiten läßt: Es werden Entscheidungsspielräume abgesteckt, die zunächst geprägt sind von den für die Äußerung zu wählenden Inhalten (1) und (2) und von der pragmatisch-kommunikativen Relevanz jeglicher Äußerung (3); das klassische Feld der Grammatik (4) wird hierzu in Funktion gesetzt, ihre Inhalte bekommen Wert und Gewicht von

---
16 Vgl. das Satzinhaltsmodell von POLENZ (1985:93); s.o.
17 FRASER (1987) und POLENZ (1985).

der Ausdrucksseite der Äußerung, und unmittelbar wird bereits klar, daß Sätze immer Teile von Texten bzw. Textabschnitten sind, denn die Kategorien (1) bis (3) und demzufolge auch (4) sind nicht innerhalb des Satzrahmens allein abzuhandeln. Die Entwicklung dieses didaktischen Modells korrespondiert syntaktisch als Sprachwissensmodell mit dem Begriff der Textgestaltung, die hier die *Ziel*größe ist. Die Entscheidungsspielräume sollen bewußt gemacht werden. Hierzu eignet sich die mittelkomplexe[18] gerade für die Adolszenten. Die Ebene der Wörter und der Morphologie erfährt durch diese perspektivische Thematisierung eine unmittelbare funktionale Relevanz, die schließlich im Grammatikunterricht ihren Niederschlag finden muß/müßte.

Dies sei nun in einem Modell zusammengefaßt: Zunächst wird ein Satz als *endliche Kette allgemein-semantischer Informationspositionen angesehen*. M.a.W., unabhängig von der Konkretisierung durch die Lexik läßt sich pro Satz eine maximale Menge von Positionen ausmachen, die spezifische erwartbare Informationen enthalten, wobei der Textproduzent z.T. entscheiden kann, welche Positionen er tatsächlich füllt und welche nicht. Es wird sich hierbei handeln um
- das pro Satz gewählte Verb, das zum Prädikat erhoben wird, und
- seine notwendigen Ergänzungen (im Sinne der Valenztheorie, wobei hier Verb und Ergänzungen semantisch informationell verstanden werden),
- die Adverbialien der Zeit, des Ortes, des Grundes (was hier sehr weit aufgefaßt wird) und evtl. des Instruments, sowie des kommunikativen Dativs, die Satzadverbialien der Einschränkung und der Emotion; und es handelt sich um die über das flektierte Verb zwangsläufig zu besetzenden Informationspositionen,
- des *Erzählens* bzw. *Besprechens* (Verb: Tempus: consecutio temporum),
- des *nicht-hypothetischen* bzw. *hypothetischen Sprechens* (Verb: Modus: Indikativ, Konjunktive, [Imperativ]),
- der unmittelbaren Äußerung bzw. ihrer Mitteilbarkeit (Indikativ, Konjunktive),
- und der Agensorientierung bzw. Prozessualität (Verb: Genus verbi: Aktiv, Passiv, bzw. Passiversatz).

Die *Erscheinungsformen* dieser Informations*positionen* sind z.T. invariabel im Bereich des flektierten Verbs und z.T. sehr variabel in den anderen Bereichen: Nomen, Pronomen oder Proform, Neben- oder Suprasatz (Suprasatz etwa für satzmodale Äußerungen; in diesem Bereich aber auch Formen wie Modalverb oder das Tempus Futur)."

---

18 Vgl. die Hinweise zur Überarbeitungsfähigkeit in verschiedenen Studien bei FEILKE (1993:28ff.), die bei Zwölfjährigen beginnt.

Modell des Informationsgesättigten Satzes (ISS):[19]

Abb. 4

Das Modell beschränkt sich auf die Satzgliedebene bzw. in der Modellsicht auf äquivalente grammatische Phänomene.

Es ist in zweifacher Weise funktional: zum einen werden sprachlich-strukturelle Gegebenheiten auf ihre allgemeinsemantische Funktion hin geordnet und als ein Gesamt von Ausdrucksmöglichkeiten gesehen. Zum anderen ist die Strukturierung in *Satzkern* als Kern eines Sachverhalts, in *Erweiterungen* als ein Versetzen des Sachverhalts in Bezugssysteme raumzeitlicher und logischer Art, in *Satzmodalität/Pragmatik* als metakommunikativer Rahmen und in *Organisationsmerkmale* als spezifischer syntaktischer Vertextung selbst funktional für den Informationsfluß. Denn alle Kommunikation basiert auf Information, und der sprachliche Apparat ist geeignet, Information gleichermaßen unserem Gedächtnis und unserer Leistungsfähigkeit gemäß zu fassen, zu bündeln und damit kommunikabel zu machen.

Ein eigenes Problem stellt die Möglichkeit und somit die Entscheidung zu Attribuierungen dar. Attribuierungen können nahezu überall - sogar bei Prädikatsausdrücken, die als Funktionsverbgefüge formuliert sind - eingefügt werden. - Attribute werden sinnvollerweise in determinativ-ornativ, oder nach EISENBERG (1986:217) in "restriktiv" und "nicht-restriktiv oder appositiv" unterschieden. Ihre Aufnahme in ein Satzmodell, das sich auf Information konzentriert, ist problematisch, weil die semantische Unterscheidung in restriktiv versus nicht-restriktiv vom Kon- und Kotext abhängt, was einer eigenen Klärung bedarf, die hier nicht weiter thematisiert wird. Ihr

---

[19] Ausführlich diskutiert in KLOTZ (1988).

Einbezug würde das Modell weiter komplizieren, indem dann restriktive Attribute in Nominalkomplexen Sachverhalte darstellen, die als bereits zusammengefaßt sowohl Abstraktion wie Informationsverdichtung bewirkt. Hier genügt es, Attribuierungen als eine Art *informative Mehrausstattung* zu sehen, die ihre Auswirkung auf Satzlänge und Satzgliedlänge hat.

Im schulgrammatischen Bereich ist gerade die Attribuierung ein gutes Beispiel dafür, an dem sich zeigen läßt, daß der Unterricht die informativ-semantische Leistung von Attributen im Sinne der klassischen Differenzierung mit Erfolg thematisieren kann und eigentlich im Sinne von Sprachhandlungen auch so thematisieren *muß*.[20]

Die modellhafte Endlichkeit der Kette möglicher sprachinformativer Elemente verweist auf die oben erläuterten Entscheidungsprozesse, die innerhalb des Satzbaus erfolgen müssen, und auf die Entscheidungen, Inhalte in andere Sätze zu verschieben; denn alles kann und soll nicht in einem Satz gesagt werden. Deshalb ist der ISS als ein ständiger Kontextverweis bzw. Situationsverweis gemeint, da das Modell zu registrieren ermöglicht, welche Satzpositionen gefüllt, nicht gefüllt oder verändert wurden.[21] Damit gibt das Modell einen äußeren, einen strukturellen Hinweis auf die Thema-Rhema-Gliederung des Textes bzw. auf seine thematische Konstanz oder Progression. Denn kommunikationsfunktionaler Satzbau ist nie aus sich heraus zu verstehen bzw. zu vollziehen, sondern immer nur auf der Basis der Kontextualisierung. Hier liegen noch (aufsatz)didaktische bzw. allgemein-linguistische Forschungsfelder. Aus meiner Sicht wird man hier vor allem mit zwei Perspektiven rechnen müssen:

a) Es erhebt sich die Frage, wie ein Textsegment idealtypisch bzw. prototypisch aussähe, so daß man einen konkreten Text daran messen könnte. Dies verknüpft sich mit thematisch-rhematischen Aspekten bzw. mit Themakonstanz, -progression und thematischem Wechsel.[22]

b) Der zweite Fragenkomplex zielt auf die Informationsdichte bzw. -offenheit (oder "Vagheit"). Der Leser/Hörer will immer ein bißchen neugierig bleiben, bis das Ende des Textes erreicht ist. M.a.W.: Wieviel Information soll pro Satz mitgeteilt werden, welche - noch - zurückgehalten und/oder welche von ihnen weitergeführt werden?

Beide Fragenkomplexe sind konventionsabhängig, sowohl allgemein wie spezifisch von den Textsorten.

Folgerungen:
1. Diese Sicht des Satzes führt dazu, daß unter der Informationsperspektive die *Verbinformationen*, wie sie sich aus der *Flexion* ergeben, *gleichrangig neben den Informationen der anderen Satzglieder* stehen. Dies bedingt eine zweifache Betrachtung des Verbs pro Satz: einmal baut es

---

20 Vgl. hierzu KLOTZ (1992) und BENDEL-KLOSTERMANN (1993) in der Neubearbeitung die Lektion "Schöne Ferien".
21 Vgl. die Textanalyse in KLOTZ (1988:90ff.).
22 Hierzu gibt es bereits Vorschläge die auch für die Didaktik von Interesse sind. GIORA (1983); dies (1985:115-135) siehe dann auch Kap.2.3.

über seine Semantik, über sein Referieren auf Welt den *Kernsatz* mit den dafür notwendigen Ergänzungen auf; zum anderen geben die Flexionsformen selbst in der skizzierten Weise Informationen, was freilich meist erst bei Flexionsformenwechsel wahrgenommen wird, also bei Tempuswechsel vor allem aus der consecutio-Gruppe -, bei Modus- oder Genuswechsel. Diese Informationen sind überwiegend dem Bereich "Pragmatik" im ISS-Modell zuzuschreiben, da sie kontinuierlich die Rezipientenperspektive steuern.

2. Diese Veränderung der Sicht auf die *informativen Satzelemente* erlaubt eine *Integration von traditioneller und struktureller grammatischer Beschreibung*. Zum einen bleiben strukturelle Erkenntnisse erhalten, wie sie sich aus der Theorie der Valenzgrammatik oder der Pragmalinguistik (Sicht der Satzmodalitäten z.b.) ergeben haben, zum anderen werden z.T. traditionelle Beziehungen wie z.B. "Umstandsbestimmung" als allgemein-informative Mitteilung "ernstgenommen", sie sind in diesem Modell pro Satz jeweils nur einmal vertreten bzw. attributiv modifiziert. Strukturgrammatische Beschreibungen haben die Schwäche, daß die *Verbinformation* Person, Numerus, Tempus, Modus und Genus einfach hinzugeschrieben werden und nicht *integraler Bestandteil* einer Modellstruktur sind. - Die konkrete Datenanalyse hat im übrigen manche Zuordnung schwer gemacht; solche Schwierigkeiten haben aber regelmäßig den Blick auf Vertextungsprobleme gelenkt und waren somit für die schreibdidaktische Analyse besonders wertvoll.

3. Diese *Satzsicht* erlaubt es, im jeweils konkret geäußerten Satz eine *Steuerung des Informationsflusses* dergestalt zu sehen, daß in vergleichbarer Weise die realisierten Informationen ihrem generalsemantischen Typ nach ebenso registriert werden können wie die *nicht* geäußerten. Die Registrierung der Informationstypenfüllungen in den Sätzen eines Textes und der häufig nicht realisierten Typen erlauben in *quantifizierbarer Weise Aussagen über Textsorten und Stile*. Dies war eine wesentliche Funktion dieser Satzsicht bei der Analyse der Schüleraufsätze. Quantifizierung verband sie mit Qualifizierung insbesondere unter der Perspektive der zur Verfügung stehenden Muster bei den einzelnen Schülertexten.

4. Die jeweils *nicht geäußerten* Informationstypen (vgl. im 0 Kapitel die Warum-Frage) erlauben, wenn sie als solche identifiziert sind, eine weniger vage Erwartungshaltung für den noch ausstehenden Text bzw. die Typik des Textes. Die Art des Informationsflusses wird in allgemeiner Weise beschreibbar (im Gegensatz zu häufig anzutreffenden simplen Paraphrasierungen).

5. Die Begrenztheit grammatischer Analyse wird besonders deutlich, wenn man neben der grammatischen Oberflächenbestimmung die Informationsseite genauer betrachtet, was allerdings nicht ohne Interpretieren abgeht; so kann beispielsweise eine Temporaladverbiale der Oberfläche sinnsemantisch kausal interpretiert werden (vgl. im 0-Kapitel den Anfang des zweiten Satzes im KAFKA-Text "als [...]"). Diese im weiteren

Sinne semantische Deutungsmöglichkeit kann für das Deutsche insofern in Betracht gezogen werden, als beispielsweise in Sprachen mit Partizipialkonstruktionen - also im Lateinischen, in den romanischen Sprachen, auch im Englischen - eben diese Interpretationsvarianten bei diesen Konstruktionen offen bleiben (und von Übersetzern im Deutschen fast immer festgelegt werden müssen).
6. Aus all dem ergibt sich eine Ausweitung des linguistisch-didaktischen Interesses, der linguistischen Beobachtung auf den Sprachbenutzer in seinem textproduktiven und -rezeptiven Verhalten. Dies kann in verschiedener Weise geschehen, also z.b. sozio- und regiolinguistisch, pragmatisch oder psycholinguistisch; hier ist es (sprach-)didaktisch geschehen, da, wie noch zu zeigen sein wird, diese Satz- und in ihrer Erweiterung Textsicht nicht nur eine spezielle Analyse von Schülertexten im Sinne einer Diagnose erlaubt, sondern weil daraus vor allem konzeptuelle Überlegungen für den Schreib- und Sprachunterricht entwickelt werden können.
7. Textsorten und -stile lassen sich durch Beobachtungen bzw. Operationen auf der *Mikroebene* besser beschreiben:
- Beobachtung bzw. Registrierung der gegebenen und der nicht gegebenen Informationen mit Hilfe der oben allgemein aufgeführten Kategorien, welche sich in dem Analyseinstrument ISS (dem Modell des informativ gesättigten Satzes) finden.
- Beobachtung, ob die als fehlend registrierten Informationen im weiteren Textverlauf erscheinen und gegebenenfalls, in welcher Form (eine Grundangabe z.B. muß als solche sprachlich nicht signalisiert/ausgewiesen sein).
- Texte der gleichen Textsorte sind daraufhin zu beobachten, ob sie ähnliche Textverläufe gemäß obiger Registratur haben bzw. es ist zu fragen, ob sich Gründe für Abweichungen finden lassen.

Bis zum Nachweis bleibt es eine offene Frage, ob zwischen den Makrostrukturen - auf ihren verschiedenen Ebenen - von Text und Textsegment auf der einen Seite und den Mikrostrukturen von Satz zu Satzglied auf der anderen Seite ein beliebiges, ein interdepentielles und/oder ein zusätzlich stilistisches Verhältnis besteht. Auch scheint die Perspektive hierbei eine nicht unwesentliche Rolle zu spielen: relativ plausibel erscheint nämlich ein *bottom-up-Zusammenhang*: ob syntaktisch eher ein Verbal- oder ein Nominalstil vorherrscht, ob mehr oder weniger attribuiert wurde, ob Partikel und Satzadverbialien usf. verwendet werden, all dies mag die Gesamttextstruktur in typischer Weise prägen, mag für die Textsorte selbst mit konstituierend sein. Mehr Fragen und Zweifel als Antworten fördert die *top-down-Perspektive*: ob die Mikrostrukturen des Satzes und seiner Glieder vom Thema und von der Textsorte bestimmt werden, erscheint sehr fraglich, zumal ja auch denkbar wäre, daß diese Strukturen durch die Kommunikationssituation stark beeinflußt werden.

Relativ positiv, wenngleich noch zu allgemein, sehen A.GARCIA-BERRIO
und T.A. MAYORDOMO (1987:184-185) den Zusammenhang von Makro-
und Mikrostruktur:

> "The paragraph is a macrostructural unit which is manifested microstructurally. The macrostructural nature of this unit is due to its thematic condition, to its link with an element of the topical set of discourse. Its manifestation in text surface is possible because of the surface structures of sentences on one hand, and due to certain paragraph marks, on the other hand. These marks are grammatical, phonological, lexical and rhetorical or logical [BECKER 1966/69] as well as punctuation marks enabling identation. The grammatical features which allow us to identify and separate paragraphs are mainly specific correcting elements which indicate a change of theme and which connect and define the limits of the paragraphs of a text. The adversative, illative and concessive connectives are examples of these elements.
> If macrostructure is typically a syntactico-semantic organization, the paragraph must share this double dimension. Starting from the principle of linguistic isomorphy, we draw a parallelism between paragraphs and texts which permit us to locate the paragraph semantically. It is in this sense centered on one of the text's subtopics [paragraph topics], and it also has a greater or smaller set of subtopics [communicateme topics]. The syntactic nature of paragraphs can also be explained from linguistic isomorphy; the central topic of a paragraph is part of the syntactic organization of the topics of macrostructure and hence a paragraph is syntactically connected to other paragraphs of the text. This relationship is explicit in the macrostructure. Moreover, the paragraph has an internal syntactic organization."

Die *Arbeitshypothese* für die rein sprachlich-linguistischen Beobachtungen lautet, daß die Stimmigkeit eines Textes bis hinein in seine Mikrostruktur sich manifestiert in seiner *informationellen Mikrostruktur*, welche gegebene und nicht gegebene Informationen in einem bestimmten ("interessanten") Verhältnis offenbart. Art und Verhältnis der Informationen werden gesucht für einen zu hypostasierenden jeweiligen prototypischen Textsortentypus, von dem aus konkrete Texte in ihrer Eigenart beschreibbar werden.

5.2. Texttheoretische Aspekte des Erzählens

Ein Sprachangebotsunterricht auf der Ebene grammatischen Wissens über einzelne sprachliche Phänomene und Strukturen und deren Funktionen in Sätzen und Texten ist sicherlich sinnvoll. Sinnvoll erscheint vor allem ein Wissen und Verwenden können verschiedener sprachlicher Mittel und Patterns im textlichen Mikrobereich, weil dadurch Gestaltungsfreiheit entstehen kann; dies etwa nach der Maxime: je bewußter, desto besser. Denn trotz der Korrelation einzelner sprachlicher Phänomene mit Textsorten, als *Affinitäten* zuvor bezeichnet, verbleiben viele funktional-stilistische Phänomene auf der halb - oder vorbewußten Kognitionsebene - möglicherweise interagieren die bewußte und die halbbewußte Kognitionsebene beim Rezeptions- und Produktionsprozeß ja auch besonders günstig, wenn nur einige wenige Phänomene bewußt eingesetzt werden; eine zu hohe Bewußtheit kann kontraproduktiv sein.

Doch alle diese Überlegungen, so plausibel und sinnvoll sie auch sein mögen, verlangen nach einem Bezugsrahmen, der größer, weiter als der Satzrahmen und überschaubarer als ein längerer Text ist. Als Bezugsebene bietet sich das *Textsegment* an, wenn es gelingt, einige wesentliche seiner Bedingungen kategorial und prototypisch zu beschreiben. Als unmittelbar interessierende Kategorien ergeben sich *Umfang/Länge*, inhaltliche/propositionale *Binnenstruktur* und *Funktion für den Text*: [23]

> "Geht man den Begriffen 'Text, Textualität' nach, dann wird die Grundbedeutung dieser Begriffe spürbar: Geflecht, Gewebe. Und so wie der Faden in seiner spezifischen Qualität - so möchte und sollte man weiterdenken - die Gesamtqualität des Gewebes mitbestimmt, so muß auch zwischen den kleinen Elementen und dem Gesamttext ein qualitativer Zusammenhang bestehen.[24] Will man nun 'Gewebe' als Metapher zwar nutzen, aber nicht überstrapazieren, dann ergibt sich die Notwendigkeit, das 'Text-Gewebe' in faßbarer Weise strukturiert zu sehen, und zwar nach Möglichkeit mit Modellvorstellungen, die schon bekannt sind, da man dann auf diese Vorleistungen zurückgreifen kann. Ich möchte dies zu versuchen, daß ich das für den Satz gültige und brauchbare Schema Wort - Satzglied - Satz auf Text übertrage: So wie beim Segmentieren gemäß strukturalistischer Tradition sich das auch älteren Grammatiken bekannte 'Satzglied' zwischen die alltagssprachlich wie linguistisch existenten Größen 'Wort' und 'Satz' stellt, so bedarf es einer Größe zwischen 'Satz' und 'Text', die in vergleichbarer Weise faßbar und darstellbar ist wie das Satzglied; dies sei der Abschnitt, der Paragraph, das *'Textsegment'*, das in der Regel bei schriftlichen Texten graphisch deutlich ausgewiesen wird.
> Freilich, so klar nachweisbar, wie das beim Satzglied zu sein scheint, ist das Textsegment nicht. Die Entscheidungen des Textproduzenten haben in ihrer graphischen Anordnung akzeptiert zu werden, seine Binnenstruktur muß noch aufgedeckt werden. Wählt man die *pragmatische Perspektive* und stellt sich eine hierarchische Gliederung von 'Sprechakten' vor, so wäre ein Gesamttext von einem 'Hauptsprechakt' bestimmt, der sich aus der Funktion der Textsorte, dem thematisierten Bereich und der Gesamtkommunikationssituation ergibt; jeden einzelnen Satz eines Textes kann und muß man sich von einem solchen impliziten oder expliziten Sprechakt überlagert vorstellen. Zwischen Satz und Text könnte man sich folglich als Element Makro-Sprechakte denken, die unter *einer* bestimmten Intention [Illokution und wahrscheinlichen Perlokution] mehrere Sätze/Propositionen zu einem Sachbereich kommunikativ und intentional zusammenfassen. In einem Text gibt es dann - wie im Grunde bekannt - etliche Makro-Sprechakte, die entweder relativ gleichartig sind, z.B. Argument und Gegenargument, oder die in verschiedenen Funktionen zueinander stehen, z.B. Argument, Information, Erzählung eines Fallbeispiels, Appell usf. Zur näheren Beschreibung dessen, was wir unter Textsegment verstehen könnten, böte sich auch die *semantische* und *strukturale Perspektive* an. Im semantischen Bereich ließe sich so eine immer geordnete isotopische Gestalt denken, während sich im strukturalen Bereich zunächst einmal keine Übernahmemöglichkeiten aus der syntaktischen Theorie unmittelbar ergeben. Die Abgrenzung eines Textsegments wird so lange schwierig bleiben, wie nicht genügend generalisierbare Vorstellungen hierfür zur Verfügung stehen.
> In einem informationstheoretischen Ansatz lassen sich jedoch semantische und strukturale Vorstellungen relativ gut unterbringen. Er erlaubt eine einigermaßen eindeutige Segmentbestimmung wenigstens idealtypisch. Informationstheoretisch auch deshalb, weil ein solcher Ansatz für die Satzebene schon vorgeschlagen wurde (Kap. 2.2). Vorgeschlagen sei, das Textsegment in einer ähnlichen Position zu sehen wie das Satzglied, nämlich in seiner Bezogenheit zur nächst größeren und nächst kleineren Kategorie.
> Es ergeben sich auch einige sinnfällige Parallelen, Ähnlichkeiten zwischen Satzglied

---

23 KLOTZ (1991b:41f.).
24 Vgl. GARCIA-BERRIO/MAYORDOMO (1987:184f.).

und Textsegment. Beide bedürfen mehr der Begründung, der Abgrenzung, der Beschreibung als ihre sie einschließenden Kategorien: Was 'Wort', was 'Satz', was 'Text' sei, ist alltäglich etabliert, und linguistische Analyse umgeht diese Größen keineswegs; das Morphem hat das 'Wort' nicht verdrängt, sondern problematisiert, und im Grunde verhält es sich bei den Satzdefinitionen nicht anders. Daß Textdefinitionen noch viel schwieriger sind, ist mit der ansteigenden Quantität der zu betrachtenden Elemente nicht verwunderlich; vom Begriff 'Text' wird man wohl kaum abgehen wollen. Textsegment und Satzglied teilen Eigenschaften, die etwa mit den 'GLINZschen Proben' zum Vorschein kommen: Sie sind als Ganzes *verschiebbar*, wenngleich sich damit ihre pragmatische Wirkung ändern kann, manche sind mehr *weglaßbar* als andere, sie sind durch kleinere bzw. größere Einheiten *ersetzbar*, und sie sind fast immer *erweiterbar*. Auch wenn es sich an dieser Stelle nicht lohnt, diese 'oberflächlichen' Ähnlichkeiten weiter zu untersuchen, so mag dadurch doch die relativ deutliche Eingebundenheit des Segments in ein Ganzes bewußt werden. Seine 'Verwobenheit' und seine Webstruktur sind im folgenden Thema."

Die "Webstruktur", die *Binnenstruktur* des Textsegments muß, wie im folgenden zu zeigen sein wird, in Abhängigkeit, in Funktion zur Textsorte gesehen werden. Und umgekehrt konstituiert die Binnenstruktur die Textsorte.

Am bekanntesten ist dies wohl für argumentative Texte, wo die logischen Binnenstrukturen von Argumenten sich textuell niederschlagen, zumindest in idealtypischer Weise. Diese Strukturen sind seit der Antike gut erfaßt und beschrieben, etwa bei Aristoteles - verkürzt: propositio maior - propositio minor - conclusio - oder in jüngerer Zeit Stephen TOULMIN (dt. 1975) - Fakten - Konklusion - Rechtfertigung - Stützung, Beispiel. TOULMINs Differenzierung der logischen Struktur gehen sprachlich in die Textstruktur ein, wie Angelika LINKE und Markus NUSSBAUMER (1988) gezeigt haben.

Die Binnenstrukturen der Textsegmente scheinen fürs Erzählen und fürs Informieren/Berichten schwerer beschreibbar zu sein. Beim *Erzählen* werden gemeinhin Gesamtstrukturen untersucht. So beziehen sich z.B. Dietrich BOUEKE/Frieder SCHÜLEIN (1991) einerseits und Yeshayahu SHEN (1989) andererseits in ihren Erzählanalysen auf David E. RUMELHARTs (1975) "story grammar". Ihnen ist gemeinsam, daß sie zwar inhaltliche Segmentierungen, nicht aber explizit textliche Segmentierungen vornehmen. Bei genauerem Hinsehen verändert sich dieses Bild, denn man kann unterstellen, daß sich inhaltliche Unterteilungen in der äußeren, der textlichen Gestaltung wiederspiegeln. Aber ist damit die Binnenstruktur erfaßt? Eine Gliederung in *Anfang-Mitte-Schluß*, wie es sie seit der Antike theoretisch gibt, bleibt natürlich vernünftig, sagt aber nichts über das Verhältnis von Linearität und Hierarchie in der Erzählstruktur. Dies aber scheint eine zentrale Frage für die Beschreibung der Binnenstruktur zu sein, einmal, um die Struktur selbst adäquat erfassen zu können, zum anderen mit Bezug auf die kognitive Verarbeitung von Textstrukturen bei der Rezeption und bei der bewußten Gestaltung von Texten. Daraus ergibt sich ein Ansatz der Erzähldidaktik, der Schriftlichkeit durch Schriftlichkeit favorisiert und der Erzählen bewußt macht durch ein Wechseln von Rezipieren und Produzieren auf *einer* theoretischen, deutlich sprachorientierten Grundlage. Nicht zu verwechseln ist damit der sogenannte kreative Umgang mit Literatur und die kreative Erzähldidaktik, die stärker auf das Erlebnishafte reflektieren, während hier mehr auf Kognitivierungsprozesse abgehoben wird.

In den verschiedenen Anläufen zur Erfassung von nicht-(nur)linearen Strukturen narrativer Texte werden folgende *Textteile* - wenn auch terminologisch unterschiedlich - angesetzt: *Setting* (1) - *Episode* (2.1) und *Komplikation* (2.2) mit auslösenden und folgenden Ereignissen - *Lösung* (3). Vorausgehen kann eine *Orientierung* (0) und folgen kann ein eigener, von der story ferner *Schluß* (4).[25] Diese "sprechenden" Begriffe geben weitgehend auch die Alltagserfahrung im Umgang mit Erzählungen wieder. Die Diskussion um diese Begriffe einer "story grammar" (RUMELHART und dann andere) kreist um verschiedene Hierarchisierungsmodelle, die dem reinen Erzähltext in seiner Linearität unterlegt werden. In dieser Weise deutet Uta QUASTHOFF (1980:88) z.B. den *Erzählplan*:

"Als letztes Argument für eine relationale Beschreibung der Bedeutung eines Textes sei noch ein allgemeineres genannt: Die Auffassung, daß bestimmte Textteile durch ihre Beziehung zu anderen Textteilen bestimmt sind, daß sie im Hinblick auf diese anderen Textteile auftreten, verweist auf eine funktionell-teleologische Analyse- und Erklärungsform, die in Zusammenhang mit einer Konzeption von Sprechen als intentionalem Handeln als einzige zu rechtfertigen ist. Damit zusammenhängend gibt es Gründe dafür, anzunehmen, daß die kognitive Informationsverarbeitung die Informationen in einer relationalen Ordnung aufnimmt, speichert und abrufbar macht."

Eine "teleologische Analyseform" findet freilich nur berechtigt Anwendung auf "teleologisches" Erzählen, was es ja meist auch tatsächlich ist; die Rede ist also *nicht* vom Alltagserzählen im Sinne der Erhaltung von gemeinsamen Erlebens- und Wissenshorizonten, wie es unter Paaren und Freunden üblich und sinnvoll ist ("[...] in der Stadt hab' ich heute den X getroffen; ich soll dich herzlich grüßen; und dann hab' ich ein Paar Schuhe gesehen, die [...]").

Teleologisches Erzählen ist intentionales Erzählen. Es kann von verschiedenen Funktionen abhängen: (literarische) Unterhaltung, Beispiel für ein Argument, psychische Entlastung nach einem ungewöhnlichen Ereignis, Flirt u.v. a.m. Diese Funktionen auch nur aufzuzählen läßt bereits ahnen, wie sehr die alltägliche Schulpraxis einer didaktischen Begründung bedarf: Soll Erzählfreude nur an sich "abgeschöpft" und ein wenig kultiviert werden, oder ist ein funktionales Erzählen schließlich angestrebt? Das würde bedeuten, die *Tiefenpragmatik* - Erzählen um zu unterhalten, um zu argumentieren usf. - daraufhin zu untersuchen bzw. in Wechselbezug zu bringen, inwieweit sie sich auf die *Oberfläche* des Erzählten auswirkt.

Doch steht vor solchen Fragen die Suche nach einer theoretischen Erzählstruktur, die nach Möglichkeit zwei Funktionen erfüllen soll: Sie soll prototypisch Erzählen, strukturell wiederspiegeln und somit eine Reflexion über Erwartungen an Texte ermöglichen, und sie soll für konkrete Texte als tertium comparationis dienen. Das ist fürs Informieren gleichfalls anzustreben, ähnlich wie auch für die mikrostrukturelle Sprachlichkeit von Texten

---

25 Verknappt nach BOUEKE/SCHÜLEIN (1991:84), da dort bereits QUASTHOFF (1980) und RUMELHART (1975) diskutiert sind.

als tertium comparationis der informativ gesättigte Satz - ISS - bereitgestellt wurde.

Das Modell einer theoretischen Erzählstruktur soll in zwei Etappen diskutiert werden. In der ersten möchte ich BOUEKE und SCHÜLEIN folgen, in der zweiten Y. SHEN. Diesen Erzähltheoretikern ist die Überwindung der linearen Struktur gemeinsam, wie sie von W. LABOV und J. WALETZKY (engl. 1967, dt. 1973) zunächst formuliert war. Sie beziehen sich in ihrer Diskussion vor allem auf RUMELHART (1975), den sie z.T. übernehmen, um dann zu eigenen Strukturvorschlägen zu kommen. Schon bei RUMELHART (1975:217) ist der oberste Knoten des Strukturbaums die "story", ganz in Anlehnung an strukturelle Syntaxmodelle:

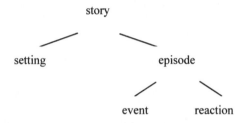

Abb. 5

Eine solche Strukturierung greift m.E. insofern vorschnell zum klassischen Syntaxmodell, als hier zwei aufeinander aufbauende Annahmen absolut gesetzt werden: Zum einen kann zunehmend bezweifelt werden, daß das Syntaxmodell die kognitiven Verarbeitungsstrukturen von Sätzen wiederspiegelt. Das nimmt in dieser Form auch die kognitive Linguistik nicht an, sondern sie trennt die semantisch-sprachliche Repräsentationsebene von der konzeptuellen.[26] Die andere Annahme beruht in der Modellvorstellung, *stories* glichen *überdimensionalen Sätzen*. Es sieht aus, als wären sie in behavioristischer Weise dual strukturiert wie stimulus und reactio, und sie würden in dieser Weise kognitiv verarbeitet. Dem widerspricht u.a. QUASTHOFF (1980:100) in der Diskussion um den Begriff "Erzählgrammatik":

> "Erstens kann über die syntaktische Komponente einer solchen Grammatik nicht annähernd Vollständiges und Adäquates gesagt werden. Zweitens [...] sind die Regularitäten der Bedeutung-Form-Zuordnung noch weitgehend unbekannt. Drittens legt der Ausdruck 'Grammatik' eine Analogie zu den Verhältnissen auf Satzebene nahe, die mindestens noch nicht erwiesen ist und vermutlich auch nur sehr eingeschränkt gilt."

Es verwundert also nicht, wenn BOUEKE und SCHÜLEIN (1991:76f.) den Begriff der "Erzählgrammatik" aufgeben und von "Modell" sprechen:

> "Unser [...] Modell sieht als oberste Konstituenten die 'Orientierung', die 'Geschichte' und den 'Schluß' vor - also die traditionelle Dreiteilung. Die Konstituente 'Geschichte' enthält - in anderer Ausdifferenzierung als in den 'story grammars' und ähnlich

---

26 z.B. BIERWISCH/LANG (1987).

wie bei LABOV und WALETZKY - die Konstituenten 'Exposition', 'Komplikation' und 'Auflösung'."

Die Funktion der *Exposition* besteht - ebenso wie diejenige des *Settings* - darin, daß die allgemeinen Hinweise zu den Personen, dem Raum und der Zeit, die in der *Orientierung* enthalten sind, durch die Angaben der spezifischen Zeit und des spezifischen Raums, in denen sich das zu erzählende Geschehen abspielt, präzisiert werden. Diese *Setting*-Informationen werden durch affektive Qualifizierung zur *Exposition* ausgebaut, indem das im *Setting* erscheinende Alltagsgeschehen narrativ markiert wird: z.b. durch die Betonung der völligen Ahnungslosigkeit der Aktanten oder der Stille und Friedlichkeit der Anfangsszene. Der ohnehin bestehende Kontrast zu dem in der *Komplikation* erzählten "besonderen Geschehen" wird dadurch natürlich noch verstärkt. - Die narrative "Markierung" des "besonderen Geschehens" innerhalb der *Komplikation* erfolgt üblicherweise durch Adverbien wie *plötzlich* oder *auf einmal*, durch den Gebrauch der direkten Rede, durch prosodische Besonderheiten (besonders schnelles oder lautes Sprechen), aber auch durch kunstvolle andere Mittel. - Die Kategorie *Auflösung* steht schließlich für die Beendigung der innerhalb der *Komplikation* entstandenen Spannung - auch hier findet sich, jedenfalls bei erfahrenen Erzählern, eine entsprechende sprachliche Kennzeichnung in Form einer "Markierung" (z.B. durch Ausdrücke der Erleichterung, die die emotionale Spannung aufheben).

In diese narrative Struktur einer Erzählung sind die kognitiven Repräsentationen des erzählten Geschehens oder der erzählten Handlung eingelassen. Bei einer Erzählung handelt es sich dabei entsprechend der ihr zugrunde liegenden Ereignis- oder Handlungslogik um die Konstituenten *Setting - auslösende Ereignisse - Folgeereignisse* (beide zusammen bilden die *Episode*) - *Abschluß*. Das *auslösende Ereignis* - es können auch mehrere sein - stellt den "Bruch" gegenüber den alltäglichen Anfangsereignissen prototypischer Weise dar und führt zu *Folgeereignissen*, mit denen es zusammen das besondere, nicht alltägliche Geschehen der *Episode* bildet. - Die Qualifizierung von *Ereignisfolgen* zum *Setting*, zu *auslösenden Ereignissen* u.s.w. erfolgt ebenfalls über *Markierungen*. Ihre Funktion besteht - im Unterschied zu den narrativen Markierungen der nächsthöheren Ebene - in der Bündelung von Ereignisfolgen zu den globalen Strukturelementen einer *Geschichte*.

Diese Konstituenten bauen sich demgemäß ihrerseits aus "Ereignisfolgen" auf, die noch keine derartige handlungslogische Strukturierung enthalten (und nicht entsprechend "markiert" sind) und die die einzelnen *Ereignisse*, aus denen sie ihrerseits zusammengesetzt sind, lediglich in Form additiver oder temporaler Verknüpfungen miteinander verbinden. - Die sprachliche Realisierung dieser kognitiv repräsentierten *Ereignisse* wird in unserem Modell in der üblichen Weise durch die Kästchen in der terminalen Kette des Strukturbaums symbolisiert.

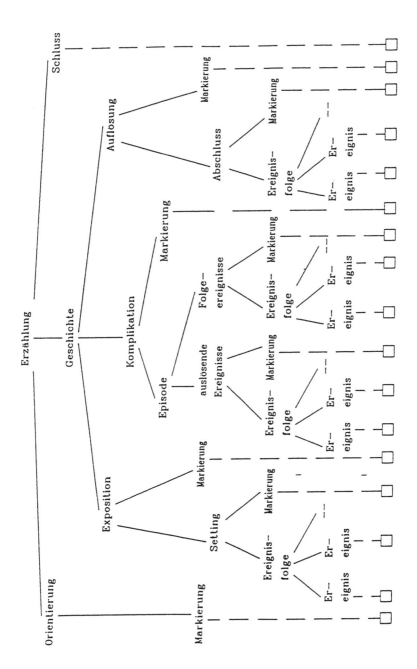

Abb. 6

Die nur relative Entfernung vom Syntaxmodell wird vor allem durch die Einbettung der *Geschichte* in *Orientierung* und *Schluß* deutlich, die zusammen erst die *Erzählung* ausmachen. Alltagssprachlich und somit offen bleibt hier die unterste Ebene *Ereignis*. Es kann zunächst allgemein charakterisiert werden als der Übergang, die Veränderung von einem So-Sein in ein anderes So-Sein. In Anlehnung an Jurij M. LOTMANN (2/1986:332) läßt sich jedoch etwas genauer sagen: "Ein Ereignis im Text ist die Versetzung einer Figur über die Grenze eines semantischen Feldes." *Grenze* hat für LOTMANN (2/1986:327) konstituierende Funktion für das Ereignis im Raum. "Raum" und "Grenze" sind für LOTMANN strukturale Elemente literarischer Texte:

> "[...] zum wichtigsten topologischen Merkmal des Raumes" wird "die *Grenze*. Sie teilt den Raum in zwei disjunkte Teilräume. Ihre wichtigste Eigenschaft ist ihre Unüberschreitbarkeit. Die Art, wie ein Text durch eine solche Grenze aufgeteilt wird, ist eines seiner wesentlichen Charakteristika."

Diesen Teilräumen werden nach LOTMANN (2/1986:328ff.) oft Personen, Eigenschaften, Zustände zugeschrieben.

> "Der Fall, in dem der Raum des Textes von einer Grenze in zwei Teile geteilt wird und jede Figur zu einem dieser Teile gehört, ist der grundlegende und wichtigste. Es sind jedoch auch kompliziertere Fälle möglich: verschiedene Helden können nicht nur zu verschiedenen Räumen gehören, sondern auch mit verschiedenen, bisweilen unvereinbaren Typen der Raumaufteilung gekoppelt sein. Dann erweist sich ein und dieselbe Welt des Textes als für die jeweiligen Helden in verschiedener Weise aufgeteilt. Es entsteht sozusagen eine Polyphonie der Räume, ein Spiel mit den verschiedenen Arten ihrer Aufteilung." "Als Sprache für den Ausdruck anderer, nicht räumlicher Relationen des Textes. Darin liegt die besondere modellbildende Rolle des künstlerischen Raumes im Text. Mit dem Begriff des künstlerischen Raumes hängt der Begriff des Sujets eng zusammen."

Nun wird deutlich, warum mit LOTMANN (2/1986:332) das *Ereignis* als "die Versetzung einer Figur über die Grenze eines semantischen Feldes" (vgl.o.) bezeichnet werden konnte. Es wird begreiflich, inwiefern die *Episode* mit ihren *auslösenden Ereignissen* und den *Folgeereignissen* aus dem *setting* herausführt und inwiefern sich neue Konstellationen räumlich-protagonistischer Art ergeben. Die Heranziehung LOTMANNs geschieht hier auch, um die *Inszeniertheit* eines Textes durch seinen Autor zu betonen. Das gilt - mutatis mutandis - im Prinzip auch für eine Schülererzählung. Ob wahr, halb oder ganz erfunden, nach Vorlagen oder Bildern, auch eine Schülererzählung muß eine "Textwelt" in einem Kommunikationsraum mit Zuordnungen aufbauen - *setting* -, und sie muß über Episoden ein Erzählziel ansteuern - sie muß "inszeniert" sein.

Der Begriff der *Inszenierung* für das Erzählen leitet sowohl zur Modelldiskussion zurück. Inszenierung von Sprache, von Erzählen gilt mir als Bestandteil des sprachlichen Wissens, wie er für eine Textgestaltungskompetenz notwendig ist; deshalb muß der Gedanke der Inszeniertheit, des "In-Szene-Setzens" in die didaktische Theoriediskussion mitaufgenommen werden (vgl. Kap.3).

So klärend das Erzählmodell von BOUEKE und SCHÜLEIN (s.o.) auch ist, es bleibt der Linearität mit seiner Basiskette der Ereignisse letztlich verhaftet. Das Modell "spricht" nur von "Auflösung", von "Komplikation" und so fort, aber es entwickelt nicht eine Struktur, in der der Zusammenhang von Exposition und Auflösung als ein hierarchischer Zusammenhang sichtbar wird. Die Forderung nach struktureller Hierarchisierung zwischen Exposition, Komplikation und Auflösung entstammt dem Inszenierungsgedanken, der von sich aus ein Erzähl*ziel* verlangt, das richtunggebend ist und das die jeweilige Aufnahme von Ereignissen, also von Räumen und Personen und deren Grenzüberschreitungen, in funktional-sinnvoller Weise einfordert.

Ein Strukturmodell, das die Bedingungen der Hierarchisierung, der strukturellen Aufnahme des Erzählziels und somit der Inszeniertheit zu erfüllen scheint, ist die "x-bar grammar for stories" von SHEN (1989). Nach einer würdigenden wie kritischen Diskussion von RUMELHART schlägt SHEN einen semantisch-informationstheoretischen Weg ein, der wiederum Modellvorstellungen in spiegelnder Weise entspricht, wie sie später (s.u.) für informative Texte in prototypischer Weise angenommen werden können. Beide Ansätze sind empirisch überprüft; sie verweisen auf verschiedene kognitive Verarbeitungsmechanismen, die jeweils deutlich von der Textsorte gesteuert zu sein scheinen.

Es kann hier nicht um die Diskussion der x-bar-Theorie für die Syntax gehen. Satz und Text teilen zwei wesentliche, gleichsam nach einem Modell rufende Eigenschaften. Für die Syntax heißt dies generalisierend:[27] "Das x-bar-Schema beinhaltet eine Generalisierung, die den Bau aller unkoordinierten Phrasen betrifft." Und konkreter für die Einzelsprachen heißt es:[28]

"Einer der wohl wichtigsten einzelsprachigen Parameter bezieht sich auf die lineare Abfolge zwischen einzelnen Konstituenten. [...] Parameter dieser Art [i.e. das Beispiel von Adjektivenphrasen hier] legen also eine bestimmte Linearisierung fest."

Auf den Text, auf das Textsegment übertragen interessiert ebenfalls ein Modell, das die Linearisierung eines Textes insofern auflöst, als es seine eigentlich hierarchischen Strukturen erklärbar macht. Und die im Text verhandelten Propositionen bedürfen eines strukturellen Modells ihrer Koordination, da jegliche Propositionenabfolge in einem Text objektiv nur als beschränkt verbunden angesehen werden kann, während die Rezeption über den Verstehensprozeß die volle Koordination zu leisten versucht.

Didaktisch und analytisch geht es mir um das Strukturelle selbst, so wie es von SHEN (1989:416) entwickelt worden ist, da es eine relativ geschlossene Näherungsweise an Komplexes erlaubt. Die Satz-Metapher für einen ganzen Text knüpft an Bekanntes an. Sie ist insofern verführerisch, als die bekannten Bezüge von Propositionen und Relationen wieder auftreten:

"In order to set the background for the presentation of the XBSG [= X-Bar Story Grammar], let us start briefly considering the conceptual framework underlying the

---

27 GREWENDORF/HAMM/STERNEFELD (4/1990:210).
28 GREWENDORF/HAMM/STERNEFELD (4/1990:211).

'Story Grammar' model. This framework consists of two components: the generative model taken from a linguistic theory, and the action structure. The two systems are combined as follows: a story structure is generated by a set of context-free phrase-structure rules, which correspond to the 'syntactic' rules of sentence level grammars; these rules use the categories adopted from action theory such as EPISODE, PROBLEM, TRY, and OUTCOME [...] The structural [i.e. 'syntactic'] relations between these categories have a 'semantic' interpretation which consists of action relations, for example Cause, Enable, and Motivate. This grammar operates on propositions as the minimal units of analysis at the story level, corresponding to words [or morphemes] as the minimal units in the analysis of sentences."

Aber, so SHEN (1989), diese Form hat drei Mängel: 1. den der Beschreibungsadäquatheit (419ff.), 2. den der Beobachtungsadäquatheit (423ff.) und 3. den der psychologischen Realität (425f.), die durch die x-bar-Theorie aufgehoben werden können. SHEN sieht dabei die Schwierigkeit, die in einer strukturellen Ähnlichkeitsannahme zwischen Satz und Story besteht. Er gewinnt daraus seinen entscheidenden Lösungsgedanken. - Problematisierend zitiert er Alan GARNHAM (1983:175 oder SHEN 1989:427):

"The first [difficulty with the story grammars - Y. SHEN] arises from the fact that the units of story structure are propositions. The proposition corresponds to the word or morpheme in the analysis of sentences, but propositions and words differ in one crucial respect. The lexical category of a word is stored in the mental lexicon, so there is no problem in deciding under which nodes [e.g. N, V, Det] a lexical item can be inserted into a phrase marker. The set of propositions, unlike the set of words, is indefinitely large. There can be no list of propositions and their categories, corresponding to the lexicon [...]"

SHEN wendet nun die x-bar-Theorie für dieses Problem so an, daß er als *syntaktische Regeln* (1989:428) ansetzt:
  1. STORY - SETTING-EPISODE (OUTCOME)
  2. Xn - (SPECIFIER)-Xn-1-(COMPLEMENT)
  3. SPECIFIER - OUTCOMEn or a proposition
X steht für die Kategorien PROBLEM, TRY, OUTCOME

Als *Handlungskategorien* führt er auf: EPISODE - PROBLEM - TRY - OUTCOME, und er nimmt als verbindende Kategorien hinzu: Anlaß (cause), Befähigung (enable) und Motiv (motivate). Während bisher in Story Grammars die Story den obersten hierarchischen Knoten bildet, wird nun für SHEN im Gefolge der x-bar-Theorie die Story zu einer Projektion der Kategorie OUTCOME - vergleichbar dem Kopf von Phrasen, wobei dann in der Folge die "episode" als maximale Projektion erscheint -, und dies auch bei einer Reihe von Episoden, wobei die Lösung (OUTCOME) der Gesamtgeschichte, das *Erzählziel* also, den obersten hierarchischen Knoten bildet; diese Lösung dominiert nicht nur die letzte, die wichtigste Episode, sondern auch die vorausgegangenen, dem Ziel zustrebenden Episoden, was - aus dem Interesse hier - dem Inszenierungsgedanken und der idealtypischen Hierarchisierung entspricht. SHEN (1989:429f.) hierzu also:

"It is crucial to understand clearly how the Episode conceived of within XBSG [...] the EPISODE category is taken as a bar projection of the OUTCOME category; this implies that the HEAD of each EPISODE is also its OUTCOME, while the EPISODE's other constituents [the TRY and the PROBLEM] are conceived of as MODIFIERs of the HEAD. Since the 'Story' in its narrow sense [i.e. excluding the SETTING] consists of a [usually complex] EPISODE, the above implies that the HEAD proposition[s] of the entire 'story' [the SETTING excluded] is the proposition dominated by the OUTCOME node whose highest projection category is the Highest OUTCOME."

Schematisch ergibt sich für eine Geschichte mit drei Episoden folgende Struktur[29]

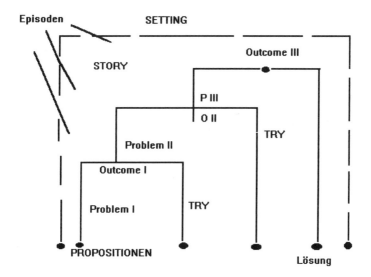

Abb. 7

Diese gleichermaßen idealtypische wie prototypische Struktur zum Erzählen eignet sich sowohl für die Analyse von Erzählungen, wie sie auch als Strukturhilfe beim Schreiben und beim Erzählen-Lernen methodisierbar ist. Varianten werden auf der Folie dieses Musters sichtbar, was wiederum als Einsichtsmöglichkeit nicht nur für Schüler, sondern vor allem auch für den Schülertexte lesenden Lehrer geradezu notwendig ist.

Schaut man auf den im Vorwort besprochenen Kinderaufsatz zum Thema "Da mußten wir aber lachen" zurück, so läßt sich leicht erkennen, daß das Setting sehr kurz geraten ist, daß aber dann sehr brav das Erzählziel in drei Episodenschritten mit Problem und Lösungsversuch angesteuert wird, wobei die letzte Lösung, der Hinweis der Mutter, die Überraschungslösung bringt, so daß das Thema im Schlußgelächter tatsächlich erreicht wird. Selbst - wenn auch nur in nuce - die Ereignishaftigkeit ist im Sinne LOTMANNs ist vorzufinden: Das Kind verläßt den elterlich geschützten

---

29 Vereinfacht und schematisiert nach SHEN (1989:428).

"Raum" und trifft nach der "Grenzüberschreitung" auf einen anderen, neuen semantischen Raum, der das "Problem" birgt; nach Lösungsversuchen wird dieser Raum wiederum verlassen, und im neuen-alten Raum Daheim gilt wieder die Semantik des Schutzraums der Eltern: Die Mutter kennt die Schwächen ihres Kindes, das vergißt, an der richtigen Stelle nachzuschauen, und kann so den richtigen Hinweis geben.

Nach diesem bestätigenden Rückblick ist aber doch zu fragen, ob das Ergebnis nicht einfacher zu haben gewesen wäre. Zunächst ist hierbei festzustellen, daß die alte, einfache Unterteilung Exposition, Hauptteil, Schluß keinesfalls hinreichend Einsicht in Erzählungen gibt. Diskutierenswerter war und ist, ob für "Story Grammars" eine hierarchische Struktur anzusetzen ist, oder ob sozusagen ein "Rest" Linearität nicht die Wirklichkeit besser widerspiegelt - etwa im Sinne des Modells von BOUEKE und SCHÜLEIN (s.o.). Dies mag für Schülererzählungen - und übrigens für Fernsehserien auch - so scheinen, doch folgt man dem Inszenierungsgedanken als einer ebenso konstituierenden Größe wie der Konstituente Erzählziel (schließlich doch auch Lösung: outcome), so ist mit der konsequenten Hierarchisierung auf das Ende hin ein sehr taugliches tertium comparationis erreicht, weil dann alle Varianten als raffinierte Abweichungen von Erwartungen interpretierbar und einschätzbar werden. Das ist sogar mutatis mutandis für moderne Erzählweisen zu bedenken, wo erwartete Strukturen - als Kinder haben wir fast alle Märchen gehört und sind vermutlich stärker davon geprägt als uns bewußt sein kann - als nicht mehr möglich gelten und die deshalb das Muster brechen, variieren, auflösen, wobei die Wirkung den Prototyp schweigend voraussetzt.

Die von SHEN geforderte "psychologische Realität" ist mit diesem konsequent hierarchischen Strukturmodell geleistet. Bei der Rezeption einer Geschichte müssen wir uns eine Anhäufung von Ereignissen und Informationen überstehen, um sie in ihrer ganzen Binnenlogik erst von der Auflösung, also meist vom Ende her erfassen zu können. Und Ereignisse, die sich von dieser Binnenlogik der Erzählung nicht rechtfertigen lassen, sind dann entweder überflüssig und leiten fehl, oder sie wären ein sehr spezifisches stilistisches Mittel, oder inszenatorisches, das allemal einer Qualifizierung bedürfte. Von dieser Stelle aus läßt sich bereits viel Potential für eine gezielte Methodisierung und für ein aufzubauendes sprachliches, hier textuelles Wissen erkennen.

5.3. Texttheoretische Aspekte des Informierens

Die Sprachhandlung des *Informierens* unterscheidet sich vom Erzählen grundsätzlich. Die Intention ist unmittelbar greifbar, den Normalfall vorausgesetzt, und auf der Rezipientenseite besteht die vernünftige Erwartung, alle Informationen einem Gesamtthema zu ordnen zu können, gerade damit ein zügiges und möglichst eindeutiges Verstehen möglich wird. Nicht von ungefähr wird, wie nun zu diskutieren ist, eine andere, eine geradezu spiegelbildliche Struktur zum Erzählen entstehen. Am Anfang findet sich jene *Information*, die alle folgenden, spezifischeren dadurch verständlich macht und text-binnenlogisch einbindet, daß sie auf diese erste Information - idealtypischerweise - rückbeziehbar bleiben. Eine solche Perspektivierung wurde von R. GIORA (1985 und 1988) für die Informationsstruktur nicht-narrativer Texte entwickelt und empirisch validiert.

Diese Strukturvorstellungen konnte ich in der oben skizzierten Untersuchung zur Informationsstruktur von Leitartikeln[30] einer Tageszeitung bestätigen. Meine Untersuchung ist von der für die didaktische Lehre folgenreichen These ausgegangen, daß allgemein verfügbare und respektierte Texte die Erwartungshaltung der Lehrenden an Schülertexte deutlich mitprägen, ohne daß dies dem Lehrer bewußt wäre. Deshalb ist es wichtig, sich mit dem Inhalt dieser möglichen Erwartungen genauer auseinanderzusetzen. Gleichzeitig bietet sich so die Möglichkeit, lehrbare Bereiche zu finden und abzustecken.

R. GIORA setzt bei der Propositionenstruktur von *Textsegmenten* ein. Wie oben ausgeführt ist der Blick auf das Textsegment insofern relevant, als Segmente erfahrungsgemäß eigenständige Größen in bezug zum Gesamttext sind. GIORA geht von einer thematisch kategorischen Organisationsform nicht-narrativer, also informativer und argumentativer Texte aus, indem sie kybernetische Erkenntnisse zum Kategoriebegriff der Kognitionspsychologie für die semantische Propositionsstruktur von Textsegmenten dergestalt analogisiert, daß zur Erfassung einer Kategorie sich ein Prototyp finden läßt. Nach GIORA sind Textabschnitte informativer Texte wie Kategorien in idealtypischer Weise organisiert. Folglich gilt für ein Textsegment, was für eine Kategorie gilt: Für jedes Segment läßt sich eine prototypische Aussage formulieren, welche als Referenzpunkt für alle weiteren Aussagen/Propositionen des Segments dient.

Nimmt man nun eine aufsteigende Verdichtung der Informationsspezifik innerhalb eines Segments idealerweise an, so ist die letzte Proposition eines Segments seine spezifischste, die erste Aussage hingegen seine allgemeinste, wobei in schrittweiser Spezifizierung der Propositionen der Zusammenhang - die Kohärenz für den Rezipienten - zwischen dem **D**iskursthema [= **d**iscourse **t**opic] und der letzten Proposition gewahrt bleibt und deshalb für den Rezipienten leistbar ist.

Idealtypischerweise steht also am Anfang eines Segments die allgemeinste propositionale Aussage, der Prototyp, und mit dem Fortgang des exponentiell sich entfaltenden Textsegments werden die Propositionen immer spezifischer und damit immer informativer, bedürfen aber der *Rückbezüglichkeit* auf den Prototyp, das DT, um kotextiv verständlich zu bleiben. Zur Veranschaulichung ein konkretes Beispiel:[31]

---

30 Und zwar an 20 Leitartikeln der Süddeutschen Zeitung, München; die zwischen dem 1.12. und 23.12.1988 erschienen sind; ein kurzer Bericht s.u.
31 SZ 12.12.88:4.

"Jahrelang war von einem ausgeglichenen Wohnungsmarkt die Rede. [DT] Diese Vorstellung wird nicht nur durch die tatsächlichen Verhältnisse widerlegt. [P1] Auch die Volkszählung hat erwiesen, daß es in der Bundesrepublik eine Million weniger Wohnungen gibt, als bisher angenommen wurde. [P2] Vielleicht hat man bei der Fortschreibung vergessen, daß Jahr für Jahr mehr als 100 000 Wohnungen abgerissen oder umgewidmet werden. [P3]"

Das DT fungiert als Referenzpunkt für die folgenden Propositionen, wobei gleichzeitig deutlich wird, daß sich zwischen Referenzpunkt und einzelner Proposition eine erhebliche Spannung entfalten kann, und zwar von der Negation [P1] bis in die Verkehrung des verhandelten Sachverhalts [P3], wenn von Vernichtung von Wohnraum gesprochen wird, obwohl man Aussagen zum Bau, Kauf usf. von Wohnungen erwartet. Als wichtiges Phänomen fällt an diesem Beispiel die Alternativenreduktion von P zu P auf, die in ihrem Ausmaß freilich variieren kann; die letzte Proposition kann übrigens sogar zu einem neuen Segment überleiten. - Jede Proposition dieses Beispiels setzt die vorhergehende voraus. Wie das folgende Schema zeigt, steht das DT beim idealisierten Textsegment am Anfang; daß dies bei konkreten Texten nicht immer so sein muß, ist einerseits selbstverständlich. Die erwähnte Stichprobenanalyse an 20 Leitartikeln der Süddeutschen Zeitung hat ergeben, daß man - zumindest nach diesem Korpus - mit 77 %-iger Wahrscheinlichkeit damit rechnen kann, daß das DT in initialer Position steht. Das bedeutet, daß möglicherweise der idealisierte Typus eines Textsegments gleichzeitig den "Normalfall" darstellt, während abweichende Fälle entweder mißlungene oder fehlerhafte Strukturen haben, was aber zunächst nicht zu interessieren braucht, oder abweichende Fälle verdienen, pragmatisch interessant genannt zu werden, da sie vom Rezipienten verlangen, gewohnte Mechanismen aufzugeben und diese Segmente genauer zu rezipieren.

Die idealisierte Textsegmentstruktur stellt also einen Parameter dar, der auf nachvollziehbare Weise zu größerer Bewußtheit von Textverläufen führen kann.[32] Und zwar werden dadurch stilistisch eigenwillige Textverläufe sichtbar, ebenso werden thematische Sprünge und Risse bestimmbar, und zwar, wenn die Themagrenze "q" abrupt übersprungen wird. Auch Wiederholungen werden eingrenzbar; solche Redundanz ergibt sich, wenn die fortlaufende Spezifikation (Unterschreitung von "r" und Überschreitung von "q") nicht erreicht wird.

---

32 Vgl. auch KLOTZ (1991b:43ff.).

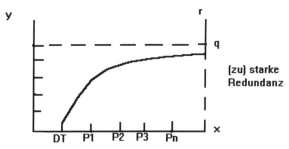

Aufbau eines idealtypischen Textsegments

x = Diskursentwicklung / y = Informationsgehalt/-spezifikation / q = Themagrenze /
r = Segmentgrenze
Abb. 8

Im Sinne einer Modellbildung können die narrative und die informative Textsorte einander gegenübergestellt werden. Dies um so mehr, als GIORA und SHEN (1994:449), nachdem sie substantielle Ähnlichkeiten in ihrer Theoriebildung entdeckt hatten, gemeinsam Experimente durchgeführt haben, die - faßt man sie knapp zusammen - erbracht haben, daß die kognitive Verarbeitung von Texten durch die Rezipienten textsortenabhängig ist. Mit Bezug zu Teun van DIJK (1980:116-220)[33] wird festgestellt:

> " [...] it is the type of text summarized that determines the kind of semantic reduction procedure adopted. What emerges from the re-analysis of such studies, is the relevant distinction for different forms of semantic reductions is the one between narrative/non-narrative [SHEN 1985]. Narratives are found to conform to the Deletion rule, while non-narrative texts tend to be summarized by Generalization. Thus, van DIJK's proposal of 'narrative macro-rules' were intended as specifications of the more general macro-rules of Deletion and Generalization. However, it turns out that when macro-rules are applied to narratives, Deletion rather than Generalization is used. [...] By contrast, non-narrative discourse was found to be semantically reduced by generalization."

Eine Veranschaulichung kann die beiden Textsorten Erzählen und Berichten dergestalt fassen, daß der Textverlauf durch die x-Achse mit den Propositionen und durch die y-Achse mit der Verstehensrelevanz für den Text wiedergegeben wird. Die Pfeile zeigen, wie gerichtet die Bezugssuche beim Verstehen ist, wobei sich folgende interessante Konstellation ergibt: Bei informativen Texten sind sie in bezug zum Propositionenverlauf rückwärts

---

33 Bezug wird genommen auf das Kapitel "6. Psychologie der Textverarbeitung"; speziell wird auf die unterschiedliche Verarbeitungsweise des Gedächtnisses durch Weglassen (bei Erzählungen) und durch Generalisierung (bei informativ-argumentativen Texten) im Unterkapitel 6.8. eingegangen, 198ff.

gerichtet, ganz im Sinne von GIORAs Theorie. Bei narrativen Texten sind sie aber nicht eigentlich vorwärts, sondern "vorwärts-aufwärts", also auf das Erzählziel gerichtet, ganz im Sinne der aus SHENs Theorie abgeleiteten Darstellung der Struktur (vgl.o.). Daß diese Ausrichtungen der Pfeile eine sinnvolle Entsprechung haben, zeigen die gemeinsamen Untersuchungen von GIORA und SHEN: Die Pfeile führen bei informativen Texten zum "discourse topic", zur Generalisierung, bei narrativen Texten ist dies weder so noch in Richtung auf das Erzählziel, als parallel zur x-Achse möglich: es muß semantisch reduziert werden durch Weglassung (Deletion).

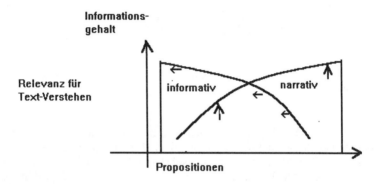

Abb. 9

5.4. Zusammenfassend: Didaktische Untersuchungsperspektiven und zwei Beispiele

Für ein didaktisches Anliegen, wie es die Suche nach Wegen der Text*gestaltungs*kompetenz ist, erweist sich das Verfügen über prototypische Strukturen als klärend. Jede Variante bedarf der Begründung, und darin kann sowohl die Notwendigkeit für die Auseinandersetzung mit der spezifischen Kommunikationssituation stecken, als auch eine Besonderheit in der "Sache", über die informiert wird bzw. von der erzählt wird. So erweisen sich solche Strukturen als Bestand eines Deutschunterrichts, der über Erfahrung und Plausibilität hinausführt zur Reflexion des Gegenstandes und des Verfahrens. Es ist als didaktische Notwendigkeit herauszustellen, daß mit der Hereinnahme solcher Strukturen der Begriff von Sprachlichkeit sehr ausgedehnt wird; somit wird es auch immer schwerer, die Dualität von Ausdrucks- und Inhaltsseite getrennt zu halten. Freilich erlaubt der Begriff der Information auch jenes Oszillieren zwischen diesen beiden Kategorien, wie es für einen Muttersprachler natürlich ist. Deshalb das didaktisch-systematisierende Rekurrieren auf die drei unterschiedlichen Wissens-

ebenen, und zwar ein vorbewußtes Wissen, wie es der Kinderaufsatz in der Einführung repräsentiert hat, auf ein halbbewußtes Wissen, wie Schüler es üblicherweise im Deutschunterricht zu den Textsorten erreichen, und ein kognitives Wissen, das auf Modellvorstellungen zurückgreifen und deshalb bewußt am Gestaltungsprozeß beteiligt werden kann. Mit den bisher zusammengetragenen theoretischen Ansätzen wird der Versuch unternommen, in einigen zentralen sprachdidaktischen Bereichen Modelle aufzurichten, die mehrfache Funktionen haben:
- Die Modelle sollen die Sache des Formulierens, des Textgestaltens, des Über-Sprache-Bescheidwissens und des Gebrauchs selbst beleuchten.
- Sie sollen diese Einsichten in Lehrerausbildung und -fortbildung auf theoretisch begründete Art vermittelbar machen.
- Sie sollen helfen, Lehrmaterial zu entwickeln und zusammenzustellen, das prototypische Funktionen für die Lernenden und noch Heranwachsenden hat.
- Sie sollen Methodisierungen anbinden, damit die Methode sich nicht verselbständigt; dies als ein Ernst-Nehmen des epistemischen Subjekts im eigenaktiven Schüler.
- Sie sollen letztlich auch den Heranwachsenden bekannt gemacht werden, damit sie autonomer werden und damit sie ihren korrigierenden, verbessernden und benotenden Lehrer besser verstehen.

Wenn dies alles letztlich angestrebt wird, dann können Beobachtungen und Untersuchungen solche Modelle stützen und verändern. Gleichermaßen verändert der Umgang mit konkretem, empirischem Material die Sichtweise auf die Phänomene von sich aus.

Die Schwerpunkte liegen, nun konkret gefaßt, auf den mittleren Ebenen: im Makrobereich auf der Segmentebene eines Textes, im Mikrobereich auf der Satzglied- und Attribuierungsebene. Auf beiden Ebenen findet eine Suche nach ihrer inneren Ausgestaltetheit statt, wobei nicht gelten kann: je mehr je besser. Vielmehr richtet sich die Suche auf typische Strukturen in *guten* und in *schwachen* Texten, weil wir damit Einsicht in das schwierige Phänomen bekommen, was denn eigentlich die Qualität eines Textes ausmache. Das sei am Beispiel zweier *guter* Texte konkret gezeigt. Ausgewählt werden für diese den theoretischen Teil abschließende Betrachtung zwei besonders gute Aufsätze von Siebtkläßlern deshalb, weil der eine noch deutlich "besser" zu sein scheint als der andere. Woran liegt das? Wo sind die spezifischen Qualitäten? Welche Wertungen stecken in der Analyse implizit?

Zunächst seien zwei Schülertexte aus dem Mischbereich "Erlebnisschilderung", die in einer siebten Klasse im Zusammenhang mit Unterrichtssequenz zur Textualität[34] geschrieben worden war, wiedergegeben.

---

34 Es handelt sich um Texte aus einer Zulassungsarbeit, die in enger Kooperation mit mir entstanden ist: LABUHN (1988).

Text 7c
Erlebnisschilderung: Amokfahren
Ich stieg den Podest hinauf und stellte mich ganz locker darauf. Da hörte ich auch schon das Aufheulen des Motors, und plötzlich tauchte, ungefähr hundert Meter von mir entfernt, der schwarze Ferrari auf. Plötzlich bekam ich ein ganz komisches Gefühl im Magen und dachte: "Wenn das nur gutgeht!" Als ich sah, daß das Auto schon ganz nah vor mir war, ging ich in die Knie und hob die Arme. Zwei Sekunden später machte ich voller Kraft einen riesen Satz in die Höhe, und ich hörte, wie der Ferrari mit voller Pulle in das Podest krachte. Im selben Augenblick hörte ich auch, wie mir die Leute schon zujubelten, dabei hatte ich es noch gar nicht geschafft, denn jetzt kam das Schwierigste für mich, das Aufkommen auf dem Boden. Ich streckte die Beine aus und kam - Gott sei Dank - ganz sanft auf dem Teer auf. Erst jetzt merkte ich, wie laut die Zuschauer applaudierten. Da stand ich vom Boden auf und sagte laut: "I'm the Greatest!"

Text 7a
Erlebnisschilderung: Amokfahren
Ich stand regungslos auf dem Podest und versuchte mich zu konzentrieren. Beide Arme hatte ich ausgestreckt und blickte zu Boden. Noch herrschte Unterhaltung im Publikum, die jedoch mit einem Schlag verstummte, als der Motor des Autos aufheulte. Obwohl ich keinen Blick in die Zuschauerreihen wagte, spürte ich, daß alle Blicke auf mich gerichtet waren. Würde alles gutgehen? Werde ich im richtigen Moment abspringen? Diese Fragen stellte ich mir immer wieder. Doch ich hatte keine Zeit mehr zu überlegen. Das Auto fuhr langsam an, wurde jedoch schneller und schneller. Der Abstand zwischen mir und dem nun in eine Staubwolke gehüllten Wagen begann immer kleiner zu werden. Ich ging in die Knie und versuchte mich nur noch auf das heranbrausende Ungetüm zu konzentrieren. Mein Herz schlug bis zum Hals, und ich zitterte am ganzen Körper.
Der Lärm des nun auf Hochtouren laufenden Motors wurde lauter, und, als das Auto nur noch ein winziges Stück von mir entfernt war, hielt ich den Atem an, nahm all meinen Mut zusammen und [...] sprang ab.
Beinahe zu gleicher Zeit krachte das Fahrzeug gegen das Podest, auf dem ich eben noch gestanden hatte. Ich wirbelte mit viel Schwung durch die Luft und landete schließlich unsanft, aber mit beiden Beinen auf dem Boden. Sofort brach ein unbeschreiblicher Jubel aus, der allein mir galt. Ich war überglücklich und froh, alles hinter mir zu haben.

Beide Aufsätze kann man fraglos als wirklich gut bezeichnen.[35] Stellt man sich nun die Frage, *warum* sie so gut sind, und auch, warum der Text 7a sogar noch besser als 7c ist, so wird eine Antwort schwierig. Inhaltlich sind beide etwa gleich, es muß also an ihrer Sprachlichkeit, an ihrer Strukturiertheit liegen. Gemeinsam ist den Aufsätzen der Anfang; das geht auf die

---

35 Dies wurde mir auch bei etlichen Lehrerfortbildungsveranstaltungen bestätigt, wo die Texte vorlagen - sie können also als voll akzeptiert gelten.

Vorbereitung im Unterricht zurück. Gemeinsam ist ihnen auch die Strukturierung auf das Erzählziel hin, das sich von Aufsatz zu Aufsatz etwas unterscheidet: 7c geht noch konsequenter auf seinen Erfolg zu als 7a, der wiederum stärker auf die inneren Vorgänge eingeht. Gemeinsam ist beiden Texten auch, daß sie nur eine Episode behandeln mit auslösenden und folgenden Ereignissen, mit Versuch (try) und Lösung (outcome). Die Lösung macht die Inszeniertheit der Texte nicht nur deutlich, sondern sie erweist sich selbst als besonders gelungen.

In ihrer sprachlichen Mikrostruktur unterscheiden sich beide Texte recht deutlich. Achtet man nämlich genau auf die Thema-Rhema-Struktur zum einen und auf die Konnektive, die "Verbindungen" zwischen den Propositionen, die hier häufig Adverbialien sind, dann werden die Unterschiede sichtbar: Die Thema-Rhema-Struktur von 7c ist fast restlos themakonstant, nämlich auf das agierende "Ich" bezogen, was besonders konsequent zum Schlußsatz "I am the Greatest!" führt. Die Thema-Rhema-Struktur von 7a hingegen wird von Themawechseln gekennzeichnet: Neben dem "Ich" wird das Publikum und dann vor allem der crash-car thematisiert, bis schließlich alle drei Themata in den letzten beiden Sätzen zusammengeführt werden. Hier meint man eine Erzählweise vor sich zu haben, wie sie für ein Filmskript typisch wäre: Die Kamera, hier also das Thema, wechselt in z.T. harten Schnitten zwischen den Protagonisten, fokussiert sie dabei, bis sie in einem Bild und einem Schwenk zusammenkommen. Hier stellt sich tatsächlich die Frage, ob nicht der Medienkonsum zu einem vorbewußten Strukturwissen führt, das dann in schriftsprachlichen Texten Jugendlicher wieder auftaucht, freilich nur selten so gelungen adaptiert.

Vergegenwärtigt man sich, daß Kinder gerne im "und-dann-Stil" erzählen, so fällt auf, daß der Text 7c der zeitlichen Linearität nicht nur folgt - das tut 7a eigentlich auch -, sondern daß seine sprachlichen Konnektive fast nur die schul- und aufsatzüblichen zeitdeiktischen Ersatzformen für "und dann" sind. Text 7a hingegen holt sich die Konnektive überwiegend aus dem Kausalbereich, und zwar sogar aus dem adversativen Teilbereich. Eine entsprechende Umschrift der beiden Aufsätze mag dies nun anschaulich machen: Die Konnektive sind nach links außen versetzt, Themakonstanz und Themenwechsel sind durch Linien markiert.

Text 7c - Amokfahren

4 a	Als	ich	sah, daß das Auto schon ganz nah vor mir war,	
		ging	ich	in die Knie
4 b		und		hob die Arme.
5 a	2 Sek. später	machte	ich	voller Kraft einen riesen Satz in die Höhe,
5 b		und	ich	hörte, wie der Ferrari mit voller Pulle in das Podest krachte.
6 a	Im selben Augenblick hörte	ich	auch, wie	mir die Leute zujubelten,
	dabei hatte		ich	es noch gar nicht geschafft,
6 b	denn jetzt	kam das Schwierigste für	mich,	das Aufkommen auf dem Boden.
7 a		Ich	streckte die Beine aus	
7 b		und		kam, Gott sei Dank, ganz sanft auf dem Teer auf.
8	Erst jetzt	merkte	ich	, wie laut die Zuschauer applaudierten.
9 a	Da	stand	ich	vom Boden auf
9 b		und		sagte laut: "I' m the Greatest !"

Text 7a - Amokfahren

1 a		Ich	stand regungslos auf dem Podest	
1 b		und	versuchte	**mich** zu konzentrieren.
2 a		Beide Arme hatte	**ich**	ausgestreckt.
2 b		und		blickte zu Boden.
3	Noch jedoch als	herrschte Unterhaltung im **Publikum**, die mit einem Schlag verstummte, der Motor des **Autos** aufheulte.		
4	Obwohl	ich	keinen Blick in die Zuschauerreihen wagte,	
		spürte	ich	, daß alle Blicke auf
		mich	gerichtet waren.	
5		Würde alles gutgehen?		
6		Werde	**ich**	im richtigen Moment abspringen?
7		Diese Frage stellte	**ich**	**mir** immer wieder.
8	Doch	**ich**	hatte keine Zeit mehr zu überlegen.	
9 a		Das **Auto** fuhr langsam an, wurde		
9 b	jedoch	schneller und schneller		
10	Der	Abstand zwischen	**mir**	und dem nun in eine Staubwolke gehüllten Wagen begann immer kleiner zu werden.

11 a		**Ich**	ging in die Knie	
11 b	und		versuchte	**mich**	nur noch auf das heranbrausende Ungetüm zu konzentrieren.
12 a		**Mein**	Herz schlug bis zum Hals,	
12 b	und		**ich**	zitterte am ganzen Körper.
13 a			Der Lärm des nun auf Hochtouren laufenden *Motors* wurde lauter,	
	und als		das Auto nur noch ein winziges Stück von **mir** entfernt war,	
13 b			hielt	**ich**	den Atem an,
13 c			nahm all	**meinen**	Mut zusammen
13 d	und		…	sprang ab.
14			Beinahe zu gleicher Zeit krachte das *Fahrzeug* gegen das Podest	
	auf dem		**ich**	eben noch gestanden hatte.
15 a			**Ich**	wirbelte mit viel Schwung durch die Luft
15 b	und			landete schließlich unsanft, aber mit beiden Beinen auf dem Boden.
16	Sofort		brach ein unbeschreiblicher Jubel aus, der	
			allein	**mir**	galt.
17			**Ich**	war überglücklich und froh, alles hinter mir zu haben.

Mit Hilfe einer weiteren abstrakten Umschrift nach den Aspekten des **ISS** läßt sich die Mikrostruktur dergestalt verdeutlichen, daß registriert wird, was im Text realisiert worden ist und was speziell im Adverbialbereich *nicht* formuliert worden ist. Gerade die Unterschiedlichkeit im Adverbialiengebrauch - und z.t. sollen die Partikel hier hinzugezählt werden - macht dies aufschlußreich: Dabei gilt als Ausgangsthese, daß die nicht -formulierten Adverbialien z.T. einen *Sog* in den Text hinein bewirken, dergestalt, daß sie ein "Vakuum" darstellen, das einer *Auffüllung* bedarf.[36] Die Umschrift ist so angelegt, daß der Satzkern (ISS) nur durch die Verbvalenz angegeben wird, da damit die Ausfüllung der Valenzstellen durch Aktanten angezeigt ist; nur Ellipsen würden notiert werden müssen. In der nächsten Spalte finden sich die formulierten Adverbialien und die expliziten Konnektoren, während in der letzten Spalte die jeweils *nicht* formulierten Adverbialien demonstrativ aufgeführt werden. Pfeile zeigen den "Sog", das Kohärenz-Vakuum an. Die Notierung ist ganz konventionell:

---

[36] KLOTZ (1990:484f.): "This, 'deficiency' of any sentence actually expressed - in comparison to the ISS - leads the listener or reader to the succeeding sentences of a text and then to the context. This 'deficiency' might be described as a 'coherence vacuum' which must be 'filled' by the sentences following in context."

V + Zahl = Valenzangabe / Z = Zeit, A/I = Art/Instrument, O = Ort,
G = Grund / ( ) = kontextiv / -- = Sog, Kohärenz-Vakuum

Satz	Valenz	Adv. + Konnektor: explizite Kohäsion		nicht formulierte Adv.: Sog
Text 7c				
1 a		Präteritum: (Zeit vage)		Z̲A̲O̲G̲
1 b	V2	A		ZOG
2 a	V2	Z (primitiv)		AOG
2 b	V1 (?2)	Z O̲ (vage, wo ist das alles)		AG
3 a	V2	Z O (A!)		? G
3 b	V2	G (konditional)		
		"das" kataphorisch		
4 a	V2	Z		AOG
4 b	V2	Z	A	AOG
5 a	V2	ZA	K	OG
5 b	V2		T	OG
6 a	V2 ("wie" = A?)	Z	I	OG
6 b	V1	Z G: denn		AO
7 a	V2		O	ZAOG
7 b	V2	A	N	ZOG
8	V2 ("wie" = A?)	Z		OG
9 a	V2	Z		AO̲G
9 b	V2	"I' m the Greatest"		

Satz	Valenz	Adv. + Konnektor: explizite Kohäsion		nicht formulierte Adv.: Sog
Text 7 a			A	
1 a	V2 (Ort als Aktant)	Präteritum: (Zeit vage)	K	Z̲OG
1 b	V2		T	
2 a	V2		I	ZAOG
2 b	V2		O	
			N	
3	V1	Z (= +A?)		OG
4	V2	A (gilt für den ganzen Satz!)		ZOG
5	V1			ZAOG
		"alles" ?		
6	V1	Z (= ?A)		OG
7	V3	Z (A)		OG
8	V2	G		ZAO

9 a	V1		A	
9 b	V2	(A)	K	ZOG
10-13	V2	Text gibt (A)	T	ZAOG
11 a	ist		Aktion	ZAOG
14	V2	Z	A	AOG
15 a	V1	A	K	ZOG
15 b	V2	ZA	T	OG
16	V1	Z (A)		AOG
17	V2	Z (A)		OG

Sieht man besonders auf die rechte Spalte, so erkennt man, wie sehr das Fehlen (!) von "Umstandsangaben" auf den Folgetext verweist. Falls nun ein Text dieses Vakuum wirklich auszufüllen vermag, und das tut 7a noch mehr als 7c, dann ist unser bei der Rezeption mitarbeitender Verstand "zufrieden". M.a.W., wir genießen streckenweise ein Vakuum, was ja auch durch rhetorisch bekannte Mittel wie Ellipse, Kataphorik und Anaphorik bestätigt wird, und wir lassen uns gerne eine solche *Inszenierung* hin zum Erzählziel gefallen; dies ganz besonders, wenn uns das *outcome*, die Lösung eigentlich klar ist, weil wir uns dann um so mehr auf das Wie konzentrieren können.

Die Umschriften verdeutlichen also nur, warum uns beide Texte gefallen und eventuell warum der eine noch mehr als der andere. Aber darauf kommt es noch nicht einmal an, denn hier wird bereits die Ebene der Geschmacksfragen erreicht. Die Arbeit an diesen Texten verweist unmittelbar auf die *allgemeinen didaktischen Untersuchungsperspektiven*: Es muß interessieren, was Lernende leisten, und zwar nicht nur unter positivem Aspekt - auch Fehler, Schwächen, Inkonsistenzen sind natürlich wahrzunehmen -, sondern als jeweilige Stadien. Stärken und Schwächen der Makrostruktur dürfen die der Mikrostruktur so wenig überdecken wie umgekehrt; auf diesem Gebiet sind die Korrektur- und Verbesserungsvorgänge und die Benotungsweise noch fortzuentwickeln, denn "normalerweise" überwiegt leider die Negativkorrektur im Mikrobereich, während der Gesamttext oft eher pauschal abgehandelt wird. Eine Konzentration auf Fehler versperrt gelegentlich den Blick auf den Text, ohne daß die Mikrostruktur schon ganz erfaßt würde. Bei den obigen Beispielen waren die Konnektive in jedem Fall in Ordnung, aber ihre spezifische Qualität wird bei der üblichen Korrektur eher übersehen.[37] Es zeigt sich ferner allgemein, daß Makro- und Mikrobereiche *zusammen* gesehen werden müssen, damit die *Binnenfunktionalität der sprachlichen Mittel* deutlich werden kann.[38] Von beiden Bereichen her kann didaktisch-methodische Hilfe für schwächere

---

[37] Meine Versuche mit Lehrern haben nicht nur dies ergeben, sondern auch Lehreräußerungen provoziert wie, der Aufsatz 7c sei kind- und schulgemäßer, 7a sei "zu" perfekt, 7c spiegle den üblichen Unterricht besser wieder usf.

[38] Besonders herauszuheben ist in diesem Zusammenhang die umfangreiche und facettenreiche Schweizer Untersuchung: SIEBER (1994: bes. die Kapitel 6, 7, 9).

Schüler entwickelt werden, solange der funktionale Zusammenhang gewährleistet ist.

Die Analyse der oben zitierten und graphisch aufbereiteten Schülertexte verweist von sich aus auf die konkreten didaktischen Untersuchungsbereiche. Insbesondere zeigt sich, wie lohnend, wie aufschließend der Blick in die Mikrostruktur sein kann, wenn Text als Gewebe verstanden wird.

6. Empirische Datengewinnung und Entwicklung eines computerunterstützten Bearbeitungs-, Analyse- und Recherchenprogramms

Im Unterschied zu den überwiegend theoretischen Perspektiven bisher folgen nun konkrete Beobachtungen an Schülertexten. Bezogen auf das Gesamtthema müssen die Perspektiven verengt werden. Dies begründet sich vor allem durch die Praktikabilität und die äußeren Bedingungen, wie sie Schule, Lehrpläne, Lehrmaterialien, Kooperationsbereitschaft von Lehrern und ihren Direktoren und die eigenen Arbeitsmöglichkeiten darstellen.

Das Ziel, Grammatikunterricht funktional an Textgestaltung anzubinden, um auf diese Weise seine Wirkung konkret beobachten zu können, führte zu *Bedingungen* für einen solchen empirischen Versuch:[1]

1. Die Schülertexte sollten im *alltäglichen* Schulbetrieb entstehen, um die Schulwirklichkeit so wenig wie möglich durch künstliche Versuchsbedingungen zu verzerren.
2. Die Texte sollten nach dem Muster *davor-danach* (T1 und T2) geschrieben werden, damit die Auswirkung des Grammatikunterrichts überprüft werden kann.
3. Die Aufsätze sollten verschiedenen Textsorten angehören, und zwar dem *Erzählen* und dem *Informieren*, um die Verteilung sprachlicher Elemente und die Wirkung des Grammatikunterrichts auf Textsorten zu überprüfen.
4. Die funktional den Texten zugeordneten sprachlichen Phänomene müßten Lernziele der gültigen Lehrpläne sein.
5. Um dies zu gewährleisten und um die hier thematisierten Ziele verwirklichen zu können, habe ich selbstverfaßtes Unterrichtsmaterial verwendet (s.u.).
6. Die Texte sollten verschiedenen Jahrgangsstufen entstammen, damit dem entstehenden Datenmaterial eventuell Hinweise auf die Sprachentwicklung unter schulischem Einfluß entnommen werden könnten.[2]
7. Um die Art der funktionalen Einbindung des Grammatikunterrichts (Stichwort +/- situativer Grammatikunterricht) überprüfen zu können, wurden *drei Situationen* für den Aufsatz T2 geschaffen:
a) In Situation (1) ist die Schreibaufgabe T2 völlig in die kombinierte Grammatik-Aufsatzlektion *integriert*. Grammatisches Phänomen und das Textverfassen stehen in einem affinen, funktionalen Verhältnis zueinander. Die Schüler erwerben also auch die Sachkompetenz für ihre Schreibaufgabe *in* der Lektion. Manches sprachliche und inhaltliche

---

[1] Es ist mir klar, daß man das Gesamtproblem und seine Lösung auch ganz anders angehen kann. Mir schwebte insbesondere keine Labor-, sondern nach Möglichkeit eine Realsituation vor.
[2] Die AUGST/FAIGELsche Untersuchung von 1986 bedarf variierender Fortführung.

Muster, das von der Lektion vorgegeben ist, wird von den Schülern unmittelbar übernommen.- Situation (1) hat also Trainingscharakter.

b) In Situation (2) stellt der Grammatikunterricht in seiner Affinität zum geplanten Schreiben einen *Sprachangebotsunterricht* dar; die Schreibaufgabe T2 hat - im Unterschied zu Situation (1) - keinen unmittelbaren Bezug zum Thema der Lektion. - Das Schreiben in Situation (2) ist inhaltlich frei, von den erforderlichen Sprachleistungen her aber mit der Lektion verbunden.

c) Die Situation (3) entspricht dem üblichen Verlauf von Deutschunterricht: die Aufsatzthemen hängen in keiner Weise mit den Inhalten des Grammatikunterrichts zusammen, wenn er überhaupt während des Versuchszeitraums gehalten wurde. Die Texte der Situation (3) werden von Parallelklassen als Kontrolltexte erbeten. Über diese Texte ist nichts weiter in Erfahrung zu bringen.

Als nächstes war die Bearbeitung und Analyse dieser Schülertexte dergestalt vorzubereiten, daß sie nicht als eine mehr als im üblichen Sinn reflektierte Korrektur[3] verliefe, sondern daß damit ein gleichermaßen überblickshafter wie phänomenorientierter Einblick in sprachliche Strukturen erfolgen konnte. Dabei sollte der Blick auf die Sprach*leistungen*[4] und eben nicht auf die Fehler gerichtet werden. Also war neben eine Analyse "von Hand" eine Analysemöglichkeit zu stellen, mit der sich für ganze Lernergruppen einzelne sprachliche Phänomene würden herauslösen und abfragen lassen. Um es im Beispiel zu sagen: Es sollte betrachtet werden können, ob sich die Zeitadverbialien des zuerst eingehobenen Aufsatzes T1 von denen des zweiten T2 unterscheiden würden, ob also die Schüler statt im "und-dann-Stil" zu erzählen mit anderen als Zeitadverbialien oder mit komplexen, präzisen Zeitadverbialien nach entsprechendem Unterricht operieren würden. Solche gezielte Blicke auf Einzelphänomene sind für einen in der üblichen Weise lesenden und korrigierenden Lehrer bei größeren Textmengen nicht möglich. Mit dem Hilfsmittel Computer sind sie aber möglich, freilich erst, wenn dazu ein spezifisches Programmpaket erstellt wird, das auch einige *Bedingungen* erfüllen muß:[5]

♦ Die Texte sollen so in einen Computer eingegeben werden, daß sie Wort für Wort erfaßbar sind, also einen definierten Speicherplatz bekommen. So können sie später in "Gruppen" zusammengefaßt werden, also zusammengehörende Wörter bei komplexen Ausdrücken, wie es etwa die trennbaren Verben sind. Vor allem sollen die Satzglieder, die Sätze, die

---

3 Dies ist in der Schweiz unter Leitung von Peter Sieber geschehen. Dort waren bis zu fünf Mitarbeiter in einem NF-Projekt versammelt. Eine umfangreiche Begründung für die Arbeitsweise findet sich in: NUSSBAUMER (1991). Die Ergebnisse in: SIEBER (1994:bes. die Kap. 6, 7, 9).

4 Diese Perspektive verbindet mich mit dem Sieberschen Projekt. Mit Erfolg habe ich auch in Lehrerfortbildungen eine solche "positive Aufsatzkorrektur" praktiziert: Lehrer sind dann doch erstaunt, wie viele Leistungen den Fehlern gegenüberstehen.

5 Auch hierbei stößt man auf sehr konkrete Machbarkeitsgrenzen in dem Sinne, daß zwar technisch sehr viel möglich aber nicht immer im Hinblick auf die leitende Fragestellung sinnvoll ist. - An dieser Stelle sei Herrn Andrei Stephanescu für seine geduldige, beständige Unterstützung gedankt.

Satztypen und die Texte als Variable nach Anzahl, Länge und prozentualer Verteilung faßbar sein.
- Die Wörter müssen also als Satzglieder zusammengefaßt und definiert werden. Dabei ist zu beachten, daß jedes Satzglied außer dem Prädikat attribuierbar ist und daß eine Prädikatdefinition im Zusammenhang hier differenziert werden muß nach Tempus, Modus, Genus verbi und nach der Valenz des Verbs.
- Die Sätze müssen nach ihren Satztypen, also einfacher Satz, Parataxe, Hypotaxe und gemischte Para-Hypotaxe erfaßbar sein.
- Kohäsive Mittel zwischen den Sätzen sollen registriert werden können, besonders als explizites Mittel für Kohärenzstiftung.
- Die so bis unter die Satzgliedebene (Attribuierungsgrade, satzsemantische Elemente des Prädikats) analysierten Texte sollen schließlich auf eben diese Sprachelemente - ihr Vorkommen, ihre sprachliche "Ausgestattetheit" - hin abgefragt werden können. Ebenso abfragbar sollten Satztypen und Kohäsionselemente sein.
- Schließlich sollten Angaben über Textlänge nach Sätzen, Satzgliedern und Wörtern[6] möglich werden. Dies wurde um die Messung der Satzgliedlängen erweitert, da sie einen Hinweis auf die Mikrostruktur eines Textes geben können.
- Zusätzlich soll der "Informationsfluß"[7] dergestalt in graphischer Darstellung, in "Kurven" sichtbar gemacht werden, daß "informationsdichte" Texte von weniger "dichten" Texten "auf einen Blick" unterschieden werden können; auf diese Weise soll die Dynamik, die "Lebhaftigkeit" von Informationsverdichtung und geringer Information im Wechsel ablesbar sein. Dies ist auch als möglicher Hinweis auf Textsorten, wobei freilich zu bedenken ist, daß der jeweilige ontogenetische Stand des Jugendlichen möglicherweise die Textsortentypik, wenn sie denn sichtbar wird, überlagert.

Wenn also im folgenden von *empirischen Daten* die Rede ist, dann sind hier zum einen *Schüleraufsätze* als Texte gemeint, zum anderen handelt es sich um die mit Hilfe eines eigenen *Computerprogramms gewonnene Datei* aus diesen Aufsätzen. Wie diese Schüleraufsätze eingehoben wurden und warum so und nicht anders, berichtet Kap.6.1. Das folgende Kapitel gibt Auskunft über die computergerechte Aufbereitung dieser Aufsätze und die Analysemöglichkeiten bzw. -aufgaben, für die Daten entwickelt worden sind. Kap.6.3 beleuchtet die Probleme, die sich bei der Datenverarbeitung ergeben haben, sowie ihre mehr oder weniger differenzierten und pragmatischen Lösungen. Komplementär und darüber hinausgreifend wurde ein Datenrecherchenprogramm entwickelt, das zum einen aus optionalen Abfragen nach der Boolschen Logik und zum anderen aus Berechnungen zu Text-, Satz-, Satzgliedlänge und zur "Informationsdichte" der Texte besteht. Dies findet sich in Kap.6.4, während sich Kap.6.5 mit den in Kap.2

---

6 Ein klassischer Abfragebereich, insbesondere nach FUCKS (1955 und 1956).
7 Dies angeregt durch die Arbeiten von GIORA/SHEN (1994) und meinen Überlegungen zum ISS (informationsgesättigten Satz).

aufgeworfenen Fragen auseinandersetzt, soweit dies mit dem Computer geschehen kann. In Kap.6.6 werden exemplarische Aufsatzkorrekturen und -bewertungen diskutiert, freilich mit dem Hintergrundwissen der maschinengestützten Recherchen.

Das Hauptkapitel 6 stellt also überwiegend die empirische Vorgehensweise und das Instrumentarium dar; das schließt exemplarische Analysen ein. Die eigentliche Analyse und Bewertung des empirischen Materials folgt dann in Kap.7. Der Einsatz des Computers erlaubt also nicht nur einen zügigeren Umgang mit großen Datenmengen, sondern er ermöglicht neuartige Frage- und Gegenüberstellungen, wie sie vielleicht in Einzelfällen, bestimmt aber nicht mehr bei kleineren und größeren Corpora vorstellbar waren. Ein großes Problem, das sich dabei ergeben kann, ist der Anfall von *zu vielen* Daten mit der Folge einer fast unendlichen Kombinierbarkeit von Datentypen.

6.1. Einhebung der Schülertexte

Zur Gewinnung empirischer Daten kann man sich an der Naturwissenschaft orientierte Modelle vorstellen. Man kann sich ein Untersuchungsdesign ausdenken, das die besonderen Phänomene mit denen des Alltags kontrastiert, zudem wünscht man sich zudem die wissenschaftliche Wiederholbarkeit, um die Empirie jederzeit bestätigen zu können. So weit, so gut. Aber welche Faktoren lassen sich gegenüber einem *echten* Schulalltag konstant halten, welche wenigen Variablen wird man sinnvollerweise ins Spiel bringen? Es kann nicht darum gehen, die Daten einer Laborsituation zu diskutieren. Und es kann auch nicht darum gehen, den Schulalltag zu verkünsteln - man bekäme nur die Ergebnisse eben jener Verkünstelung.

Betrachtet man nun die Faktoren, die Schulunterricht ausmachen, so sind dies vor allem die Lehrer und die Schüler, wobei das pädagogisch-fachliche Wollen und Können der Lehrer auf unterschiedliche Fähigkeiten und Bedürfnisse der Schüler, die ja mitten in einer Entwicklung sind, treffen. Hinzu kommen die spezifischen Schul- und Klassenbedingungen. Alle diese Faktoren sind in vielfacher Hinsicht hoch variabel; an ihnen läßt sich wenig manipulieren, wenn man reale Ergebnisse will. Die Faktoren Lehrplan und Unterrichtsmaterial erweisen sich in unserem Zusammenhang als die stabilsten, wobei der Lehrplan relativ allgemein ist, während das Lehrmaterial sich als spezifisch gestaltbar erweist und auf stabile Phänomene hin ausgerichtet werden kann. Auf die Bedeutung dieses Faktors wurde sowohl allgemein, wie mit Bezug auf seine Prototypik und damit einhergehend auf die eigenaktiven Schülersubjekte hingewiesen.

Dies alles macht deutlich, daß empirische Daten aus dem Schulalltag *nicht* in naturwissenschaftlicherweise gewonnen werden können. Strebt man Alltagsergebnisse in dem Sinn an, daß die Daten nicht nur einem Alltag entstammen sollen, sondern daß der Prozeß der Datengewinnung, wie hier die Funktionalisierung von Grammatikunterricht, gleichzeitig für einen Alltag "musterhaft" und jederzeit nachvollziehbar sein soll, dann erweist sich Lehrmaterial mit seinen inhärenten Aufgabenstellungen tatsächlich als einziges Steuerinstrument. Pointiert läßt sich sagen, daß somit vor allem die Wirkung von Lehrmaterial überprüft werden kann, und zwar nicht nur auf die Schüler, sondern auch auf die Lehrer bezogen. - Meine eher impressionistisch teilnehmende Beobachtung ließ mich den Eindruck gewinnen, daß die Lehrer den "Aufwand" für den Grammatikunterricht für zu groß zu halten, wie ihn gerade dieses Lehrmaterial (s.u.) erfordert.

Es ist verständlich, daß die Kultusbürokratie und die ihr nachgeordneten Schulleitungen nur ungern die Bewilligung zu Schulversuchen geben. Ihr wesentliches Argument, der Unterrichtsalltag dürfe nicht gestört werden, ist alles in allem berechtigt, kann man doch im voraus nicht wissen, welche Akzente bei Schülern durch ein Experiment gesetzt werden. Zudem sind aber auch forschungsmethodisch erhebliche Bedenken angebracht, was die Verallgemeinerbarkeit von Ergebnissen anbetrifft, die unter Laborbedingungen zustande gekommen sind.

Hier wurde folgender Weg beschritten: Eine durchaus schulalltägliche Sache ist es, am Anfang eines Schuljahres zu überprüfen, was Schüler schon können. Dann ist ein Lehr-/Lernstoff festzulegen, der im nächsten Schreibversuch erfaßbar ist, so daß man den Lernerfolg erkennen kann. Nur zwei Besonderheiten sollte der "Schulversuch" des Schuljahres 1988/89 haben: Entgegen alltäglicher Praxis sollte das "Aufsatzschreiben" funktional und direkt mit "Grammatikunterricht" im Sinne der Affinitäten zwischen Textsorten und sprachlichen Phänomenen verbunden werden, und die Schüler sollten diese Funktionalität auch eigenaktiv erfahren können. Ich selbst würde mir einen solchen Unterricht gelegentlich anschauen, auch hier sollte Alltäglichkeit gewährleistet sein, denn mir war klar, daß meine Anwesenheit für kooperationswillige Lehrer eine Art Prüfungssituation darstellen würde.

Die zweite Besonderheit ergab sich z.T. aus dem Lehrmaterial bzw. aus der gängigen Aufsatzunterrichtspraxis: Üblicherweise hat die Eigenständigkeit, die "Originalität", die "Kreativität" des Schülers beim Aufsatzschreiben einen hohen Stellenwert. Lehrer scheuen Aufgabenstellungen, die ihnen den Vorwurf von Präskriptivität oder Normativität eintragen könnten. Die Konventionalität schulischen und wohl auch alltäglichen Schreibens ist zwar einerseits bekannt, andererseits sollen die individuellen Kräfte im Schüler so sehr geweckt werden, daß (der Fiktion) der Originalität mehr Raum gegeben wird. Bei früheren Schul(-vor)versuchen wurde z.B. die Kombination von grammatischem u n d schreiberischem Lernziel als zu belastend für die Kreativität des Schülers von Lehrern kritisiert und abgelehnt. Daß dies nicht zutrifft, konnte ich in weiteren Versuchen nachweisen.[8] Fast im Gegenteil: Wenn die Schüler garantiert bekamen, daß das, was gerade im "Grammatikunterricht" durchgenommen worden ist, auch wirklich eingefordert wird und in die Bewertung eingeht, dann gab dies den Schülern

---

8 Vgl. KLOTZ (1983:42f.), besonders der Kinderaufsatz.

Sicherheit. Nicht zuletzt wurde dadurch auch die Funktionalität des Lernstoffes den Schülern deutlich. Freilich standen die Lehrenden in einer wünschenswerten, sinnvollen Begründungspflicht.

Verschiedene Typen von Schülertexten sollten gewonnen werden. Das eine Ziel war es, Schülertexte einzuheben, die in engem Zusammenhang mit dem Lehrmaterial stehen gemäß der Situation (1) (vgl.o.). Mit anderen Worten, im Sinne eines Trainings im "Sprachangebotsunterricht" müssen Schüler nicht kreativ sein, sondern gelernte sprachliche Muster in Texten verwenden. Als Hintergrundargument dazu diente, daß die trainierten sprachlichen Muster von Schülern *später* eigenaktiv und sinnvoll genutzt werden sollten, und zwar wenn die "angebotenen sprachlichen Muster" voll internalisiert sind, also nach einer Kognitivierung zur Routine werden konnten.

Neben diesen bislang eher noch ungewöhnlichen Texten wurden Texte eingehoben, bei denen zuvor zwar auch ein gezielter grammatischer Unterricht vorausgegangen war, bei denen die Aufgabenstellung dann aber inhaltlich unabhängig von der vorangegangenen Lektion war, also gemäß der oben beschriebenen Situation (2) des Sprachangebotsunterrichts. Zu diesen Texten kommen Kontrollgruppen hinzu, die von der Versuchsgruppe dadurch unterschieden sind, daß ihre Aufsätze in einem ganz unspezifischen Schulalltag zustande gekommen sind; Situation (3).

Diese Anlage, empirisches Schulmaterial zu gewinnen, hatte den Vorteil, daß sie unterhalb der einer Genehmigungsschwelle lag; freilich brauchte auch sie kooperationswillige Lehrer und Schulleiter. Das Prinzip des Datenschutzes konnte problemlos gewahrt bleiben, da dies mit der "Vernummerung" der in Frage kommenden Schüler gewährleistet war. Hilfreiche Schulen bzw. vor allem hilfreiche Lehrer fand ich in Traunstein, München und Olching bei München. Die Klassenstufen waren vom Stand der Sprachentwicklung[9] und von den Anforderungen des Lehrplans etwa auf den Ebenen 6, 7 und 8 zu suchen, da entsprechende Lernziele und -stoffe in diesen Jahrgängen angesiedelt sind.

Die hier angesteuerten Lernziele bzw. Lerninhalte standen ganz im Lehrplanrahmen auf der Seite des "Grammatikunterrichts", der "Reflexion über Sprache", wie es dort eigentlich heißt, Adverbialien, Modalität und in einem Fall Thema und Rhema, bzw. Themaprogression und Themakonstanz, ein Stoff, der leider noch nicht hinreichend das Interesse von Lehrplanmachern, Lehrern und Schulbuchautoren gefunden hat. Attribuierungen sollten ohne eigens gestalteten Unterricht mit betrachtet und beachtet werden. Als Textsorte ist für die Jahrgänge 6 und 7 noch das Erzählen möglich, während das Informieren - hier Berichten, Beschreiben und die Inhaltsangabe - in den Jahrgangsstufen 7 und 8 vor allem gelernt wird.[10]

---

9 Etwa im Sinne von AUGST/FAIGEL (1986:95ff.); dort die Aussagen über den Konjunktionengebrauch dieser Altersgruppe.
10 Die auf freundliches Entgegenkommen und Kollegialität beruhende Versuchssituation hat nicht erlaubt, auch noch modernere schreibdidaktische Ansätze, z.B. kreatives, heuristisches Schreiben, anzustreben.

Zwar lassen sich geschlossenere und stringentere Untersuchungsdesigns entwerfen und auch sehr viel engere Fragestellungen, als sie hier formuliert worden sind, entwickeln. Jedoch gilt es, in Anbetracht des derzeitigen Forschungsstandes (vgl. KÖNIG (1972); AUGST (1978b); NEULAND (1984); AUGST/FAIGEL (1986))[11] und im Rahmen einer Einzeluntersuchung zunächst einmal Perspektiven im Sinne einer Pilotstudie zu eröffnen. Denn angesichts der Skepsis bis Ablehnung gegenüber einem funktionalen Grammatikunterricht (vgl. Kap.1) konnte kaum eine solche Studie erwartet werden. Während die meisten Untersuchungen (vgl. den Anfang des Kap.7) sich deskriptiv mit Sprachentwicklung, Grammatikalität und Schreibstil auseinandersetzen, überprüft diese Studie in ihrem empirischen Teil eine didaktisch *aktive* Konzeption, die über die Reflexivität im Grammatikunterricht hinausgehen will: im positiven Sinne soll "instrumentalisierter", eben funktionaler Grammatikunterricht an ausgewählten Beispielen überprüft werden. - Reflexivität stellt sich übrigens auch beim aktiven und bewußten Umgang mit sprachlich-grammatischen Phänomenen ein, wie das etwa beim Übersetzen der Fall ist.

Eingehoben wurden Texte nach dem Prinzip "davor und danach", bzw. T1 und T2 und nach den lernsituativen Vorgaben (vgl.o.) S (1), S (2) und S (3). **A** steht für 6., **B** für 7. und **C** für 8. Klasse; **K** steht für **K**ontrollgruppe.

Tab. 1: Übersicht über die eingehobenen Daten (Schüleraufsätze).

Aufsätze mit Klassentyp, Textfolge und Lernsituation	Grammatiklektion	Textsorte / Aufsatzart
6. Klasse		
A - T1	Adverbialien	Erzählen
A - T2		Erzählen
Lernsituation S 1		
KA - T1	--------	Erzählen
KA - T2		Erzählen
Lernsituation S 3		
7. Klasse		
B I - T2	Adverbialsätze	Berichten
Lernsituation S 1		
B II - T1	Thema- Rhema	Erzählen /
B II - T2		Erlebnisschilderung
B III - T1	Tempus /	Berichten
B III - T2 - S 2	Wdh. Adverbialien	Berichten
KB - T1	--------	Erzählen
KB - T2 -S 3		Informieren
8. Klasse		
C - T1	Adverbialien	Inhaltsangabe
C - T2- S 2	und Konjunktive	Inhaltsangabe
KC - T1	--------	Inhaltsangabe
KC - T2 - S 3		Inhaltsangabe

---

11 Nirgends wurde jedoch nach dem unmittelbaren Einfluß von Grammatikunterricht gesucht.

Dieses Corpus stellt eine Stichprobe von je 10 Texten T1 und 10 Texten T2 bzw. je 9 Texten im Falle von B II. Die Stichproben[12] von 10 bzw. 9 Schülerinnen und Schülern pro Untersuchungsgruppe fußen je auf einer Grundgesamtheit von etwa 30 Schülern, wobei im Sinne des Zufallsprinzips die jeweils ersten 10 Schüler nach der alphabetischen Klassenliste als Probanden genommen worden sind. Damit liegen n = 158 Aufsätze vor, die z.T. viel Gemeinsames haben und die z.T. sehr unterschiedlich sind:
- Die Zweit-Aufsätze mit der Kennung A 2, B 2 und C 2 stehen im Rahmen einer Unterrichtseinheit und sind inhaltlich dort eingebunden.
- Die Zweit-Aufsätze BII T2, BIII T2 z.T., nämlich 5 von 10, und C T2 sind inhaltlich "frei".
- Die Aufsätze KA, KB und KC dienen der Kontrolle; sie sind ohne jede Beeinflussung entstanden.

Als Lektionen wurden verwendet aus dem Lehrwerk BENDEL-KLOSTERMANN "Sprachschlüssel", das seit 1982 erscheint:
- für die Zweit-Aufsätze A T2: "Lauter Umstände", Bd. A/B 6;
- für die Zweit-Aufsätze BI T2: " [...] obwohl man nichts beweisen kann", Bd. A/B 7;
- für die Zweit-Aufsätze BII T2: das zweite Kapitel aus "Ausstellungen", Bd. A/B 9;
- für die Zweit-Aufsätze BIII T2: "Gefährdete Tierarten", mit einer Wiederholung der Adverbialien und Tempus: "Mit dem LKW unterwegs" in Bd. A/B 7;
- für die Zweit-und Dritt-Aufsätze C T2 die Wiederholung der Adverbialien in "Schulalltag" und "Sichtweisen", also Modalität in Bd. A/B 8.

Diese Grammatik mit Schreiben verbindenden Lektionen[13] habe ich in Zusammenarbeit mit dem Autorenteam des "Sprachschlüssel" verfaßt, so daß, mit Einschränkungen, dem Lehrmaterial insgesamt ein Konzept zugrunde liegt, das damals zwar noch nicht so explizit, doch immerhin implizit dem hier in dieser Arbeit formulierten Konzept nahekommt.

6.2. Die Bearbeitung der Texte zu computergerechten Daten mit Hilfe eines speziellen Programms

Um Fragestellungen in gezielten Recherchen nachgehen zu können, wie sie in den vorangegangenen Kapiteln dargestellt worden sind, bedurfte es einer schmiegsamen, vielfältigen Ansprüchen genügenden Aufbereitung der Kinderaufsätze für den Computer. Diese Aufbereitung beinhaltet zwei Hauptschritte:
a) die Daten*eingabe* und

---

12 In Anlage und Beschreibung orientiere ich mich an CLAUß/EBNER (2/1977).
13 Ein Beispiel für die Lektionen findet sich in Kap.4.6 dieses Bandes.

b) die Daten*analyse*.
Für die *Recherchen* (siehe Kap.6.4) wurde ein drittes, auf (a) und (b) fußendes Programm entwickelt.

6.2.1. Die Texteingabe und die Textanalyse zu "Daten" im Computer

Es war von Anfang an vorauszusehen, daß relativ unterschiedliche Daten in gemeinsamen Kategorien zusammengefaßt werden sollten. Da z.B. sowohl Satzglieder wie Sätze aus Wortgruppen wie aus einzelnen Wörtern bestehen können, war es nötig, die Kinderaufsätze bis hin zum einzelnen Wort erfaßbar zu machen. Andererseits war klar, daß die klassischen linguistischen Grenzen bzw. Größen wie "Satz" und "Text" greifbar sein sollten, wohl wissend, daß diese Größen in sich problematisch sind: wie geht man mit trennbaren Verben z.B. um, wie mit Ein-Wort-Sätzen, wie mit "geteilten Satzgliedern", die es nach manchen grammatischen Vorstellungen - zu einfache Verabsolutierung z.B. der GLINZschen Proben, vor allem der Verschiebe- und Ersatzprobe oder die Fehlerhaftigkeit in Kindertexten an sich - nicht geben sollte.[14] Richtschnur waren letztlich praktikable, zügig zu verarbeitende und pragmatische Lösungen.
   Folgendes Vorgehen wurde für die Dateneingabe schließlich gewählt: Jeder Text und jeder Satz sollte zunächst identifizierbar sein, wobei jedes Wort innerhalb dieses Doppelrahmens einen eigenen Speicherplatz erhalten sollte, damit es später als Satzglied oder einem Satzglied zugehörig würde definiert werden können. Um eine solche Eingabe vornehmen zu können, wurde ein Datenbanksystem gewählt, das auf gängigen Personalcomputern der Kategorie "IBM-kompatibel" lauffähig ist. Im Hinblick auf die zu modellierenden Datenstrukturen bot sich das System dBASE an; aus Rücksicht auf die zu erwartenden Datenmengen und die dadurch erforderliche Verarbeitungsgeschwindigkeit fiel die Wahl auf das dBASE-kompatible System Clipper. dBASE-Datenstrukturen zeichnen sich durch die Eigenschaft aus, normalisierbar zu sein, d.h. Redundanzen aufzulösen, ohne die Datenintegrität zu beeinträchtigen. Andererseits ist Clipper eine kompilierbare Programmiersprache, die neben der innewohnenden Ausführungsgeschwindigkeit vielfältige Möglichkeiten zur Schaffung benutzerfreundlicher Mensch-Maschine-Schnittstellen bietet. Diese Auswahl sollte die bisher skizzierten und weiter (s.u.) Datenrecherchen ermöglichen. Das System wurde so eingerichtet, daß *vor* der Abschrift des Schülertextes folgende Identifikationsdaten einzugeben waren:
a) *Test* (= Text) 1, 2 oder 3
b) *Ort*, ebenfalls vernummert von 1-9
c) *Schüler* 1-n
Die *Wort*- und *Satz*zählung erfolgt automatisch - in unserer Version sind z.Zt. Texte bis zu 99 Sätzen möglich. Als "Satz" gilt, was zwischen zwei formal satzabschließenden Interpunktionszeichen steht (Punkt, Frage- und

---

14 Vgl. die präzise Beschreibung bei: GREWENDORF/HAMM/STERNEFELD (4/1990:160ff.).

Ausrufezeichen), wobei "Satz" hier Para- und Hypotaxen mitmeint; die Wortzählung der Teilsätze in para- und hypotaktischen Sätzen verlangt das Programm "von Hand", wobei die Summe der Wörter der Teilsätze mit der automatisch eruierten Gesamtzahl übereinstimmen muß. Die nähere Bestimmung, um welchen Satztyp - einfacher Satz, Parataxe, Hypotaxe und gemischt para-hypotaktischer Satz - es sich handelt, geschieht "von Hand" ebenfalls erst in der Analyse. Die Wortzählung dient der späteren Feststellung der Längen der Texte, der Sätze und der Satzglieder. Nach den Angaben zur Textidentifikation konnte der Text selbst Wort für Wort eingetippt werden.

Die Textanalyse ist im wesentlichen an der Valenzgrammatik und an textueller Kohäsion orientiert. Im Hintergrund steht die von mir vorgeschlagene Struktur des informativ gesättigten Satzes - ISS - da durch sie ein Satz immer auch in seinen kotextiven Eigenschaften erscheint.

Doch sei zunächst die reine Struktur des Analyseprogramms dargestellt:
1. Wenn ein Text und dann ein Satz im Computer aufgerufen ist, ist zunächst der *Satztyp* anzugeben:
Unterschieden werden
a) einfacher Satz
b) Parataxe
c) Hypotaxe
d) gemischte Para-Hypotaxe
e) syntaktische Strukturfehler sind am Schluß anzuzeigen.

Für Parataxen (b) und gemischte Para- Hypotaxen (d) muß die *Zahl der Sätze* angegeben werden, da ihre *Wörterzahl* einzeln bestimmt werden muß. Die Wörterzahl wird ebenso auch für einfache Sätze und Hypotaxen vom Analysator festgestellt; die Wörterzahl der einzelnen Gliedsätze wird jedoch nicht gesondert ausgezählt, sondern sie schlagen als "komplexe Satzglieder" sowohl von der Wörterzahl wie später bei der Satzgliedanalyse zu Buche.

2. Es folgt die kotextive Bestimmung, die abgesehen vom ersten Satz vorgenommen wird. Folgende Feststellungen sind binär zu treffen:
a) Rekurrenz durch Pronomina und Proformen
b) Syntaktische Kohäsion (Anschlußthematisierung zum Vor-Satz)
c) Kohäsion durch Konnektoren
d) Kohäsion durch semantische Isotopie. - Dies ist nur dann zu registrieren, wenn die Isotopie die Kohäsionsleistung *allein* zu tragen hat.
e) Kohäsionsfehler auf der transphrastischen Ebene oder Interpunktionsfehler.

3. Jetzt kann die Analyse der Satzglieder des aufgerufenen Satzes vorgenommen werden. Diese Analyse ist in der *obersten Ebene (a)* in drei syntaktische Kategorien unterteilt: V E A, wobei V für das Verb als Prädikat, E für obligatorische und fakultative Ergänzungen steht und A für die Adverbialien einschließlich der Satzadverbialien, der Partikel und

des freien Dativs. Wenn also der angewählte Satz auf dem Bildschirm erscheint, Satztyp und Wörterzahl bestimmt sind und die kohäsive Anbindung an den vorangegangenen Satz festgestellt ist, kann nun Satzglied für Satzglied den "Kategorien" V, E, A zugeordnet werden.

Auf der *nächst tieferen Ebene (b)* werden diese Kategorien in durchaus traditioneller Weise ausdifferenziert:
Für **das Prädikat V** muß zunächst die
* *Valenz* der verwendeten Verbs angegeben werden, sodann/*Tempus/Modus/Genus verbi* und *Fehler auf der Prädikatebene.*
(auf Person und Numerus wurde verzichtet, da sich dafür hier keine Relevanz ergeben hat.)

Die **obligatorischen und fakultativen Ergänzungen E** werden unterschieden als Ergänzung im
* *Nominativ/Genitiv/Dativ/Akkusativ/*mit *Präposition* und *Dativ/*mit *Präposition* und *Akkusativ,* wobei die Präpositionalergänzungen auch die Ergänzungen mit *Ortsangabe* einschließen (z.b.: stehen auf, stellen auf)/ *Prädikativ/prädikatives Attribut*

Die freien Ergänzungen bzw. **Adverbialien A** beinhalten
1. die traditionellen Umstandsbestimmungen:
* *Zeit/Art/Ort/Instrument/ Grund 1*: kausal, adversativ, konditional
  Grund 2: final, konsekutiv
2. erscheinen hier:
* *freier Dativ/Modal- und Gradpartikel/Satzadverbiale*: modal und emotiv; einbezogen werden hier auch funktionsäquivalente Oberflächenformen wie Futur, Modalverben, Suprasätze (ich vermute, daß [...])

Auf der *untersten Ebene (c)* werden die *Attribuierungen* bzw. die *syntaktische Struktur,* also gewissermaßen die "Ausgestattetheit" der Kategorien Ergänzungen E und Adverbialien A je registriert.

Dabei wird unterschieden:
* *ohne Attribut/einfaches Attribut*: Adjektiv, Adverb, Genitiv- Präpositionalattribut und einfache Apposition/*mehrfache Attribuierung* (aber nicht Nebensatz-Ebene)/*komplexe Struktur*: Satzglieder als Gliedsätze; Relativsätze, attributive Konjunktionalsätze/*Fehler auf der Satzgliedebene*: Automatisch wird vom Analyseprogramm registriert, welche *Plätze* die Satzglieder im Satz einnehmen; dies kann für den ganzen Satz angezeigt werden, eine eigene Suchoperation für die kategoriale Besetzung des Vor-, Mittel- und Endfeldes hat das Recherchenprogramm nicht.
* Die *Fehler* werden im einzelnen nicht weiterspezifiziert.

6.2.2. Technische Verfahren und Erläuterungen

1. Texteingabe

Zur Eingabe der Schülertexte wurde ein relativ anspruchsloses Programm entwickelt, das neben der Hauptfunktion - eben die Erfassung des Textmaterials - noch einige wichtige Leistungen enthält. Zum einen erfolgt die Generierung eines Textkennzeichens, das die Zugehörigkeit der Texte nach Test, Ort, Klasse, Schüler und Satz wiederspiegelt. Die Querverbindung wiederum zwischen Textkennzeichen und der Wörterkette stellt sicher, daß ein gesuchter Text oder Satz auch immer auffindbar ist - eine weitere Aufgabe des Eingabeprogramms. Schließlich bot es sich an, bereits zu diesem Zeitpunkt, also während der Texteingabe, die Wörter mitzuzählen, um später, bei der Bestimmung der eigentlichen Satzlängen, ein sicheres Verifikationskriterium zu haben. Dies war wichtig, da später die Anzahl von Wörtern pro Satz in die Berechnung des Informationsgehaltes als Größe mit einfließen sollte und Fehleingaben unbedingt ausgeschlossen zu sein hatten. Durch Aufsummierung der vom Analysator gezählten Wörter und dem Vergleich mit der bereits gespeicherten Gesamtlänge wurde ein Fehler sofort sichtbar.

2. Textanalyse

Das Analyseprogramm ist als Werkzeug konzipiert, das eine Art Interlinearanalyse ermöglicht. Der gewählte Text wird am Bildschirm zweizeilig angezeigt, wobei die Satzgliedmarkierungen jeweils unter dem analysierten Wort erscheinen. Der Analysator wendet nun folgendes Verfahren an: er legt sich zunächst fest, welches Wort zu bestimmen ist bzw. welcher Wortgruppe es zugerechnet werden soll, dann gibt er die entsprechenden Kodierungen dem Programm ein und markiert schließlich das Wort oder die Wörter, wobei dies fortlaufend visuell angezeigt wird. Für den Fehlerfall sind Möglichkeiten gegeben, um jeden Analyseschritt zu korrigieren oder aufzuheben. Die Kodierung der einzelnen grammatischen Kategorien entspricht der dargestellten Systematik. Programmtechnisch soll hier nur gesagt werden, daß eine extrem knappe interne Darstellung eines grammatischen Falles gewählt werden mußte, um die absehbare Masse von Daten in Grenzen zu halten und die später zu erwartende Schwerarbeit des Computers bei der Auswertung etwas zu beschleunigen. Das Programm stellt sicher, daß jedem analysierten Wort ein Querverweis auf seine Stelle im Satz beigegeben wird und daß wortbereichüberspannende Satzgliedteile als zusammengehörig betrachtet werden (z.B. die Satzklammer eines geteilten Prädikats).

3. Analyseauswertung

Die zwei vorausbeschriebenen Programme leisten nur, daß sie passiv Information von außen aufnehmen, ordnen und speichern. Die Verantwortlichkeit für die Richtigkeit und Vollständigkeit der Daten liegt ausschließlich beim Menschen. Noch läßt sich mit diesen Daten nichts anfangen, schon aufgrund der schieren Menge nicht. Die Notwendigkeit eines eigenen Auswertungsprogramms war frühzeitig klar und wurde in der Gesamtarchitektur der drei Programme berücksichtigt. Durch den internen Aufbau der Daten sollte es möglich sein, auf jeder Stufe auf sie zuzugreifen - ob Text, Satz, Satzglied oder einzelne Ausformung eines solchen. Und dies in Verbindung mit den syntaktischen Informationen auf den entsprechenden Stufen des Satztyps und seiner Charakteristika.

Es sollten dadurch Abfragen folgender Art möglich werden:
Liste alle Sätze auf,
- die in Text 1 und 2 vorkommen,
- von Klasse 2 an Ort 3 geschrieben sind,

und die jeweils:
- ein Verb im Passiv,
- eine Ergänzung mit dem Dativ enthalten,
- dazu eine Attribuierung vermittels eines Adjektivs.

Eine solche Abfrage läßt sich mit Mitteln relationaler Datenbanken und einer entsprechenden Abfrage-("Query")-sprache realisieren. So wurden die Möglichkeiten geschaffen,
- bis zu drei Satzglieder untereinander nach der Boolschen Logik[15] UND und ODER zu verknüpfen;
- bis zu drei Satzglieder untereinander wie oben, zusätzlich durch UND mit Satztypinformationen zu verknüpfen;
- die Suche nach diesen Kriterien auf bestimmte, anzugebende Bereiche des Textkorpus zu beschränken.

Pro Satzglied sind bis zu fünf Kriterien spezifizierbar, die intern durch UND verbunden werden (es wäre denkbar gewesen, und es wäre ohne Aufwand realisierbar, beides UND und ODER, zu implementieren). Dabei können Teile der Satzgliedbestimmung ignoriert werden, z.B. wenn das Tempus irrelevant ist. Die knappe Art der Speicherung von Satzgliedinformationen erschwert diese Aufgabe zunächst, doch wird die Geschwindigkeit der Verarbeitung dadurch erhöht. Die Ergebnisse solcher und ähnlicher Abfrageformulierungen präsentieren sich nun in der Form von zusammen-

---

15 Zur Erläuterung der Boolschen Logik nur soviel: Es seien zwei Bedingungen A und B gegeben, die ein Wahrheitsergebnis C haben. Werden A und B mit UND verknüpft, so gilt: C ist dann und nur dann wahr, wenn A und B gleichzeitig wahr sind. Werden A und B durch ODER verknüpft, so ist C dann und nur dann wahr, wenn mindestens eine der beiden Bedingungen A, B wahr ist. Eine im Abfrageprogramm nicht eingesetzte Variation ist das XODER (exclusive ODER): C ist dann und nur dann wahr, wenn entweder A oder B, nicht aber beide zugleich wahr sind.

hängenden Sätzen, in denen die relevanten abgefragten Teile gekennzeichnet sind, oder als Listen von Satzgliedern mit den dazugehörigen Textkennzeichen. Da Sinn oder Unsinn einer bestimmten Abfrage nicht immer voraussagbar war, erwies sich diese differenzierte Darstellungsweise als recht nützlich. Sollte eine Abfrage Ergebnisse zeitigen, die modellhaft für die zu klärenden Zusammenhänge stehen, so kann sowohl a) die Abfrage selbst samt einem Kommentar für spätere Wiederholung mit einem erweiterten Datenbestand gespeichert werden, als auch b) das Ergebnis in Dateiform gesichert werden zwecks späterer Übernahme in einen Text. Eine ganz anders geartete Übersicht stellt die Häufigkeitsverteilung der Satzglieder dar, einerseits pro Schüler, zum anderen pro Klasse, und jeweils pro Test. Schließlich stellt ein weiteres Programmteil prozentuale Daten zusammen, die Auskunft über die Satzgliedlängen in Relation zu den Textlängen geben.

4. Graphische Darstellung des Informationsverlaufs und der Berechnungsverfahren

Während das Abfrageprogramm letztlich Informationszwecken dient, um auf relativ bequeme Weise recht versteckten Zusammenhängen nachzustellen, und dementsprechend mit Hilfe einiger Intuition und Erfahrung erst zum Tragen kommt, basiert der Informationsverlauf von Texten auf einer arithmetischen Formel, die unverändert auf alle Texte anzuwenden ist und als Parameter die vollzogene Satzgliedanalyse benötigt. Diese Formel ist es, die der Analyse den wirklichen Sinn gibt, da nun sichtbar gemacht werden kann, was das Abfrageprogramm nicht zutage fördern vermag. Somit galt es, die ISS-Formel in die Numerik des Computers zu übertragen, und dann für jeden ausgewählten Corpusbereich die Verbvalenzen und die Anzahl der Ergänzungen und Adverbiale pro Satz in die Formel einzutragen. Die graphische Darstellung des Informationsverlaufs erfolgte unter Zuhilfenahme entsprechender graphischer "Softwarewerkzeuge". Wichtiger war daher die Gegenüberstellung des Informationsverlaufs für den einen und dann den anderen Test bei sonst gleichbleibenden Corpusauswahlen - zum einen auf Satzebene, zum anderen auf Klassenebene. Am Anfang der Entwicklung der hier verwendeten Berechnungs- und Meßverfahren mußte die Doppelfrage stehen:
• Was ist meßbar?
• Was wird gemessen?

Im Zusammenhang mit Texten lassen sich zunächst auf allen sprachlichen bzw. grammatisch faßbaren Ebenen Auszählungen vornehmen. In Betracht kommen die Ebene
• der *Wörter*
• der *Satzglieder*
• der *Sätze*
• des *Textes,*

solange man nicht die Ebene Wort unterschreiten will. Es fragt sich bereits an dieser Stelle, ob man nicht diese "klassischen" Ebenen erweitern sollte um die allerdings besonders schwer faßbare Ebene des pragmatisch und graphisch realisierten
* *Textsegments*[16], dies konnte zwar für die eingehobenen Schülertexte noch nicht beobachtet werden, bleibt aber ein Desiderat.

Es ergeben sich aus den Kombinationen der Ebenen folgende Relationen:
1. *Wörter*
2. *Satzglied*
3. *Satz*
4. *Textsegment*
5. *Text*
Hierbei können nicht nur die linear aufeinander folgenden Paare kombiniert werden, sondern auch
6. Wörter: Satz
7. Wörter: (Textsegment)
8. Wörter: Text; sowie
9. Satzglied: (Textsegment)
10. Satzglied: Text; sowie
11. Satz: Text

Einige dieser Meß-Kombinationen waren und sind "im Gebrauch" mit unterschiedlicher Relevanz. So erbrachten die Messungen der durchschnittlichen Satzlänge etwa von Wilhelm FUCKS (1955/1956) einige markante Unterscheidungen, vor allem in bezug auf literarische und wissenschaftliche Texte. Doch wie "interessant" und aussagekräftig waren die Ergebnisse von FUCKS? Wir wissen jetzt, daß in wissenschaftlichen Texten die Sätze generell länger sind als in literarischen. Sehr viel mehr wurde aus diesen Messungen nicht herausgelesen, obwohl sich hier etwa die Fragen nach der Informationsdichte und nach der menschlichen Erfassungsfähigkeit von Informationen pro Satz aufdrängen. Dies um so mehr, als es sich um pragmatisch völlig verschiedene Textsorten, meist wohl um informative und argumentative Texte in der Wissenschaft und um narrative und lyrisch-emotive Texte in der herangezogenen Literatur handelte.
    Eine wesentliche Anschlußfrage wäre hier beispielsweise die nach der Anzahl der Nominalisierungen insbesondere von Verben gewesen. Vergegenwärtigt man sich nämlich aus der Sicht der Valenztheorie, daß jedes Deverbativum einen Teil der obligatorischen Agenten notwendig mit sich führt bzw. mittelbar elliptisch in den Satz einbringt, dann wird deutlich, daß die Informationsmenge pro Satz nicht allein vom Prädikatsverb wesentlich gesteuert wird, sondern daß über die Wortwahl und hier speziell über die Deverbativa mit ihren valenznotwendigen (!) Attributen ganz beträchtlich erhöht werden kann. Hätte FUCKS sich diese Frage schon gestellt, dann wären seine Ergebnisse noch pointierter ausgefallen, bzw. es hätte sich für

---

16 Vgl. bes. GIORA/SHEN (1994).

ihn die Frage nach einem anders gearteten und andere Dimensionen eröffnenden Rechenverfahren ergeben. Denkt man diese hier begonnenen Gedanken weiter, dann stößt man auf sowohl syntaktisch-textuell wie pragmatisch wichtige Kategorien des Informationsflusses. Dies wurde von Gustav HERDAN (1956:95) etwa zur gleichen Zeit gesehen, als FUCKS seine Untersuchungen machte:

> "The nature of linguistic information, and of information in general, as used in information theory, is such as to require as one of its main conditions the stability of distribution of code symbols, of the type observed for our various linguistic codes [...] The case is analogous to that of the stability of the Life Table [...]"

Und noch näher an der Fragestellung wird eingeräumt, daß am Anfang Annahmen stehen:[17]

> "It appears that certain fundamental concepts of structural linguistics are elucated by information-theoretical ideas. [...] Information theory as the mathematical theory of communication starts with two unproved statements or assumptions. What is implicitly assumed is
> 1. the stability of frequency or probability distribution of linguistic units which the entropy is to characterise;
> 2. that the arrangement of the linguistic units within the message is governed by combinatorial laws."

Somit ist eine Suche nach solchen kombinatorischen Regeln auch in der Mikrostruktur nötig. Einer der Ausgangspunkte für diese Überlegungen muß die einfache Tatsache sein, daß *ein Satz einen Sachverhalt* ausdrückt; aber eben nicht nur ein Satz, sondern wie oben angedeutet wurde, geben auch nominalisierte Deverbativa mit ihren "valenznotwendigen" Attributen Sachverhalte wieder. Und nicht nur sie: auch einfache attributive Beziehungen zwischen einem Nomen und seinem Attribut stellen einen Sachverhalt dar, letztlich ebenso die Verhältnisse Adjektiv-Adverb ("furchtbar schön", "sehr schön"), Prädikat-Adverbiale, Satz-Satzadverbiale. Erinnert sei an die Tiefenstruktur der Noam CHOMSKY-Grammatik, und es wird klar, daß wir es bei nur mäßig komplexen Sätzen bereits mit einem sehr komplexen Geflecht von Thema und Rhema und Subthemata und Subrhemata zu tun haben, um es mit anderen, in diesen Zusammenhang besonders brauchbaren Termini zu sagen.

Freilich ist einschränkend festzustellen, daß kompetente Sprecher/Schreiber eine Sachverhaltsdarstellung zur tragenden Struktur durch das Prädikat des sogenannten Haupt- oder Trägersatzes machen, während die "Nebensätze", also sowohl die Gliedsätze wie die Attributsätze wie alle anderen attributiven Beziehungen von ihm strukturell nachgeordnet werden. Die Schreiber *entscheiden*, was sie zwischen zwei Punkte setzen, auf welcher Abstraktions- bzw. Konkretionsebene sie formulieren wollen, wie viele Komplexe sie in welcher Weise bündeln wollen, welche Sachverhalte ihnen angemessen erscheinen als "Umstandsbestimmungen" und welche als

---

17 HERDAN (1956:162f.).

"Eigenschaften", und sie können sogar entscheiden, welche mehr oder weniger komplexen Aussagen sie parataktisch verkoppeln.

So gesehen kann die Messung der Satzlänge auf ihre Aussagekraft hin erörtert werden. Es genügt dann nicht, jedem Wort eine Art "Informationseinheit" zuzuordnen und somit lange Sätze als Zeichen für lange Informationsketten zu nehmen, sondern die interdependentielle Strukturiertheit trägt natürlich ebenfalls Information. Man kann auch Messungen beschränken, indem man entweder die Satzlängen durch Wörterzahlen bestimmt und dies eventuell noch durch die Messung der *Satzglied*längen in Wörtern ergänzt - daraus ergibt sich immerhin einiger Aufschluß über die Strukturiertheit von Sätzen nach der groben Gleichung, daß umfangreiche Satzglieder in langen Sätzen Indikatoren für hohe Komplexität sein können -, oder man mißt die Gliederungstiefe gemäß den syntaktischen Knoten und korreliert dies mit der Satzlänge. Unberücksichtigt bleiben in beiden Fällen die Informationen, die über das flektierte Verb laufen: Person, Numerus, vor allem Tempus, Modus und Genus verbi. Sucht man nach einem tragfähigen Kompromiß, um der Strukturiertheit von Sätzen und Texten einigermaßen abbildnerisch gerecht zu werden, so muß die Wortzahl pro Satz genauso Berücksichtigung finden wie die Gliederungstiefe, die ja selbst erst durch die mehr oder minder komplexe Satzgliedstruktur aussagekräftig für die Strukturiertheit der Sätze und Texte wird.

Damit soll ein entscheidender weiterer Schritt getan werden: die Messungen werden nicht unmittelbar interpretiert, sondern sie dienen als "Übersetzer" in abstrakte Strukturen, die als Kurven erscheinen. Diese Umsetzung in Kurven dient einstweilen dazu, markante Makro-Strukturen erkennen zu können, wie sie zwar einerseits bei Stilanalysen auch erkennbar würden, wie sie aber bei größeren Textmengen nicht mehr beobachtbar und vergleichbar wären. Das muß in einem Medium geschehen, das eine solche Überschau erlaubt: Kurven erweisen sich dabei als gute Träger, da an ihnen eine markante Strukturiertheit sichtbar wird. An diesem Entdeckungsprozeßpunkt angelangt, müssen "Auffälligkeiten" interpretiert werden, und es muß sich zeigen, ob und welche allgemeinen, typisierbaren Aussagen möglich sind. - Diese Sicht steht noch in ihren Anfängen; ein erster Einblick wird in Kap.7.1.7 gegeben.

Das Berechungsverfahren und die ihm zugrunde liegenden Messungen sind also nichts anderes als ein Werkzeug, ein noch sehr grobes Werkzeug, um verschiedenartige Textkomplexität und -strukturiertheit von *vielen* Texten einigermaßen greifbar zu machen. Das Konstrukt des informativ gesättigten Satzes (ISS) hat hierbei die Doppelfunktion, "Werkzeugteil" zu sein und Teil einer allgemeineren theoretischen Grundlage. Der ISS ist ein an sich komplexes Gebilde, aber er hat einen Mangel für die hier anzustellenden Berechnungen, der nicht aufhebbar scheint: der Mangel beruht in der Tatsache, daß jedes Satzglied - wenigstens theoretisch - attribuierbar ist, so daß die abstrakte absolute Komplexität auf Satz- bzw. Satzgliedebene über die Wortebene noch weiter, wenn man so will: unendlich steigerbar ist; Grenzen setzt offensichtlich das Kurzzeitgedächtnis.

Abriß des Meßverfahrens

Zur Messung der sprachlichen Realisierungen werden pro Schüler jeweils zwei Aufsätze, nämlich einer *vor* und einer *nach* gezieltem Grammatikunterricht, gemäß den folgenden Verfahren berechnet und hinsichtlich des Lernerfolges verglichen.

Die Messung geschieht in drei Verfahren:
A) Das Verfahren A mißt die Informationsmenge im einzelnen Satz.
B) Das Verfahren B schließt an längst bekannte Rechenweisen an; gemessen werden durchschnittliche Satzlänge (B1) und durchschnittliche Satzgliedlänge (B2) pro Aufsatz.

Beide Verfahren zusammen liefern Werte, die untereinander verglichen werden können, und zwar sowohl hinsichtlich der Leistungen des Schülers/Schreibers wie hinsichtlich der Rechenverfahren selbst; möglicherweise kann die relative und undifferenzierte Messung von durchschnittlicher Satzlänge als Parameter von sprachlicher Leistung durch das differenzierte Verfahren A bestätigt oder widerlegt werden. Wichtig ist allerdings der Hinweis, daß sprachliche Leistung nicht a priori in einen einfachen Zusammenhang mit z.B. hohen Zahlenwerten gebracht wird, sondern die Zahlenwerte insgesamt dienen als Ausdruck dessen, was sprachlich getan worden ist. Es bilden sich insbesondere bei B numerische "Bereiche", in denen dann bestimmte sprachliche Muster und Leistungen gehäuft auftreten; hier ergibt sich eine große Nähe zur Stilanalyse. M.a.W.: Die Rechenverfahren ersetzen nicht die sprachlich-kommunikative Analyse; sie liefern nur weiter verarbeitbare Werte, die analysiert und interpretiert werden können.

Verfahren A: Satzanalyse und Satzrechnung

Theoretischer Ausgangspunkt ist auch hier das Konstrukt, das auf Satzgliedebene die *informative Sättigung eines Satzes* annimmt. Es wird also in abstrakter Weise davon ausgegangen wird, daß in diesem "idealisierten" Satz nicht nur die obligatorischen Valenzstellen besetzt sind, sondern auch alle freien Mitspieler vorkommen - alle Adverbialen, Satzadverbialen, freier Dativ -, ebenso wird die pro Prädikat ausgedrückte Information registriert (Person, Numerus, Tempus, Modus, genus verbi). Jeder natürliche Satz - und als Satz gilt hier, was wir seit der Schulzeit als Gesamtsatz kennen - wird informativ geringer ausgestattet sein als dieses Konstrukt; zum einen, weil jeder Sprecher/Schreiber immer nur Bestimmtes thematisiert bzw. rhematisiert, zum anderen, weil Kontext und Situation einige Angaben pro einzelnem Satz überflüssig machen - z.B. gilt eine Ortsangabe, bis sie durch eine andere ersetzt wird -, drittens, weil eine solche informative Häufung kommunikativ belastend wäre, und schließlich zeigt sich bei einer Satz-/Textanalyse, daß - etwa bei Themakonstanz - in den jeweiligen Folgesätzen Informationen nachgeschoben werden, was ja z.T. zur Kohärenz

des Textes beiträgt. Das Konstrukt des informativ gesättigten Satzes auf Satzgliedebene (vgl. Kap.4.2) liefert einen fast gleichbleibenden Parameter für natürliche Sätze. Nur die jeweilige Verbwahl verändert pro Satz die obligatorische Valenz; bei den Adverbialien wird davon ausgegangen, daß sie pro Satz nur einmal vorkommen können; scheinbar auftretende Doppelungen werden dadurch erklärt, daß sich eines der doppelten Elemente bei genauer Analyse als hierarchisch zugeordnet, also als attributiv erweist bzw. hier so angesehen wird: "Gestern um sieben Uhr in München blieb der Motor endgültig stehen." Hier ist "Gestern" mit den Attributen "um sieben Uhr" und "in München" ausgestattet; an dem Satzmodell mit Verbzweitstellung wird hier bewußt festgehalten. Da Information aber auch in jedem einzelnen geäußerten Wort steckt, kann man bei einer Meßrechnung nicht übersehen, daß viele Informationen attributiv in Sätzen erscheinen. Dies und die syntaktisch-stilistische Möglichkeit, Satzglieder als Gliedsätze zu formulieren, bedingen eine Aufnahme der Wörterzahl pro Satz in die Rechnung. Eine modale Satzadverbiale wird für jeden Satz angenommen, d.h. daß auch für Sätze ohne ein "bestimmt" - im Gegensatz zu "vermutlich" und entsprechenden Ausdrucksweisen wie Modalverben, Futur oder nominale Ausdrücken - eine solche Füllung der Stelle angenommen wird.[18] Schließlich muß für die Meßrechnung eine Position im Satz aufgemacht werden, in der freie Dative, Modalverben, funktionale und ähnliche Verben - soweit sie nicht satzadverbiell gebraucht werden, s.o. - und Partikel erscheinen. Dies alles führt zu folgendem Rechenverfahren:[19]
Beispielsatz: "Heute abend esse ich eine doppelte Pizza restlos auf."
Formel:
Wörterzahl: (abstrakte Information: konkret vorhandene Information) = Informationsmengenindex (IMI)
$$WZ : (AI : KI) = IMI$$
Geht man nämlich davon aus, daß die Informationsmenge pro Satz abbildbar sein soll, dann müssen durch die Rechnungen Werte entstehen, die bei großer Informationsmenge deutlich über denen mittlerer und niedriger Mengen liegen. Aus diesem Grund wird der Wörterzahl ein Teiler gegenübergestellt, der um so kleiner wird, je mehr der Schreiber sprachlich realisiert, i.e. abstrakte Information: konkrete Information. Je kleiner nämlich der Nenner des Gesamtbruches wird, um so größer wird der Wert von IMI. Der abstrakt möglichen Informationsmenge - ausgewiesen durch vorab fixierbare Zahlen - wird sowohl einerseits die konkrete Füllung in größeren Einheiten wie Satzglieder gegenübergestellt und andererseits die Informations- verdichtung bzw. -ausweitung in der Menge der Wörterzahl, die durch Attribuierung und Hypotaxe stark beeinflußt ist.

Folgendermaßen baut sich die *Formel* für den Informationsmengenindex (**IMI**) auf. (Beispielsatz: "Heute abend esse ich eine doppelte Pizza restlos auf"):

---

18 Dies ist eine eigene Diskussion wert, wie ich sie etwa schon in "Sprachwissenschaft" (1978:465 ff.); bzw. erweitert in Diskussion Deutsch 121 (1991:494 ff.), geführt habe.
19 Das in dieser Anlage bewußt nicht in all seinen Nuancen und Problemen dargestellt werden soll.

Tab. 2:

grammatische Bezeichnung			"abstrakte" Information	konkrete vorhandene Information
	Person/Num.	1	4	4 "esse [...] auf"
Prädikat	Tempus	1		
	Modus	1		
	Genus verbi	1		
Valenz 0, 1, 2, 3 oder 4: [Objekte, Ergänzungen]			0, 1, 2, 3 bzw. 4	2 "ich - doppelte Pizza"
Adverbiale der	Zeit		1	1 "heute abend"
	Art		1	1 "restlos"
	Ortes		1	
	Grundes		1	
Satzadverbiale / Negation			1	1 [nicht vorhanden, aber "bestimmt" möglich]
Modalverben o.ä. Verben			1	
freier Dativ			1	
(Abtönungs-) Partikel			1	

Summe AIM bei Valenz: (abstrakte Info-Menge)	0 : 12	Summe KIM: 9 (konkrete Info-Menge)
	1 : 13	
	2 : 14	
	3 : 15	
	4 : 16	

IMI	=	Wörterzahl	:	(AIM : KIM)
(Info-Mengen-Index)				
IMI	=	8	:	(14 : 9)
IMI	=	8	:	1,56
IMI	=	<u>5,14</u>		

Zur Verdeutlichung sei ein Schülerbeispiel gegeben: Es zeigt sich dabei, daß das Meßverfahren *Tendenzen* recht deutlich herausstellen kann und daß es nicht um den einzelnen Zahlenwert gehen kann; damit ist eine gewisse Toleranz für schwankende, strittige linguistische Analysen eingebaut, da die Gesamttendenz in "jedem Fall" sichtbar wird.

Zunächst also zwei Beispieltexte von demselben Schüler, dann ihre Informationsverläufe gemäß ihrer abstrakten Möglichkeit, ihrer Konkretion und ihre unmittelbare Gegenüberstellung. Deutlich wird hierbei auf den ersten Blick sowohl die größere syntaktische Vielfältigkeit wie die gelegentliche größere syntaktische Komplexität des zweiten Aufsatzes; ebenso die Tendenz des Schülers, gelegentlich Kurzsätze einzustreuen.

Text 1112
1. *An einem Dienstag waren meine Eltern nicht zu Hause.*
2. *Ich hatte gerade Schule aus und fuhr nach Hause.*
3. *Daheim angekommen suchte ich dann, vor der Haustür stehend, den Haustürschlüssel in meiner Schultasche, den mir meine Eltern gegeben hatten.*
4. *Die ganze Tasche durchsuchte ich, fand ihn jedoch nicht.*
5. *Was nun?*
6. *Wahrscheinlich hatte ich ihn verloren!*
7. *Da fiel mir das Kellergitter hinter unserem Haus ein, daß im Boden war.*
8. *Wenn ich es hochbekomme, könnte ich in den Keller hinabspringen und dann ins Haus gehen!*
9. *Also ging ich hinters Haus und versuchte, das Gitter aus dem Boden zu nehmen!*
10. *Aber unmöglich!*
11. *Es bewegte sich keinen Millimeter.*
12. *Da holte ich mir aus dem Garten einen festen Ast und steckte ihn in eine der Ritzen des Gitters.*
13. *Und tatsächlich es klappte.*
14. *Das Gitter ließ sich herausheben und ich sprang in den Keller hinab.*
15. *Dann stieß ich die Kellertüre auf und rannte die Treppe hinauf in die Küche!*
16. *Dann plötzlich blieb ich stehen.*
17. *Da, auf dem Küchentisch lag ja der Haustürschlüssel!*
18. *Wie kam der denn hierher?*
19. *Aufeinmal wurde mir alles klar:*
20. *Ich hatte den Schlüssel nach dem Frühstück hier liegengelassen und nicht verloren.*
21. *Das wird mir nie wieder passieren!*

Text 2112
1. *Wir waren 7 schöne Tage unterwegs und sind heute bei Tante Liesl in Wasserburg angekommen.*
2. *Es hätte aber beinahe eine Verspätung gegeben.*
3. *Und das kam so:*
4. *Wir übernachteten in der Landshuter Jugendherberge und ließen uns am nächsten Morgen Zeit für ein schönes Frühstück.*
5. *Markus dauerte es aber zu lange und Martin befahl ihm, inzwischen seine roten Radtaschen mit den beiden Rückstrahlern auf das Rad aufzupacken.*
6. *Markus ging los und vertauschte die Taschen wegen ihrer Ähnlichkeit.*
7. *Das es nicht die richtigen waren, merkten wir erst, als wir schon lang wieder losgefahren waren und in Wasserburg ankamen.*

8. Martin wollte seinen Foto aus der Tasche holen und ein Gebäude fotografieren, als er entsetzt merkte, daß es gar nicht seine Radtaschen waren.
9. Es waren Mädchensachen darin.
10. Wütend auf Markus rief er schließlich in der Landshuter Jugendherberge an, ob die richtigen Taschen noch da wären.
11. Der Herbergsleiter sagte ihm, daß sich schon ein Mädchen gemeldet hätte und auf den Anruf warte, der ihre Taschen hätte.
12. Er nannte uns ihre Telefonnummer und wir riefen erleichtert an.
13. Wir machten mit dem Mädchen Karin eine Verabredung bei Tante Liesl aus und nannten ihr die genaue Adresse und Beschreibung wie sie dorthin finden würde.
14. Tatsächlich kam sie zwei Tage später mit ihrer Freundin Ruth.
15. Froh und erleichtert tauschten wir die Taschen um.
16. Schnell haben wir die Sache mit der vertauschten Tasche vergessen und sind inzwischen gute Freunde mit den beiden geworden.
17. Wir haben auch schon jede Menge miteinander erlebt und wollen nächstes Jahr eine gemeinsame Radtour unternehmen.
18. Aber ohne Pannen!
19. Bis bald und schöne Grüße Eure Maria!!!

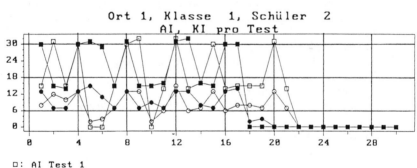

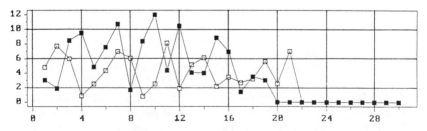

Verfahren B: Satzkomplexität
Hier werden bereits vielfach verwendete Rechnungsarten benutzt:
B 1: 1. Bestimmung der durchschnittlichen *Satzlänge*:
       Wörterzahl : Sätzezahl
      2. Durchschnittlicher *Satzgliedgehalt* (Hinweise auf Attribuierungen und Hypotaxen bzw. Parataxen):
       Satzglieder : Sätze
B2:   3. Bestimmung des *Satzgliedumfangs* (Hinweise auf Pronominalisierungen versus Gliedsätze):
       Wörterzahl : Satzgliedzahl
Zur Verdeutlichung kurz die errechneten Zahlen für die obigen Beispieltexte.

Tab. 3: Textdarstellungen: Ort 1   Klasse 1   Schüler 2

Test	Sch	Sätze				Satzglieder			Wörter
1	2	Pro	Ges.	Proz.		Ges.	Proz.	/Satz	Gesamt: 194
		Typ	21	100 %		107	100 %	5.1	
		0	10	47.6	V	25	23.4	1.2	
		1	6	28.6	E	49	45.8	2.3	
		2	3	14.3	A	30	28.0	1.4	/Sa: 9.2
		3	2	9.5					
2	2	Pro	Ges.	Proz.		Ges.	Proz.	/Satz	Gesamt: 257
		Typ	19	100 %		105	100 %	5.5	
		0	6	31.6	V	26	24.8	1.4	
		1	7	36.8	E	54	51.4	2.8	
		2	2	10.5	A	24	22.9	1.3	/Sa: 13.5
		3	4	21.1					

Bei *Sätze* bedeutet:
Typ **O**=einfacher Satz, **1**=Parataxe, **2**=Hypotaxe, **3**=gemischte Parataxe;
bei *Satzglieder* bedeutet:
V = Verb als Prädikat, **E** = Ergänzungen und **A** = Adverbialien.

Die Zahlen besagen "auf einen ersten Blick", daß zwar die Gesamtzahl der Adverbialien - trotz einer Lektion über sie - abgenommen hat, daß die Adverbialien aber an Umfang zugenommen haben (2,4 Wörter pro Adverbialie); dies wird auch durch die durchschnittliche Satzlängensteigerung von 9,2 auf 13,5 Wörter pro Satz wiedergespiegelt. Es ist dabei klar, daß der reine numerische Umfang nur begrenzt über die mögliche Leistungsfähigkeit des Schülers aussagt. So könnte eine Steigerung der Satzlänge allein auch bedeuten, daß das Kind Schwierigkeiten mit der Findung der Satzgrenze hat; erst die höhere Satzgliedlänge erlaubt den Schluß, daß der Schüler nun komplexer syntaktisch konstruieren kann, was wiederum durch die Kurve des Informationsflußverlaufs bestätigt wird.

Abschließend zu dieser Textbearbeitung ist aus didaktischer und linguistischer Sicht zu sagen, nicht nur "docendo discimus": sehr, sehr viele "Daten" sind aus den "natürlichen" Texten der Schüler entstanden. Die grammatische Analyse kann nicht maschinell geschehen, "Ungereimtheiten" sind nicht auszuschließen. Dem wurde dadurch zu begegnen versucht, daß die sprachliche Analyse letztlich "einfach" gehalten wurde, und doch hat auch sie genug Probleme aufgeworfen (vgl. das nächste Kapitel). Und Probleme wird es vermutlich immer dort geben, wo "natürliche Vorgänge" in computergerechte "Daten" umgeformt werden: die computerisierten Daten sind höchst genau weiterverarbeitbar, doch darf diese Tatsache nicht zu der Fiktion verführen, die "Ergebnisse" seien ebenso genau; die Ergebnisse geben schließlich vor allem "Richtungen" an, und das ist für die in Frage stehenden Prozesse nicht wenig. Manche weitere Differenzierung wäre im nachhinein wünschenswert gewesen, doch müssen hier vielfach Grenzen gezogen werden. So wäre z.B. eine Markierung insbesondere des Vorfeldes im Satz für spezielle textuelle Fragestellungen interessant gewesen.

Die besondere Qualität und der besondere Nutzen dieser Umarbeitung und dieser Analyse zu computergerechten Daten scheint mir in Folgendem zu liegen: Sprachliche Einzelphänomene wie z.B. Tempora-, Modi-, Adverbialien- oder Attributegebrauch sind einzeln und kombiniert, einschließlich und ausschließlich aus zu bestimmenden, also größeren oder kleineren Textcorpora herausgreifbar. Es ist - um es am konkreten Beispiel zu sagen - möglich zu beobachten, ob Schüler bei ihren Erzählungen von und-dann-Reihungen im ersten Aufsatz zu differenzierteren Adverbialien insgesamt oder zu Temporaladverbialien spezieller in ihrem zweiten Aufsatz gefunden haben, ob sie Adverbien, Zeitangaben oder adverbiale Gliedsätze benutzen. Es ist möglich, solche Fragen auf die ganzen Aufsätze, aber auch auf Teile, z.B. den jeweils auf den 1. und 2. Satz, auf die ersten fünf Sätze usf. anzuwenden. Betrachtet man daraufhin die aus der Textanalyse anfallenden Daten, so werden sehr, sehr viele Fragen und noch mehr Daten möglich; ob diese Daten als Antworten aussagekräftig sind, ist nicht immer leicht zu entscheiden. Neben diesen Abfragemöglichkeiten liefert diese Aufbereitung quantitative Aussagen bzw. Feststellungen. Wesentlich am gesamten Vorgehen scheint mir die Orientierung zu sein, das zu registrieren, was Schüler tun und leisten, und eben nicht Fehlerlisten anzufertigen, obwohl das Programm auch dies in mittlerer Weise ermöglichen würde.

Um aber den Weg zu diesen Fragen nachzuzeichnen und um die Probleme, Perspektiven und Einsichten ein wenig nachvollziehbar zu machen, die bei der "Gewinnung" der Daten entstanden sind, seien Fallbeispiele einigermaßen detailliert dargestellt.

6.3. Fallstudien zur Aufsatzanalyse

An dieser Stelle geht es nicht darum, einen oder mehrere besonders "interessante" oder "kritische Fälle" vorzuführen. Die zuvor aufgelisteten und kurz beschriebenen Analyseoperationen sollen im Routineprozeß dargestellt werden. Freilich bleibt dabei klar, daß hier eigentlich eine ganz ungewöhnliche Arbeit geleistet wird. Größere Textmengen werden sicherlich nur in Ausnahmefällen bis hinunter zu Satzglied- und Attributebene grammatisch bestimmt, und der lesende, verbessernde und benotende Lehrer tut dies ganz sicherlich in seinem Alltag auch nicht. Es wäre ein ungeheurer Arbeitsaufwand für ihn, aber er könnte den besonderen Sinn der Anamnese darin erkennen, zumal er in üblicher Weise nur nach Fehlern und Schwächen schaut, weniger nach den sprachlichen "Leistungen". Freilich, normalerweise ist sein Blick insgesamt inhaltlich orientiert, und erst wenn er im Gesamt seiner sprachlichen Vorstellungen und Erwartungen "gestört" wird, sucht er die Ursache schließlich auch im Sprachlichen, dann aber wäre solch ein "Überblick" sehr erwünscht.

Möglicherweise ist und funktioniert das ja auch ganz gut so, ganz einfach weil Lehrer natürlich doch ein - einigermaßen - ausgebildetes Sprachgespür haben; daneben haben sie jene - inzwischen mehrfach erwähnte - Grundausstattung an grammatischen Vorstellungen zu den Textsorten - Beispiel Tempora -, und sie kennen aus Erfahrung fehlerträchtige Bereiche, also etwa Bezugs- und Referenzprobleme[20], Probleme mit dem Satzfokus[21] u.ä. Und da ist zu fordern bzw. der Weg dafür zu bereiten, daß aus einer "cognitio confusa" eine "cognitio aequata" oder wenigstens eine cognitio "distincta inadaequata" beim lesenden Lehrer werde (vgl. Kap.3.1.1). Ganz wesentlich gehört dazu, daß nicht nur - wie doch wohl üblich - beim Korrigieren auf die Füllung grammatischer Kategorien geachtet wird, also zumeist eine Reduktion auf die Wortebene, sondern daß zunächst auf die Kategorien selbst, ihre Verteilung, ihre Vielfältigkeit geachtet werde: es genügt eben z.B. nicht, bei "*schönem* Wetter" auf die Verbrauchtheit des Adjektives hinzuweisen, sondern zu prüfen, ob etwa fast ausschließlich adjektivische Attribute verwendet werden, bzw. um noch einen Schritt weiter zu gehen, ob ein einfaches Attribut, also Genitiv oder Adverb, überhaupt zu einem Ausdruck hinzugezogen wird.

In diesem Sinne ist an den Schülertexten zunächst einmal eine grammatische Bestandsaufnahme vorgenommen worden. Dies ist im wesentlichen mit Hilfe des Valenzmodells, das eben auch schulischen Bedürfnissen relativ nahe kommt, geschehen, und zwar in den Veränderungen, wie ich sie für das Modell des informativ gesättigten Satzes - ISS - vorgeschlagen habe. Wie in allen Fällen grammatischer Analyse gibt es zahlreiche Zweifels- und Streitfälle, die aber unter der hier eröffneten Perspektive gelöst werden *müssen*. Die Markierung der Wörter, der Satzglieder, der Sätze muß so geschehen, daß im Rahmen der technischen Möglichkeiten die Schüler-

---

20 Vgl. DEDERDING (1993).
21 Vgl. HOFFMANN (1993).

leistung eben doch noch repräsentiert wird. Auch wenn sich sofort und vorab die Frage erhebt, was denn hier als "Leistung" angesehen werde, so muß sich zunächst der Analysierende über seine "Wertsetzungen" und Perspektiven im klaren sein; sie können nur dann insgesamt diskutiert werden.

Die folgenden Ausführungen dienen einerseits der Dokumentation der Probleme, zum anderen - und darin könnte wohl die größere Bedeutung für Linguisten und Didaktiker liegen - führen sie unmittelbar in die Schwierigkeiten von Analysen ein, die an Originaltexten vorgenommen werden und die eben nicht für Demonstrationszwecke eines Modells ausgesucht werden. Linguistisch interessant und verfolgenswert sind die komplizierten, die strittigen, die erstaunlichen "Fälle" allemal, lassen sie doch die Grenzen grammatischer Analyse deutlich werden bzw. zeigen sie doch, wie modellgeprägt unser grammatisches Denken gegenüber wirklicher Sprachverwendung ist.

Didaktisches Gewicht wird der Analyse ebenfalls in mehrfacher Weise zukommen. Nicht nur wird die "lehrerhafte" Analyse- und Diagnosefähigkeit konterkariert, sondern die alltägliche Beurteilungspraxis wird fraglich. Und mit ihr wird die Verantwortung für die Unterrichtskonzeption deutlich, für die didaktischen Entscheidungen bzw. Schwerpunktsetzungen, für den ganzen sprachlichen Lernprozeß in der "Schulstube".

6.3.1. Entscheidungsprozesse: Die Satzgliedmarkierung

Innerhalb der Analysemöglichkeiten und -bedingungen, wie sie sich einerseits aus der theoretischen Grundlage des ISS und andererseits aus dem technisch Machbaren des hierfür entwickelten Computerprogramms (natürlich sind bessere Programme bei mehr finanziellem und personellem Aufwand denkbar) ergeben, ist die Analyse der Aufsätze weithin relativ problemlos. Doch bleiben sowohl bei dieser Gruppe von Texten wie bei einigen vereinzelten Texten unterschiedlich schwer zu lösende Problemfälle, die einer Entscheidung auf den Wegen der Kompromisse bedürfen. Zunächst das Analyse-Instrumentarium für die unmittelbare Satzgliederfassung:

A : Adverbiale
E : Ergänzungen
V : Prädikat

A wird differenziert in:
A/AZ : Zeit   A/AG : Zweck, Folge
A/AA : Art   A/AD : freier Dativ
A/AO : Ort   A/AP : Partikel
A/AI : Instrument A/SA : Satzadverbiale
A/AC1 : Grund, Konditional, Adversativ

E wird differenziert in:
E/E1 : Subjekt   E/E5 : Präpositionalergänzung im Dativ
E/E2 : Genitiverg.   E/E6 : Präpositionalergänzung im Akkusativ
E/E3 : Dative   E/E7 : Prädikativ

E/E4   : Akkusative   E/E8 : prädikatives Attribut

E, A/E und A werden weiter differenziert in:
OA   :   keine Attribuierung
AO/AjGeAr: einfache Attribuierung
mehrf.   :   mehrfache Attribuierung
kompl.   :   komplexe Struktur. Nebensatz

V wird differenziert in:
V/Zahl   :   Valenz
/   :   Tempora: 1 Präsens, 2 Präteritum, 3 Perfekt,
                         4 Plusquamperfekt, 5 Futur, 6 Futur 2
/i   :   Indikativ,
                k1 : Konjunktiv 1,
                k2 : Konjunktiv 2
/A   :   Aktiv
/P   :   Passiv

Die Leitlinien für die allfälligen Kompromisse bei der Beschreibung sind folgendermaßen zu umschreiben: Auf der linguistischen Ebene muß die Entscheidung jeweils der Strukturqualität des vorliegenden Falles entsprechen, selbst wenn die Zuordnung relativ gewaltsam sein mag. Unter "Strukturqualität" sei vor allem eine Kombination von Satzstrukturiertheit und semantischer Gemäßheit bzw. Interessantheit gemeint. Die folgende Fallstudie soll das im einzelnen verdeutlichen.

Auf der didaktischen Ebene bildet die Strukturqualität insofern auch die Leitlinie, als die Variabilität sprachlicher Entscheidungen des Schülers interessiert. Deshalb kommt für Kompromißentscheidungen die Frage in Betracht, unter welcher Rubrik ein Stück Text später mit anderen aussagekräftig korreliert werden kann. Zu achten ist also darauf, daß die Rubriken, die "Schubladen" qualitativ einigermaßen gleichartig gefüllt sind.

Die linguistische Auseinandersetzung mit Originaltexten ist sicher schon schwerer als mit explizierenden Sätzen; in den vorliegenden Fällen handelt es sich um Schülertexte, d.h. um Texte, die ihrer Art nach nicht wirklich kommunikativ sein können, die z.T. "holprig" und fehlerhaft sind und deren Konsistenz sehr stark von der "Schulstubensituation" abhängt.

6.3.2. Die konkreten Fälle/Texte

Text 1112 Satz 1
An	*einem*	*Dienstag*	*waren*
A/AZ/AjGeAv/-/-/-	A/AZ/AjGeAv/-/-/-	A/AZ/AjGeAv/-/-/-	V/2/II/i/A/-
meine	*Eltern*	*nicht*	*zu*
E/E1/AjGeAv/-/-/-	E/E1/AjGeAv/-/-/-	A/SA/OA/1W/-/-	E/E5/OA/-/-/-
Hause.			
E/E5/OA/-/-/-			

- Das erste Satzglied Temporaladverbiale wird wegen des halbbetonten "einem" als attribuiert angesehen; manche Kinder hätten wohl einfach formuliert "am Dienstag".
- Das Verb "sein" ist als zweiwertig aufzufassen, geht aber dann recht verschiedene Bindungen ein:
- "zu Hause" wird als *notwendige Ergänzung* und nicht als Lokaladverbiale aufgefaßt; obwohl morphologisch kaum mehr wahrnehmbar und wegen seiner Idiomatisierung problematisch, wird diese Ergänzung als "präpositionale Ergänzung" im Dativ gelistet; immerhin verweist das "e" noch auf die - jetzt schwindende - Flexionsendung des Dativ Neutrum. In dieser grammatischen Festlegung der Ergänzungs*bestimmung* sehe ich noch keinen Kompromiß.
- Daß "nicht" als Satzadverbiale aufzufassen sei, läßt sich durch eine Ersatzprobe mit "vielleicht" belegen.
- Als Gesamtsatz ist dieser Anfangssatz unproblematisch; registrierenswert ist die Topikalisierung der einleitenden Zeitadverbiale, da sie durch das "einem" eben *nicht* auf Vorangegangenes rekurriert und so den Beginn sehr bewußt signalisiert - auch wenn dies die Übernahme üblicher Anfänge im fiktionalen Erzählbereich ist.

Satz 2

Daheim	*angekommen*	*suchte*	*ich*
A/AZ/kompl/-/-/-	A/AZ/kompl/-/-/-	V/2/II/i/A/-	E/E1/OA/-/-/-
dann,	vor	der	Haustür
A/AZ/kompl/-/-/-	E/E8/kompl/-/-/-	E/E8/kompl/-/-/-	E/E8/kompl/-/-/-
stehend,	den	Haustürschlüssel	in
E/E8/kompl/-/-/-	E/E4/kompl/-/-/-	E/E4/kompl/-/-/-	A/AO/AjGeAv/-/-/-
meiner	Schultasche,	den	mir
A/AO/AjGeAv/-/-/-	A/AO/AjGeAv/-/-/-	E/E4/kompl/-/-/-	E/E4/kompl/-/-/-
meine	Eltern	gegeben	hatten.
E/E4/kompl/-/-/-	E/E4/kompl/-/-/-	E/E4/kompl/-/-/-	E/E4/kompl/-/-/-

Dieser Satz beweist das syntaktische Geschick des Schülers/der Schülerin, was in einer Lateinklasse nicht so sehr verwundern mag.

Die Analyse dieses Satzes zeigt vor allem zwei Probleme:
- die notwendige Begrenzung des computergestützten Analyseprogrammes, bei dem die Leistung, die Ergänzung im Akkusativ durch die syntaktische Erweiterung eines fast wie eine Satzklammer wirkenden Relativsatzes anzureichern, nur mit "E4-kompl(ex)" registriert werden kann;
- linguistisch bedenklich mag die analytische Verkettung des *dann* mit der satzeinleitenden Partizipialkonstruktion *Daheim angekommen* sein. Einerseits läßt sich diese Verkettung über einen paraphrasierenden als-Satz rechtfertigen, andererseits besteht - im Sinne der Reihenfolge der Ereignisse - eine Nähe des *dann* zur zweiten Partizipialkonstruktion des Satzes, die als prädikatives Attribut aufzufassen ist. Die Zeitlichkeit ist

hier sehr sorgfältig binnendifferenziert, und zwar bis ins Tempus des Relativsatzes. Um dem Gesamtsatz gerecht zu werden, wird er als gemischt parahypotaktisch analysiert, wobei hier vier Teilsätze angenommen werden: 1. der Hauptsatz; 2. die erste Partizipialkonstruktion; 3. die zweite Partizipialkonstruktion und 4. der Relativsatz. Für die späteren computergestützten Abfragen bedeutet dies, daß gerade der Typus des gemischt parahypotaktischen Satzes zusammen mit als "komplex" bezeichneten Satzgliedern Aussagen über Sprachleistungen erlaubt. Hinzu kommen noch die Registraturen pronominaler und syntaktischer (wiederum Topikalisierung) Rekurrenz. Isotopie muß hier deshalb nicht registriert werden, da die anderen Rekurrenzmöglichkeiten genutzt sind; für die Analyse interessierte nämlich besonders, wenn Isotopie als einzige Kohäsionskraft auftritt, ein Phänomen, das AUGST (1985) für ältere Schreiber (oberhalb von 17 Jahren) feststellt. Der restliche Kinderaufsatz bringt nur noch kleinere Probleme, die relativ klar lösbar sind.

Satz 3
Die	ganze	Tasche	durchsuchte
E/E4/AjGeAv/-/-/-	*E/E4/AjGeAv/-/-/-*	*E/E4/AjGeAv/-/-/-*	*V/2/II/i/A/-*
ich,	fand	ihn	jedoch
E/E1/0A/-/-/-	*V/2/II/i/A/-*	*E/E4/0A/-/-/-*	*A/AG/0A/-/-/-*
nicht.			
A/SA/0A/1W/-/-			

Satz 4
Was	nun?
E/E4/0A/-/-/-	*A/AZ/0A/-/-/-*

Satz 5
Wahrscheinlich	hatte	ich	ihn
A/SA/0A/1W/-/-	*V/2/IV/i/A/-*	*E/E1/0A/-/-/-*	*E/E4/0A/-/-/-*
verloren!			
V/2/IV/i/A/-			

Satz 6
Da	fiel	mir	das
A/AZ/0A/-/-/-	*V/2/II/i/A/-*	*E/E3/0A/-/-/-*	*E/E1/kompl/-/-/F*
Kellergitter	hinter	unserem	Haus
E/E1/kompl/-/-/F	*E/E1/kompl/-/-/F*	*E/E1/kompl/-/-/F*	*E/E1/kompl/-/-/F*
ein,	daß	im	Boden
V/2/II/i/A/-	*E/E1/kompl/-/-/F*	*E/E1/kompl/-/-/F*	*E/E1/kompl-/-/F*
war.			
E/E1/kompl/-/-/F			

Satz 7
Wenn	ich	es	hochbekomme,
A/AG/kompl/-/-/F	*A/AG/kompl/-/-/F*	*A/AG/kompl/-/-/F*	*A/AG/kompl/-/-/F*
könnte	ich	in	den
V/2/II/k2/A/-	*E/E1/0A/-/-/-*	*E/E6/0A/-/-/-*	*E/E6/0A/-/-/-*

Keller	hinabspringen	und	dann
E/E6/0A/-/-/-	V/2/II/k2/A/-	A/AP/0A/-/-/-	A/AZ/0A/-/-/-
ins	Haus	gehen!	
E/E6/0A/-/-/-	E/E6/0A/-/-/-	V/2/II/k2/A/-	

Satz 8

Also	ging	ich	hinters
A/AG/0A/-/-/-	V/2/II/i/A/-	E/E1/0A/-/-/-	E/E6/0A/-/-/-
Haus	und	versuchte,	das
E/E6/0A/-/-/-	A/AP/0A/-/-/-	V/2/II/i/A/-	E/E4/kompl/-/-/-
Gitter	aus	dem	Boden
E/E4/kompl/-/-/-	E/E4/kompl/-/-/-	E/E4/kompl/-/-/-	E/E4/kompl/-/-/-
zu	nehmen!		
E/E4/kompl/-/-/-	E/E4/kompl/-/-/-		

Satz 9

Aber	Unmöglich!
A/AP/0A/-/-/-	E/E7/0A/-/-/f

Satz 10

Es	bewegte	sich	keinen
E/E1/0A/-/-/-	V/3/II/i/A/-	E/E4/0A/-/-/-	E/E4/AjGeAv/-/-/-
Millimeter.			
E/E4/AjGeAv/-/-/-			

Satz 11

Da	holte	ich	mir
A/AZ/0A/-/-/-	V/4/II/i/A/-	E/E1/0A/-/-/-	E/E3/0A/-/-/-
aus	dem	Garten	einen
E/E5/0A/-/-/-	E/E5/0A/-/-/-	E/E5/0A/-/-/-	E/E4/0A/-/-/-
festen	Ast	und	steckte
E/E4/AjGeAv/-/-/-	E/E4/AjGeAv/-/-/-	A/A?/0A/-/-/-	V/3/II/i/A/-
ihn	in	eine	der
E/E4/0A/-/-/-	E/E6/mehrf/-/-/-	E/E6/mehrf/-/-/-	E/E6/mehrf/-/-/-
Ritzen	des	Gitters.	
E/E6/mehrf/-/-/-	E/E6/mehrf/-/-/-	E/E6/mehrf/-/-/-	

Satz 12

Und	tatsächlich	es	klappte.
A/AP/0A/-/-/-	A/SA/0A/Satz/-/-	E/E1/0A/-/-/-	V/1/II/i/A/-

Satz 13

Das	Gitter	ließ	sich
E/E1/0A/-/-/-	E/E1/0A/-/-/-	V/2/II/i/A/-	E/E4/0A/-/-/-
herausheben	und	ich	sprang
V/2/II/i/A/-	A/AP/0A/-/-/-	E/E1/0A/-/-/-	V/2/II/i/A/-
in	den	Keller	hinab.
E/E6/0A/-/-/-	E/E6/0A/-/-/-	E/E6/0A/-/-/-	V/2/II/i/A/-

Satz 14

Dann	stieß	ich	die
A/Z//0A/-/-/-	V/2/II/i/A/-	E/E1/0A/-/-/-	E/E4/0A/-/-/-
Kellertüre	auf	und	rannte

E/E4/0A/-/-/-	V/2/II/i/A/-	A/AP/0A/-/-/-	V/3/II/i/A/-
die	Treppe	hinauf	in
E/E4/0A/-/-/-	E/E4/0A/-/-/-	V/3/II/i/A/-	E/E6/0A/-/-/-
die	Küche!		
E/E6/0A/-/-/-	E/E6/0A/-/-/-		

Satz 15

Dann	plötzlich	blieb	ich
A/AZ/AjGeAv/-/-/-	A/AZ/AjGeAv/-/-/-	V/2/II/i/A/-	E/E1/0A/-/-/-
stehen.			
V/2/II/i/A/-			

Satz 16

Da,	auf	dem	Küchentisch
A/AP/0A/-/-/-	E/E5/0A/-/-/-	E/E5/0A/-/-/-	E/E5/0A/-/-/-
lag	ja	der	Haustürschlüssel!
V/2/II/i/A/-	A/aP/0A/-/-/-	E/E1/=A/-/-/-	E/E1/0A/-/-/-

Satz 17

Wie	kam	der	denn
A/AA/0A/-/-/-	V/2/II/i/A/-	E/E1/0A/-/-/-	A/AP/0A/-/-/-
hierher?			
E/E5/0A/-/-/-			

Satz 18

Auf	einmal	wurde	mir
A/AZ/0A/-/-/-	A/AZ/0A/-/-/-	V/2/II/i/A/-	E/E3/0A/-/-/-
alles	klar:		
E/E1/0A/-/-/-	V/2/II/i/A/-		

Satz 19

Ich	hatte	den	Schlüssel
E/E1/0A/-/-/-	V/3/IV/i/A/-	E/E4/0A/-/-/-	E/E4/0A/-/-/-
nach	dem	Frühstück	hier
A/AZ/0A/-/-/-	A/AZ/0A/-/-/-	A/AZ/0A/-/-/-	E/E5/0A/-/-/-
liegengelassen	und	nicht	verloren.
V/3/IV/i/A/-	A/AP/0A/-/-/-	A/SA/0A/1W/-/-	V/2/IV/i/A/-

Satz 20

Das	wird	mir	nie
E/E1/0A/-/-/-	V/1/V/i/A/-	A/AD/0A/-/-/-	A/AZ/AjGeAV/-/-/-
wieder	passieren!		
A/AZ/AjGeAv/-/-/-	V/1/V/i/A/-		

Mehrfach erscheinen als *Ergänzungsbestimmungen* Satzglieder, die traditionell eingestellte Lehrkräfte wohl dem Adverbialbereich zuordneten. Hält man sich aber konsequent an den valenzsemantischen Grundgedanken, so referiert eben beispielsweise "holen" (vgl.u. Satz 5) notwendigerweise - obligatorisch - auf vier Bezugspunkte in der Welt: "Agens" und "Objekt" verstehen sich von selbst, ebenso die Notwendigkeit, das "holen" auf einen Begünstigten zu beziehen ("Zuwendgröße" bei GLINZ, "Dativ" bei FILLMORE). Daß "holen" von seiner Grundsemantik aus einer Ergänzung bedarf, die über das "woher" Auskunft gibt, wäre an sich auch keine Frage, wenn Wörter, die mit "Ort" zu tun haben, nicht früher zu schnell dem Adverbialbereich zugeschlagen worden wären. Das hier zu lösende Problem liegt in einer zu engen, wohl insgesamt normativen grammatischen Sicht. Wie eingangs erwähnt, ist diese Art der Entscheidung grammatischer Zuordnung in diesem Text mehrfach in dieser Weise zu fällen. Für die restlichen Sätze des Textes ist im einzelnen noch bemerkenswert:

Satz 4: Für die Analyse wird die Paraphrase notwendig: "*Was* sollte ich *nun* tun **?**"
Satz 5: Eine Fehlerregistratur wird wegen der Fehlschreibung "daß" notwendig, die den attributiven Relativsatz einleiten soll.
Satz 7: Die Fehlerregistratur bezieht sich auf die Modusunentschiedenheit im Konditionalgefüge, das eben hier als "hypothetischer Kausalbereich" durch den Konjunktiv II zu markieren gewesen wäre.
Satz 9: wird durch "war" paraphrasiert und demgemäß analysiert.
Satz 12: wird weder parataktisch noch hypotaktisch gedeutet, obwohl man natürlich bei dieser Wortstellung an ein vergessenes Satzzeichen, Komma oder Doppelpunkt, denken könnte. Diese Ermessensleistung wird hier, die durch die immerhin seltene modale Satzadverbiale einerseits und durch die pronominale und syntaktische Rekurrenz registriert.
Satz 13: Besonders schwierig war die Entscheidung, wie Verbindungen von Modalverb + Infinitiv zu registrieren wären.
Während der linguistische Sachverhalt klar zu sein scheint, aber auch recht detaillierte Auseinandersetzungen zuließe, etwa der Art, daß die Infinitive notwendige "Ergänzungen" des Modalverbs darstellen, was wiederum eine Differenzierung im gesamten Auxiliarbereich notwendig machte, da also solche Differenzierung augenscheinlich nicht weiterführte und vor allem da Schüler mit diesen Konstruktionen höchst selten Schwierigkeiten haben, werden die Modalverben als einfache Auxiliaria behandelt.
Anzumerken bleibt, daß die Modalverben natürlich unterschiedlich behandelt werden, wenn sie als Vollverben (im Sinne von "ich will das") bzw. als Sprachzeichen für Satzmodalität ("er soll hier arbeiten" = vermutlich) fungieren.
Satz 15: "plötzlich" wird als Attribuierung des "dann" aufgefaßt.
Bemerkenswert ist die immer schwächer werdende Sprachleistung: die Darstellung tendiert nun fast ausschließlich zum "und-dann-Stil". Dieser Leistungsabfall ist ab etwa der Mitte der Aufsätze bei Schülerarbeiten vielfach zu bemerken, eine Beobachtung, die wohl in dieser Deutlichkeit vor allem bei einer so gearteten Analyse bemerkt wird; plausibel ist sie allemal.

Betrachtet man den Aufsatz als Text insgesamt, so erfüllt er weitgehend die üblichen Schulerwartungen. Eine "Erlebniserzählung" mit all den kleinen

Tricks, die Schüler sich ausdenken, um die Erwartung des Lehrers zu erfüllen. Sogar eine selbstreflexive Phase ist als retardierendes Element enthalten (Sätze 5, 8, 10). Ob die Geschichte "erlebt" ist oder relativ konkret und wirklichkeitsnah erfunden, ist nicht zu erkennen.

Bis zur Mitte der Arbeit fällt die Fähigkeit des/r Autor/in auf, relativ komplexe Strukturen zu beherrschen bzw. Strukturen zu variieren (Satz 4, Topikalisierung des Objekts: Emphase). Daß der Aufsatz zum Ende hin immer simpler wird und ganz im Zeichen der Schulroutine steht, darf nicht verwundern. Auffallend und üblich zugleich ist die durch Temporalangaben einfacher wie komplexer Art hergestellte Linearität der geschilderten Ereignisse; die Tempora werden bereits beherrscht. Daß Modal- und Kausalangaben *in* den Sätzen weitgehend fehlen, entspricht den üblichen Erwartungen an eine Erzählung. Freilich finden sich Sätze solchen Inhalts, die in dieser Weise hätten angebunden werden können, z.B. die Sätze 19 und 20. In welcher Weise spiegeln nun die Markierungen zum "Satztyp" den Schüleraufsatz wieder? Am Anfang der Reihe der Abfragen steht die Klärung, ob der jeweils zu analysierende Satz

- ein *einfacher Satz,*
- ein *parataktischer Satz,*
- ein *hypotaktischer Satz* oder
- ein *gemischt para-hypotaktischer Satz* ist.

Diese Bestimmung erfolgt nicht nach dem ISS, der ja als integratives Satzmodell solche Verhältnisse nur mittelbar wiedergeben kann (vgl. "Satzrechnungen" in Kap.6.2.2). So bewirken etwa neben den Adverbialsätzen auch die Relativsätze, ebenso satzmodale Suprasätze (Ich vermute/bedaure o.ä.) die Bestimmung "Hypotaxe"; entsprechend werden auch die Mischtypen festgehalten. Um später Aussagen über Satzstrukturen insgesamt wie über Satzglieder bzw. Satzgliedlänge - also bei komplexen Gliedern oder Gliedsätzen - machen zu können, wurden im nächsten Bestimmungsschritt die Wörterzahlen pro Teilsatz gezählt. Die dann folgenden Bestimmungen geben Auskunft über die kohäsive Durchgestaltung eines Aufsatzes, und dies von Satz zu Satz. Sie werden auf den üblichen textlinguistischen Ebenen vorgenommen:
- der pronominalen Rekurrenz;
- der syntaktischen Rekurrenz, also Topikalisierung;
- der Konnektoren (ausschließlich der Pronomina), die nicht unbedingt in Spitzenstellungen stehen müssen;
- und der Isotopie, welche allerdings nur dann registriert wird, wenn sie als einzige die Kohäsion zu leisten hat.
- Die Fehlerregistratur bezieht sich nur auf Fehler der Gesamtsatzebene, da für die Satzglieder und Prädikate ja eigene Fehlerregistraturen bestehen.

Bei der Analyse können Pronominalisierung, syntaktische Rekurrenz und Konnektor zusammen auftreten. Problematisch ist hierbei, daß ein "und dann"-Stil als syntaktisch rekurrent *und* konnektiv erscheint, obwohl gerade er die naivste und schwächste Form von Kohäsion darstellt. Um also über eine Sprachleistung nicht getäuscht zu werden, muß bei der Auswertung diese Registratur zusammen mit "Zeitadverbiale" und "nur ein Wort" herausgefiltert werden; denn man kann fast die These aufstellen, daß beinahe jede andere Form von Kohäsion "besser" ist als diese, so daß eben jene anderen Formen eigens zu betrachten und zu gewichten sind (vgl. das Kap.7.2.3).

Daß "Isotopie" nur registriert wird bei Abwesenheit von "syntaktischer Rekurrenz" und "Konnektor", hat nicht zuletzt seinen Grund darin, daß solche Kohäsion bereits einen hohen Grad an Fähigkeit zur Textorganisation bedeutet, wie es sich beispielsweise mittelbar in dem Titel der Untersuchung AUGSTs "Von der Reihung [sic!] zur Gestaltung" ausdrückt.

6.3.3. Sprachleistungen und Satzmarkierungen

Um das Fallbeispiel wirklich anschaulich zu machen, sei auf jenes Material hingewiesen, das die Sprachgestaltung des Schülers für den *zweiten* Aufsatz beeinflußt hat; es findet sich im Anhang. Diese Unterrichtseinheit ist nicht nur motivierend - die Schüler drängen den Lehrer, möglichst zügig weiterzumachen -, sie ist vor allem in Schreibaufgaben *prägend*. M.a.W., die Schüler übernehmen völlig natürlich etliche Textteile aus der Vorlage. Dies kann man abwerten als simplen Nachvollzug, als Schreiben nach Mustern. Das kann aber nicht die ganze Sicht sein: zum einen: die Schüler identifizieren sich hier ganz gern mit den Helden, und sie haben deshalb Spaß, "in deren Sinne" zu schreiben. Zum anderen und vor allem: bei den jungen Schreibern "schleifen sich Formen ein", die sie später fraglos gut gebrauchen können, nicht müssen (!). Man kann also auch - positiv gewendet - von einem Vertrautmachen mit Sprachmustern sprechen; man kann dies als Angebot für eine spätere Sprachvarianz ansehen, und man kann in jedem Fall unschwer erkennen, wie Vertrautheit mit einem "Sachgebiet" die Textorganisation insgesamt beeinflußt; sie war ja schon im ersten Aufsatz relativ hoch. Doch seien vor einer Gesamtwertung die Sätze zunächst im einzelnen betrachtet:

Text 2112 Satz 1, 2
Satz 1

Wir	waren 7	schöne	Tage
E/E1/0A/-/-/-	V/2/II/i/A/-	A/AZ/mehrf/-/-/-	A/AZ/mehrf/-/-/-
unterwegs	und	sind	heute
E/E7/0A/-/-/-	A/AP/0A/-/-/-	V/2/III/i/A/-	A/AZ/0A/-/-/-
bei	Tante	Liesl	in
E/E5/kompl/-/-/-	E/E5/kompl/-/-/-	E/E5/kompl/-/-/-	E/E5/kompl/-/-/-
Wasserburg	angekommen.		
E/E5/kompl/-/-/-	V/2/III/i/A/-		

Satz 2

Es	hätte	aber	beinahe
E/E1/0A/-/-/-	V/2/VI/k2/A/-	A/SA/AjGeAv/1W/-/-	A/SA/AjGeAv/1W/-/-
eine	Verspätung	gegeben.	
E/E4/0A/-/-/-	E/E4/0A/-/-/-	V/2/IV/k2/A/-	

Der zweite Satz hat nicht nur eine die Spannung lenkende kataphorische Funktion, er fällt auch durch die Verwendung des Konjunktiv II *und* einer satzadverbiellen Einschränkung auf: die hypothetische Bemerkung wird satzadverbiell relativiert.

Da in der vergangenen Unterrichts Einheit weder diese Erzähltaktik noch der Konjunktiv vorgegeben wurde, handelt es sich hier um eine Eigenständigkeit des Schülers, die schon deshalb nicht verwundert, da er ja in der ersten Arbeit schon beachtliche sprachliche Fähigkeiten bewies. Und dies zeigt zusätzlich, daß Schüler nicht notwendigerweise sich von einer Lektion restlos "gängeln" lassen. Daß hingegen schwächere Schüler "an der Vorgabe entlangschreiben", ist ja für sie zunächst ein Vorteil, weil sich bei ihnen sprachliche Strukturen "einschleifen" können.

Sätze 3, 4, 5
Satz 3

Und	das	kam	so:
A/AP/0A/-/-/-	E/E1/0A/-/-/-	V/1/II/i/A/-	A/AA/0A/-/-/-

Satz 4

Wir	übernachteten	in	der
E/E1/0A/-/-/-	V/1/II/i/A/-	A/AO/AjGeAV/-/-/-	A/AO/AjEgAv/-/-/-
Landshuter	Jugendherberge	und	ließen
A/AO/AjGeAv/-/-/-	A/AO/AjGeAv/-/-/-	A/AP/0A/-/-/-	V/3/II/i/A/-
uns	am	nächsten	Morgen
E/E3/0A/-/-/-	A/AZ/AjGeAv/-/-/-	A/AZ/AjGeAv/-/-/-	A/AZ/AjGeAv/-/-/-
Zeit	für	ein	schönes
V/3/II/i/A/-	E/E6/AjGeAv/-/-/-	E/E6/AjGeAv/-/-/-	E/E6/AjGeAv/-/-/-
Frühstück.			
E/E6/AjGeAv/-/-/-			

Satz 5

Markus	dauerte	es	aber
E/E3/0A/-/-/-	V/2/II/i/A/-	E/E1/0A/-/-/-	A/AP/0A/-/-/-
zu	lange	und	Martin
E/E7/AjGeAv/-/-/-	A/E7/AjGeAv/-/-/-	A/AP/0A/-/-/-	E/E1/0A/-/-/-
befahl	ihm,	inzwischen	seine
V/3/II/i/A/-	E/E3/0A/-/-/-	E/E4/kompl/-/-/-	E/E4/kompl/-/-/-
roten	Radtaschen	mit	den
E/E4/kompl/-/-/-	E/E4/kompl/-/-/-	E/E4/kompl/-/-/-	E/E4/kompl/-/-/-
beiden	Rückstrahlern	auf	das
E/E4/kompl/-/-/-	E/E4/kompl/-/-/-	E/E4/kompl/-/-/-	E/E4/kompl/-/-/-
Rad	aufzupacken.		
E/E4/kompl/-/-/-	E/E4/kompl/-/-/-		

Die Nutzung der Unterrichts Einheit, insbesondere der Adverbialien, ist in den Sätzen 6, 7, 8 zu erkennen; wiederum werden sie komplex gebaut.

Sätze 6, 7, 8
Satz 6

Markus	ging	los	und
E/E1/0A/-/-/-	V/1/II/i/A/-	V/1/II/i/A/-	A/AP/0A/-/-/-
vertauschte	die	Taschen	wegen
V/2/II/i/A/-	E/E4/0A/-/-/-	E/E4/0A/-/-/-	A/AC/AjGeAv/-/-/-
ihrer	Ähnlichkeit.		
A/AC/AjGeAv/-/-/-	A/AC/AjGeAv/-/-/-		

Satz 7

Das	es	nicht	die
E/E4/kompl/-/-/F	E/E4/kompl/-/-/F	E/E4/kompl/-/-/F	E/E4/kompl/-/-/F
richtigen	waren,	merkten	wir
E/E4/kompl/-/-/F	E/E4/kompl/-/-/F	V/2/II/i/A/-	E/E1/0A/-/-/-
erst,	als	wir	schon
A/AZ/kompl/-/-/-	A/AZ/kompl/-/-/-	A/AZ/kompl/-/-/-	A/AZ/kompl/-/-/-
lang	wieder	losgefahren	waren
A/AZ/kompl/-/-/-	A/AZ/kompl/-/-/-	A/AZ/kompl/-/-/-	A/AZ/kompl/-/-/-
und	in	Wasserburg	ankamen.
A/AZ/kompl/-/-/-	A/AZ/kompl/-/-/-	A/AZ/kompl/-/-/-	A/AZ/kompl/-/-/-

Satz 8

Martin	wollte	seinen	Foto
E/E1/0A/-/-/-	V/3/II/i/A/-	E/E4/AjGeAv/-/-/-	E/E4/AjGeAv/-/-/-
aus	der	Tasche	holen
E/E5/0A/-/-/-	E/E5/0A/-/-/-	E/E5/0A/-/-/-	V/3/II/i/A/-
und	ein	Gebäude	fotografieren,
A/AP/0A/-/-/-	E/E4/0A/-/-/-	E/E4/0A/-/-/-	V/2/II/i/A/-
als	er	entsetzt	merkte,
A/AZ/kompl/-/-/-	A/AZ/kompl/-/-/-	A/AZ/kompl/-/-/-	A/AZ/kompl/-/-/-
daß	es	gar	nicht
A/AZ/kompl/-/-/-	A/AZ/kompl/-/-/-	A/AZ/kompl/-/-/-	A/AZ/kompl/-/-/-
seine	Radtaschen	waren.	
A/AZ/kompl/-/-/-	A/AZ/kompl/-/-/-	A/AZ/kompl/-/-/-	

Um so geschickter nun die Verwendung eines einfachen Satzes, um eine Zwischenpointe in der Erzählung zu plazieren:

Sätze 9, 10, 11
Satz 9

Es	waren	Mädchensachen	darin.
A/AP/0A/-/-/-	V/2/II/i/A/-	E/E1/0A/-/-/-	E/E7/0A/-/-/-

Satz 10

Wütend	auf	Markus	rief
E/E8/kompl/-/-/-	E/E8/kompl/-/-/-	E/E8/kompl/-/-/-	V/2/II/i/A/-

er	*schließlich*	*in*	*der*
E/E1/0A/-/-/-	A/AZ/0A/-/-/-	E/E5/AjGeAv/-/-/-	E/E5/AjGeAv/-/-/-
Landshuter	*Jugendherberge*	*an,*	*ob*
E/E5/AjGeAv/-/-/-	E/E5/AjGeAv/-/-/-	V/2/II/i/A/-	E/E4/kompl/-/-/-
die	*richtigen*	*Taschen*	*noch*
E/E4/kompl/-/-/-	E/E4/kompl/-/-/-	E/E4/kompl/-/-/-	E/E4/kompl/-/-/-
da	*wären.*		
E/E4/kompl/-/-/-	E/E4/kompl/-/-/-		

Satz 11

Der	*Herbergsleiter*	*sagte*	*ihm,*
E/E1/0A/-/-/-	E/E1/0A/-/-/-	V/3/II/i/A/-	E/E3/0A/-/-/-
daß	*sich*	*schon*	*ein*
E/E4/kompl/-/-/F	E/E4/kompl/-/-/F	E/E4/kompl/-/-/F	E/E4/kompl/-/-/F
Mädchen	*gemeldet*	*hätte*	*und*
E/E4/kompl/-/-/F	E/E4/kompl/-/-/F	E/E4/kompl/-/-/F	E/E4/kompl/-/-/F
auf	*den*	*Anruf*	*warte,*
E/E4/kompl/-/-/F	E/E4/kompl/-/-/F	E/E4/kompl/-/-/F	E/E4/kompl/-/-/F
der	*ihre*	*Taschen*	*hätte.*
E/E4/kompl/-/-/F	E/E4/kompl/-/-/F	E/E4/kompl/-/-/F	E/E4/kompl/-/-/F

Eine Markierungsschwierigkeit ergibt sich für den Analysierenden bei Satz 10, wo der mit "ob" eingeleitete abhängige Fragesatz gemäß den Analysemöglichkeiten zu bestimmen ist; hier könnte der Satz als "Kausalangabe" eingeordnet werden, wenn man das "ob" durch "weil" ersetzt. Gleichzeitig ist aber klar, daß das elliptische "rief an" durch ein "und fragte" eigentlich ergänzt werden muß, was zur Folge gehabt hat, daß der Fragesatz als "komplexe Ergänzung" einzuordnen ist. Für beide Lösungen, so scheint mir, gibt es gute Gründe. In jedem Fall wird ein komplexes Satzglied registriert, das als "Nebensatz" realisiert wurde.

Im folgenden Satz 11 erscheint nach "sagen" wieder eine "komplexe Ergänzung", die - genau besehen - sogar noch etwas zu knapp geraten ist. Also gehen die Leistungen des Konjunktivgebrauchs für indirekte Rede bei dieser Analyseform quasi unter. Erst die Betrachtung von Satzgliedlängen (= deren Wörterzahl) kann zu einer weiteren Betrachtung bei der Auswertung führen. Nimmt man sich nun einmal beide Sätze 10 und 11 vor, so läßt sich noch einmal dafür plädieren, beide "Nebensätze" als "komplexe Ergänzungen" aufzufassen, um so der Darstellungsart des Schülers nahezukommen: die Inhalte der Anrufe werden in diesem Textabschnitt einander gegenübergestellt.

Die Fehlerregistrierung beim "E4" weist auf den Bezugsfehler "Anruf [...] der ihre Taschen hätte" hin. Anders übrigens die Fehlerbestimmung in Satz 13, wo beim ersten "E4" der Fehler in der Tautologie "ausmalen" und "Verabredung" liegt, während beim zweiten "E4" nur das Komma vor "wie" fehlt. Da eine eigene Fehlerangabe in dieser Arbeit nicht vorgesehen ist, kann die Fehlerregistrierung so undifferenziert sein; sie wird nur für eine mögliche spätere, weitergehende Analyse bereits mitvollzogen.

Der weitere Aufsatz bietet keine Besonderheiten mehr, wie sie nicht schon besprochen wären. Insgesamt fällt für den Text auf, daß die einfache "und-dann-Erzählweise" nicht mehr vorherrscht, und zwar trotz der Linearität der Ereigniswiedergabe. Der Adverbialiengebrauch hat leicht zugenommen; die Tendenz zu komplexen Sätzen blieb erhalten.

Sätze 12-18
Satz 12

Er	*nannte*	*uns*	*ihre*
E/E1/0A/-/-/-	V/3/II/i/A/-	E/E3/0A/-/-/-	E/E4/AjGeAv/-/-/-
Telefonnummer	*und*	*wir*	*riefen*
E/E4/AjGeAv/-/-/-	A/AP/0A/-/-/-	E/E1/0A/-/-/-	V/2/II/i/A/-
erleichtert	*an.*		
E/E8/0A/-/-/-	V/2/II/i/A/-		

Satz 13

Wir	*machten*	*mit*	*dem*
E/E1/0A/-/-/-	V/3/II/i/A/-	E/E5/AjGeAv/-/-/-	E/E5/AjGeAv/-/-/-
Mädchen	*Karin*	*eine*	*Verabredung*
E/E5/AjGeAv/-/-/-	E/E5/AjGeAv/-/-/-	E/E4/kompl/-/-/F	E/E4/kompl/-/-/F
bei	*Tante*	*Liesl*	*aus*
E/E4/kompl/-/-/F	E/E4/kompl/-/-/F	E/E4/kompl/-/-/F	V/3/II/i/A/-
und	*nannten*	*ihr*	*die*
E/E7/0A/-/-/-	V/3/II/i/A/-	E/E3/0A/-/-/-	E/E4/kompl/-/-/F
genaue	*Adresse*	*und*	*Beschreibung*
E/E4/kompl/-/-/F	E/E4/kompl/-/-/F	E/E4/kompl/-/-/F	E/E4/kompl/-/-/F
wie	*sie*	*dorthin*	*finden*
E/E4/kompl/-/-/F	E/E4/kompl/-/-/F	E/E4/kompl/-/-/F	E/E4/kompl/-/-/F
würde.			
E/E4/kompl/-/-/F			

Satz 14

Tatsächlich	*kam*	*sie*	*zwei*
A/SA/0A/1W/-/-	V/1/II/i/A/-	E/E1/0A/-/-/-	A/AZ/AjGeAv/-/-/-
Tage	*später*	*mit*	*ihrer*
A/AZ/AjGeAv/-/-/-	A/AZ/AjGeAv/-/-/-	A/AA/mehrf/-/-/-	A/AA/mehrf/-/-/-
Freundin	*Ruth.*		
A/AA/mehrf/-/-/-	A/AA/mehrf/-/-/-		

Satz 15

Froh	*und*	*erleichtert*	*tauschten*
E/E8/mehrf/-/-/-	E/E8/mehrf/-/-/-	E/E8/mehrf/-/-/-	V/2/II/i/A/-
wir	*die*	*Taschen*	*um.*
E/E1/0A/-/-/-	E/E4/0A/-/-/-	E/E4/0A/-/-/-	V/2/II/i/A/-

Satz 16

Wir	*haben*	*auch*	*schon*
E/E1/0A/-/-/-	V/2/III/i/A/-	A/AZ/AjGeAv/-/-/-	A/AZ/AjGeAv/-/-/-
jede	*Menge*	*miteinander*	*erlebt*
E/E4/AjGeAv/-/-/-	E/E4/AjGeAv/-/-/-	A/AI/0A/-/-/-	V/2/III/i/A/-

und	wollen	nächstes	Jahr
A/AP/0A/-/-/-	V/2/V/i/A/-	A/AZ/AjGeAv/-/-/-	A/AZ/AjGeAv/-/-/-
eine	gemeinsame	Radtour	unternehmen.
E/E4/AjGeAv/-/-/-	E/E4/AjGeAv/-/-/-	E/E4/AjGeAv/-/-/-	V/2/V/i/A/-

Satz 17

Aber	ohne	Pannen!	
A/AP/0A/-/-/-	A/AA/0A/-/-/-	A/AA/0A/-/-/-	

Satz 18

Bis	bald	und	schöne
A/AZ/0A/-/-/-	A/AZ/0A/-/-/-	A/AP/0A/-/-/-	E/E4/AjGeAv/-/-/-
Grüße	Eure	Maria!!!	
E/E4/AjGeAv/-/-/-	E/E1/AjGeAv/-/-/-	E/E1/AjGeAv/-/-/-	

Vergleicht man nun beide Texte des/der Schülers/Schülerin, so stößt man wieder auf die ganze Palette von Schwierigkeiten des Schreibens in der Schule. Allgemein betrachtet kann der erste Aufsatz als lebendiger gelten; möglicherweise stellt er den "Glücksfall" einer echten Erlebniserzählung dar. Der zweite Aufsatz ist in seiner sprachlichen Mikrostruktur komplexer; inhaltlich war entschieden *mehr* zu leisten. Beide Leistungen gehen zu Lasten der "Natürlichkeit" des Textes, falls man denn diese Qualität in schulischen Texten wirklich erwartet. Gesteht man nämlich der Schule mehr zu, Ort eines "Trainings" zu sein, dann wird man auch nicht den Niederschlag eines Grammatikunterrichts in Adverbialien "bedauern", sondern im Sinne einer Bereitstellung vielfältiger sprachlicher Mittel begrüßen.

Gewaltig sind die Unterschiede nicht, aber sie sind markant: der erste Aufsatz verfügt tatsächlich über mehr, über 31 "A", also den in der Analyse hier "breiten" Bereich der Adverbialien, während der zweite "nur" 25 "A" hat. Bei genauerem Hinsehen sind die Adverbialien des ersten Aufsatzes überwiegend, wenn auch nicht ausnahmslos "einfacher Art". Die stärkere Ausgestattetheit der Adverbialien des zweiten Aufsatzes fußt natürlich deutlich auf dem Inhalt der Unterrichtseinheit; aber gerade das war ja auch beabsichtigt, und zwar sowohl auf der inhaltlichen wie auf der sprachlichen Ebene.

Die hier vorgelegte "Fallstudie" sollte nicht nur die Analysearbeit vorstellen. Die Texte wurden ausgewählt, weil sie eben nicht zu einer Schwarz-weiß-Malerei bzw. nicht zu einer Schwarz-weiß-Sicht verführen, sondern weitere Differenzierung verlangen. Man hätte einen besonders schwachen ersten Text einem besonders guten zweiten Text gegenüberstellen können - und solche gibt es natürlich! Da es sich bei diesen Texten offensichtlich um Aufsätze eines ziemlich guten Schülers oder einer ziemlich guten Schülerin handelt, kann man auch nicht drastische Veränderungen im Sprach- bzw. Schreibverhalten erwarten. M.a.W. gute Schüler können durch einen recht spezifischen Unterricht bestenfalls stabilisiert und ein wenig gefördert werden, sie können aber auch - eventuell nur zunächst - in ihrer Kompetenz "gestört" werden. Was in solchen Fällen wohl geschieht, ist die - hoffentlich - zwischenzeitliche Beeinträchtigung durch den Bewußtwerdungsprozeß. Wohl immer noch am schönsten ist dies im KLEISTschen Marionettentheateraufsatz nachzulesen. Es bleibt für mich erstaunlich, wie wenig diese zentrale Erkenntnis gerade für die Schule in Lernvorstellungen und Lernziel- bzw. Stoffkonzepte eingegangen ist, wie wenig sie bei Korrekturen und Verbesserungsvorschlägen beachtet wird.

Das eigenaktive Schülersubjekt muß eben nicht nur mit einem neuen Stoff, sondern vor allem auch mit einem neuen Bewußtseinszustand, einer neuen cognitio-Stufe zurechtkommen. - Bei Sportübungen sind uns die mühsamen Übergänge von nicht-bewußt zu teilweise-bewußt zu bewußt sehr vertraut, und wir kalkulieren entsprechende Lernphasen und Pausen(!) ein. Im geistigen Bereich ist dies viel weniger der Fall. Das mag einerseits an einer allgemeinen Bewußtseinslage festzumachen sein, und zum anderen - so erscheint es mir - haben wir als Lehrende, gleichgültig auf welcher institutionellen Ebene, ein noch zu geringes Wissen zu den Mikrostrukturen, die für ein Sprachbewußtsein und -wissen relevant sind. Dieser schwierige Weg soll nun mit der Vorstellung des computergestützten Recherchenprogramms bzw. der Recherchenvorhaben weiter beschritten werden.

6.4. Das Recherchenprogramm: Darstellung und Optionen

Obwohl nur ein kleines Corpus eingehoben wurde, ist durch die "Datenanalyse" eine riesige Menge an Daten entstanden. Von den *Sätzen* ist bekannt, welchem Satztyp sie angehören (einfacher Satz, Parataxe, Hypotaxe, gemischte Para- und Hypotaxe) und in welcher Weise sie eine Kohäsion zum vorangegangenen Satz haben. Ferner ist geklärt, welche *Satzglieder* sie haben, und diese Satzglieder sind selbst wiederum, soweit es sich um Ergänzungen und Adverbialien handelt, nach ihrer Ausstattung mit Attributen differenziert bzw. die Prädikate nach den klassischen Kategorien Tempus, Modus, Genus verbi und nach der Verbvalenz. Zusätzlich besteht eine Registratur, ob ein *Fehler* auf der Satzebene und ob ein Fehler auf der Satzgliedebene auftritt, wobei hier keinerlei Ausdifferenzierung besteht, da hier nach dem Vorhandenen und nicht nach den Mängeln geschaut werden soll. - Hier endet also die Datengewinnung, auch wenn eine weitere Ausdifferenzierung denkbar ist, z.B. bis hin zur Wortartenbestimmung.

Diese Daten stehen pro Klasse insgesamt und pro Schüler zur Verfügung; man kann nach ihnen pro Text - also vor oder nach der Lektion einzeln oder eben nacheinander - greifen, und man kann bestimmte Sätze ansteuern, also die ersten fünf Sätze oder ähnlich. - Nicht in dieses "dynamische" Recherchenprogramm gehören die errechneten Daten zu Text-, Satz- und Satzgliedlänge sowie die Informationsverlaufskurven der Texte. Diese Daten der "statischen" Recherche wurden einmal erstellt und stehen somit analytischen Überlegungen zur Verfügung.

Das *Recherchenprogramm in seiner abstrakten Form* entspricht, auf der Boolschen Algebra aufbauend, der Datenanalyse, indem bis zu drei sprachliche Phänomene in zu bestimmender Ausdifferenzierung entweder einfach "herausgefiltert" bzw. abgefragt werden können (z.b. wo kommen welche Formen von Kausaladverbialien usf.) bzw. nach der Und- oder Oder-Logik (vgl.o.) miteinander korreliert werden. Für die *Oder-Logik* gilt, daß jeweils nur eines der zwei oder drei sprachlichen Phänomene vorhanden sein muß, damit es zu einer Auflistung kommt. So läßt sich z.B. nach Zeitadverbialien ODER Präteritum ODER Plusquamperfekt (die letzten beiden natürlich im Prädikat) fragen, und die fertige Liste wird alles Abgefragte enthalten. Solche Abfragen können sehr umfangreiche Ergebnisse liefern. Abfragen nach der *Und-Logik* kombinieren zwei oder drei sprachliche Phänomene, die dann und nur dann in die Ergebnisliste gelangen, wenn sie gemeinsam in einem Satz aufscheinen; so läßt sich etwa nach der Kombination Zeitadverbialien *und* Plusquamperfektgebrauch fragen. Diese Abfragen erbringen z.T. sehr kleine, sehr spezifische Ergebnisse. Sie zielen auf kombinatorische stilistische Phänomene. Sodann enthält das Recherchenprogramm eine Abfragemöglichkeit nach der Oder-Logik, wo bis zu drei sprachliche Phänomene mit kohäsiven Strukturen verbunden werden können, wo nach den Kohäsionsmerkmalen sowohl einzeln wie nach mehreren gesucht werden kann. Schließlich kann nach Gruppen insgesamt (= Klassen) und nach den einzelnen Mitgliedern der Gruppen, nach Schülern also die Verteilung von Prädikaten, Ergänzungen und Adverbialien pro Text abgefragt werden.

Das *konkrete Recherchenprogramm* bestimmt sich aus dem didaktisch-linguistischen Frageinteresse. Somit ist es grundsätzlich genauso offen für sehr differenzierte "enge" Fragen wie für relativ globales Suchen. Es kann nach jenen Sprachkategorien recherchiert werden, die unterrichtlich zwischen dem Abfassen der Texte behandelt worden sind; im Fallbeispiel sind es die Adverbialien. Um eine Übersicht zu geben, seien sie undifferenziert hier zusammengefaßt, aber Einzelabfragen, also z.B. zu attribuierten Zeit-, Kausal- usf. -angaben sind auf diese Weise genauso möglich. Je nach Interesse bzw. je nachdem, ob man am Text arbeiten oder abstrakte Überblicke gewinnen will, sind die "Daten" als *Texte* abrufbar oder als definierte Satzglieder, oder sie sind in ihrer Textualität abstrakt faßbar; hierbei lassen sich die Sätze, in denen das gesuchte Phänomen vorkommt, sowohl nach Satztyp (0=einfacher Satz, 1=Parataxe, 2=Hypotaxe, 3=gemischte Para-Hypotaxe), nach Kohäsionsmerkmalen, nach der Binnenanzahl der Sätze und deren einzelner Wörterzahl betrachten. Freilich bedürfen die so gewonnenen Daten der Interpretation und der Wertung, wie dies oben z.T. schon geschehen ist.

6.5. Zusammenfassung

Für beide Bereiche, für die Dateneinhebung wie für ihre Weiterverarbeitung, wurde insgesamt ein möglichst großer Schulbezug angestrebt. Doch sind die Anordnungen, die hier getroffen worden sind, in einem sehr kleinen und in einem erheblich größeren Umfang wiederholbar. Schon die Kombination einer Schreibaufgabe mit einem sprachlichen Phänomen, das zur eingeforderten Textsorte wenigstens eine Affinität hat, stellt eine wünschenswerte Anordnung sowohl für den Alltag wie für spezifische Beobachtungen dar.

Das Einbringen der Texte im Computer erscheint für die Zukunft immer mehr möglich, und es wäre wünschenswert, an einigen Schulen auf diese Weise Langzeitbeobachtungen vorzubereiten. Die Analyse der Schülertexte ist im Prinzip sowohl nach dem hier verwendeten mittleren Differenzierungsgrad noch relativ gut machbar, wie auch eine höhere Differenzierung spezifischer Frageinteressen ebenso dienen kann wie ein "grobes" Herausgreifen von sprachlichen Phänomenen. So müßte der Bereich der einfachen, nicht der satzwertigen Valenz notwendigen Ergänzungen eigentlich nicht interessieren, da es hier auch bei Kindertexten kaum zu Ausfällen oder Fehlern kommt; es sei denn, es sollen Ellipsen- oder Ko-/Kontextphänomene thematisiert werden. Satzwertige Ergänzungen dürften insofern fast immer interessieren, als hier komplexe Strukturen bewältigt werden müssen. Sehr wohl aber kann eine Konzentration auf Attribuierung - es gibt dafür etliche didaktische Gründe, z.B. zu allgemeine Schreibanweisungen in Aufsatzhilfen - wiederum die Analyse gerade der Ergänzungen notwendig machen.

Schließlich ist das Recherchenprogramm so offen gehalten, daß es genauso Einzelfragen wie Globalfragen ermöglicht, und hierbei sowohl Leistungen wie Schwächen und Fehler fokussiert werden können. - Die Fragestellungen selbst ergeben meist Aufschluß über die Sprachbewußtheit des Analysators, über öffentliche und über schulische Konventionen. - Gerade dies war der Grund, im Vorfeld der Texterhebung bereits Setzungen vorzunehmen. Dies schließt Beobachtungen von sprachlichen Phänomenen jenseits der Setzungen keineswegs aus. Die Fragehaltung hier ist insgesamt überwiegend didaktisch unter Einbeziehung methodischer Möglichkeiten.

7. Darstellung, Auswertung und Deutung des empirischen Materials

Das empirische Material wie schon der empirische Zugriff (vgl. Kap.6) sind enger begrenzt als die weiter ausholenden konzeptuellen und theoretischen Perspektiven zu Sprachwissen und Textkompetenz (vgl. Kap.4 und 5). Das empirische Material spiegelt in vielfacher Weise die Schulwirklichkeit wieder: vor allem wird erkennbar, wie weit der Weg vom Schriftspracherwerb und von einer allgemeinen Schreibkompetenz, die alle Probanden haben, zu einer Textgestaltungskompetenz ist. Allenfalls für Gymnasiasten und Realschüler sind Strecke und Zeit lange genug. Erkennbar werden auch große Unterschiede in den Kompetenzen, sowohl innerhalb der Altersgruppen wie vor allem zwischen den Elfjährigen und Vierzehnjährigen. Weiterhin werden einige Unterschiede zwischen den Textsorten Erzählen und Informieren sichtbar. Deutlich wird auch, in welchem Maße sich Hinweise von Lehrern auswirken können. Um es gleich am konkreten Beispiel zu sagen: die Aufforderung, bei einer "Vorgangsbeschreibung" auf die "Reihenfolge" besonders zu achten, kann, wie unsere Daten zeigen, zu einer für die Textsorte Informieren ungewöhnlichen Steigerung der einfachen Zeitangaben führen, so daß man fast von einem Rückfall in den "und-dann-Stil" sprechen könnte.

Erwartungsgemäß ergeben sich *keine* "großen" Veränderungen unmittelbar nach einem spezifischen Grammatikunterricht, so daß auch von dieser Seite einfache behavioristische Input-output-Vorstellungen zugunsten des epistemischen Subjektmodells zurückzuweisen sind. M.a.W., es genügt eben *nicht*, einmal kurz und eventuell konzentriert Grammatikunterricht zu halten, sondern nur kontinuierliche Arbeit mit grammatischen Phänomenen kann die gerade in diesen Jahren 11-14 noch ablaufende Sprachentwicklung förderlich begleiten. Dafür sprechen etliche Detailbeobachtungen unseres empirischen Materials. Um auch dies jetzt schon im Beispiel zu sagen: die Zeitangaben bei den oben erwähnten Vorgangsbeschreibungen werden nach dem Grammatikunterricht differenzierter und komplexer.

Schließlich werden einige Unterschiede wahrnehmbar, die auf die Situationen, in denen Grammatik und Schreiben unterrichtet worden sind, zurückführbar sind. Es bedarf einer differenzierenden Betrachtung, ob Grammatik und Schreiben quasi in einer "Trainingssituation" miteinander verknüpft sind oder ob Grammatik in einem "Sprachangebotsunterricht" für das Schreiben unterrichtet worden ist (vgl. Kap.6 die "Situationen 1 und 2").

Die Einblicke in das empirische Material sollten auf der Folie und im Kontrast zur kurzen Darstellung der Sprach- bzw. Schreibentwicklungsforschung - Kap.4.1 - gesehen werden. Sie steht dem hier zunächst verfolgten Ansatz am nächsten. Freilich liegt der Hauptunterschied zu allen anderen Forschungen darin, daß zwischen den eingehobenen Texten T1 und T2 der

Versuchsgruppen eine *unterrichtliche* "*Intervention*", eben der schreibaffine Grammatikunterricht stattgefunden hat. Kap.7.1 bringt Angaben der deskriptiven Statistik und der Prüfstatistik zum Corpus[1], aufgeschlüsselt nach allgemeinen Daten, Daten zur Sprachentwicklung, Daten zum Textsortenvergleich des schulischen Erzählens und Informierens, Daten zwischen Gruppen mit und ohne spezifischen Grammatikunterricht sowie Daten zur unmittelbaren Auswirkung des Grammatikunterrichts in verschiedenen Lernsituationen. Daran schließt sich zur Differenzierung Kap.7.2 mit Einzeluntersuchungen an, etwa zum Gebrauch von deiktischen und nicht-deiktischen Adverbialien, zum "und-dann-Problem", zur zu starken Reaktion auf einen Unterricht zu Thema und Rhema und zu ersten Ergebnissen zum Vorkommen restriktiver und appositiver Attribute. Die Zusammenfassung der empirischen Untersuchungen und der Theorie erfolgt in dem abschließenden Kap.8.

7.1. Statistische Darstellung und Diskussion von Daten

Die im Herbst 1988 eingehobenen Schülertexte, die in der Folge zu computerlesbaren Daten verarbeitet und analysiert wurden (vgl. Kap.6.1) umfassen 8 Klassensätze zu zweimal 10 bzw. in einem Fall zu zweimal 9 je ("vor und nach Grammatikunterricht") geschriebenen Aufsätzen. Bei den Texten der Versuchsklasse B I werden die ersten Texte T1 z.T. in der Analyse deshalb nicht berücksichtigt, weil sie Antworten auf Fragen sind, die verfrüht argumentativ gestellt worden sind.

Das *Corpus* enthält   158 Texte
                            2.897 Sätze
                         14.298 Satzglieder
                         37.796 Wörter

Dieses Corpus wurde in der in Kap.6.2 beschriebenen Weise analysiert und berechnet.

7.1.1. Zur Einführung: Ein Überblick über mittlere Textlängen

Um einen Einblick in die Komplexität des Untersuchungsfeldes und somit auch in den Bedingungsrahmen einzelner Befunde zu vermitteln, seien zunächst die Ergebnisse für drei Variable, nämlich der mittleren Textlänge in Sätzen, in Satzgliedern und in Wörtern pro Klassenstufe, pro Testfolge T1 und T2 in den Klassen "mit und ohne" spezifischen Grammatikunterricht präsentiert. Wie die deskriptive Statistik beleuchtet, schreiben die Schüler unseres Corpus Texte mit einer *mittleren Textlänge* zwischen 6,8 Sätzen

---

[1] Die Zahlen zum Umfang des Corpus werden am Anfang von Kap.7.2. aufgeführt.

und 39,1 Sätzen; zwischen 50,4 und 195,6 Satzgliedern und zwischen 91,0 und 349,1 Wörtern.

Tab. 4: Mittlere Textlängen in Sätzen, Satzgliedern und Wörtern

Texte	Sätze	Satzglieder	Wörter	Texte	Sätze	Satzglieder	Wörter
A T1	17,5	94,6	192,9	KA T1	39,1	195,6	349,1
A T2	23,1	105,2	247,3	KA T2	24,4	68,8	183,2
B I T1	6,8	50,4	142,3				
B I T2	16,9	82,2	273				
B II T1	16,3	86,7	209,9	KB T1	21,5	120,7	259,1
B II T2	25,3	127,8	334,1	KB T2	11,0	54,0	203,3
B III T1	7,6	35,6	91,0				
B III T2	14,9	75,8	208,8				
C T1	26,1	126	252,2	KC T1	12,6	58,1	252,2
C T2	13,9	79,2	255,5	KC T2	16,8	90,6	325,7

A = 6. Klasse, B = 7. Klasse, C = 8. Klasse; K = Kontrollgruppe

Die hohe Streuung erklärt sich nicht ausschließlich aus dem verschiedenen Schreibverhalten von Schülern der 6., 7. oder 8. Jahrgangsstufe und auch nur begrenzt allein aus dem Textsortenunterschied zwischen Erzählen und Informieren. Tatsächlich stammen die längsten Texte von den jüngsten Schülern, nämlich von denen der Kontrollgruppe (KA) der Klasse 6 (A). Nicht ganz untypischerweise handelt es sich um einen erzählenden Text, und offenbar haben die Schüler in jeder Weise "unbeschränkt" geschrieben.

Die Textlänge erweist sich, zumal in einer Untersuchung, die einen alltagsnahen Unterricht und keine Laborsituation zum Gegenstand hat (vgl. 6.1), insgesamt als ein vielfach interpretierbarer Faktor. Sie ist zuvörderst innerhalb einer Lernergruppe, einer Klasse interessant, und sie schlägt sich natürlicherweise in den Textsorten nieder, da Schüler beim Erzählen zum Ausgestalten und beim Informieren zu Kürze und Genauigkeit aufgefordert werden. Dies wird etwa von den Texten B III (7. Klasse) bestätigt, die beide dem Informieren zuzurechnen sind. Die deutlich längeren Texte T2 ergeben sich aus der Tatsache, daß je fünf Schüler einen (Polizei-)Bericht bzw. eine Vorgangsbeschreibung verfaßt haben, wobei die ich-/wir-Form der Themenstellung ("Wir legen einen Teich an") die Heranwachsenden in die Nähe des wortreicheren Erzählens gebracht hat. Einen ersten Hinweis, daß auch diese Mittelwerte der Textlänge[2] bereits Beachtenswertes enthalten können, ergibt ein Vergleich der C-Texte (8. Klasse). Sowohl in der

---

2 Die Rohdaten wurden pro Schüler, ausgewiesen nach den Texten T1 und T2, im Materialienband wiedergegeben. Darunter finden sich die *Informationsflußverlaufskurven* IMI (=Informationsmengenindex), die in einer Kombinationsrechnung von strukturell-syntaktischer Strukturausschöpfung und Wörterzahl ermittelt wurde, vgl. Kap.6.2. Diese Daten stellen zusammen mit den *Fließtexten*, also den Schülertexten die *empirische Materialbasis dar*. Diese Daten befinden sich insgesamt im Anhang *Materialien* der Habilitationsschrift; sie können aus Kostengründen bei der hier vorliegenden allgemeinen Veröffentlichung nicht mitgegeben werden.

Versuchs- wie in der Kontrollgruppe wurden als Texte T2 Inhaltsangaben geschrieben. Zufälligerweise haben die Texte T1 der Gruppe C und KC dieselbe durchschnittliche Wörterzahl von 252 pro Text. Während aber die Versuchsgruppe auch bei Text T2 keine längeren Texte schreibt, nimmt die Anzahl der Sätze und Satzglieder deutlich ab. Das weist darauf hin, daß die syntaktische Komplexität deutlich zugenommen hat. Die Verhältnisse bei der Kontrollgruppe bleiben bei steigender Textlänge dagegen ungefähr konstant. Freilich darf dieses Ergebnis kausalanalytisch nicht bzw. nicht nur auf den zwischenzeitlich, Adverbialien und Konjunktive behandelnden Grammatikunterricht der Versuchsgruppe zurückgeführt werden im Sinne einer vorschnellen behavioristischen input-output-Vorstellung. Die komplexeren Strukturen können auch das Ergebnis einer größeren Bemühung in einer schulischen Prüfsituation sein. Dies bedeutet dann allerdings in unserem Sinne auch, daß eine solche syntaktische Kompetenz vorhanden war, die aktiviert werden konnte. - Aus meiner Sicht ist dies ein Argument *für* einen kontinuierlichen Grammatikunterricht im Sinne eines "Sprachangebotsunterrichts", der nötigenfalls auch einmal Trainingsformen annehmen kann.

Der Überblick über die mittleren Textlängen in Sätzen, Satzgliedern und Wörtern hat erste allgemeine Eindrücke in die Komplexität des Untersuchungsfeldes und der Deutungsmöglichkeiten vermitteln können. Nunmehr sollen die Daten in themenorientierter Gruppierung der computerunterstützten deskriptiven Statistik und der Prüfstatistik unterzogen werden. Für die dabei zu nutzenden Rechenprogramme seien zunächst die Auswahl der Fragestellungen und der linguistischen Variablen dargestellt und begründet.

7.1.2. Auswahl von Fragestellungen und Variablen für die computerunterstützte statistische Datenanalyse

Wie schon aus der Darstellung der Mittelwerte verschiedener Variablen auf der Grundlage der Rohdaten von je 10 Schülertexten deutlich geworden ist, lassen sich wegen der großen Streuweite der Daten nur schwer Aussagen machen, die sich auf Stichprobengrößen von je 10 Aufsatztexten beziehen. Da aber die Grundgesamtheit N=158 beträgt, die aus 8 Gruppen mit je "Test 1" und "Test 2" aufgebaut ist, ist es möglich, *je nach Fragestellung* gezielt Stichproben zusammenzustellen, die n >10 sind. Damit wurde eine verläßliche Grundlage für prüfstatistische Berechnungen geschaffen, die es gestattet, statistische Kennwerte miteinander zu vergleichen und zu prüfen, ob sie sich signifikant, d.h. überzufällig voneinander unterscheiden, und ob die Daten somit verallgemeinerbar sind. Dabei gilt: "Je größer das n der Stichproben ist, desto enger ist das Vertrauensintervall, d.h. desto genauer (präziser) kann man die Größe des Parameters der Grundgesamtheit bestimmen."[3] Deshalb wurden Stichproben zwischen n=30 bis n=49 ausgewählt.

---

3 Orientiert an CLAUß/EBNER (2/1977:172 ff. und 17 ff., hier 175).

Auf diese Weise wird es möglich, daß die Vertrauensintervallgrenze bzw. die Irrtumswahrscheinlichkeit bei der Verwendung von Nullhypothesen bei der konventionellen Größe=5 %=0,05 liegen kann.[4] Dieser Auswahl liegen nun folgende *Fragestellungen* und Kriterien zugrunde, wie sie in dieser Untersuchung schon mehrfach angesprochen worden sind (vgl. Kap. 3.3, 6.1):
1. Aussagen zur *Sprachentwicklung* zwischen 11- und 14 jährigen Schülern (Referenz **21**).
2. Aussagen zum *Textsortenvergleich* Erzählen und Informieren (Referenz **22**).
3. Aussagen zu Schülertexten *mit* und *ohne* auf das Schreiben bezogenen Grammatikunterricht (Referenz **23**).
4. Aussagen zu Schülertexten *vor* und *nach* Grammatikunterricht (Referenz **24**).

Um die Gruppen für die Fragestellungen 21-24 zusammenzustellen, wurden der Auswahl folgende Ordnungsgesichtspunkte zugrundegelegt:

Zu (21) Sprachentwicklung: Gegenübergestellt werden die Texte der beiden 6. Klassen denen der beiden 8. Klassen, wobei hier sowohl Versuchsgruppen und Kontrollgruppen wie deren jeweilige Texte T1 und T2 zu Stichproben/"samples" zusammengefaßt sind:

Stichprobe 1:	**11jährige**	Stichprobe 2:	**14jährige**
Texte	A T1	Texte	C T1
	A T2		C T2
	KA T1		KC T1
	KA T2		KC T2

Damit bestehen beide Stichproben aus 40 Texten.

Zu (22) Textsortenvergleich: Verglichen werden die Textsorten "Erzählen" und "Informieren". Um die Vergleichbarkeit besser gewährleisten zu können, werden nur Texte *einer* Altersstufe, der 7. Jahrgangsstufe, herangezogen. Entsprechend der Fragestellung werden sowohl die Texte T1 wie T2 genommen, und zwar von der Versuchsgruppe B II; bei der Kontrollgruppe ist T1 eine Erzählung, T2 ein informativer Text, so daß die Texte der Kontrollgruppe nach den Textsorten auf die Stichproben aufgeteilt werden:

Stichprobe 1:	**Erzählen:**	Stichprobe 2:	**Informieren:**
Texte	B II T1	Texte	B III T1
	B II T2		B III T2
	KB T1		KB T2

Stichprobe 1 besteht aus 28, Stichprobe 2 aus 30 Texten, was in der deskriptiven Statistik rechnerisch ausgeglichen werden kann.

---

4 ebenda.

Zu (23) Vergleich von Texten mit und ohne Grammatikunterricht: Gegenübergestellt werden jeweils die Texte T2 der Versuchsgruppen und der Kontrollgruppen ohne spezifischen Grammatikunterricht in allen drei Jahrgangsstufen und für alle Textsorten:

Stichprobe 1:	**mit GrU:**	Stichprobe 2:	**ohne GrU:**
Texte	A T2	Texte	KA T2
	B I T2		KB T2
	C T2		KC T2

Jede Stichprobe besteht aus 30 Texten.

Zu (24) vor und nach Grammatikunterricht: Hier stehen sich die Texte der Versuchsgruppen T1 und T2 in allen drei Jahrgangsstufen und für alle Textsorten gegenüber;

Stichprobe 1:	**vor GrU:**	Stichprobe 2:	**nach GrU:**
Texte	A T1	Texte	A T2
	B I T1		B I T2
	B II T1		B II T2
	B III T1		B III T2
	C T1		C T2

Jede Stichprobe besteht aus 49 Texten.

Alle Stichproben der vier Fragestellungen wurden gleichmäßig auf eine Auswahl von kritischen *Variablen* hin getestet, und zwar sowohl nach der deskriptiven Statistik wie nach der Prüfstatistik unter Verwendung des t-Tests.[5]

Für die Darstellung wähle ich folgende fünf Variablen aus:
V O1 = syntaktische Strukturnutzung **KI**[6] : **AI**
V O2 = Satzlänge in Wörtern
V O7 = Satzkomplexität durch Einbettung (in %)
V O8 = Satzgliedlänge in Wörtern
V O9 = Adverbialien pro Satz.

Die **Variable O1** gibt die *Ausnutzung der syntaktischen Strukturmöglichkeiten* auf der Ebene der Satzglieder wieder. Diese Variable wird als Quotient von KI : AI gebildet. **KI** ist die konkrete Information, **AI** die abstrakt mögliche Information gemäß der Strukturbeschreibung des ISS, des infor-

---

5 Vgl. CLAUß/EBNER (2/1977:186ff.); sowie BORTZ (1984:504ff.): Unterschiedshypothesen. Der t-Test für unabhängige Stichproben überprüft die Nullhypothese, daß sich die Mittelwerte zweier Stichproben nicht unterscheiden; der t-Test für abhängige Stichproben überprüft die Nullhypothese, daß sich die Mittelwerte einer zum Zeitpunkt t1 und t2 gemessenen Variablen in einer Population nicht unterscheiden.
6 Erläuterung im nächsten Abschnitt.

mativ gesättigten Satzes (vgl. Kap.5.1). Dieser Wert des Quotienten KI : AI unterscheidet sich insofern von den **IMI**-Werten (Informationsmengenindices), als der Quotient um die Einbeziehung der Wörterzahl pro Satz bereinigt ist. Dies ist für eine statistische Beschreibung und Prüfung die "sauberere" Lösung, da die Verrechnung der Wörterzahl den IMI-Quotienten stärker und schwächer beeinflussen kann; denn die Ausschöpfung der Satzglieder durch Wörter ist hoch variabel. Hingegen schwankt der AI-Wert nur um die Valenz, was nicht nur über einen ganzen Text als ausgeglichen angesehen werden kann, sondern der KI-Wert muß diese Schwankung mitmachen, so daß die Quotienten tatsächlich nur wiederspiegeln, wie die konkrete syntaktische Strukturnutzung der abstrakt möglichen Nutzung gegenübersteht. In dieser Funktion ist diese Variable äußerst aussagekräftig. Zudem unterscheidet sie sich noch deutlich von der (s.u.) Variable O7, die für Satzkomplexität steht. Die Variable O1 gibt die strukturelle Nutzung wieder, unabhängig davon, ob ein Satzglied durch ein Nomen oder durch ein Nomen mit Relativsatz bzw. durch einen Gliedsatz oder erweiterten Infinitiv sprachlich dargestellt ist. Diesen Unterschied, der die hierarchische Struktur eines Satzes wiederspiegelt, beschreibt die Variable O7.

Die **Variable O2** kann als "klassische" Größe gelten, da sie die *Satzlänge in Wörtern* angibt. Sie ist auch in dem Sinne interessant, daß im Zusammenhang mit der Klage vom vermeintlichen Sprachverfall (vgl. Kap.4.1) immer wieder behauptet wird, die heutigen Schüler könnten keine langen Sätze mehr bilden. Wie jedoch schon die Mittelwerte (in Kap.7.1) gezeigt haben, stimmt dies so nicht, und gemäß ihrem Entwicklungsstand fallen heutige Schüler in diesem Bereich nicht ab. Peter von POLENZ (1985:40) listet für 1960 eine mittlere Satzlänge von 19,9 Wörtern pro Satz in der Schriftsprache auf, und zwar selbst für die wissenschaftlich-technische Fachsprache, für die im Jahre 1850 noch ein Wert von 32 angegeben wurde. Ähnlich positiv fallen die Werte der Schweizer Studie unter Peter SIEBER (1994) aus.

Die **Variable O7** gibt die prozentuale Häufigkeit des Auftretens von *Satzkomplexität* in den Schülertexten an. Sie ist eine Summenbildung der Prozentwerte der Satztypen 2 und 3 der Rohdaten, wobei Typ 2 Hypotaxen und Typ 3 gemischte Para- und Hypotaxen repräsentieren. Typ O steht für einfache Sätze und Typ 1 für Parataxen. Alle vier Satztypen bilden 100 %. Nach der Variablen O2 interessiert die Variable O7. Auch die übrigen Satztypen 1 bis 4 wurden einzeln als Variable O3 bis O6 getestet. Für die Darstellung hier wähle ich nur die kritische Variable O7 der Satzkomplexität aus, denn natürlich überwiegen in den Aufsatztexten die einfachen Sätze und die Parataxen. Sie wurden nicht weiterverfolgt, weil sie gerade bei Kindertexten oft stehen, wenn die Schüler im Wortsinn einfach aneinanderreihen und manchmal keine Satzgrenze finden. Aus der Perspektive dieser Untersuchung interessiert jedoch vornehmlich, inwieweit Heranwachsende bereits komplexe Satzstrukturen verwenden bzw. variieren. Dies ist auch im Zusammenhang mit der viel weiter gefächerten, aber den Grammatikunterricht nicht berührenden Untersuchung von AUGST und FAIGEL (1986:103) zu sehen, wo für unsere Alterspopulation festgestellt wird:

> "Schon im siebten Schuljahr sind alle Verknüpfungsklassen ausgebildet. Die lexikalische *Differenzierung* der Verknüpfungsrelationen im Alter von 13-23 Jahren scheint damit weniger eine Folge entwicklungspsychologischer, altersabhängiger Determinanten zu sein, wie sie vor allem vor dem 13. Lebensjahr eine Rolle spielen, als vielmehr eine Folge des langsamen Hineinwachsens in die Schriftkultur."

Dies verweist auf die didaktische und methodische Pflicht einer fördernden Begleitung dieser Entwicklung.

Die **Variablen O1 und O7** ergänzen einander. Dabei scheint die in dieser Untersuchung erstmals verwendete Variable O1 - trotz ihrer Interrelation zu O7 - sensibler zu reagieren, da sie bei allen vier Fragestellungen signifikant greift. Variable O1 erfaßt die strukturelle Binnennutzung im Satz, nämlich wieviele Satzglieder pro Satz überhaupt formuliert werden; Variable O7 gibt die hypotaktische Einbettungstiefe an.

Die beiden weiteren **Variablen O8 und O9** versprechen als relativ neue und noch ungebräuchliche Parameter ebenfalls weiterführende mikrostrukturelle Erkenntnisse zur grammatischen Struktur von Texten. Die *Variable O8* stellt die *Satzgliedlänge* in Wörtern dar, die *Variable O9* die Anzahl von *Adverbialien* in einem Satz.

7.1.3. Ausgewählte Daten zur Sprachentwicklung zwischen 11 und 14 Jahren

Daß sich zwischen der 6. und 8. Klasse, d.h. zwischen dem 11. und dem 13./14. Lebensjahr eine Sprachentwicklung vollzieht, entspricht der allgemeinen Lebenserfahrung und den Erwartungen. Die eben zu dieser **Fragestellung (21)** versammelten beiden Stichproben bestätigen dies durch vier signifikante Ergebnisse bei fünf Variablen: Die Texte der Achtklässler weisen überzufällig höhere Werte bei der syntaktischen Strukturnutzung (V O1), bei der mittleren Satzlänge (V O2), und zwar 16,01 gegenüber 10,62 Wörtern bei den Sechstklässlern, bei der Satzkomplexität (V O7) und der mittleren Anzahl von Adverbialien pro Satz (V O9) auf. Daneben liegen die Werte für die Länge der Satzglieder der Variablen (O8) wenigstens im Trend, auch wenn sie nicht Signifikanz erreicht haben. Diese Ergebnisse sind insgesamt betrachtet deshalb bemerkenswert, weil hier die altersgleichen Versuchs- und Kontrollgruppen mit unterschiedlichen Textsorten gemeinsam berücksichtigt worden sind. Neben der Steigerung der Werte ist aber insbesondere auch auf die Breite der Varianz zu achten. Betrachtet man die Minima und Maxima, setzen die älteren Schüler, z.T. "tiefer" als ihre jüngeren Mitschüler an und übersteigen sie in ihren Spitzenwerten. Das trifft für die strukturelle syntaktische Nutzung (VO 1) ebenso zu wie für die Satzkomplexität wie für die Satzgliedlängen. Die arithmetischen Mittelwerte drücken diese Steigerung nicht in allen Fällen aus, was zu besagen scheint, daß die älteren Schüler über vielfältigere Sprachgestaltungsmuster verfügen. Dieses ebenso plausible wie noch "grobe" Ergebnis wird verständlicher, wenn man bedenkt, daß hier verschiedene, wenngleich jeweils altersangemessene Textsorten Eingang in den Vergleich gefunden haben.[7]

Tab. 5: Ausgewählte Daten zur Sprachentwicklung (21)

Stichprobe 1 (11jährige)			n = 40		
Variable	V O1	V O2	V O7	V O8	V O9
	syntakt.Strukturnutzung	Satzlänge	Satzkomplexität	Satzgliedlänge	Adverbialien pro Satz
Signifikanz	+	+	+	-	-
Min	0,370	7,740	7,140	3,240	0,470
Max	0,450	15,940	68,750	8,070	1,940
Arithm. Mittel	0,409	10,620	29,980	4,946	1,090
Standardabw.	0,0215	2,030	14,400	0,974	0,325
Stichprobe 2 (14jährige)			n = 40		
Variable	V O1	V O2	V O7	V O8	V O9
Signifikanz	+	+	+	-	-
Min	0,330	7,110	5,410	3,820	0,500
Max	0,450	24,910	100,000	9,220	2,440
Arithm. Mittel	0,408	16,013	57,128	5,287	1,317
Standardabw.	0,0239	4,786	24,487	1,069	0,446

Die im Sinne der Fragestellung signifikanten Ergebnisse werden im folgenden graphisch aufbereitet [8], wobei sie nach folgendem Schema veranschaulicht werden:

Legende zur graphischen Aufbereitung

---

7 Dies auch in Unterschied zu RICKHEIT (1975) sowie KLEIN (1978), die zum selben Thema (!) Kinder und Erwachsene verglichen haben; natürlich war die Aufgabe für die Erwachsenen viel leichter.
8 Die numerischen und graphischen Darstellungen wie die Signifikanzprüfungen wurden durch das Programm "Statrel" ermöglicht. RCP (1993). Zu danken habe ich für die kollegiale Zusammenarbeit Herrn Prof. Dr. Rackwitz (TU-München), Herrn Dr. Gollwitzer und Herrn Dr. Zwerev.

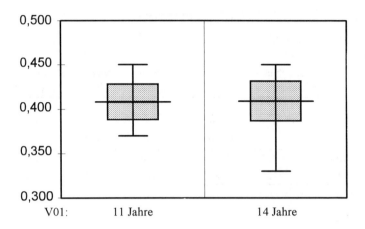

Sprachentwicklung:
Vergleich syntaktischer Strukturnutzung (V O1) bei 11- und 14-Jährigen

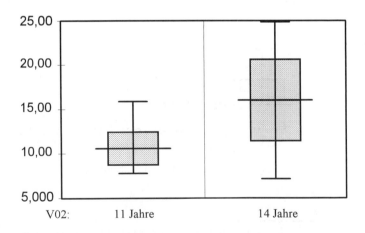

Sprachentwicklung:
Vergleich realisierter Satzlängen (V O2) bei 11- und 14-Jährigen

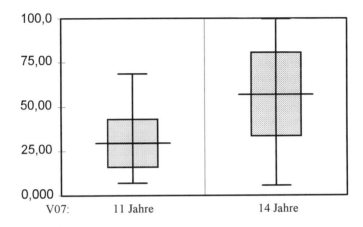

Sprachentwicklung:
Vergleich von verwirklichter Satzkomplexität (VO7) bei 11- und 14- Jährigen

7.1.4. Ausgewählte Daten zum Textsortenvergleich: Informieren und Erzählen

Relativ deutlich unterscheiden sich die schulischen Textsorten Informieren und Erzählen gemäß der *Fragestellung (22)*: Erzähltexte weisen signifikant einen höheren Grad syntaktischer Strukturnutzung (V O1), eine kürzere Satzlänge (V O2), und zwar 12,86 gegenüber 15,36 Wörtern beim Informieren, sowie eine geringere Satzkomplexität auf (V O7). Generell läßt sich sagen, daß Informieren der pragmatischen Grundanforderung in bezug auf Verständlichkeit dergestalt folgt, daß zwar längere Sätze (VO2) als bei Erzählungen vorkommen, die strukturelle Ausnutzung (VO1) dagegen niedriger ist, die Satzkomplexität (VO7) erforderlichenfalls - bei einer entsprechend größeren Standardabweichung, also Streuung - höher ist, die Satzgliedlänge aber im arithmetischen Mittel niedriger gehalten wird. - Auch diese Ergebnisse haben insgesamt die Erwartungen bestätigenden Charakter. So dürfte die größere Satzlänge beim Informieren zum einen auf die bekannte Empfehlung der Lehrer zurückzuführen sein, im Anfangssatz von Inhaltsangaben eine erste konzentrierte Gesamtschau zu versuchen; das zeigt auch ein Blick auf die konkreten Texte. Zum anderen erhebt sich für andere informative Texte hier eine weitere grundsätzliche Frage: Inwieweit hängen Sachkompetenz und sprachliche Vielfalt zusammen? Diese unter dem Aspekt des Grammatikunterrichts bedeutsame Frage bedarf eines eigenen Untersuchungsdesigns; ihre Beantwortung könnte den von mir geforderten "Sprachangebotsunterricht" insofern im Prinzip stützen, als die Sachkompetenz, vor allem wenn sie groß ist, zu ihrem Ausdruck die sprachliche Vielfalt braucht. Beim Erzählen hat die "Sachkompetenz" gewissermaßen mehr Freiheit(en).

Die nicht-signifikante Variable (V O8) zeigt eine höhere Varianz in der Ausschöpfung der Satzgliedlänge beim Erzählen als beim Informieren, was zumindest der Tendenz entspricht, daß das Erzählen einerseits schon routinierter ist und andererseits das Informieren diese Varianz aus pragmatischen Gründen nicht beanspruchen muß. Das sich abzeichnende Bild bedarf weiterer Differenzierung, wie es in Kap.7.2 anhand des Vergleichs von deiktischer versus nicht-deiktischer Adverbialienverwendung und anhand des "und-dann-Problems" geschehen soll.

Die hier versammelten Ergebnisse lassen nur Schlaglichter auf die schulischen Textsorten Informieren und Erzählen zu. Es wird aber wichtig, in dieser und in ähnlicher Weise als Vorbilder akzeptierte und genutzte Texte zu untersuchen, da sie im Sinne von Prototypen (vgl. Kap.4.3) nicht nur für die Schüler wirksam werden (könnten), sondern auch prägend für die Erwartungen der Lehrer sein dürften. Einige Aspekte hierzu werden in Kap.7.3 thematisiert, genauere Einsichten zur "Prägefunktion" von Texten muß einer eigenen Studie vorbehalten bleiben, die auch Lektürekonventionen in der Schule mit einschließt.

Tab. 6: Ausgewählte Daten zum Textsortenvergleich; Referenz (22)

Stichprobe 1: Informieren   n = 30

Variable	V O1	V O2	V O7	V O8	V O9
	syntakt.Struk-turnutzung	Satzlänge	Satzkom-plexität	Satzgliedlänge	Adverbialien pro Satz
Signifikanz	+	+	+	-	-
Min	0,320	8,330	12,500	3,780	0,560
Max	0,450	24,850	100,000	6,330	2,170
Arithm. Mittel	0,383	15,361	46,164	4,949	1,282
Standardabw.	0,0357	4,485	21,878	0,719	0,444

Stichprobe 2: Erzählen   n = 30

Variable	V O1	V O2	V O7	V O8	V O9
Signifikanz	+	+	+	-	-
Min	0,380	8,890	15,000	4,160	0,910
Max	0,450	17,500	64,290	7,160	2,400
Arithm. Mittel	0,415	12,861	36,368	5,322	1,407
Standardabw.	0,0164	2,388	13,294	0,876	0,317

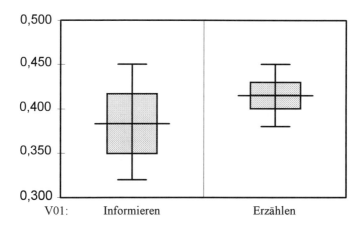

Textsorten Informieren / Erzählen:
Vergleich syntaktischer Strukturnutzung (V O1)

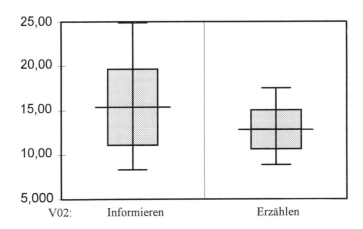

Textsorten Informieren / Erzählen:
Vergleich realisierter Satzlängen (V O2)

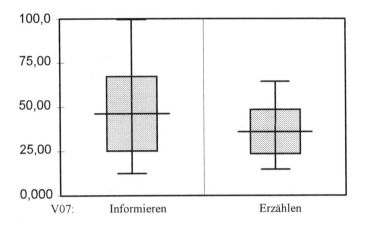

Textsorten Informieren / Erzählen:
Vergleich verwirklichter Satzkomplexität (V O7)

7.1.5. Wirkung von Grammatikunterricht (1):
Textvergleiche "mit und ohne" Grammatikunterricht

Die Fragestellung, ob Texte, die nach gezieltem Grammatikunterricht entstanden sind, gegenüber solchen, die davon unbeeinflußt geschrieben wurden, Referenz (23), Unterschiede aufweisen, ist für die vorliegende Untersuchung ganz zentral, wenn auch in Anbetracht des "eigenaktiven Lernersubjekts" (vgl. Kap.4.2) vor vereinfachten input-output-Vorstellungen gewarnt werden muß. Die Ergebnisse sind daher mit Sorgfalt zu deuten. Gleichzeitig muß man sich immer wieder klarmachen, was das Ergebnis der Nicht-Signifikanz in der Prüfstatistik aussagt: eine in der Regel zu falsifizierende Null-Hypothese - Stichprobe 1 unterscheidet sich *nicht* signifikant von Stichprobe 2 - kann nicht verworfen werden. M.a.W., die feststellbaren Unterschiede zwischen Stichprobe 1 und 2 könnten *auch* zufällig sein. Setzt man nun z.B. den Konfidenzabstand von 5 % auf 10 % bei dieser Fragestellung, so wird die Signifikanz auch bei der Variablen V O7 erreicht und bei der Variable V O2 ganz knapp verfehlt; dies wird in der Tabelle als *Tendenz* (+) wiedergegeben. Die folgenden Ergebnisse sind auf dem 5 %-Niveau signifikant gesichert: Schüler mit spezifischem schreibaffinem Grammatikunterricht haben einen höheren Grad syntaktischer Strukturnutzung (V O1) und eine größere Satzgliedlänge (V O8) in ihren Texten.

Sieht man sich die Variablen genauer an, so zeigt sich für die strukturelle syntaktische Ausschöpfung, daß die Werte *mit Grammatikunterricht* bei kleinerer Streuung höher liegen; das trifft auch auf die andere signifikante Variable der Satzgliedlänge V O8 zu. Auch diese Ergebnisse sind bemerkenswert angesichts der Streuung über drei Jahrgangsstufen und zwei Textsorten in den untersuchten Stichproben. Dieser Gesamteindruck bedarf der Spezifizierung (Kap.7.2). Freilich zeigt die "Sperrigkeit" gerade dieses Ergebnisses angesichts der vorausgegangenen Diskussion um den Grammatikunterricht, daß selbst ein gezielter Unterricht noch nicht auf eine Bereitschaft bzw. Fähigkeit treffen muß, das gerade Erfahrene umzusetzen bzw. umsetzen zu können. Wie noch zu zeigen sein wird, kann auch eine "grammatische Trainingssituation" (vgl. Kap 6.4) zunächst zu einer Reduktion vorhandener Fähigkeiten führen; möglicherweise müßte man von einer "Inkubationsphase" mutatis mutandis insofern sprechen, als eine ungewohnte "Intervention", wie der dem Schreiben affine Grammatikunterricht durchaus aufzufassen ist, erst einmal verarbeitet werden muß, um dann umso besser zu wirken. Ich übernehme diese Sicht z.T. der Sportdidaktik und z.T. der Kunstdidaktik; gerade dort wird ein Einbruch kindlicher Fähigkeiten mit dem Schuleintritt beobachtet. "Inkubationsphase" ist dabei definiert als "Experimentieren mit Detailfakten" und natürlich drängt sich auch die Anlehnung an KLEISTS Aufsatz "Über das Marionettentheater" auf.[9]

Tab. 7: Textvergleiche mit und ohne Grammatikunterricht (23)

Stichprobe 1 (mit)		n = 30			
Variable	V O1	V O2	V O7	V O8	V O9
	syntakt.Struk-turnutzung	Satzlänge	Satzkomplexität	Satzgliedlänge	Adverbialien pro Satz
Signifikanz	+	(+)	(+)	+	-
Min	0,380	8,090	7,140	3,860	0,610
Max	0,450	24,290	100,000	8,070	2,170
Arithm. Mittel	0,410	14,756	52,849	5,305	1,317
Standardabw.	0,0192	4,419	23,750	1,047	0,422
Stichprobe 2 (ohne)		n = 30			
Variable	V O1	V O2	V O7	V O8	V O9
Signifikanz	+	(+)	(+)	+	-
Min	0,340	8,350	16,700	3,240	0,470
Max	0,450	24,910	100,000	6,580	2,080
Arithm. Mittel	0,398	16,724	53,423	4,825	1,204
Standardabw.	0,0217	4,794	24,056	0,803	0,444

---

9 Vgl. DAUCHER/SEITZ (11/1980:120).

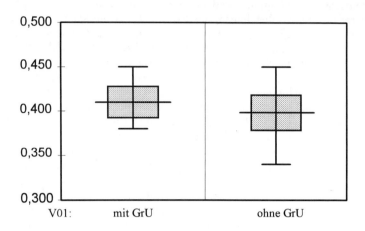

Wirkung von Grammatikunterricht (1):
Vergleich syntaktischer Strukturnutzung (V O1) bei Texten *mit* vorangegangenem GrU und bei Texten *ohne* GrU

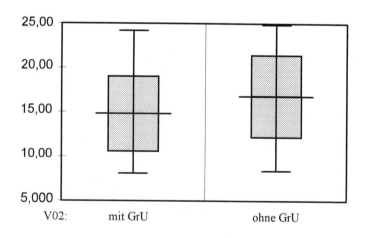

Wirkung von Grammatikunterricht (1):
Vergleich realisierter Satzlängen (V O2) bei Texten *mit* vorangegangenem GrU und bei Texten *ohne* GrU

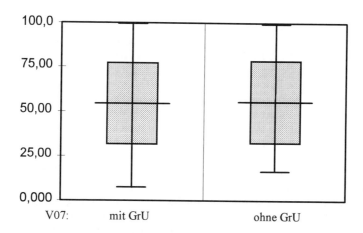

Wirkung von Grammatikunterricht (1):
Vergleich von verwirklichter Satzkomplexität (V O7) bei Texten *mit* vorangegangenem GrU und bei Texten *ohne* GrU

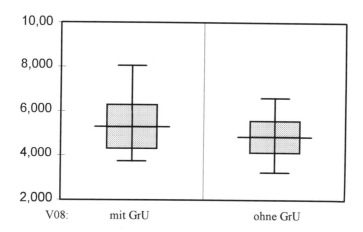

Wirkung von Grammatikunterricht (1):
Vergleich von realisierten Satzgliedlängen (V O8) bei Texten *mit* vorangegangenem GrU und bei Texten *ohne* GrU

7.1.6. Wirkung von Grammatikunterricht (2): Textvergleiche "vor und nach" Grammatikunterricht

Von Anfang an liegt in der Anlage dieser Untersuchung die *Fragestellung (24)* begründet, Texte *vor* und *nach* einem spezifischen Grammatikunterricht zu vergleichen, obwohl auch hier die oben, bei Fragestellung (23), gemachten Einwände gegen vorschnelle und einseitige kausalanalytische Schlußfolgerungen ihre Gültigkeit behalten. Tatsächlich ergibt sich der Eindruck einer Steigerung bei drei Variablen, einmal signifikant, zweimal tendenziell. Wieder ändert sich die Variable V O1 in signifikanter Weise; das Modell der graduellen syntaktischen Strukturausschöpfung scheint ein relativ sensibles Meßinstrument zu sein. Bei Stichprobe 2, d.h nach gezieltem Grammatikunterricht, liegt das arithmetische Mittel signifikant höher; das Minimum setzt auch schon höher an. Das mag auch mit der "Prüfsituation" gegenüber der lockereren Situation für Stichprobe 1 zusammenhängen. Gleichzeitig muß man sich hüten, solche statistischen Werte als irgendeine "Stilempfehlung" zu mißdeuten. Im Sinne des Sprachangebotsunterrichts geht es ja zunächst darum, ein Können zu entwickeln und bereitzustellen.[10] Die Variablen Satzlänge V O2 und Satzkomplexität V O7 steigen tendenziell in ihren Werten, während die beiden als nicht-signifikant ausgewiesenen Variablen sogar leicht sinken.

Tab. 8: Textvergleiche vor und nach Grammatikunterricht (24)

Stichprobe 1 (vor)   n = 49

Variable	V O1	V O2	V O7	V O8	V O9
	syntakt.Strukturnutzung	Satzlänge	Satzkomplexität	Satzgliedlänge	Adverbialien pro Satz
Signifikanz	+	(+)	(+)	-	-
Min	0,320	7,110	5,410	3,780	0,560
Max	0,450	23,250	100,000	9,440	3,333
Arithm. Mittel	0,396	13,398	43,818	5,479	1,400
Standardabw.	0,0363	4,459	25,581	1,235	0,476

Stichprobe 2 (nach)   n = 49

Variable	V O1	V O2	V O7	V O8	V O9
Signifikanz	+	(+)	(+)	-	-
Min	0,380	8,090	7,140	3,860	0,610
Max	0,450	24,290	100,000	8,070	2,170
Arithm. Mittel	0,415	14,833	51,689	5,247	1,315
Standardabw.	0,0187	3,921	21,576	0,905	0,356

---

10 Diese Aussagen im Unterschied zur Fragestellung (22), wo wir beim Textsortenvergleich tatsächlich auf der Suche nach sprachlichen Indikatoren bleiben.

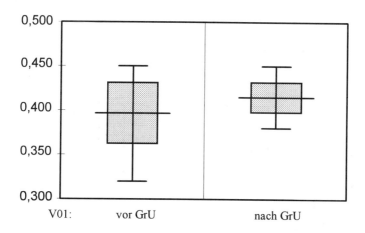

Wirkung von Grammatikunterricht (2):
Vergleich syntaktischer Strukturnutzung (V O1) bei Texten *vor* und *nach* Grammatikunterricht

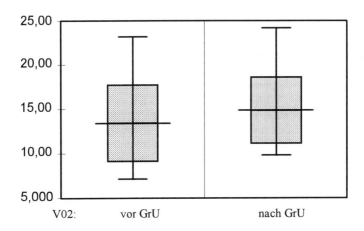

Wirkung von Grammatikunterricht (2):
Vergleich realisierter Satzlängen (V O2) bei Texten *vor* und *nach* Grammatikunterricht

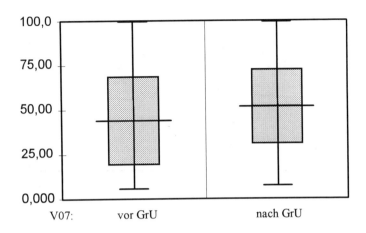

Wirkung von Grammatikunterricht (2):
Vergleich verwirklichter Satzkomplexität (V O7) bei Texten *vor* und *nach* Grammatikunterricht

Zusammenfassend läßt sich zu den statistischen Ergebnissen bisher sagen, daß sie die Differenzen in der Sprachentwicklung (21) und für die Textsorten (22) entschieden weiter aufhellen. Für die Funktion von Grammatikunterricht zeichnet sich neben der Notwendigkeit zu weiterer Binnendifferenzierung der Fragestellungen der Trend ab, in nicht-behavioristischer Weise kontinuierlichen Grammatikunterricht auf Lernsituationen und -bereiche anzuwenden, wo "Mittelkomplexes" wie die syntaktische Strukturausschöpfung - und auch einmal Nicht-Ausschöpfung - thematisiert werden kann. Damit ist auch angezeigt, daß beide Richtungen in der Prüfung von Konzeptionen betrachtet werden müssen, sowohl die ungerichteten Nullhypothesen wie die gerichteten Hypothesen "zur Sache".

Noch eine Anmerkung: meine sehr vielen sprachlichen Analysen haben mir neben vielen anderen gezeigt, daß bei sehr jungen Schülern die Sprachleistungen in einem Text nach dem 15./16. Satz deutlich abfallen. Ob hier Müdigkeit, Unlust oder Zeitdruck verantwortlich sind, weiß ich nicht. Für mich aber hat sich daraus ergeben, daß sich das mögliche sprachliche Potential bei jungen Heranwachsenden eben in den ersten Dutzend Sätzen zeigt. Ein Ergebnis, das für schnelle Analysen und Beurteilungen eine Hilfe ist.

7.2. Einzeluntersuchungen

Im Anschluß an die Darstellung und Diskussion der Daten der computerunterstützten deskriptiven Statistik und Prüfstatistik sei nun die Aufmerksamkeit auf Detailanalysen ausgewählter Variablen in den Stichproben gelenkt. Auf der Suche nach sprachlichen Phänomenen, die relativ bedeutsam für die mikrostrukturelle Konstitution von Texten sind, stößt man immer wieder auch auf die Adverbialien, auf die Attribute oder auf Phänomene der Kohäsion. Die Adverbialien werden hier deshalb herangezogen, weil sie phänomenologisch insofern "freie Aktanten" sind, als sie für strukturell korrekte Sätze weglaßbar sind, weil sie aber für den Informationsfluß in der Kommunikation, in den Textsorten unentbehrlich sind. In dieser Weise sind sie auch als mittelkomplexe Größen gut im Deutschunterricht thematisierbar.

Konventionellerweise werden sie in den (Schul-)Grammatiken als *eine* Gruppe, als *eine* syntaktische Relation aufgefaßt. Freilich sind sie, um nur die EISENBERGsche Grammatik (1986:64) heranzuziehen, "die heterogenste unter den gebräuchlichen syntaktischen Relationen, eine typische Restkategorie, die auch terminologisch besonders Schwierigkeiten bereitet." Aber diese Relation mit ihren ebenfalls sehr heterogenen kategorialen Füllungen muß von der Schulgrammatik angemessen, d.h. stimmig, aber nicht *zu* different, bewältigt werden.

7.2.1. Vergleich deiktischer und nicht-deiktischer Adverbialien

Eine Möglichkeit, die der hier vertretenen didaktischen Position entspricht, ist, die Funktion der Adverbialien in Texten zu betrachten und dies für die Schule, für das Schreiben zu nutzen. Dies ist zunächst auf der Basis der schlichten Feststellung möglich, daß die Adverbialien eine "Mehrausstattung" gegenüber dem grundlegenden Sachverhalt eines Satzes darstellen. So plausibel und richtig diese Basis auch ist, diese *eine* syntaktische Relation ist nicht nur in ihrer kategorialen Füllung, sondern auch in ihrer semantischen Funktion heterogen. Es sind offensichtlich situativ-kommunikative Gründe und Konventionen, die veranlassen, wann über Zeit und Raum etwas gesagt wird und wann Begründungen, Modifikationen, Bedingungs- oder Zweckangaben erwartet und gesagt oder nicht gesagt werden. Auf dieser nun nicht übersehbaren grammatisch differenzierten Basis liegt es nahe, *deiktische* und *nicht-deiktische Adverbialien* getrennt zu betrachten und diese Perspektivierung auf das Corpus anzuwenden. Die dahinter stehenden Fragestellungen sind mehrfacher Natur:
- Grundsätzlich muß die Verteilung von deiktischen und nicht-deiktischen Adverbialien dann interessieren, wenn von der Hypothese ausgegangen wird, daß sie differenzierende Konstituenten von Textsorten sind.
- Diese Hypothese kann dahingehend aufgeschlüsselt werden, daß aufgrund von Alltagserfahrung es nur natürlich ist, beim Erzählen eine

raum-zeitliche Ordnung herzustellen und beim Argumentieren vermehrt Grund- und Zweckrelationen aufzurichten. Welche "Adverbialien" das Informieren praktischer- und konventionellerweise begleiten, mag zunächst offen sein, da man sich sowohl eine verstärkte Deixis wie eine verstärkte Begründungsstruktur je nach Gegenstand, über den informiert werden soll, vorstellen kann.

- In ähnlicher Plausibilität und von Sprachentwicklungsforschern wie BECKMANN (1927) oder AUGST/FAIGEL (1986) unterstützt, kann die Hypothese aufgestellt werden, daß mit steigendem Alter nicht-deiktische Adverbialien vermehrt verwendet werden, und zwar nicht nur wegen der vom Lehrplan geforderten Textsorten, sondern, da immer erzählt wird, wegen des zunehmenden Interesses an logischen und intentionalen Zusammenhängen.
- Schließlich muß mit Bezug auf die Corpus-Analyse wiederholt werden, was zur Variable V O9 (vgl. Kap.7.1) gesagt wurde: Die Grundgröße "A" (Adverbialien im weitesten Sinne) in der computerunterstützten Analyse und Recherche ist relativ weit und großzügig mit dem Begriff Adverbiale umgegangen[11], so daß die Ergebnisse der statistischen Untersuchung nicht recht zu Deutlichkeit gelangen konnten. Insofern ist eine gesonderte Auszählung der deiktischen "A"s, also: Adverbialien, und der nicht-deiktischen "A"s für eine Differenzierung sinnvoll.

In der Übersicht ergeben sich folgende absolute und prozentuale Werte.

Tab. 9: Verteilung deiktischer und nicht-deiktischer Adverbialien

Texte	Test 1 Satzglied		Test 2 Satzglied		Test 1 Satzglied		Test 2 Satzglied	
	Z	%	Z	%	Z	%	Z	%
A	121	75,6	156	74,6	39	24,4	53	25,4
KA	208	77,6	85	82,5	60	22,4	18	17,5
B I	22	26,5	79	54,9	61	73,5	65	45,1
B II	87	60,4	187	81,3	57	39,6	43	18,7
B III	46	83,6	119	80,4	9	16,4	29	19,6
KB	155	68,9	83	67,5	70	31,1	40	32,5
C	136	68	64	51,6	64	32	60	48,5
KC	76	69,7	113	66,1	33	30,3	58	33,9

Z= absolute Zahlen

Im Unterschied zur rein statistischen Bestandsaufnahme in Kap.7.1 werden hier die "kleinen" (n=10) Stichproben einzeln aufgeführt und einander gegenübergestellt. Somit sind hier nur "Einblicke" in Tendenzen möglich, da Signifikanzwerte nur in Ausnahmefällen erreicht werden. Im Überblick wird die Dominanz der deiktischen Angaben sofort deutlich; nur in einem

---

11 Vgl. aber auch die Weite der Darstellung in EISENBERG (1986:198f.).

Fall sind die Verhältnisse umgekehrt, bei den Texten B I T1 und T2. Auf sie wird gesondert eingegangen; hier allerdings bereits die Feststellung: grosso modo sind beide Texte argumentativ und fallen somit z.T. aus dem Corpus heraus, das sich auf die Textsorten Erzählen und Informieren konzentriert. Dies trifft vor allem für den aus Antworten bestehenden Text B I T1 zu, der deshalb auch kaum weiter Beachtung findet. Der Text BI T2 ist ein Bericht - es ist der Sherlock Holmes' gemäß der in Kap.4.5 vorgestellten spezifischen Grammatiklektion - mit deutlich rechtfertigenden, also argumentativen Anklängen. So gering die Anzahl der Texte mit argumentativen Anklängen - von mehr zu sprechen erlaubt u.a. die Altersstufe nicht - auch ist, so möge dies doch als nicht unbedeutender Hinweis darauf genommen werden, daß die Scheidung von deiktischen und nicht-deiktischen Adverbialien produktiv für die Beschreibung von Textsorten werden kann und daß - didaktisch gewendet - diese Scheidung bei einem schreibaffinen Grammatikunterricht zum Tragen kommen kann. Der Überblick über die Werte erlaubt die Annahme, daß beim Argumentieren die nicht-deiktischen Adverbialien zunehmen. Doch liegt dies nicht im eigentlichen Untersuchungsspektrum. Das Verhältnis von Erzählen und Informieren bedarf weiterer Klärung (s.u. "Das und-dann-Problem"). Um diesen ersten Überblick abzuschließen, seien die Fragestellungen zur Statistik des Kap. 7.1 an der Gegenüberstellung deiktischer und nicht-deiktischer Adverbialien überprüft. Für die Fragestellungen (22) zum Textsortenvergleich und (24) zum Vergleich der Texte vor und nach Grammatikunterricht ergeben sich keine markant unterschiedlichen Werte, aber zu den beiden anderen Fragestellungen; sie seien hier kurz wiedergegeben:

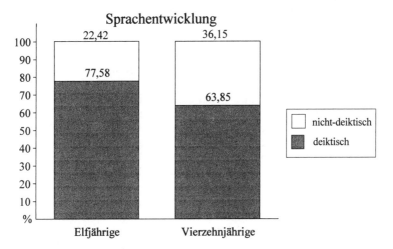

Abb. 10
Prozentuale Verteilung deiktischer und nicht-deiktischer Adverbialien bei Texten der Elf- und Vierzehnjährigen (vgl. Fragestellung (21) in Kap.7.2.3)

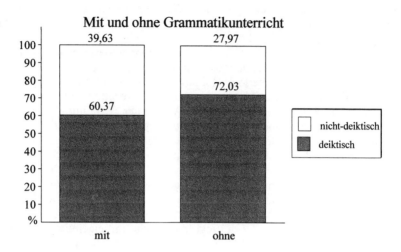

Abb. 11
Prozentuale Verteilung deiktischer und nicht-deiktischer Adverbialien bei Texten *mit* und *ohne* Grammatikunterricht (vgl. Fragestellung (23) in Kap.7.2.5)

Wertet man die nicht-deiktischen Adverbialien im Sinne einer höheren semantischen Differenzierungsfähigkeit, so trifft dies - natürlich - für die Sprachentwicklung zu, aber auch für Schüler, die Grammatikunterricht gehabt haben. Das Ergebnis korrespondiert mit der 1. Variablen V O1, der syntaktischen Strukturnutzung.

7.2.2. Verschiedene Lernsituationen im Vergleich einzelner Stichproben

Die *Texte A* der Jahrgangsstufe 6 sind innerhalb einer relativ geschlossenen Lernsituation entstanden: die Texte wurden als eine Aufgabenerfüllung innerhalb einer kombinierten Grammatik- und Schreibunterrichtseinheit geschrieben. Diese Situation (S1) kann als *Trainingssituation* bezeichnet werden. Wie ein Blick sowohl in die Lektion wie in die Schülertexte zeigt, wurden von den Schülern relativ häufig Formulierungen aus[12] der Lektion "Lauter Umstände" direkt übernommen. Trotzdem sind recht lebendige Texte entstanden, in denen auch eigene Erfahrungen der Schüler vorkommen. Die Thematik einer Radwanderung oder eines Radlausflugs ist den Kindern so vertraut, daß sie die "story" der Lektion offenbar leicht übernehmen konnten; die Inhaltsebene, die "Sache" war ihnen klar. Damit war eine wesentliche Textvoraussetzung gegeben, und die hier sinnvolle Betonung der einfachen Adverbialien wurde von den Schülern gut aufgenommen. - Der Vergleich mit der Kontrollgruppe *KA* fällt insgesamt positiv aus, die

---
12 BENDEL-KLOSTERMANN (1993).

nicht-deiktischen Adverbialien steigen bei Stichprobe A im Text T2 leicht an, während sie bei der Stichprobe KA sogar relativ deutlich sinken; dies entspricht auch dem Ergebnis in der Übersicht zur Fragestellung (23).

Für die Lernsituation (S1) ist nun der Vergleich der Texte A T2 mit den Texten B I T2 insofern bedeutsam, als diese Texte der 7. Klasse als Texte insgesamt schwächer sind, obwohl sie in derselben Lernsituation entstanden und die Lektion (vgl. Kap.4.5) erwiesenermaßen den Schülern Spaß macht. Auch die Einbindung der Adverbialsätze in die Sherlock-Holmes-Geschichte ist didaktisch und methodisch zu rechtfertigen, ja es besteht gerade hier eine hohe Affinität zwischen grammatischem Material und den notwendigen Äußerungsakten. Die Schwierigkeit der Schüler, die die Texte BI T2 geschrieben haben, liegt wohl letztlich in der komplizierten Handlung, die in der Perspektive des Meisterdetektivs wiederzugeben offensichtlich - noch - Schwierigkeiten bereitet. Und dies, obwohl die "story" in wiederholender und sich spannend entwickelnder Weise den Schülern vertraut gemacht worden ist.

Es kann sich nun zufällig um eine sogenannte "schwache" Klasse gehandelt haben, dann wäre das Ergebnis nicht sehr relevant. Gewichtiger aber und für didaktisch-methodische Entscheidungen bedeutsamer erscheint die Folgerung, daß ein dem Jugendlichen letztlich unvertrauter Sachverhalt, den er über das Sekundärmedium Sprachbuch kennengelernt hat, in sich zu komplex sein kann, als daß darüber längere Texte gut geschrieben werden könnten. Trotz dieser Schwierigkeiten verwenden die Schüler deutlich mehr nicht-deiktische Adverbialien. Die argumentativen Anteile an diesen Berichten sind ja auch relativ hoch.

Das bedeutet in der hier besonders nötigen Differenzierung, daß Grammatik sehr wohl und sehr gut in so äußerungsaffinen Lernsituationen behandelt werden kann und sollte. Äußerungen für Äußerung kann die Funktion des grammatischen Bereichs hier erfahren und überprüft werden. Das bedeutet aber auch, daß für die Jugendlichen die völlige Vertrautheit mit dem Sachverhalt, vor allem je jünger sie sind, unbedingt notwendig ist, wenn sie die komplexe Aufgabe des Textverfassens gut bewältigen können sollen. Dies ist bei entsprechendem Engagement von Lehrern und Schülern möglich, kann aber nicht vorausgesetzt werden; das hieße die Bedeutung des Lehrmittels Sprachbuch überschätzen. Betrachtet man daraufhin noch einmal die Lernsituation (S1) unter Berücksichtigung der Texte A T2, dann läßt sich folgern, daß auch in dieser Trainingssituation gute Texte zustandekommen, wenn die Sachverhalte dem unmittelbaren Erfahrungsbereich der Kinder oder Jugendlichen entstammen. Problematisch bleibt an dieser Lernsituation, daß gewissermaßen sprachliche "Versatzstücke" den Schülern sehr, vielleicht allzu sehr nahe gelegt werden.

An dieser Argumentationsstelle wird eine weitere Differenzierung notwendig: für besonders schwache und auch noch mittlere Schüler können solche sprachlichen Übernahmen eine Hilfe sein, denn auf diese Weise internalisieren sie Sprachmuster, die sie später schrittweise selbst verwenden können. Gute Schüler, das zeigen die Texte auch, machen sich frei, da sie sonst alles in allem unterfordert wären.

Trotz aller Bedenklichkeit und trotz der Notwendigkeit zu differenzieren bleibt festzuhalten, daß die unmittelbare Nähe des Grammatikunterrichts zu Äußerungs- und Schreibakten wesentlich für die Schüler ist, da sie so die Funktionalität erfahren und einsehen können. Dies erst kann die Basis für einen kontinuierlichen, nicht sporadisch-interventiven Grammatikunterricht sein, den gerade auch die eigenaktiv lernenden Heranwachsenden akzeptieren können.

Für die andere *Lernsituation* (S2), die durch die Anbindung des Grammatikunterrichts an das Schreiben als "Sprachangebotsunterricht" dergestalt gekennzeichnet ist, daß die folgende Schreibaufgabe *nicht* in die Unterrichtseinheit eingebunden ist, stehen die Texte T2 der Stichproben B II, B III und C. Insgesamt sind in dieser Lernsituation in Anbetracht der Altersstufe brauchbare bis gute Texte entstanden. Für den Begriff "Sprachangebotsunterricht" gilt, daß sowohl die Affinität des grammatischen Phänomens zum Schreiben durch die Anlage der Lektion verdeutlicht wird, wie auch während der Durchnahme wirklich Texte geschrieben werden. Der danach verfaßte Text hat natürlich gleichermaßen von der Thematik wie von der Textsorte einen Bezug zur Lektion, das Thema ist aber in gewissem Maße neu. Besonders hoch liegen die Texte B II in ihrem Sprachniveau, und zwar die Texte T1 und T2 (vgl. die genaue Analyse am Ende von Kap.5.4). Da sich die Texte T2 wieder dem Erzählen, dem Ereignishaften zuwenden, haben sie deutlich mehr deiktische Adverbialien als die Texte T1, bei denen die schildernden Elemente - "Erlebnisschilderung" - wichtig sind.

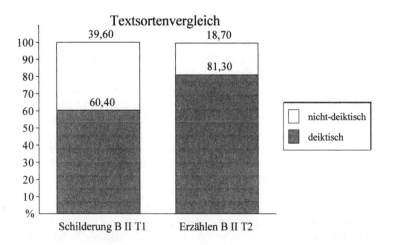

Abb. 12
Anteil deiktischer und nicht-deiktischer Adverbialien beim Textsortenvergleich deskriptiv: narrativ

Besonders sei zu diesen Texten angemerkt, daß neben der Wiederholung von Adverbialien wegen auftretender Bezugsfehler eine Kohärenzlektion eingeschoben wurde. Dies führte dazu (obwohl hier sonst nicht von Fehlern berichtet wird), daß Bezugsfehler zu 80 % abnahmen! Gleichzeitig hatte diese Lektion die Wirkung, daß sich die Kohärenzbildung durch verbesserte pronominale Rekurrenz und durch sehr kontinuierliche Deixis insgesamt verfestigte.

Die Texte B III T2 sollen genauer im folgendem Abschnitt "Das und-dann-Problem" betrachtet werden. Bei den Texten C T2 und KC T2 zeigt sich recht deutlich die für eine Inhaltsangabe durchaus stimmige Zunahme von nicht-deiktischen Adverbialien gegenüber der Kontrollgruppe. Gleichzeitig verweisen beide Stichprobenpaare in bezug auf die Textsorten darauf, daß bei der Textsorte Informieren der nichtdeiktische Anteil höher sein kann als beim Erzählen; gerade deshalb müssen die auch dem Informieren zuzurechnenden Texte B III gesondert unter der Perspektive des "und-dann-Problems" betrachtet werden. Dort werden auch die Texte der Kontrollgruppe KB kurz berücksichtigt.

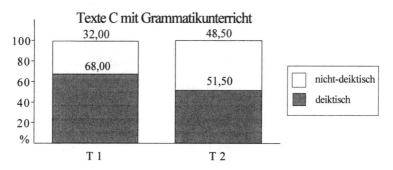

Abb. 13
Textvergleich *mit* und *ohne* Grammatikunterricht. Textsorte Informieren.

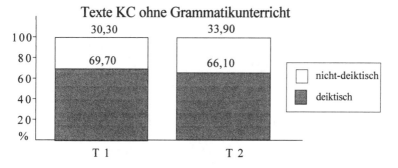

Abb. 14
Textvergleich *mit* und *ohne* Grammatikunterricht. Textsortenvergleich: Erzählen

Die völlig offene und unspezifische Lernsituation (S3) ist in den Vergleichen mit berücksichtigt worden. Ohne Frage lernen Schüler auch in dieser Situation Schreiben. Unerwogen müssen hier auch Klassenspezifika und Lehrerpersönlichkeit bleiben, obwohl sie für den Lernprozeß sehr wichtige Daten sind. - Jedenfalls gewährleistet die Lernsituation (S3) viel weniger, daß Schüler in ein von Grammatikunterricht geformtes reflexives Verhältnis zu ihrem Sprachgebrauch gelangen.

7.2.3. Das "und-dann-Problem"

Zu reden ist von einer der natürlichsten sprachlichen Strukturen, die nicht nur kleine Kinder und auch nicht nur Schüler benützen, sondern die ebenso im Erwachsenenalltag sehr häufig ihren Platz hat. "Natürlich" ist die "und-dann-Struktur" im Gespräch vor allem, weil sie Gelegenheit zu einem kurzen Nachdenken vor der Formulierung des nächsten Sachverhalts in einem Satz gibt. Gerade bei mündlicher Kommunikation entlastet diese Struktur auch deshalb, weil sie eine quasi "leere" Topikalisierung erlaubt. Darauf folgt das komplexe Zeichen des Prädikats in seiner finiten Form, auch bei geteilten Prädikaten, und üblicherweise schließt sich das grammatische Subjekt, oft Thema, an. Wenn die Wahl des Prädikats und die Meinung des Subjekts erfolgt ist, kann sich das sprachverarbeitende System auf das Rhema, den Satzfokus konzentrieren. Insofern ist die "und-dann-Struktur" relativ einfach und deshalb leicht zu gebrauchen. Außerdem spiegelt sie als konnektive Struktur die Sequentialität der Zeit, in der nun einmal Ereignisse und Vorgänge, aber auch das Versprachlichen selbst stattfindet, wieder.

Die Ablösung, die Aufgabe der "und-dann-Struktur" bedarf einer Anstrengung. Während sie bei Mündlichkeit je nach Situation durchaus akzeptabel ist, ist sie bei Schriftlichkeit schon als ständige Wiederholung mit Recht verpönt. Nicht untypischerweise stellt die Aufgabe für Kinder und Heranwachsende insofern eine Schwierigkeit dar, als sie ihrer unmittelbaren kindlichen Mündlichkeit allmählich entwachsen sollen, eben damit sie wirklich über Schriftlichkeit verfügen. Andererseits lernen sie in der Schule als einen der ersten Schritte beim Erzählen, daß sie zu einer (häufig scheinbaren) Verlebendigung Zeitdeiktika wie "plötzlich, auf einmal, in letzter Sekunde" usf. verwenden sollen; dazu müssen sie ja nur das "und" weglassen und das "dann" ersetzen.

Betrachtet man einmal nur unter dieser "und-dann-Frage" und ihren z.T. schulischen Folgen Kindertexte, so wird man einer Flut solcher Deiktika gewahr[13]; auch im Erwachsenenalltag. Insofern kann hier von einem "Problem" gesprochen werden; dann fraglos ist die ständige Wiederholung dieser Struktur eintönig. Von diesen Überlegungen ausgehend kann bereits als *Erfolg* gelten, wenn Kinder sich von der ganz einfachen Struktur mit initialem "dann, plötzlich" oder "gestern abend, an einem schönen Morgen" o.ä. verabschieden und zu komplexeren Strukturen wie temporalen Gliedsätzen

---

13 Vgl. die unterscheidende Analyse der Erlebnisschilderungen am Ende von Kap.6.4.

greifen. - Um nicht mißverstanden zu werden, hier soll keine rigide Stillehre vertreten werden, aber die Fähigkeit, Strukturen variieren zu können, gehört in eine Grundausstattung sprachlicher Kompetenz.

Eine Gegenüberstellung der Texte A T1 und T2 und KA T1 und T2 soll das Phänomen selbst illustrieren, gleichermaßen soll die positive und diesmal unmittelbare Wirkung von Grammatikunterricht herausgestellt werden, die hier mit der Lernsituation (S1) "Training" verbunden ist, und es soll veranschaulicht werden, welchen Vorteil eine computerunterstützte Diagnose von vielen Schülertexten haben kann, nämlich eine Detailfrage geschlossen untersuchen zu können. Gesucht wurde nach Temporalangaben in topikalisierter oder betonter syntaktischer Position.

Tab. 10: Temporaladverbialien der Stichproben A

	Texte T1	Texte T2
ohne Attribut	40,7 %	16,6 %
einfaches Attribut	11,1 %	6,7 %
mehrfaches Attribut	3,7 %	0,0 %
kompl. Str., NS	44,4 %	76,7 %

Tab. 11: Temporaladverbialien der Stichproben KA

	Texte T1	Texte T2
ohne Attribut	60,7 %	31,3 %
einfaches Attribut	8,3 %	37,5 %
mehrfaches Attribut	1,2 %	0,0 %
kompl. Str.,NS	29,8 %	31,3 %

In der Veranschaulichung werden die Nebensatzkonstruktionen den restlichen Konstruktionen gegenübergestellt.

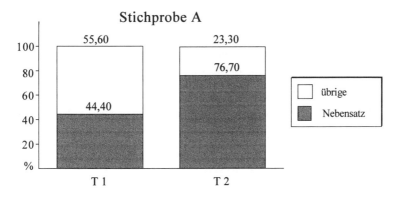

Abb. 15
Zeitdeixis +/- Nebensatzstruktur

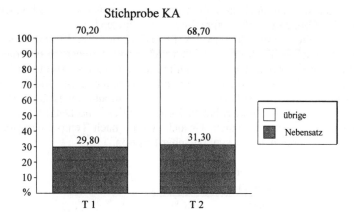

Abb. 16
Zeitdeixis +/- Nebensatzstruktur

Da die Stichproben klein sind, haben sie nur begrenzten Aussagewert; exemplarisch seien sie hier wiedergegeben:
(T=Text, O=Ort, S=Schüler, Sa=Satz, ST=Satztyp)

Texte B III: alle Temporaladverbialien T1
Test 1

Satz-identifikation				ST	Text
T	O	S	Sa		
1	1	3	14	1	NACHHER gab mir seine Mutter noch ein paar Kekse, und DANN verabschiedete ich mich und fuhr los.
1	1	5	7	1	DANN ging ich wieder und bestellte den Pee Wee beim Flogaus Versand.
1	1	5	10	1	ERST kam die Stütze des Motorträger, DANN der Motorträger.
1	1	5	11	1	JETZT schraubte ich den Motor auf und begann die ABS-Teile auszuschneiden.
1	1	5	13	0	DANACH merkte ich es.
1	1	7	12	1	NUN haben meine Hasen es gut und sie fühlen sich auch wohl in ihrem geräumigen Stall.
1	1	8	14	1	DANN setzten wir uns auf den Boden und warteten EINE WEILE, denn wir ließen sie NOCH fressen.

Test 2

Satz-identifikation				ST	Text
2	1	5	7	0	DANN fuhren wir gemühtlich nach Landshut.
2	1	5	29	0	DANN setzen wir uns mit dem Mädchen in Verbindung.

243

2 1 7 15 3 Denn MORGEN müssen wir schon wieder nach Hause fahren, DA habe ich keine Zeit Euch nochmals einen Brief zu schicken.
2 1 9 10 1 NUN fuhren wir zu einer Telephonzelle und ich rief in der Landshuter Jugendherberge an.

Texte A: "komplexe" Temporaladverbialien: T1 und T2
Test 1

Satz-   ST Text
identifikation

1 1 3   3   2 ALS ICH AUS DEM FENSTER SCHAUTE merkte ich, daß ich eine Radltour machen könne.
1 1 3   7   3 PLÖTZLICH, ES WAR UNGEFÄHR 1 KM VOR RUHPOLDING, gab es einen Knall und ich lag im Straßengraben.
1 1 3   8   2 ALS ICH MICH VON MEINEM SCHRECKEN ERHOLT HATTE, merkte ich, daß mein Reifen geplatzt war.
1 1 3   11 2 ALS ER MICH MIT MEINEM KAPUTTEN FAHRRAD DAHERKOMMEN SAH, lachte er so, daß ich gleich mitlachen mußte.
1 1 4   3   2 ABER BEVOR WIR LOS FUHREN, mußten wir ERST unsere Fahrräder in ordnung bringen.
1 1 4   10 2 ALS ER MIR GESAGT HATTE DAß ICH DIE FALSCHE SCHRAUBE GELOCKERT HATTE, war mir klar daß ich mich ganz schön dumm angestellt habe.
1 1 6   14 2 ALS ICH IN ROSENHEIM SO GEGEN DREIUND20.30 UHR ANKAM, ueberlegte ich mir wie komme ich nach Bronnenberg?
1 1 7   9   3 ALS ICH AM NÄCHSTEN TAG IN DEN HOF TRAT sah ich nur noch einzelne Bretter, die anderen hatte unser Hund bereits vergraben.
1 1 8   16 2 ALS WIR UNSERE DREI SCHÜTZLINGE GEFANGEN HATTEN brachten wir sie auf die Koppel.
1 1 9   5   2 ALS WIR DANN AN DIE ITALIENISCHEN GRENZE KAMEN, merkte mein Papa das er das Stromkabel auf dem Rasenmäher im Keller liegen gelassen hatte.
1 1 10 7   2 ALS ICH NACH HAUSE GING hatte ich ein Flaues Gefühl im Magen.
1 1 10 10 2 ALS ICH INS BETT GING ueberlegte ich wie ich das mit dem Zettel mache.

Test 2

Satz-   ST Text
identifikation

2 1 1 10 2 ALS WIR LOSFUHREN war es schon halb zehn Uhr.
2 1 1 11 2 ALS WIR DANN UM DIE MITTAGSZEIT IN NEUMARKT ANKAMEN war es schon sehr heiß.
2 1 2 7   2 Das es nicht die richtigen waren, merkten wir ERST, ALS WIR SCHON LANG WIEDER LOSGEFAHREN WAREN UND IN WASSERBURG ANKAMEN.
2 1 3 10 2 Mutlos fuhren wir wieder zu Tante Liesl, ALS WIR DAS HÖRTEN.

2	1	3	11	2	ALS WIR DANN AM NACHMITTAG AM KAFFEETISCH SAßEN, meinte Tante Liesl, daß sie ja noch in Wasserburg sein könnten.
2	1	3	19	2	ALS ICH ZURÜCKSAH bemerkte ich, daß es die zwei Mädchen waren, die wir suchten.
2	1	3	23	3	ALS WIR WIEDER IN BURGHAUSEN ANGEKOMMEN WAREN, gab Karin Rainers Radtaschen zurück, und er gab ihre auch zurück.
2	1	4	9	2	ALS WIR IN NEUMARKT ST. VEIT WAREN wollte ich ein Foto vom Marktplatz machen.
2	1	4	15	2	ALS WIR DANN MIT DEN JUGENDHERBERGSLEITER SPRACHEN, sagte der uns das ein Mädchen Namens Karin angerufen hat.
2	1	4	19	2	ALS WIR ANGEKOMMEN SIND sagte uns der Herbergsleiter das er ihr gesagt hat daß ihr zurückrufen werdet den ihr müßt die Radtaschen ja irgendwo zurücktauschen.
2	1	6	8	2	ALS ER WIEDER ZU UNS KAM waren Wir SCHON fertig.
2	1	6	10	2	ALS WIR IN NEUMARKT ANKAMEN, wollte Ich die Kirche fotografieren.
2	1	6	24	2	ALS WIR AM MONTAG ANKAMEN, konnten Wir es kaum noch erwarten, unsere Radtaschen zu haben.
2	1	7	2	2	ALS WIR LOSFUHREN, IN RICHTUNG WASSERBURG, merkte ich nicht, daß ich die Falschen dabei hatte.
2	1	7	7	3	Das taten wir dann auch und ALS WIR DORT ANGEKOMMEN WAREN, sagte uns gleich, daß
2	1	7	10	3	ALS WIR UNS BEI MEINER TANTE TRAFEN, tauschten wir SOFORT die Taschen und schlossen Freundschaft.
2	1	7	11	3	Am nächsten Tag besuchten wir die Burg, und die Mädchen hielten zu uns, ALS UNS EIN WÄCHTER WEGEN UNSERER LACHEREI GESCHIMPFT HAT.
2	1	8	10	2	Doch ALS ER DIE TASCHE AUFMACHTE, waren lauter Mädchensachen darin.
2	1	8	12	3	ALS ER ES VERNEINTE UND AUCH NOCH KEIN ANGRUF GEKOMMEN WAR, sind wir wieder nach Landshut zurückgefahren.
2	1	9	15	2	IN LANDSHUT ANGEKOMMEN, berichtete uns der Herbergsleiter, daß vor kurzem ein Mädchen ganz aufgeregt angerufen hatte.
2	1	9	26	2	SEIT MICHAEL UTE, EINES DER MÄDCHEN KENNENLERNTE wich er nicht mehr von ihrer Seite.

Texte KA: "einfache" Temporaladverbialien: T1 und T2
Test 1

Satzidentifikation				ST	Text
1	4	1	20	2	DANN ging alles so schnell, daß ich gar nicht mehr mitkam.
1	4	2	18	1	DA kam der Kontrolleur zu uns und sagte Fahrkarten, bitte.
1	4	3	9	0	ENDLICH waren wir da.
1	4	3	11	3	DA sagte Mama: Ich glaube es ist am Besten, wenn wir eine Station weiter fahren.

1	4	3	18	0	DANN gingen wir zu der Geisterbahn.
1	4	3	23	0	DANN fuhr meine Mutter mit Constanze, meiner Schwester, Rießenrad.
1	4	3	24	0	PLÖTZLICH sah ich eine Schießbude.
1	4	3	29	0	PLÖTZLICH schoß ein Geist hinter einem aufgebauten Grabstein hoch.
1	4	3	32	2	JETZT bemerkte ich, daß meine Eltern und meine Schwester weg waren.
1	4	4	6	1	JETZT wollte er zu seinem Freund fahren, und ich fragte: Manuel bitte laß mich auch mitfahren, ich habe auch einen Skihelm für die Sicherheit!
1	4	4	7	0	DA antwortete er: Johannes, das ist nichts für kleine Kinder!
1	4	4	8	3	JETZT war ich sehr enttäuscht, ich habe gedacht das er mich einmal mitfahren läßt.
1	4	4	17	0	DANN nahm ich das Mofa aus dem Fahrradschuppen heraus.
1	4	4	18	0	JETZT war mir etwas flau im Magen.
1	4	4	27	0	JETZT fuhr ich los.
1	4	4	38	0	JETZT brauste ich ab.
1	4	4	47	0	JETZT lief ich die Treppen hinauf in mein Zimmer.
1	4	4	50	0	DANN mußte ich alles abarbeiten.
1	4	5	4	1	JETZT fragte ich: Mama wie weit müßen wir fahren?
1	4	5	12	1	DANN fragte Papa: War es kruselig?
1	4	5	18	0	ALLMÄHLICH bekam ich Angst.
1	4	5	23	0	JETZT weinte ich.
1	4	5	25	2	Und NUN wußte ich wie lieb ich meine Familie hatte.
1	4	5	42	2	JETZT fiel mir ein was Mama gesagt hatte.
1	4	5	44	0	Und NUN machte ich mich auf die Suche nach einem.
1	4	5	48	0	Da, was sahen AUF EINMAL meine verweinten Augen.
1	4	5	51	1	NUN sagte ich stottern: Herr Polizist, können sie mich bitte zum Haupteingang bringen.
1	4	5	59	1	Jetzt weinte ich wieder aber DIESMAL vor Freude.
1	4	6	3	1	PLÖTZLICH fragte ich meine Schwester Katharina: Fahren wir Achterbahn?
1	4	6	7	1	PLÖTZLICH rief Silvia: Ich fahre lieber nicht mit.
1	4	6	13	0	ZU ERST ging es steil in die Höhe.
1	4	6	15	1	PLÖTZLICH hatte die Bahn den Gipfel des Berges erreicht und wir saußten bergab.
1	4	6	16	1	NUN kamen wir in eine Steilkurfe, und Standenkopf.
1	4	7	6	0	ZUERST schauten wir alles an.
1	4	7	14	2	Draußen war JETZT weniger Betrieb, weil alles im Zelt sitzt.
1	4	7	22	1	DANN fragte ich meine Mutter: Mama, darf ich dort EINMAL Lose kaufen?
1	4	7	25	0	DANN sagte ich: Bitte zehn Lose.
1	4	7	38	1	PLÖTZLICH rief mein Bruder: Hanni, dein letztes war doch ein rotes!

1	4	8	5	3	DANN sah ich das er einer Frau seinen Ausweis zeigte und die Fahrkarte von ihr sehen wollte.
1	4	8	13	0	DANN bremste die S-Bahn.
1	4	9	12	0	AUF EINMAL bekam ich Angst.
1	4	9	15	0	ENDLICH fand ich sie.
1	4	10	4	1	Aber DANACH bemerkte ich: Papi WANN essen wir was?
1	4	10	10	3	Aber ERST will ich es mir einmal anschauen wie schnell es fährt antwortete ich.
1	4	10	16	0	JETZT ging es los.
1	4	10	20	1	AUFEINMAL sagte eine Stimme JETZT gehts richtig los.
1	4	10	24	0	PLÖTZLICH machte sich mein Bauch bemerkbar.
1	4	10	28	0	JETZT kam der schnellste Teil.

Test 2

Satz-identifikation				ST	Text
2	4	1	9	1	INZWISCHEN hatten die Täter den Geschäftsinhaber bedroht, das Geld, aus dem Tresor der Firma, in Säcke gestopft und liefen aus dem Haus.
2	4	1	17	0	DANN ließ er sich den Tathergang von den Zeugen noch rekonstruieren.
2	4	2	9	0	JETZT war es fünfundzwanzig vor elf.
2	4	9	9	2	DA konnten Peter Bauer, der schon am Ende der Straße angelangt war, und Hans Roth gleichzeitig beobachten, wie zwei Männer, die schwarz gekleidet waren ins Mercedes einstiegen.

Texte KA: "komplexe" Temporaladverbialien: T1 und T2
Test 1

Satz-identifikation				ST	Text
1	4	1	14	2	ALS ICH AN DEM EHEMALIGEN POSTFRIEDHOF WAR, fuhr der gleiche Wagen wie vorher GERADE an der Post vorbei.
1	4	2	4	2	ALS MEIN GEBURTSTAG GEKOMMEN WAR gab sie uns noch ein bißchen Geld für ein Eis.
1	4	2	11	2	ALS DER FILM AUS WAR kauften wir uns noch ein Eis.
1	4	2	14	2	ALS WIR SCHON EINIGE STATIONEN GEFAHREN WAREN hörten AUF EINMAL jemanden rufen: Fahrkarten, Fahrkarten bitte.
1	4	3	4	3	ALS WIR UNS WIEDER BERUIGT HATTEN, zogen wir unsere Jacken an, und gingen zum Bahnhof.
1	4	3	14	2	ALS WIR DANN ENDLICH DA WAREN, war noch mehr gedrängel.
1	4	3	26	2	WENN MAN DORT SCHOß, UND RICHTIG ZIELTE, DANN bewegte sich etwas.
1	4	3	27	3	ZUM BEISPIEL WENN EIN MANN JETZT GETROFFEN HATTE, BEI DEM GEPENST UEBER DEM KLAVIER, SO bewegte es sich und spielte ein Lied darauf.

1	4	4	16	3	ALS EINES TAGES MANUEL AUF EINER PARTY AM NACHMITTAG EINGELADEN WAR kam meine Gelegenheit, und ich band mir den Nierengürtel um und setzte den Skihelm auf.
1	4	4	41	2	ALS ICH AM SCHUPPEN ANGEKOMMEN WAR, stand mein Bruder vor dem Schuppen.
1	4	4	49	3	ALS DIE POLIZISTEN DANN WEG WAREN kam er in mein Zimmer und ich bekam 2 weitere Ohrfeigen.
1	4	4	51	3	Tellerwaschen, bügeln, im Garten arbeiten, von meinem Bruder das Zimmer aufräumen, BIS ICH DAS GELD ZUSAMMEN HATTE UND ES IHM ZURÜCKZAHLEN KONNTE.
1	4	5	6	2	ALS MAMA, PAPA, JOHANNES UND ICH NACH ZWANZIG MINUTEN ANGEKOMMEN WAREN, machten wir uns an den Fußweg.
1	4	5	11	3	ALS WIR UNS IN EINEN WAGEN SETZTEN bekam ich ein bißchen Angst, aber ALS WIR WIEDER HERAUSEN WAREN dachte ich: Es war ja gar nicht so schlimm.
1	4	5	14	3	ALS WIR NUN WIEDER EINE WEILE GEGANGEN WAREN sah ich AUF EINMAL einen Stand mit glasierten Früchten, und ich lief hin.
1	4	6	6	2	ALS WIR AN DER KASSE STANDEN, konnte ich die wilde fahrt der Looping Achterbahn verfolgen.
1	4	6	23	2	ALS ICH DIE AUGEN WIEDER AUFMACHTE, blickte ich in eine menge freudger Gesichte.
1	4	8	2	2	ALS ICH IN DIE S-BAHN EINSTIEG fiel mir ein das ich keine Fahrkarte hatte.
1	4	8	12	2	ALS ICH AUS DEM FENSTER SAH konnte ich SCHON die nächste Haltestelle sehen.
1	4	8	33	3	ALS ICH VON MÜNCHEN NACH HAUSE KAM erzählte ich es meinen Eltern und sie schimpften.
1	4	9	6	2	EINES TAGES, ALS MEIN VATER IM ARBEIT UND MEINE MUTTER ZUM EINKAUFEN GEGANGEN WAR, führte ich meinen Plan aus.
1	4	9	22	3	ALS ES DANN MEIN VATER ERFUHR, meinte er: Naja, ich würde sagen er darf eine Woche lang keine Schokolade essen!
1	4	10	7	2	ALS SIE ENTLICH VERSCHLUNGEN WAREN, kamen wir an ein sehr schönes Gefährt!
1	4	10	31	3	ALS ICH AUSSTIEG fragte Michi: Tommi willst du nicht nochmal fahren?

Test 2

Satz-identifikation			ST	Text	
2	4	2	2	2	ALS HERR PETER BAUER (29) GERADE DAS HAUS VERLIEß sah er ein schwarzes Auto vorfahren.
2	4	2	10	3	ALS HERR BAUER NOCHMAL UMKEHRTE, WEIL ER ETWAS VERGESSEN HATTE, sah er die Männer NOCH wie sie die Tür des Wagens schlossen und in Richtung Göthestr. wegfuhren.
2	4	5	11	2	ALS DIE ZWEI MÄNNER EINGESTIEGEN WAREN raste der Mercedes mit hoher Geschwindigkeit davon.

2   4   6   5   3   ERST ALS DIE DIEBE AUS DEM HAUS GERAND KAMEN UND IN DEN WAGEN STIEGEN, hatte er die Polizei gerufen.

2   4   6   7   3   ALS DIE DIEBE RAUS RANTEN konnte er sie genau sehen sie sind beide ungefähr 1m80cm groß, der eine ist mit einem alten Marinemantel bekleidet und humpelt.

Wie oben erwähnt, bringt die Lernsituation (S1) es mit sich, daß die Schüler sich sehr stark an den Lektionstext sprachlich anlehnen (vgl. Texte A T2), trotzdem kann man m.E. von einem Lernerfolg sprechen, wenn variable Muster verwendet werden, da sich auch so ein vorbewußtes Strukturwissen einstellt.

Komplizierter ist die Situation bei den Stichproben B III der Lernsituation (S2). Die Texte sind dem Informieren zuzurechnen, auch wenn noch starke Erzählanteile vorkommen, was bei zwölfjährigen Schülern nicht verwundert, zumal dies eine Themenstellung in der 1. Person bei Heranwachsenden üblicherweise produziert: "*Ich/Wir* legen einen Teich an" o.ä. Kompliziert wird die Beurteilung dieser Stichproben auch dadurch, daß die Hälfte der Schüler, die die Texte B III T2 geschrieben hat, wie im Übungsaufsatz T1 einen "Polizeibericht" verfaßt hat - es sind die Schüler 1, 2, 3, 5, 8 -, während die andere Hälfte - es sind die Schüler 4, 6, 7, 9 - eine Art "Vorgangsbeschreibung" geschrieben hat, die in leichter Anlehnung an eine Lektion "Gefährdete Tierarten", freilich ohne Grammatikunterricht, steht. Insofern ist die Lernsituation (S2) gewahrt. Als Sprachangebotsunterricht waren die Adverbialien wiederholt und in der Tempus-Lektion "Mit dem LKW unterwegs" war Informieren/Berichten mündlich und schriftlich durchgenommen worden. - Ein wünschenswert homogenes Bild ist so nicht entstanden, insbesondere variierten die Textlängen beträchtlich. Doch ergeben sich auch bei unterschiedlichen Stichproben noch wichtige Befunde.

Unerwartet in der Analyse war sowohl der hohe Anteil von Temporaladverbialien insgesamt wie das - für eine 7. Klasse - Wiederauftreten des "und-dann-Problems". Ein solcher Befund liegt zunächst quer zu den Textsortenerwartungen; nicht für das Informieren, sondern für das Erzählen war der höchste Anteil an Deiktika und speziell an Zeitangaben vermutet worden. Dieser Befund trifft aber nicht nur für die Texte T2 von B III, sondern auch von B II zu: bei beiden Stichproben stehen etwas mehr als 80 % deiktische etwas weniger als 20 % nicht-deiktische Adverbialien gegenüber. Insofern war es wichtig, die und-dann-Problematik noch einmal wahrzunehmen und zu dokumentieren. Als Erklärung für den hohen Anteil an einfachen Zeitabgaben und gar den Rückgang an komplexen Strukturen, wie sie Temporalsätze darstellen, bieten sich die inhaltlichen, nicht grammatischen Hinweise des Lehrers an: Achtet auf die Reihenfolge; seid genau. Schüler sind vor allem inhaltlich orientiert, und so erklärt sich ihr Schreibverhalten, das übrigens immer noch zu recht brauchbaren Texten geführt hat.

Von allen Adverbialien = 100 % der Texte B III T1 waren 40,5 % Temporaladverbialien, bei den Texten T2 sogar 52,9 %. Betrachtet man nun die Temporaladverbialien gesondert und setzt sie gleich 100 %, dann enthalten die Texte T1 23,3 % komplexe, also Nebensatzstrukturen, und die Texte T2 gar nur 21,8 %. Angesichts diese Befundes wurde noch geprüft, ob denn komplexe Strukturen in diesen Texten insgesamt abnähmen. Deshalb wurden alle Ergänzungen und Adverbialien (also in dieser Recherche auch Partikel, freier Dativ und Satzadverbialien eingeschlossen) 100 % pro Stichprobe gesetzt und nach dem Anteil von Gliedsatzstrukturen gesucht; sie steigen leicht von T1 zu T2, nämlich von 11,4 % auf 14,2 %. Dabei ist n=246 für T1 viel geringer als n=563 für T2, so daß in absoluten Zahlen die Gliedsätze von 28 auf 80 zwischen T1 und T2 ansteigen. Damit scheint bestätigt, daß vor allem inhaltliche Hinweise hier dafür verantwortlich sind, daß das "und-dann-Problem" noch einmal aufgetreten ist, denn die Schüler beherrschen offensichtlich sehr wohl komplexe Strukturen.

Auch dieses "und-dann-Problem" sei konkret dokumentiert, wobei hier wegen Offensichtlichkeit die verschiedenen kategorialen Füllungen nicht getrennt aufgeführt werden müssen:

Texte B III: alle Temporaladverbialien T1
Test 2

T	O	S	Sa	ST	Text
1	1	1	1	0	AM FREITAG, DEN 13.03.1979 ereignete sich ein Unfall im Gymnasium an der Steinstraße.
1	1	1	2	1	ALS ES UM NEUN UHR 40 ZUR PAUSE KLINGELTE rannten die Schüler der Klasse 6d aus dem Klassenzimmer.
1	1	1	6	1	SOGLEICH rief man die Mutter von Peter Pechvogel an, sie kam, und brachte ihn ins Krankenhaus.
1	1	2	7	0	Es wurden SOFORT die Eltern verständigt.
1	1	3	1	1	Es läutete ZUR GROßEN PAUSE, und die Kinder rannten aus den Klassenzimmer.
1	1	3	6	0	Peters Mutter ist SOFORT gekommen.
1	1	3	7	3	Peter wurde von seinen Freunden gestützt ALS ER HERAUSKAM UND INS AUTO STIEG.
1	1	3	8	0	Die Mutter hat ihn SOFORT ins Krankenhaus gefahren.
1	1	4	3	1	PLÖTZLICH, in der Mitte der Treppe, stürzte Peter und fiel hinab.
1	1	4	4	1	Peters Lehrerin kam SOFORT und schiente den wahrscheinlich gebrochenen Fuß mit einem Lineal.
1	1	4	8	0	DANN fuhr ihn seine Mutter ins Krankenhaus.
1	1	5	1	1	AM FREITAG, DEN 13.3.1979, im Gymnasium an der Steinstraße, nahm Peter Pechvogel als Scherz seinem Freund Hans Berger die Chipstüte weg, und lief damit davon in Richtung Treppe.
1	1	5	5	0	Seine Mutter wurde SOFORT benachrichtigt.
1	1	6	4	2	ALS ER AM OBEREN ENDE DER TREPPE ANGELANGT WAR, hatte Hans ihn schon fast eingeholt.
1	1	7	1	3	AM FREITAG, DEM 13.3.1979 UM 9.40 UHR, rannte der elfjährige Peter Pechvogel, Schüler des Gymnasiums an der Steinstraße, mit der Chipstüte von Hans IN DER PAUSE aus dem Klassenzimmer, und schlug, gefolgt von Hans, den Weg zur Treppe ein.

1	1	7	3	1	DA kam seine Lehrerin hinzu und schiente Peters verletztes Bein mit einem Lineal.
1	1	7	4	2	NUN wurden die Eltern verständigt, die Peter kurz darauf mit dem Auto abholten.
1	1	8	1	3	ALS ES UM ZWÖLF UHR 15 ZUR PAUSE LÄUTETE, wollte Peter seinen Freund Hans aergern und stahl ihn seine Chipstüte.
1	1	8	4	3	In der Mitte der Treppe knickte Peter PLÖTZLICH um, verlor das Gleichgewicht und flog die Treppe hinunter, wo er verletzt liegenblieb.
1	1	8	5	2	Ein paar Kinder holten SOFORT Peters Lehrerin, die den Verletzten untersuchte.
1	1	8	7	0	DANACH machte sie Erste- Hilfe- Maßnahmen.
1	1	8	9	2	INZWISCHEN hatten Freunde des Verletzten seine Mutter angerufen, die ihn mit dem Auto abholen wollte.
1	1	8	10	2	ALS SIE AM GYMNASIUM VORFUHR, brachten Hans und Angelika Peter zum Auto.
1	1	8	11	0	Die Mutter fuhr ihn SOFORT ins Krankenhaus.
1	1	8	12	2	Dort mußte er SECHS WOCHEN auskurrieren, BIS SEIN OBERSCHENKEL GEHEILT WAR.
1	1	9	1	2	ALS DIE KLASSE FÜNF A DES GYMNASIUMS AN DER STEINSTRAßE AM FREITAG DEN 13.03.1979 UM 9.40 UHR IHR KLASSENZIMMER VERLIEß, schnappte sich Peter Pechvogel die Milchtüte seines Mitschülers Hans Klein.
1	1	9	2	1	Peter lief mit dem Gestolenen davon und wurde SOGLEICH von Hans verfolgt.
1	1	9	4	3	Seine Klassenleiterin Frau Bauer schiente ihm das Bein mit einem Klassenlineal und verständigte DANN die Mutter des Verletzten, die ihn sogleich abholte und ins Krankenhaus fuhr.
1	1	10	1	0	Es läutete ZUR PAUSE.
1	1	10	8	0	Die Mutteer wurde SOFORT benachrichtigt.

Texte B III: alle Temporaladverbialien T2

Satz-identifikation			ST		Text
2	1	1	1	0	AM DIENSTAG, DEN 21.01.1987 hatten wir Sport in der Turnhalle an der Kaiserstraße in München.
2	1	1	3	2	ALS ICH JEDOCH DIE TÜR AUFMACHTE hörte ich Schritte.
2	1	1	7	2	Unsere Lehrerin sagte IMMER, daß wir unser Geld und den Schmuck im Umkleideraum lassen sollen.
2	1	1	8	0	JETZT waren alle Sachen weg.
2	1	1	9	3	NUN machte ich die Tür ganz auf und sah einen Mann, der eine braune Jacke und eine graue Hose mit einem braunen Gürtel anhatte.
2	1	1	12	3	NACH DER SPORTSTUNDE berichtete ich meiner Lehrerin, daß ein Mann hier gewesen war, und viele Sachen gestohlen hatte.
2	1	2	1	0	AM 16.9.85 berichtete ich UM 19.00 in der Küche meinem Freund H. Zierer folgendes:

2	1	2	2	2	UM 6 00 machten ich, und der Bergführer W. Rohrmüller BEI STRAHLEND BLAUEN HIMMEL AM 16.8.85 eine Bergtour auf die rote Wand, um Edelweiße zu bewundern, die sich in einer kleinen Mulde unterhalb des Gipfels befand.
2	1	2	5	1	Unser Weg verlief JETZT durch einen Wald und UM 8 00 erblickten wir SCHON den Gipfel.
2	1	2	7	2	ETWAS SPÄTER sagte der Bergführer W. Rohrmüller, daß wir nun rechts abbiegen müßten; um zu der Mulde zu gelangen.
2	1	2	8	0	NACH EIN PAAR MINUTEN hörten wir Geräusche.
2	1	2	9	2	Der Bergführer machte NUN ein Zeichen, damit ich still sein soll.
2	1	2	10	3	Wir pirschten uns NUN zu der Mulde, und ALS WIR DEN ANSTIEG HINTER UNS GELASSEN HATTEN, erkannten wir, daß es die Norddeutschen waren.
2	1	2	12	0	SOFORT standen ich und der Bergführer auf.
2	1	2	13	2	ALS DIE FÜNF PERSONEN UNS ERBLICKTEN, erschracken sie sehr.
2	1	2	14	2	Wir hatten BEVOR WIR UNS HERANPIRSCHTEN gesehen, daß Naturschützer des Weges kamen.
2	1	3	1	0	AM 7.7. hatten wir, die Klasse 7a, Sport.
2	1	3	3	2	WIE ICH DIE TÜR AUFMACHTE hörte ich jemand in der Umkleidekabine gehen.
2	1	3	7	3	DANN, ALS ER ALLE WERTSACHEN HATTE schritt er sehr eilig auf die Tür zu und verschwand.
2	1	3	8	1	Ich ging ERSTEINMAL in die Kabine und schaute mich um.
2	1	3	9	1	DANN lief ich zu unserer Lehrerin Fraulein Sinnesbichler und erzählte es ihr.
2	1	3	10	0	DANN ging sie mit uns in die Umkleidekabine.
2	1	3	15	0	GLEICH DARAUF kam die Polizei.
2	1	3	18	0	SEIT DIESEM werden die Umkleidekabinen IM abgeschlossen.
2	1	4	1	0	AM SONNTAG, DEM 12.06.83, gingen mein Vater meine Schwester und ich spazieren.
2	1	4	3	1	Es war sehr heiß AN DIESEM SONNTAG daher ließen wir uns Zeit und marschirten nicht schnell.
2	1	4	4	0	NACH ETWA 20 MINUTEN WANDERN kammen wir in einem Wald an einem fast ausgetrockneten Tümpel vorbei.
2	1	4	7	2	AM NÄCHSTEN TAG fingen wir an, Frösche, Lurche und andere Tiere, die in dem Teich waren herauszufischen.
2	1	4	9	0	NACHMITTAG fuhr unsere ganze Familie zu dem Tümpel.
2	1	4	11	1	ZUERST schaufelten wir das wenige Wasser mit Eimern aus dem Tümpel und schütteten es etwa 5m von dem Tümpel entfernt in den Wald.
2	1	4	12	0	NUN fingen wir an, den Tümpel mit Schaufeln und Hacke zu vergrößern.
2	1	4	13	2	NACH EINER STUNDE HARTER ARBEIT waren wir ENTLICH fertig, den Teich zu vergrößern.
2	1	4	14	0	NUN kam mein Vater mit dem Jauchefaß voll mit sauberem Regenwasser.
2	1	4	15	0	DARAUF legten wir die Plane in das fertige Biotop.

2	1	4	16	0	NUN warfen wir etwas Erde in den Teich.
2	1	4	17	2	DANN ließen wir das Wasser in den Teich ALS ER VOLL WAR, fuhr mein Vater WIEDER nach Hause.
2	1	4	19	1	DARAUF nahmen wir die Frösche und legten sie vorsichtig in das Wasser.
2	1	4	20	2	SPÄTER ALS WIR ALLES WIEDER EINGEPACKT HATTEN, fuhren wir nach Hause.
2	1	4	21	2	ALS WIR AM NÄCHSTEN SONNTAG WIEDER SPAZIEREN GINGEN, war frisches Leben in dem Teich.
2	1	5	1	3	AM FREITAG DEN 14.8.1985, ALS WIR, DIE KLASSE 6C, GERADE SPORTUNTERRICHT HATTEN, mußte Gisela Köhler sich aus dem Umkleideraum ein Taschentuch holen, da sie beim Basketballspielen hingefallen war und nun ein bißchen blutete.
2	1	5	2	2	Aber ZUERST ging sie in das Klo, das auch dort war, um sich das Blut erst einmal abzuwaschen.
2	1	5	3	3	DA hörte sie ein verdächtiges Geräusch, und ALS SIE HINTER DER KLOTÜR HERVORLUKTE, sah sie, daß sich ein Mann an den Gewändern der Mitschüler zu schaffen machte.
2	1	5	5	2	ALS ER DIES MEHRERE MALE BEI ANDEREN KLEIDUNGSSTÜCKEN WIEDERHOLT HATTE, verließ er in großen, schnellen Schritten den Raum, wobei sie ihm hinter einer Sitzbank versteckt zusah.
2	1	5	6	2	DANN ging sie WIEDER zurück in die Turnhalle, ohne ein Wort von diesem Vorfall zu sagen.
2	1	5	7	2	Eigentlich wollte sie JA GLEICH die Turnlehrerin benachrichtigen, aber da sie gleich wieder beim Basketballspiel mitspielen sollte, vergaß sie es.
2	1	5	8	3	ERST ALS DIE SPORTSTUNDE AUS WAR fiel es ihr WIEDER ein, denn fast jedem ihrer Mitschüler wurde etwas gestohlen.
2	1	5	10	0	Aber NUN war es ja SCHON zu spät.
2	1	5	11	0	Der Dieb war LÄNGST alle Berge.
2	1	6	1	2	IM LETZTEN WINTER beschlossen wir, in unserem Garten in Teisendorf ein Biotop anzulegen.
2	1	6	2	2	AM 16. APRIL 1986, ALS DER BODEN NICHT MEHR GEFROREN WAR, fingen wir an, den Teich auszuheben.
2	1	6	3	0	AM 30. APRIL waren die Aushubarbeiten beendet.
2	1	6	4	2	NUN kauften wir Teichfolie, um den Weiher damit auszulegen.
2	1	6	5	2	ALS DAS GESCHEHEN WAR, befestigten wir das Ufer mit Steinen.
2	1	6	6	1	DANN brachten wir in das Biotop ca. zwanzig Zentimeter tief Erde ein und pflanzten AM EINUNDZWANZIGSTEN MAI Seerosen, Wasserpest, Hechtkraut, Schilf, Rohrkolben und andere Wasserpflanzen in den Bodengrund.
2	1	6	7	1	SCHLIEßLICH füllten wir mit Gartenschläuchen Wasser in den halbfertigen Tümpel und warteten ab.
2	1	6	8	1	IM NÄCHSTEN FRÜHJAHR konnten wir SCHON Frösche und Libellen in und um den Weiher beobachten, und die Pflanzen wucherten.

2	1	7	1	0	AM DREIßIGSTEN MAI 1987 legten meine Familie und ich in unserem Garten einen Teich an.
2	1	7	3	2	ZUERST mußten wir ein großes Loch graben, wobei Loch vielleicht nicht der richtige Ausdruck ist, vielmehr eine etwas tiefere Mulde.
2	1	7	4	2	DANACH wurden alle spitzen Steine entfernt, damit die Folie nicht beschädigt würde.
2	1	7	6	0	DANACH breiteten wir ERST ca. 30 Quadratmeter wasserdichte Folie aus.
2	1	7	7	2	NUN wurde an die steil abfallenden Stellen NOCH ein Gitternetz gebettet, daß den Pflanzen guten Halt gewähren sollte, damit sie nicht in die Tiefe abrutschen konnten.
2	1	7	8	2	NUN fuhren meine Mutter, die Freundin aus München und meine Schwester Julia nach Traunstein zu einem Gartencenter, um Wasserpflanzen und Wasserpflanzenerde zu kaufen.
2	1	7	9	3	Mein Vater, der münchner Bekannte und ich ließen INZWISCHEN nur ganz wenig Wasser ein, wobei mein Vater auf die Wasseruhr schaute, um zu sehen, wieviel Wasser zum Schluß im Teich wäre, schütteten DANACH in einer Ecke einen Erdwall als Uferböschung auf und ich holte mit meinem Rad aus dem Moor zwei Trollblumen und ungefähr fünf Stöcke Sumpfdotterblumen, die wir in einem extra angelegten Sumpfbeet einpflanzen wollten.
2	1	7	10	0	NUN kamen auch die anderen mit dem Eingekauften aus Traunstein zurück.
2	1	7	12	0	DANACH kamen meine Troll und Sumpfdotterblumen in das mit Wasserpflanzenerde gefüllte Sumpfbeet und noch viele andere gekaufte Blumen, wie zum Beispiel Fieberklee.
2	1	7	13	3	JETZT pflanzten wir NOCH einen Rhododentron, der vor der Haustür immer im Schatten gestanden hatte und einzugehen drohte, auf den Erdwall.
2	1	7	14	3	NACHDEM ALLE PFLANZEN EINGESETZT, DIE UFERBÖSCHUNG BEFESTIGT UND DIE UEBERSTEHENDE FOLIE UNTER GROßEN STEINEN AUS DEM WEIßACHENTAL VERSTECKT WORDEN WAR, ließen wir das Wasser, ingesamt ca. 1,5m3, bis zum Schluß einlaufen.
2	1	8	1	0	AM 19.7.1987 wurde UM 10.10 UHR in der Turnhalle des Münchner Gymnasiums, WÄHREND DES TURNUNTERRICHTS DER KLASSE 7C, etliche Schüler einige ihrer Sachen beraubt.
2	1	8	2	2	Die Schülerin der Klasse 7 c Gisela Horn wollte sich GERADE ein Taschentuch holen, ALS EIN NACH IHREN AUSSAGEN ETWA 180 CM GROßER MANN MIT EINER GELBEN TENNISKAPPE, EINER BRAUNEN LEDERJACKE UND EINER GRAUEN HOSE MIT GÜRTEL AUS DEM RAUM DURCH DIE UNVERSCHLOSSENE TÜR GING.
2	1	8	4	2	ZUERST wollte die Schülerin ihrer Turnlehrerin bescheid sagen, da ihr der Mann, der nicht Direktor oder Hausmeister war, verdächtig vorkam.
2	1	8	7	2	ALS UM 10.40 UHR DER TURNUNTERRICHT ZU ENDE WAR, rannten die Schüler der Klasse 7c WIEDER in den Umkleideraum zürück.
2	1	8	12	2	NUN erzählte Gisela der Lehrerin was sie gesehen hatte.
2	1	8	14	0	DANACH wurden Dirketor und Polizei benachrichtigt.

2	1	9	1	0	AM 13.8.87 beschloß mein Vater, ein Biotop anzulegen.
2	1	9	3	0	DANN begannen wir mit der Arbeit.
2	1	9	5	3	DANN hob Vater ein etwa 30cm tiefes ovales Loch mit den Maßen 140cm x100cm, DANN eines mit kleineren Maßen aus und fuhr so fort, BIS ER EINE TIEFE VON UNGEFÄHR 110CM ERREICHT HATTE.
2	1	9	7	1	DANACH legten wir den Teich mit der Folie aus und schütteten etwas Erde auf den Grund, DANN befestigten wir die Plane mit großen Steinen.
2	1	9	8	0	NACH DIESER ARBEIT besorgten wir Pflanzen und ein paar Goldfische für den Teich.
2	1	9	9	0	WÄHRENDDESSEN ließen wir Wasser einlaufen.
2	1	9	10	3	NACHDEM DIE PFLANZEN BESORGT WAREN, legten wir eine Uferböschung an, pflanzten die Wasserpflanzen ein und ließen die Goldfische ins Wasser.
2	1	9	12	0	NACH EINIGER ZEIT hatten sich SCHON einige Frösche und Libellen angesiedelt.
2	1	10	1	2	GESTERN AM 15.6.87, fuhr ich mit meinem Fahrrad in einen kleinen, am Chiemsee gelegenen Wald, in dem ich mich mit meinen Freunden verabredet hatte.
2	1	10	4	0	Sie setzten uns SCHLIEßLICH NACH ZWEI MINUTEN nach.
2	1	10	5	0	In diesem Wald wurde auch DERZEIT ein Kanal verlegt.
2	1	10	6	2	ALS WIR IN DIE NÄHE DER BAUSTELLE KAMEN, sahen wir AUF EINMAL einen nicht großen, aber doch nicht kleinen Teich.
2	1	10	10	2	SCHLIEßLICH machte uns die andere Gruppe ausfindig, in der mein bester Freund Tobias dabei war.
2	1	10	12	2	Er wußte ZUERST auch nicht, was das für ein Tier war.
2	1	10	13	3	Aber SPÄTER wurde ihm klar, daß es ein Kammolch sei und vom Aussterben bedroht sei.
2	1	10	16	3	ALS DIESES VOLLBRACHT WAR, fingen wir den Kammolch ein und legten ihn in die Tüte mit Wasser.
2	1	10	17	1	Wir fuhren GLEICH nach Hause und zeigten ihn meiner Mutter.
2	1	10	18	1	DANACH fuhren wir an einen anderen Teich und setzten ihn dort WIEDER aus.

Abschließend sei darauf hingewiesen, daß bei den Inhaltsangaben der 8. Klassen, besonders aber bei der Klasse C *mit* Grammatikunterricht die deiktischen Adverbialien auf 2/3 bzw. auf die Hälfte zurückgehen.

7.3. Zusammenfassung und Perspektiven für weitere Untersuchungen

Es hat sich gezeigt, daß ein Corpus dieses Umfangs bereits viele globale wie einzelne Untersuchungen ermöglicht. In der Schrittfolge Rohdaten, statistische Aufbereitung, Prüfung der Daten und Einzeluntersuchungen ließen sich weitere für die Schreib- und Grammatikdidaktik wichtige Fragestellungen entwickeln. Deutlich wurde vor allem, daß Grammatikunterricht als

Sprachangebotsunterricht - Lernsituation 2 - strukturelle Variation fördert und Textverläufe in ihrem Niveau stabilisiert. Die Perspektive der Information erlaubt eine didaktisch relevante, nämlich funktionale Verknüpfung von Form und Ausdruck, von Kategorie und Funktion. Gleichermaßen wurde durch diese Perspektive sowohl der Blick für die Sprachentwicklung wie für die mikrostrukturelle Beschreibung von Textsorten geschärft. Alles dies sind wesentliche Elemente eines Wissens und Bewußtseins für künftige Lehrerinnen und Lehrer, gerade weil Prägungen, Konventionen und somit Prototypen eine größere Rolle spielen als eine auf Individualität und Kreativität gerichtete kulturelle Mentalität wahrhaben möchte.

Darüber hinaus hat sich am konkreten Beispiel gezeigt, daß die sehr allgemeine Thematisierung der Adverbialien einige Vorstellungen von der Sprachentwicklung und von verschiedenen Textsorten ermöglicht, daß dann aber erst eine genauere Kategorisierung, wie sie hier zu deiktischen und nicht-deiktischen Adverbialien unmittelbar am Material erfolgt ist, Einblicke gestattet, die didaktisch sowohl für die Beschreibung wie für die Entwicklung von Unterrichts- und Lehrmittelkonzepten geeignet sind.

In dieser Weise wäre z.B. der wichtige *Attributbereich* aufzuarbeiten. Um nur einige anliegende Fragen und Probleme zu nennen: In welcher Weise verteilen sich die verschiedenen kategorialen Füllungen auf die Attributrelation in verschiedenen Textsorten? Wie verhalten sich Attributreihungen und Subattribuierungen zueinander, und wie in verschiedenen Textsorten? In welchem Verhältnis stehen determinative und ornative bzw. restriktive und appositive Attribute (in welcher Terminologie auch immer) in Textsorten? Fraglos sind die restriktiven Attribute konstituierend für das Textverständnis; welche Funktion haben ornative bzw. appositive Attribute für einen Text, inwieweit sind sie konstitutiv für eine Textsorte? Wie weit trägt diese schwierige semantisch-textuelle Differenzierung überhaupt für Textsortenkonstitution? Fungieren restriktive Attribute nur bei der Ersterwähnung im Text als restriktiv, bei Wiederholung aber nicht; fehlt hier eine Beschreibungskategorie?

Diese Fragen sind nicht nur von (text-)linguistischem, sondern vor allem auch von didaktischem Interesse. Ihre Beantwortung kann klären helfen, welche prototypischen Erwartungen - möglicherweise kaum bewußt - bei Lehrern bestehen und welche stilistischen Hilfen Schülern angeboten werden könnten. Eine einfache Empfehlung, daß eine reiche Attribuierung von einem reichen Wortschatzzeuge und einem Text guttun werde, muß begründet zurückgewiesen werden können, und an ihre Stelle müßte gerade auf der Basis ihrer semantisch-textuellen Funktion eine klärende Empfehlung gegeben werden können (z.B. der Wert sparsamen Gebrauchs appositiver Attribute, die Funktion gerade dieser Attribute in Werbetexten u.ä.).

Dieses weite Ausholen allein zum Attribut soll anzeigen, daß die empirische Arbeit umfangreicher Fortsetzung bedarf. Ähnliches ließe sich mutatis mutandis zu im schulischen Grammatikunterricht "klassisch" gewordenen Phänomenen im Text wie Tempus- und Moduswechsel anführen, zur Modalität in einem Text überhaupt usf. Solche Fragen sind wesentlich für eine Grammatikdidaktik, die nicht nur das Phänomen an sich vorstellen und zur Reflexion darüber anregen will, sondern die durch ein grammatisches Wissen "in Funktion" die Schüler von seiner Bedeutung überzeugen will oder, wenn das zu hoch gegriffen ist, die ihr Recht nicht verteidigen, sondern positiv vertreten will.

8. Grammatische Wege zur Textgestaltungskompetenz

Wer immer sich die Frage stellt, ob und welche grammatischen Wege zur Textgestaltungskompetenz führen, wird nicht mit einer einfachen Antwort rechnen. Da die Frage nicht nach der Sprachentwicklung, auch nicht speziell nach der Schreibentwicklung gestellt wird, sondern nach der Kompetenz, Texte sprachlich zu gestalten bzw. nach Möglichkeiten der Förderung durch Grammatikunterricht, muß die Antwort den der Frage innewohnenden Anspruch berücksichtigen.

Sprachentwicklung vollzieht sich weitgehend unbewußt, freilich beeinflußt von sozialen, regionalen, familialen und allgemein gesellschaftlichen Faktoren. Schreibentwicklung (vgl. Kap.3.1) bringt ein wachsendes sprachliches Bewußtsein mit sich, da Schreiben zunächst gar nicht und später immerhin in geringerem Maß spontan geschieht als Sprechen, sodaß der Heranwachsende gar nicht umhin kann, ein Bewußtsein und eine Einstellung zu dieser Form des Äußerungsverhaltens zu entwickeln. Diese sprachliche Bewußtsein stimmig entstehen zu lassen, ist ein wichtiges Anliegen der Grammatikdidaktik. Impulse für dieses Sprachbewußtsein gehen auch vom Schreibvorgang aus, so daß die Schreibdidaktik in gleicher Weise der Grammatikdidaktik zuarbeiten kann wie umgekehrt. - Mit zunehmendem Sprachbewußtsein wird jener kritische Punkt erreicht, wo Heranwachsende entweder einen hohen Anpassungsdruck und ein Gefühl des Ausgeliefertseins an Konventionen und Institutionen (die Schule, die Berufsausbildungsstätten) spüren, oder wo sie bei aller Konvention erfahren, daß sie ihre Texte gestalten können. Dies schließt ja eine Anpassung in bestimmten kommunikativen Situationen ebenso ein wie ein eigenständiges Umgehen mit Schreiben.

Wenn also gerade mit der Schreibentwicklung ein Sprachbewußtsein entsteht, dann bedeutet dies - in Anlehnung an den KLEISTschen Aufsatz "Über das Marionettentheater" (1810/1990) - einen Schritt aus dem "Paradies" sprachlicher Unmittelbarkeit und Spontaneität; daraus folgt, "wir müssen die Reise um die Welt machen und sehen, ob es vielleicht von hinten irgendwo wieder offen ist". Mit anderen und mit KLEISTs Worten, wir müssen weiter "von dem Baum der Erkenntnis" essen, und der Weg zu einer Kompetenz ist allemal mühsam. Die Bilder und Beispiele des Marionettentheateraufsatzes tragen als Vergleiche insofern weiterhin, als auch das Schreiben und gar das Texte Verfassen ein komplexer Vorgang ist, in den immer nur partiell Einsicht möglich ist, und jeder Erkenntnisschritt zunächst mit einer Verunsicherung - im KLEISTschen Aufsatz der sich spiegelnde Jüngling - erkauft wird, bis sich die neue Erkenntnis gesetzt hat und zu einer Routine werden kann. Gerade diese Wechselbeziehung zwischen Handeln und Erkennen verweist auf die Notwendigkeit, solche rationalen Lernvorgänge, wie sie ein funktionaler Grammatikunterricht darstellt, kontinuierlich zu ermöglichen.

Es ist in diesem Zusammenhang verständlich, daß immer wieder eine Scheu bestanden hat, gerade Grammatikkenntnisse diesem komplexen Vorgang zuzuführen, soweit es nicht um die einfacheren Fragen der Sprachrichtigkeit geht (vgl. Kap.1 und 2). Schreiberziehung setzt überwiegend beim Inhaltlichen an. Die grammatische Kompetenz wurde und wird vorausgesetzt, und nur, wo es zu Fehlern oder Mängeln kommt, wird grammatisch "repariert" oder nachgebessert. Die Scheu, Grammatikkenntnisse dem Schreiben unmittelbar zuzuordnen, begründet sich auch darin, daß nur an wenigen, aber bedeutsamen Stellen unmittelbar einsichtige Zusammenhänge zwischen grammatischen Phänomenen und Textsorten bestehen, also etwa wie zwischen Protokoll und indirekter Rede oder wie zwischen Argumentieren und Nominalisierung. Erst wenn man auf einer etwas allgemeineren Ebene *Affinitäten*, nicht notwendige Bedingungen, zwischen grammatischen Phänomenen und Textsorten annimmt (vgl. Kap.3.1), öffnet sich der didaktische Weg, das eine mit dem anderen zu verbinden. Es entsteht die Notwendigkeit, didaktische und methodische Konzepte zu entwickeln.

Das eigentlich didaktische Problem besteht nun darin, aus der Fülle möglichen grammatischen Wissens konzeptuell auszuwählen. Grammatikunterricht wird hier unter der Perspektive geförderter Schreibentwicklung gesehen; er hat aber im Deutschunterricht noch weitere Funktionen wie Sensibilisierung für die sprachliche Seite von literarischen und expositorischen Texten, Einblicke in Struktur und Funktion der deutschen Sprache, und Reflexion über Sprache allgemein, um nur seine wesentlichen Aufgaben zu nennen. Eine Konzeption für den Aufbau von Grammatikkenntnissen über die Schuljahre hin hat sich also vielfältigen Anforderungen zu stellen. Darin stecken Schwierigkeit und Chance der Grammatikdidaktik. In der Regel ist die Konzeption phänomenorientiert, während die Konzeptionierung von Grammatikunterricht über die Funktion bisher kaum oder zu selten beschritten wird. Grammatikdidaktik wird langfristig, wenn sie effektiv sein will, Konzepte vorlegen müssen, die die ganze Sekundarstufe 1 und bei den Gymnasien die Oberstufe mit einbeziehen. Nur so läßt sich ein relevantes Niveau sprachlichen Wissens erreichen,[1] das dann nicht nur die Bezeichnung "funktional" für den Alltag des Sprache rezipierenden und produzierenden Menschen verdient, sondern dessen Funktionalität den Heranwachsenden überzeugend einsichtig gemacht werden kann.

Für diesen Weg kann hier nur ein Anfang gemacht werden, vor allem weil er bislang nicht der übliche oder nur in sehr verkürzter Weise der übliche war (vgl. auch hierzu Kap.1 und 2). Gerade deshalb muß diese Ausrichtung sowohl theoretisch fundiert wie empirisch überprüft werden.

Damit ist nochmals der zentrale Begriff der Themafrage, nämlich die Textgestaltungskompetenz berührt. Sie ist der Zielbegriff; sie kann nur in beschränktem Maße für sehr junge Schüler erreicht werden. Aber gerade dies ist der Grund, warum die Möglichkeiten eines funktionalen Grammatikunterrichts in der beginnenden Adoleszenz eröffnet und überprüft werden

---

[1] Vgl. das Themenheft DU 4/95; mein Vorwort dort "Sprachliches Handeln und grammatisches Wissen" und das "Kasseler Gespräch".

müssen und deshalb wurden hier auch 11-14jährige Schüler untersucht. Die hier mehrfach zitierte Untersuchung von AUGST und FAIGEL hat ebenfalls beim 13. Lebensjahr angesetzt und hat den sprechenden Titel "Von der Reihung zur Gestaltung".

Am Ende ihrer deskriptiven Studie kommen AUGST und FAIGEL (1986:187) auf "die schulischen Bemühungen, den Schülern die entfaltete Schriftsprache zu vermitteln", zu sprechen: "Schreiben und Schreibenlernen ermöglicht eine besondere Gestaltungsform der Kommunikation, der Heuristik und der Identität." Schreibenlernen sei auf keinen Fall mit dem Ende der Schulzeit abgeschlossen und reiche bis in jedes Lebensalter. Die Autoren betonen den Entwicklungsprozeß beim Schreiberwerb und plädieren für einen möglichst frühen Beginn, gerade weil die "kognitive und interaktive Entwicklung" noch nicht abgeschlossen sei. Schreibenlernen heiße, "eine analytische Fähigkeit zu erwerben, die es erlaubt, das Kommunikationsmittel Sprache sehr bewußt autonom zu handhaben."

In der Schlußfolgerung, wie dieses Ziel "entfalteter Schriftsprache" zu erreichen sei, kommen die Autoren, ohne sich auf den Streit "learning by doing" versus systematisches Lernen einzulassen, zu einem Vergleich, der der hier vertretenen, besonders auch didaktischen Position voll entspricht, nämlich zum Vergleich [2]

> "auf den Erwerb anderer komplexer kunstvoller Tätigkeiten (Fähigkeit/Fertigkeiten) wie Fußball- oder Klavierspielen: (Uns ist dabei bewußt, daß alle Vergleiche einseitig sind!). Drei Ebenen zeichnen u.E. den Erwerb aus:
> a) Praxis, d.h. spielen, spielen, spielen
> b) gezielte Übungen, z.B. Freistöße beim Fußball und Triller beim Klavier
> c) Reflexion, d.h. theoretische Einsichten in den sozialen Zusammenhang, die Regeln und Strategien. Dabei werden die technischen Aspekte und Variationsmöglichkeiten der Handlung für den Schüler nur dann wichtig sein, wenn er ihnen auch subjektiv einen Sinn beimessen kann."

Auf diese Empfehlungen, insbesondere natürlich (b) und (c), hat sich meine Untersuchung eingelassen, und sie ist z.T. in Theorie und Empirie darüber hinausgegangen. Die als "Training" bezeichnete Lernsituation (S1) und die als "Sprachangebotsunterricht" herausgestellte Lernsituation (S2) entsprechen den Punkten (b) und (c). Die Berechtigung für das Anliegen, in den Schreibentwicklungsprozeß durch Grammatikunterricht intervenierend einzugreifen, hat sich alles in allem durch die statistischen Überprüfungen (Kap.7.1) und durch einzelne Untersuchungen (Kap.7.2) bestätigt, und zwar hinsichtlich der Veränderungen in der Sprachentwicklung und - wenn auch mit vielen Differenzierungen - hinsichtlich der quantitativen und qualitativen Veränderungen der Schreibkompetenz durch Grammatikunterricht. Ebenfalls deutlich geworden sind linguistische Unterschiede der (schulischen) Textsorten Erzählen und Informieren (vgl. auch Kap.7.1 und 7.2).

---

[2] AUGST/FAIGEL (1986:188).

Die empirischen Daten erfordern trotz ihrer bestätigenden Tendenzen Differenzierungen in der didaktischen Theorie. Während im Theorieteil dem sogenannten epistemischen Subjekt, also dem eigenaktiv Erfahrungen verarbeitenden Lerner, eindeutig gegenüber den behavioristischen Lernvorstellungen mit input und output der Vorzug gegeben worden ist (vgl. Kap.4.2 und 7.0), wird diese Tendenz angesichts der empirischen Einblicke in dieses komplexe Terrain zwar beibehalten, doch muß die Lernfähigkeit der Heranwachsenden gelegentlich auch unter behavioristischem Trainingsdruck z.T. positiv gesehen werden. Um es aber noch genauer und didaktisch konzeptionell zu sagen: In gewissen Lernphasen stellt sich ein input, der in einen output umgesetzt werden soll, als ein Stimulus dar, der - um in diesem Begriffsbereich zu bleiben - stimulierenden Ansporncharakter haben kann. Auch darauf haben die Heranwachsenden ein Anrecht. Insgesamt erweist sich die Lernsituation des "Sprachangebotsunterrichts" als am meisten erfolgversprechend. Im Lernprozeß selbst mag das z.T. imitative Probieren von Sprachstrukturen sinnvoll insbesondere für schwache und mittlere Schüler sein, doch muß dann der Grammatikunterricht verdeutlichen, daß seine Inhalte Angebote für eine frei sich entfaltende Sprachlichkeit der Heranwachsenden sind, die sie schließlich autonom nutzen können sollen.

Diese differenzierende Sicht verringert die Bedeutung des eigenaktiven, sich unmittelbarer Kontrolle durch den Erwachsenen entziehenden Lernens nicht; erinnert sei an den in der Einleitung analysierten Kinderaufsatz, dessen strukturelle Qualitäten jenseits aller Schwächen auf eine vorbewußte Erfahrungsverarbeitung und somit auf ein eigenaktives Lernen verweisen.

Gerade dieser kleine Aufsatz wie etliche Details der 158 analysierten Aufsätze unseres Corpus bestätigen ein didaktisches Lernkonzept, das mit einer vorbewußten und einer halbbewußten Kompetenz (vgl. Kap.4.2) rechnet. Wesentlich für künftige didaktische und linguistische Arbeit in diesem Bereich dürfte die geprüfte Auswahl von Sprachwissensgebieten sein, die des bewußten Lernens bedürfen, damit sie im Sinne eines Sprachangebots dem lernenden und schreibenden Schüler bewußt zur Verfügung stehen. Der im Grunde kleine Ausschnitt sprachlichen Wissens, die Adverbialien, können für diesen letzten Aspekt paradigmatisch gesehen werden, wie das etwa auch für die Attribute zuträfe (vgl. Kap.7.4): vorbewußt und halbbewußt "können" die Schüler natürlich Adverbialien beim Reden und Schreiben verwenden. Es bedarf aber eines kognitiven Zugangs, um statt reiner temporaler Strukturierung einen Text variabel so mit den anderen Adverbialarten zu gestalten, daß er "interessanter, spannender, besser" - oder wie immer das erstrebte Werturteil sein mag - wird (vgl. die Gegenüberstellung der Aufsätze am Ende von Kap.6 und die Probleme und Tendenzen im Abschnitt "Das und-dann-Problem" in Kap.7.2).

Dieses geschichtete Kompetenzmodell zu akzeptieren bedeutet, daß die Lernwege hier zur vor- und halbbewußten Kompetenz didaktisch ebenfalls zu nutzen sind. Dies scheint am günstigsten zu geschehen durch prototypische Beispiele, da sie komplexes Lernen und eben die eigenaktive Verarbeitung am besten gewährleisten können (vgl. Kap.4.4). Dabei kann der

Sorge vor einer zu präskriptiven oder pattern-orientierten Didaktik durchaus begegnet werden; um es mit dem bekannten Beispiel der Prototypentheorie zu sagen: Bei der Betrachtung einer Amsel kann sehr viel über den Prototyp "Vogel" gelernt werden, und das schließt das Erkennen von Pinguin und Strauß als Vögel keineswegs aus, sondern dies macht die Randphänomene umso interessanter. So ist der Vergleichspunkt, die Orientierung gegeben, der den kreativen Schritt ermöglicht.

Die materiale Sicht auf die Lernwege betont die Bedeutung, die einem bewußt didaktisch und nicht nur phänomenorientiertem Lehrmaterial zukommt. Es ist nicht auszumachen, auf welcher Bewußtseinsebene die einzelnen Lerner jeweils lernen, weshalb die Binnenanalyse des Lehrmaterials sowohl kognitives wie prototypisches Lernen ermöglichen muß. Es bleibt dann eine Aufgabe der Lehrenden, diese Lernwege offen zu halten, zu nutzen und schließlich dem Bewußtsein zuzuführen.

Im Sinne eines didaktischen Orientierungssystems ist auch das Modell des "informativ gesättigten Satzes" - ISS - zu sehen (vgl. Kap.5.1 und 6.3), das mit seiner Ausrichtung auf die Sprachnutzung den Lernenden eine für sie überschaubare Gesamtstruktur gibt. Unter der didaktischen Konzeptverpflichtung wurde über den Satzrahmen hinausgegangen, und es wurden Textmodelle zum Informieren und Erzählen diskutiert und einander gegenübergestellt (vgl. Kap.5.2 und 5.3). Auch sie haben die Funktion - zunächst für die Lehrenden, methodisiert dann auch für die Schüler - einer Gesamtorientierung, nicht einer präskriptiven Didaktik. Insbesondere der Inszenierungsgedanke könnte für die Erzähldidaktik fruchtbar werden, während das Modell zum Informieren eine Organisationsfunktion für junge Schreiber haben kann. Die im Laufe der Untersuchung herangezogenen Aufsätze scheinen die Modelle in heuristischem Sinne zu bestätigen.

Es wird also deutlich, daß der "grammatische Weg" der Eingangsfrage insgesamt ausgeweitet wurde zu einer - um im Bild zu bleiben - breiteren Straße sprachlichen Wissens, wobei die Ausweitung vor allem in der expliziten Aufnahme von Textwissen begründet ist. Damit sei festgehalten, daß die Themafrage insgesamt, wenn auch mit etlichen Differenzierungen bejaht und daß sie weiter gestellt wird.

Literatur

Abraham, Ulf (1993):"Mit diesem Stil bekommen Sie auch keine Arbeit". - In: P. Eisenberg/P. Klotz: Sprache gebrauchen - Sprachwissen erwerben. Stuttgart.
Antos, Gerd (1982):Grundlagen einer Theorie des Formulierens. Textherstellung in geschriebener und gesprochener Sprache. - Tübingen, 139-157.
- (1988): Eigene Texte herstellen! - In: DU, Heft 3, 37-48.

Augst, Gerhard (1976): Welchen Sinn hat Grammatikunterricht in der Schule? - In: Diskussion Deutsch Heft 29, 227-243.
- (1978a): Tagungsdokumentation "Spracherwerb von 6 bis 16". Linguistische, psychologische, soziologische Grundlagen. Düsseldorf.
- (Hg.)(1978b): Spracherwerb von 6-16. Linguistische, psychologische, soziologische Grundlagen. Düsseldorf.
- (1983): Fachsprache - Textverständlichkeit - Textproduktion. - In: DU 2/83, 5-21.

Augst, Gerhard/**Faigel**, Peter (1986): Von der Reihung zur Gestaltung. Untersuchungen zur Ontogenese der schriftsprachlichen Fähigkeiten von 13-23 Jahren. Frankfurt/M., Bern, New York.
Augst, Gerhard/**Jolles**, Evelyn (1986): Überlegungen zu einem Schreibcurriculum in der Sekundarstufe II. - In: DU, 3-11.
Austin, John L. (1955): How to do things with words, Oxford.
Becker, Karl F. (1831): Schulgrammatik der deutschen Sprache. Frankfurt/M.
Beckmann, H. (1927): Ein Beitrag zur grammatischen Entwicklung der schriftsprachlichen Darstellung im Schulalter. - In: Hermann Helmers (1969): Zur Sprache des Kindes. Darmstadt, 132-150.
Behaghel, Otto (1932): Deutsche Syntax, Bd. IV, Heidelberg.
Beinlich, Alexander (1961): Das schriftsprachliche Gestalten und die Stilpflege. - In: Beinlich (Hg.): Handbuch des Deutschunterrichts im ersten bis zehnten Schuljahr, Bd. 1. Emstetten, 327-414.
Beisbart, Ortwin (1989): Schreiben als Lernprozeß. - In: DU, Heft 3, 5-17.
Bendel-Klostermann (1982): Lehrerband zu Sprachschlüssel A/B 7, Stuttgart.
- (1987a): Sprachschlüssel A/B 5, Stuttgart.
- (1987b): Sprachschlüssel A/B 7, Stuttgart.
- (1987c): Sprachschlüssel A/B 8, Stuttgart.
- (1987d): Sprachschlüssel A/B 9, Stuttgart.
- (1993): Sprachschlüssel A/B 6, Regionalausgabe NRW, Stuttgart, Leipzig, Berlin.

Bierwisch, Manfred/**Lang**, Ewald (1987): Grammatische und konzeptuelle Aspekte von Dimensionsadjektiven. Berlin.
Blüml, Karl (1992): Textgrammatik für die Schule. Wien.
Blutner, Reinhard (1985): Prototyp-Theorien und strukturelle Prinzipien der mentalen Kategorisierung. - In: Linguistische Studien 125. Berlin, 86-135.
Boettcher, Wolfgang (1973): Schulaufsätze - Texte für Leser. Düsseldorf.

- (1994): Grammatiksozialisation in Schule, Hochschule und Referendarausbildung. - In: Beiträge zur Lehrerbildung. Bern, 12. Jg., Heft 2.
Boettcher, Wolfgang/**Sitta**, Horst (1978): Der andere Grammatikunterricht. München.
Bortz, Jürgen (1984): Lehrbuch der empirischen Forschung für Sozialwissenschaftler. Berlin.
Boueke, Dietrich (1984): Reflexion über Sprache. - In: Norbert Hopster (Hg.): Handbuch Deutsch, Sekundarstufe I. Paderborn, 334-373
Boueke, Dietrich/**Schülein**, Frieder (1985): "Personales Schreiben". Bemerkungen zur neueren Entwicklung der Aufsatzdidaktik. - In: D. Boueke/N. Hopster: Schreiben - Schreiben lernen. Tübingen, 277-301.
- (1991): Beobachtungen zum Verlauf der Entwicklung kindlicher Erzählfähigkeit. - In: E. Neuland/H. Bleckwenn (Hg.): Stil, Stilistik, Stilisierung. Frankfurt/M., 71-86.
Bremerich-Vos, Albert (1994): Deutschdidaktik und qualitative Unterrichtsforschung - Versuche in einem bislang vernachlässigten Feld. - In: G.W. Schnaitmann (Hg.): Theorie und Praxis der Unterrichtsforschung. Ansätze zur Erforschung von Lernprozessen. Donauwörth.
Brinker, Klaus (1985): Linguistische Textanalyse, Berlin.
- (1988): Bedingungen der Textualität. Zu Ergebnissen textlinguistischer Forschung und ihren Konsequenzen für die Textproduktion. - In: DU 3/88, 6-19.
Brügelmann, H. (1986): Fehler: "Defekte" im Leistungssystem oder individuelle Annäherungsversuche an einen schwierigen Gegenstand? Anmerkungen zur erneuten "Legasthenie"-Diskussion. - In: Brügelmann (Hg.): ABC und Schriftsprache: Rätsel für Kinder, Lehrer und Forscher. Konstanz.
Bühler, Karl (1934): Sprachtheorie. Die Darstellungsfunktion der Sprache. Jena. Ungekürzter Neudruck Stuttgart/New York 1982.
Bünting, Karl-Dieter (1970): Wissenschaftliche und Pädagogische Grammatik. - In: Linguistische Berichte. Heft 5, 73-82.
Bußmann, Hadumod (2/1990): Lexikon der Sprachwissenschaft. Stuttgart.
Cherry, C. (2/1967): Kommunikationsforschung - eine neue Wissenschaft. Frankfurt/M.
Chomsky, Noam (1973): Strukturen der Syntax. Den Haag (Original 1957).
Clauß, Günter/**Ebner**, Heinz (2/1977): Grundlagen der Statistik für Psychologen, Pädagogen und Soziologen. Thun und Frankfurt/M.
Cordruwisch, Birgit/**Weckmann**, Berthold (1985): Kreativität und die Produktion lyrischer Texte in der Sekundarstufe II. - In: Diskussion Deutsch 16. Heft 81, 373-387.
Coseriu, Eugenio (1988): Sprachkompetenz, Tübingen.
Daniels, Karlheinz (1974): Zum verhältnis von allgemeiner didaktik, fachwissenschaft und fachdidaktik. - In: Wirkendes Wort 24, 21-46.
Daucher, Hans/**Seitz**, Rudolf (11/1980): Didaktik der bildenden Kunst. München.
Davidson, Donald (1991): Subjektiv, Intersubjektiv, Objektiv. - In: Merkur 11, 996-1014.
Dederding, Hans Martin (1993): Beziehungsfragen. - In: P. Eisenberg/P. Klotz (Hg.): Sprache gebrauchen - Sprachwissen erwerben. Stuttgart.

Diebold, Markus (1993): "Schweizer Sprachbuch", Bd. 9. Zürich, 152-153. Diebold, Markus (Projektleitung); Gesamtberatung Elly und Hans Glinz.
Dijk, Teun van (1980): Textwissenschaft. München.
Ehlich, Konrad (1983): Deixis und Anapher. - In: G. Rauh (ed.), Essays on Deixis. Tübingen: Narr, 79-99.
- (Hg.)(1984): Erzählen in der Schule. Tübingen.
- (1991): Funktionale Sprachanalyse. - In: D. Flader (Hg.): Verbale Interaktion. Stuttgart: Metzler, 127-143.
Eichler, Wolfgang (4/1990): Grammatikunterricht. - In: Günther Lange: Taschenbuch des Deutschunterrichts. Hohengehren, 243-281.
Eichler, Wolfgang/**Bünting**, Karl-Dieter (1978): Deutsche Grammatik. Form, Leistung und Gebrauch der Gegenwartssprache. Kronberg.
Eisenberg, Peter (1986): Grundriß der deutschen Grammatik. Stuttgart.
- (1993): Der Kausalsatz ist nicht zu retten. - In: Praxis Deutsch. Heft 118,10-11.
Eisenberg, Peter/**Menzel**, Wolfgang (1995): "Werkstatt Grammatik" - In: Praxis Deutsch, Heft 129.
Eisenberg, Peter/**Klotz**, Peter (1993): Sprache gebrauchen - Sprachwissen erwerben. Stuttgart.
Elschenbroich, Adalbert (1966): Die Frage nach dem Bildungswert des Grammatikunterrichts. - In: Die Deutsche Schule. Zeitschrift für Erziehungswissenschaft und Gestaltung Schulwirklichkeit. Heft 58, 86-96 und 153-164.
Engel, Ulrich (2/1988): Deutsche Grammatik. Heidelberg.
Erlinger, Hans Dieter (1986): Begründungen für Grammatikunterricht: einst und heute. - In: DU. Heft 2, 104-116.
Essen, Erika (1959): Zum Aufbau der Grammatik im Deutschunterricht der Unterstufe. - In: DU. Beiträge zu seiner Praxis und wissenschaftlichen Grundlegung, Heft 11, 7-28.
- (9/1972): Methodik des Deutschunterrichts. Heidelberg.
Feilke, Helmuth (1993): Schreibentwicklungsforschung. - In: Diskussion Deutsch, Heft 129, 17-34.
Feilke, Helmuth/**Augst**, Gerhard (1989): Zur Ontogenese der Schreibkompetenz. - In: Antos/Krings (Hg.): Textproduktion. Tübingen, 297-327.
Franz, Kurt (1995): Kalendermoral und Deutschunterricht. Johann Peter Hebel als Klassiker der elementaren Schulbildung im 19. Jahrhundert. Tübingen.
Fraser, Bruce (1987): Pragmative Formatives. - In: J. Verschueren/M. Bertucelli-Papi (eds.): The Pragmatic Perspective. Amsterdam/Philadelphia, 179-194.
Fritzsche, Joachim (2/1978): Darstellung und Kritik gegenwärtiger Konzeptionen des Aufsatzunterrichts. - In: D.C. Kochan, W. Wallrabenstein (Hg.): Ansichten eines kommunikationsbezogenen Deutschunterrichts. Königstein.
- (1980): Aufsatzdidaktik. Kritische und systematische Untersuchungen zu den Funktionen schriftlicher Texte von Schülern. Stuttgart, Berlin, Köln, Mainz, 88-93.
Fucks, Wilhelm (1955): Mathematische Analyse von Sprachelementen, Sprachstil und Sprachen. Köln und Opladen.
- (1956): Zur Deutung einfachster mathematischer Sprachcharakteristiken. Köln und Opladen.

Funkkolleg Sprache (1973): Bd. 1 und dessen I. Hauptteil. Frankfurt/M.
Gaiser, Konrad (1950): Wieviel Grammatik braucht der Mensch? - In: Pädagogische Provinz, Heft 10.
Garcia-Berrio, A./**Mayordomo**, T.A. (1987): Compositional Structure: Macrostructures. - In: Janos S. Petöfi (Hg.) Text and Discourse Constitution. Hamburg, 170-204.
Garnham, Alan (1983): What's wrong with story grammars. - In: Cognition 15-1985: Psycholinguistics, New York.
Giora, Rachel (1983): Functional Paragraph Perspective. - In: Petöfi/Sözer (eds.): Micro- and Macro Connexity of Texts. Hamburg, 153-182.
- (1985): A Text-Based Analysis of Non-Narrative Texts. - In: Theoretical Linguistics 12. Berlin, 115-135.
- (1988): On the Informativeness Requirement. - In: Journal of Pragmatics 12, 547-565.
Giora, Rachel/**Shen**, Yeshayahu (1994): Degrees of narrativity and strategies of semantic reduction. - In: Poetics 22. Tel Aviv, 447-458.
Glinz, Hans (5/1968): Die innere Form des Deutschen. Bern u. München.
Good, Bruno (1982): Das Sprachbuch im Deutschunterricht. Linguistische und mediendidaktische Untersuchungen zu Beispielen aus dem "Schweizer Sprachbuch" (d.i. die alte Fassung). Tübingen.
Grewendorf, Günther/**Hamm**, Fritz/**Sternefeld**, Wolfgang (4/1990): Sprachliches Wissen. Eine Einführung in moderne Theorien der grammatischen Beschreibung. Frankfurt/M.
Grice, H.P. (1968): Logic and Conversation. Deutsch 1979 in G. Meggle (Hg.): Handlung, Kommunikation, Bedeutung. Frankfurt/M.
Groeben, Norbert/**Scheele**, Norbert (1977): Argumente für eine Psychologie des reflexiven Subjekts. Paradigmawechsel vom behavioralen zum epistemologischen Menschenbild. Darmstadt.
Gülich, Elisabeth/**Raible**, Wolfgang (2/1975): Textsorten. Differenzierungskriterien aus linguistischer Sicht. Frankfurt/M.
Hartmann, Wilfried (1989): Die "Hamburger-Aufsatzstudie". - In: DU, 92-98.
Haueis, Eduard (1981): Grammatik entdecken. Grundlagen des kognitiven Lernens im Sprachunterricht.
Haueis, Eduard/**Hoppe**, Otfried (1972): Aufsatz und Kommunikation. Düsseldorf.
Hebel, Franz (1971): Zur Didaktik des Sprachunterrichts im Deutschunterricht der Sekundarstufe I. - In: Diskussion Deutsch, Heft 3, 66-83.
Helbig, Gerhard (1982): Valenz - Satzglieder - semantische Kasus-Satzmodelle. Leipzig.
Helmers, Hermann (1966): Didaktik der deutschen Sprache. Stuttgart.
- (1969): Zur Sprache des Kindes. Darmstadt.
Herdan, Gustav (1956): Language as Choice and Chance. Groningen.
Heringer, Hans-Jürgen (1974): Linguistik und Didaktik. - In: Linguistik und Didaktik 18, 119-131.
- (1978): Wort für Wort. Interpretation und Grammatik. Stuttgart.
- (1989a): Lesen lehren lernen. Eine rezeptive Grammatik des Deutschen. Tübingen.

- (1989b): Grammatik und Stil. Praktische Grammatik des Deutschen. Frankfurt/M.
Hermanns, Fritz (1988): Schreiben als Denken. - In: DU, Heft 4, 69-81.
Herrlitz, Wolfgang (1966/1974): Vom politischen Sinn einer modernen Aufsatzrhetorik. - In: Gesellschaft, Staat, Erziehung, Heft 4, bzw. - In: A. Schau (1974).
- (Hg.)(1973): Sprache als soziales Verhalten. Bausteine zu einem linguistischen Curriculum. Bebenhausen.
- (1974): Von der Aufsatzkritik zur Textproduktion. - In: A. Schau (Hg.). Hohengehren.
- (2/1979): Sprachwissenschaft und Sprachunterricht. - In: D. Boueke (Hg.). Deutschunterricht in der Diskussion. Bd. 1. Paderborn, 168-192.
Hetzer, Hildegard/**Flakowski**, Herbert (1959; 4/1972): Die entwicklungsbedingten Stilformen von kindlichen und jugendlichen Schreibern. München.
Hildebrand, Rudolf (1867): Vom deutschen Sprachunterricht in der Schule und von deutscher Erziehung und Bildung überhaupt. Leipzig/Berlin.
Hoffmann, Ludger (1984): Berichten und Erzählen. - In: K. Ehlich (Hg.): Erzählen in der Schule. Tübingen, 55-66.
- (1993): Thema und Rhema in einer funktionalen Grammatik. - In: P. Eisenberg/P. Klotz: Sprache gebrauchen - Sprachwissen erwerben. Stuttgart, 135-148.
Humboldt, Wilhelm von (1963): Ueber die Verschiedenheiten des menschlichen Sprachbaues (1827-29). - In: Werke in fünf Bänden, hg. von Andreas Flitner und Klaus Giel. Darmstadt. Bd III.
Ingenberg, Klaus Günther/**Seifert**, Heribert (1983): Lernziel Ich-Identität. - In: Diskussion Deutsch 14, Heft 69, 39-59.
Ingendahl, Werner (1972): Aufsatzerziehung als Hilfe zur Emanzipation, Düsseldorf.
Ingenkamp, Karl - Heinz (Hg.)(1971): Tests in der Schulpraxis, Weinheim.
Iser, Wolfgang (2/1984): Der Akt des Lesens. München.
Ivo, Hubert (1975): Handlungsfeld Deutschunterricht. Frankfurt.
- (1988a): Grammatik, Schriftlichkeit und die Vielfalt der Kulturen. - In: Diskussion Deutsch. Heft 103, 452-458.
- (1988b): "Grammatik tut not!" - Warum? Zur Bewußtseinsgeschichte eines Werturteils. Diskussion Deutsch, 6/88. Heft 103, 484-506.
Ivo, Hubert/**Neuland**, Eva (1991): Grammatisches Wissen. Skizze einer empirischen Untersuchung über Art, Umfang und Verteilung grammatischen Wissens. - In: Diskussion Deutsch 1991. Heft 121, 437-493.
Keller, Rudi (1990): Sprachwandel. Tübingen.
Klafki, Wolfgang (1975): Studien zur Bildungstheorie und Didaktik. Weinheim, Basel.
Klein, Wolfgang H. (1978): Kindersprache - Erwachsenensprache, Texte im Vergleich. - In: Gerhard Augst (Hg.): Spracherwerb von 6 bis 16. Düsseldorf, 108-129.

Kleist, Heinrich von (1810/1990): Über das Marionettentheater. - In: Sämtliche Werke und Briefe in vier Bänden. Band 3: Erzählungen, Anekdoten, Gedichte, Schriften. Hg. von Klaus Müller-Salget. Frankfurt, 555-563.
Klotz, Peter (1978): Tempus und Modus in pragmatisch-semantischer Sicht. - In: Sprachwissenschaft. Heft 4, 465-487.
- (1979): Grammatische Bausteine zum Aufsatzunterricht. München. Päd.Institut.
- (1983): Sprachliche Beobachtungen im Rahmen eines Unterrichtsversuchs Deutsch - Erdkunde (8. Klasse). - In: Josef Birkenhauer (Hg.): Sprache und Denken im Geographieunterricht. Paderborn, S.131-145.
- (1988): Sprachliche Entdeckungen in der Literatur. - In: G. Rupp, E. Weigand, H. Müller-Michaels: Jahrbuch für Deutschdidaktik 87/88. Tübingen, 73-85.
- (1989): Schulgrammatik. Alltagssprachliche Wege zu Sprachwissen und Sprachbewußtsein. - In: OBST 40, 97-114.
- (1990): Some Pragmatic Aspects of Text Grammar. Free Play Within the Sentence. - In: Journal of Pragmatics, Vol. 14, 3; June 1990; pp. 299-303.
- (1991a): Grammatisches Grundwissen und Schulgrammatik - am Beispiel des deutschen Modalsystems. - In: Diskussion Deutsch, H 121, 494-508.
- (1991b): Syntaktische und textuelle Perspektiven zu Stil und Textsorte. - In: E. Neuland/H. Bleckwenn: Stil, Stilistik, Stilisierung. Frankfurt/M., Bern, New York, Paris, 39-54.
- (1992): Was ist ein Satzglied, was ein Attribut. Ein Beitrag zu Grenzen und Freuden des Grammatikwissens. - In: DU 4/92, 94-106.
- (1995): Sprachliches Handeln und grammatisches Wissen. - In: P. Klotz (Hg.): DU 4/95, 3-13.
Köller, Wilhelm (1983): Funktionaler Grammatikunterricht. Tempus, Genus, Modus: Wozu wurde das erfunden? Hannover.
- (1988): Philosophie der Grammatik. Vom Sinn grammatischen Wissens. Stuttgart.
- (1995): Modalität als sprachliches Grundphänomen. - In: P. Klotz (Hg.): DU, 4/1995, 37-50.
König, Guido (1972): Strukturen kindlicher Sprache. Zum Schreibstil zehn- bis zwölfjähriger Schüler. Düsseldorf.
Labov, William/**Waletzky**, J. (engl. 1967, dt. 1973): Erzählanalyse: Mündliche Versionen persönlicher Erfahrung. - In: J. Ihwe (Hg.): Literaturwissenschaft und Linguistik, Bd. 2. Frankfurt/M., 78-126.
Labuhn, Jörg (1988): Sprachliche Phänomene der Kohärenz in linguistischer und didaktischer Sicht. Universität München.
Lakoff, George (1987): Women, Fire, and Dangerous Things. What categories reveal about the Mind. Chicago.
Lehmann, Jakob/**Stocker**, Karl (1981): Handbuch der Fachdiaktik Deutsch. München, 2 Bde.
Leibniz, Gottfried Wilhelm (1684/1965): Kleine Schriften zur Metaphysik. Darmstadt.

Lewandowski, Theodor (1977): Kommunikative, grammatische und lerntheoretische Konzeptionen in Sprachlehrwerken des Deutschen. Wirkendes Wort (WW), Heft 1, 257-269.
Linke, Angelika/**Nussbaumer**, Markus (1988): Kohärent durch "Präsuppositionen". - In: DU 40/6, 29-41.
Lotmann, Jurij M. (2/1986): Die Struktur literarischer Texte. München.
Ludwig, Otto (1988): Der Schulaufsatz. Seine Geschichte in Deutschland. Berlin, New York.
Marthaler, Theo (1962): Es gibt sechs Aufsatzarten. - In: DU, 14. Jahrgang, Heft 4, 53-63
Mattenklott, Gundel (1979): Literarische Geselligkeit - Schreiben in der Schule. Stuttgart.
Menzel, Wolfgang (3/1975): Die deutsche Schulgrammatik. Paderborn.
- (1995): Satzglieder entdecken. Adverbiale schon in der Grundschule? In: Praxis Deutsch, 48-50.
Merkelbach, Valentin (1972): Kritik des Aufsatzunterrichts. Eine Untersuchung zum Verhältnis von schulischer Sprachnorm und Sozialisation. Frankfurt/M.
Moskalskaja, Olga I. (1984): Textgrammatik. Leipzig.
Moulton, William G. (1985): On the Use of "valence" in foreign language teaching. - In: K.R. Jankowsky (Hg.): Scientific and humanistic dimensions of Language. Festschrift für Robert Lado. Amsterdam, Philadelphia, 63-72.
Neuland, Eva (1975): Sprachbarrieren oder Klassensprache? Frankfurt/M.
- (1984): Ausgewählte Probleme der Sprachentwicklung im Schulalter. - In: Jürgen Baumann, Otfried Hoppe (Hg.): Handbuch für Deutschlehrer. Stuttgart, Berlin, Köln, Mainz, 64-91.
- (1993): Reflexion über Sprache. Reformansatz und uneingelöstes Programm der Sprachdidaktik. - In: Albert Bremerich-Vos (Hg.): Handlungsfeld Deutschunterricht im Kontext. Frankfurt/M.
Neuland, Eva/**Ivo**, Hubert (1991): "Grammatikunterricht? Ja", "Grammatisches Wissen. Skizze einer empirischen Untersuchung über Art, Umfang und Verteilung grammatischen Wissens". Diskussion Deutsch, Heft 121.
Neuland, Eva/**Bleckwenn**, Helga (Hg.)(1991): Stil. Stilistik. Stilisierung. Linguistische, literaturwissenschaftliche und didaktische Beiträge zur Stilforschung. Frankfurt/M., Bern, New York, Paris.
Nussbaumer, Markus (1991): Was Texte sind und wie sie sein sollen. Ansätze zu einer sprachwissenschaftlichen Begründung eines Kriterienrasters zur Beurteilung von schriftlichen Schülertexten. Tübingen, 303-306.
Oevermann, Ulrich (1972): Sprache und soziale Herkunft. Ein Beitrag zur Analyse schichtspezifischer Sozialisationsprozesse und ihre Bedeutung für den Schulerfolg. Frankfurt/M.
Ostermann, Friedrich (1973): Kreative Prozesse im Aufsatzunterricht, Paderborn.
Otto, Berthold (1908): Kindermundart. Berlin
Pfleiderer, Wolfgang (1954): Grammatik und Sprachunterricht. - In: Der Deutschunterricht. Beiträge zu seiner Praxis und wissenschaftlichen Grundlegung. Heft 6, 21-38.

Piaget, Jean (1956): Die Stadien der geistigen Entwicklung des Kindes und des Heranwachsenden. - In: Probleme der Entwicklungspsychologie. Kleine Schriften. Frankfurt/M.
Polenz, Peter von (1985): Deutsche Satzsemantik. Grundbegriffe des Zwischen-den-Zeilen-Lesens. Berlin, New York.
Portmann, Paul (1993): Zur Pilotfunktion bewußten Lernens. - In: P. Eisenberg/P. Klotz (Hg.): Sprache gebrauchen - Sprachwissen erwerben. Stuttgart, 97-118.
Pregel, Dietrich/**Rickheit**, Gerd (1975): Kindliche Redetexte, Düsseldorf.
Quasthoff, Uta (1980): Erzählen in Gesprächen. Tübingen.
Rahn, Fritz/**Pfleiderer**, Wolfgang (1951): Deutsche Spracherziehung. Methodik.
Rauscher, Hans (1990): Kognitive Konkretion narrativer Strukturen beim Rezeptionsprozeß. Universität München.
RCP (1993): Statrel. München.
Reed, S.K. (1972): Pattern Recognition and Categorization. - In: Cognitive Psychology, Vol. 3, pp. 382-407.
Rehbein, J. (1988): Aspekte zur Pragmatik. - In: U. Ammon/N. Dittmar/K. Mattheier (Hg.). Soziolinguistik. Berlin: de Gruyter, 1181-1195.
Rein, Kurt (1981): Leistungen und Aufgaben eines funktionalen Grammatikunterrichts auf linguistischer Grundlage. - In: J. Lehmann/K. Stocker (Hg.) Handbuch der Fachdidaktik Deutsch, Bd. 2. München/Oldenbourg, 10-31.
Rickheit, Gert (1975): Zur Entwicklung der Syntax im Grundschulalter. Düsseldorf.
Rico, Gabriele L. (1987): Garantiert schreiben lernen. Sprachliche Kreativität methodisch entwickeln - ein Intensivkurs auf der Grundlage der modernen Gehirnforschung. Hamburg.
Robinson, W.P. (1965): Cloze Procedures as a Technique for the Investigation of Social Class Differences in Language Usage. - In: Language and Speech, 8, 42-55.
Rosch, Eleanor (1973): Natural Categories. - In: Cognitive Psychology. Heft 4, 328-350.
Rötzer, Hans Gerd (1973): Zur Didaktik der deutschen Grammatik. Darmstadt.
- (1986): Auf einen Blick: Grammatik. Begriffe, Beispiele, Erklärungen, Übungen. Bamberg.
Rumelhart, David E. (1975): Notes on a Schema for Stories. - In: D.G. Bobrow, A. Collins (eds.): Representation and Understanding. Studies in Cognitive Science. London, 211-236.
Ryle, Gilbert (1949): The concept of Mind. London.
Sanner, Rolf (1975): Aufsatzunterricht. Theoretische Grundlegung - Hinweise für die Praxis. München.
- (4/1990): Aufsatzunterricht. - In: G. Lange, K. Neumann, W. Ziesenis (Hg.) Taschenbuch des Deutschunterrichts. Hohengehren, 219-242.
Schau, Albrecht (Hg.)(1974): Von der Aufsatzkritik zur Textproduktion, Hohengehren.
Scherner, Max (1984): Sprache als Text. Tübingen.
Schneider, Wilhelm (1926): Deutscher Stil- und Aufsatzunterricht. Frankfurt/M.

Schoebe, Gerhard (Hg.)(1980): Verstehen und Gestalten. München.
Schuster, Karl (1992): Einführung in die Fachdidaktik Deutsch. Hohengehren.
Schwarz, Monika (1992): Einführung in die kognitive Linguistik. Tübingen
Seidemann, Walther (1927): Der Deutschunterricht als innere Sprachbildung (6. Auflage Heidelberg 1963!).
Shen, Yeshayahu (1989): The x-Bar grammar for stories: Story grammar revisited. - In: Text. Vol. 9-1, 415-467.
Sieber, Peter (1990a): Perspektiven einer Deutschdidaktik für die deutsche Schweiz. Aarau, Frankfurt/M., Salzburg.
- (1990b): Untersuchungen zur Schreibfähigkeit von Abiturienten. - In: Muttersprache, Heft 100, 346-358.
- (Hg.)(1994): Sprachfähigkeiten - Besser als ihr Ruf und nötig denn je. Aarau, Frankfurt/M., Salzburg.
Sieber, Peter/**Sitta**, Horst (1992): Sprachreflexion in der Öffentlichkeit. Die öffentliche Sprachkritik als Indikator öffentlichen Sprachbewußtsein. - In: DU 4/92, 63-83.
Sitta, Horst (1974): Didaktik und Linguistik. - In: Diskussion Deutsch 19, 431-445.
- (Hg.)(1988): Textkohärenz. DU, 6/88.
- (1989): "Die muttersprachlichen Fähigkeiten unserer Schüler werden immer miserabler!" - Wirklich? - In: Praxis Deutsch, Heft 96, 2-5.
- (1990): Defizit oder Entwicklung. Zum Sprachstand von Gymnasialabsolventen und Studenten. - In: Gerhard Stickel (Hg.): Deutsche Gegenwartssprache. Tendenzen und Perspektiven. Berlin u.a., 233-254.
Sommerfeldt, Karl-Ernst (1991): Die Valenz als Mittlerin zwischen Sprachsystem und Text. - In: Wirkendes Wort. Heft 2, 302-315.
Sowinski, Bernhard (1969): Möglichkeiten und Grenzen strukturalistischer Sprachbetrachtung in der Schule. - In: Wirkendes Wort. Heft 19, 163-175.
Spinner, Kasper H. (1980): Identitätsgewinnung als Aspekt des Deutschunterrichts. - In: ders. (Hg.): Identität und Deutschunterricht. Göttingen, 67-80.
Stepanowa, M.D./**Helbig**, Gerhard (2/1981): Wortarten und das Problem der Valenz in der deutschen Gegenwartssprache. Leipzig.
Stocker, Karl (1976): Taschenlexikon der Literatur und Sprachdidaktik. Kronberg.
Strecker, Bruno (1995): Sprachliches Handeln, Grammatik und Lexikon. - In: P. Klotz (Hg.): DU, 4/95, 14-22.
Süddeutsche Zeitung (1988): 20 Leitartikel die zwischen dem 1.12. und 23.12.1988 erschienen sind. München.
Switalla, Bernd (1993): Die Sprache als kognitives Medium des Lernens. - In: P. Eisenberg/P. Klotz: Sprache gebrauchen - Sprachwissen erwerben. Stuttgart.
Taylor, John R. (1989): Linguistic Categorization. Prototypes in Linguistic Theory. Oxford.
Tegge, Egon (1975): Zur linguistischen Legitimation von Sprachbüchern. - In: Diskussion Deutsch. Heft 24, 399-418.
Tille, Josef (1950): Theorie und Praxis des Aufsatzunterrichts. Wien.
Toulmin, Stephen (dt. 1975): Der Gebrauch von Argumenten. Kronberg.

Trier, Jost (1973): Altes und Neues vom sprachlichen Feld. - In: Wortfeldforschung, hg. von L. Schmidt. Darmstadt.

Ulich, Dieter (2/1982): Lern- und Verhaltenstheorien in der Sozialisationsforschung. - In: Klaus Hurrelmann, Dieter Ulich (Hg.): Handbuch der Sozialforschung. Weinheim, Basel, 71-100.

Vater, Heinz (1992): Einführung in die Textlinguistik. Struktur, Thema und Referenz in Texten. Tübingen.

Waldmann, Günter/**Bothe**, Katrin (1993): Erzählen. Stuttgart, Düsseldorf, Berlin, Leipzig.

Watzlawick, Paul/**Beavin**, J.H./**Jackson**, D.D. (2/1969): Menschliche Kommunikation. Formen, Störungen, Paradoxien. Bern, Stuttgart, Wien.

Weber, Albrecht (2/1975): Didaktik der Aufsatzbeurteilung. Donauwörth.

Weinrich, Harald (1964): Tempus. Besprochene und erzählte Welt. Stuttgart.

- (1972): Die Textpartitur als heuristische Methode. - In: DU 4, 43-60.

Weisgerber, Leo (1929): Muttersprache und Geistesbildung. - In: Nationalcharakter der Sprachen. Göttingen.

Winterling, Fritz (1985): Freies Schreiben in der Sekundarstufe II. - In: Diskussion Deutsch 16, Heft 81, 360-372.

Wittgenstein, L. (5/1993): Philosophische Grammatik (Werkausgabe Bd. 4).

Wunderlich, Dieter (1975): Lernziel Kommunikation. - In: Diskussion Deutsch, Heft 23, 263-277.